商法研究

2018年卷

Studies on
Commercial Law

吕来明◎主编

学术顾问： （以姓氏笔画为序）

王家福　石少侠　刘俊海

李仁玉　赵旭东　谢安平

执行主编： 董　彪

中国政法大学出版社

2019·北京

改革开放四十年，中华民族迈向了波澜壮阔的新时代。商事法律理念和制度的创新与完善也迎来了前所未有的机遇和挑战。如何应对互联网、大数据和人工智能等技术革命对商事法律制度的影响或冲击？《中华人民共和国民法总则》以及《中华人民共和国电子商务法》实施后，商事法律理念和制度如何跟进或更新？商事主体泛化的社会环境下如何划定商事法律领域的边界？新时代的商法学人需要在传承与创新之间抉择，需要探索更多的未知领域。

《商法研究（2018 年卷）》（以下简称《商法研究》）一方面与时俱进就商事法律制度的理论前沿和社会热点问题进行研究，另一方面深耕传统商事法律制度，试图在传承和创新商事法律理念和制度方面有所贡献。本卷继续以弘扬商法理念、反映商法理论和实践成果、促进商法理论研究和制度建设为宗旨，设置大数据与人工智能法治专题、互联网法治专题、电子商务法专题、公司法专题、财税法专题、食品安全法专题、热点问题评析等栏目。

《商法研究》丛书由北京工商大学法学院和商法研究中心主办。感谢北京工商大学科技处为本卷提供出版资金。感谢中国政法大学出版社魏星编辑一如既往的支持。

"未来已来",大数据、人工智能技术已经势不可挡地渗透至社会生活的方方面面。在新的时代发展机遇面前,《商法研究》编辑部愿与各位同仁携手共进、披荆斩棘,为商事法律理念和制度更新贡献更多的智识。

《商法研究》编辑部

2019 年 1 月 16 日

CONTENTS 目录

■公司法专题

■财税法专题

■食品安全法专题

■热点问题评析

论企业数据库的物权法保护

李仁玉　杜牧真[*]

自 20 世纪 90 年代以来，人类就进入了信息时代。信息技术、信息网络、信息产业在社会经济各个领域发挥的作用将日益突出，信息日渐成为与物质和能源同等重要的资源。信息时代的到来，不仅带来了信息经济的繁荣，也为法律制度体系的建构带来了挑战。作为信息集合体的数据库已经成为信息资源的重要组成部分，而其法律保护问题也已经成为 21 世纪的难题之一。目前，针对企业制作的数据库，法律的关注焦点主要集中在数据库中涉及的个人信息的法律保护问题，然而对于数据库制作者——企业的法律保护问题，却鲜有关注。计算机与互联网的发展，让企业投资巨大而制作的数据库产品可以以较小的成本被瞬间拷贝并传至世界各地。这种高投入成本和低边际效益的现象，让数据库的制作者甚为担忧。其他企业或个人，完全可以以较小的成本将企业制作的数据库进行拷贝后投入市场使用，这将对数据库制作者的市场造成替代性影响，甚至可能使得其投入出现"血本无归"的情况。这将大大打击数据库制作者的积极性，从而不利于信息产业的发展。在"物必有体"传统观念的禁锢下，数据库无论在学理上还是在司法实践中往往被拒于物权法之外。目前，对于企业数据库主要通过《中华人民共和国著作权法》（以

---

　* 李仁玉，北京工商大学法学院教授；杜牧真，北京工商大学法学院硕士研究生。

下简称《著作权法》)、《中华人民共和国合同法》、《中华人民共和国反不正当竞争法》(以下简称《反不正当竞争法》) 进行保护。然而,这一系列的保护模式却存在诸多的不足。传统的"物必有体"的观念,已经成为社会发展的桎梏。抛开"物必有体"的观念,对物权的客体进行反思,将企业数据库纳入到物权保护中来,在相应立法存在滞后性的情况下,不失为一种权宜之计。

一、数据库的概念特征的界定及与相关概念的辨析

(一) 数据库的概念

企业数据库,是指来源于公共领域的、经企业进行收集、整理、加工的,固定于一定的物质载体之上的,由有序排列的作品、数据或其它材料组成的,能够满足人们生活和生产需要的,并且能够以电子或非电子方式单独访问的集合体。出于论述的简洁性,下文一律简称数据库。对于本文所要探讨的数据库,需注意以下几点:第一,数据库具有商业性用途,生产数据库商品的目的是作为产品服务于人们的生活和生产需要,因此,一些企业内部收集的仅仅供企业内部使用的数据不在本文探讨的范围之内;第二,数据库一般不具有著作权法意义上的"独创性",因此一般情况下数据库不能够被归入汇编作品从而获得著作权法的保护。也正是鉴于此,本文才有论述之必要;第三,数据库具有经济学上"公共产品"的特性以及无形性,该特性决定了数据库通过私人手段很难得到控制,同时数据库与其物质载体也具有独立性;第四,构成数据库的基本信息一般来源于公共领域,因此涉及数据库制作者与公共利益的平衡问题。

(二) 数据库与相关概念的辨析

1. 数据库与虚拟财产

虚拟财产具有狭义和广义之分。广义的虚拟财产,泛指一切存在于特定网络虚拟空间内的有专属性的虚拟物,包括 ID、QQ 号码、E-mail、虚拟货币、游戏装备等。[1]广义的虚拟财产,强调的是财产的虚拟性,因此只要是数字化的、存在于网络虚拟空间内的并可由持有人随时调用的专属性数据资料都属于虚拟财产。狭义的虚拟财产,特指在网络游戏中为玩家所拥有的,

---

[1] 参见石杰、吴双全:"论网络虚拟财产的法律属性",载《政法论丛》2005 年第 4 期。

存储于网络服务器上的，以特定电磁记录为表现形式的虚拟财产。[1]一般在探讨虚拟财产时，是在狭义的范畴下进行探讨的。狭义的虚拟财产除了限定在网络游戏范畴中外，还具有"私人物品"属性。

数据库并不属于狭义的虚拟财产。一方面，虚拟财产特指在网络游戏中的财产，而数据库并不在网络游戏领域中；另一方面，狭义的虚拟财产属于经济学意义上的"私人物品"，例如，网络游戏中玩家只要占有一件网络游戏装备，就可以排除他人的占有。而数据库属于"公共物品"，数据库的持有者无法通过"占有"数据而排除他人的占有，同时，他人对数据库的使用也并不会妨害数据库持有者对数据库利用的效能。

由于本文所讨论的数据库既包括了以电子形式存在于网络虚拟空间的电子数据，也包括了以物质实体作为其存在形式的数据，因此以电子形式存在于网络空间的数据库，就属于广义上的虚拟财产。然而，一般在提到虚拟财产时，采取的是其狭义的含义，因此，一般情况下所指的虚拟财产并不包含数据库。

2. 数据库与无形财产

无形财产通常具有三种含义：第一种含义指虽然不具备一定的形状，但占有一定空间或能为人们所支配的物，如电、热、光等；第二种含义特指知识产权；第三种含义是泛指有形物的所有权之外的任何权利。[2]其中，第一种含义中的无形财产又称为"无体财产"，其在现实中具有物理形态，属于有体物的范畴；第二种含义是基于知识产权的非物质性作出的界定；第三种含义的外延最为宽泛，是与具有物理形态的有形物相对称的无形物。

对于第一种含义而言，数据库虽然需要现实中的物质作为其载体，但数据库本身是与其物质载体相独立的，因此，数据库不属于第一种含义下的无形财产；对于第二种含义而言，数据库与其具有交叉关系，具体的会在下文进行讨论；第三种含义下的无形财产其外延要大于数据库，数据库仅是无形财产中的一种。

---

〔1〕 参见钱明星、张帆："网络虚拟财产民法问题探析"，载《福建师范大学学报（哲学社会科学版）》2008年第5期。

〔2〕 参见马俊驹、梅夏英："无形财产的理论和立法问题"，载《中国法学》2001年第2期。

3. 数据库与信息

在不同的领域，因侧重点的不同而使得信息有着不同的定义。然而，从法律的角度出发，一般而言信息具有两种含义：狭义的信息是对数据库的另一种称谓，目前，各国（地区）理论和立法中"数据"与"信息"两个概念交互使用。[1]部分学者在论述数据库的法律保护问题时，使用的就是"信息"这一概念。然而，本文讨论的数据，是经加工之后形成的具有体系性与整体性的有机系统，而并非是零散的数据，因此，笔者认为用"数据库"这一概念更能强调其内在要素之间的系统性与结构性。广义的信息外延要大于数据库，其将知识产权的客体等无形财产也包含在内，主要强调其具有的自由性及与有体物的区别，即信息一旦被传播出去，就会自由流动，人们可以轻易地进行复制和再传播，信息的创造者无法凭借自己的力量对信息进行排他性控制、阻止信息被他人所利用。[2]下文在使用"信息"这一词时，指的是广义上的信息。

4. 数据库与个人信息

关于个人信息的概念，在2012年11月工业和信息化部颁布的指导性技术文件《信息安全技术公共及商用服务信息系统个人信息保护指南》中，首次对个人信息作出法律上的定义，其定义为"可为信息系统所处理、与特定自然人相关、能够单独或通过与其他信息结合识别该特定自然人的计算机数据"[3]。数据库中，可能包含有个人信息。此时，两者就产生了联系。然而，数据库与个人信息存在着不同，个人信息涉及的是以隐私权为主的人格权，而数据库涉及的是财产权。当企业数据库中包含个人信息时，对数据库的利用行为就会受到限制，因为这可能涉及对提供个人信息的自然人人格权的侵犯。

二、数据库保护的现状及评析

（一）著作权法保护模式

《著作权法》第14条规定："汇编若干作品、作品的片段或者不构成作品

---

[1] 参见梅夏英："数据的法律属性及其民法定位"，载《中国社会科学》2016年第9期。
[2] 参见王迁：《著作权法》，中国人民大学出版社2015年版，第6页。
[3] 《信息安全技术公共及商用服务信息系统个人信息保护指南》第3.2条。

的数据或者其他材料，对其内容的选择或者编排体现独创性的作品，为汇编作品。"因此，当数据库内容在选择、编排上体现独创性时，可以归入汇编作品而获得著作权的保护。但著作权保护模式存在着诸多的不足：

首先，著作权法只保护数据库的结构，不保护数据库的内容。著作权法的保护只延及表达，而不延及思想，这是著作权法的原则之一。即便数据库的结构具有了独创性而获得了著作权法保护，但著作权法毕竟只保护数据库的外在结构，而不保护数据库的内在内容。因此，在目前的网络环境下，企业的竞争者完全可以以很低的成本将数据库的内容拷贝，并以另一种形式进行编排后，与数据库制作者形成竞争，而令数据库制作者束手无策。

其次，数据库的价值在于内容而不在于形式。著作权所保护的作品的价值主要在于能够带给人以文学、艺术美的享受。即便是对于科学领域的作品而言，其保护的也不是作品内容中的功能性信息，而是科学作品所体现的"严谨、精确、简洁、和谐与对称的科学之美"[1]。因此，作品的价值来源于思想内容的外在表达形式。而对于数据库而言，其最重要的、最有价值的部分恰恰是内容。因为数据库具有功能性，其作用在于服务于人们生产和生活的需要。对于数据库的用户而言，数据库的全面性、真实性、准确性才是最重要的。数据库的结构在编排上是否别出心裁、富有美感，从而具有独创性，并不是用户所关心的。因此，正如李扬教授所主张的：如果只保护数据库的结构，而不保护数据库的内容，就如同"只保护一个装水的空瓶子，却不保护瓶子中的水，但对于数据库的开发和制作者来说，瓶子中的水才是最重要的"[2]。用著作权法保护数据库，就犹如"隔靴搔痒"。

最后，一些具有重要价值的数据库会因结构不具有独创性而无法受到保护。由于我国采取的是大陆法系的"作者权体系"，而非英美法系的"版权体系"。在采"版权体系"的国家，是以"额头出汗原则"（sweat of the brow doctrine）来作为判断独创性的标准的。对于汇编作品而言，只要编辑者付出了劳动和投资，就能够认为其具有独创性从而获得版权法保护。从这一点上，尚且有利于将投入了巨大人力、物力和财力的数据库制作者制作的数据库归入汇编作品从而获得著作权法保护。然而，进入到 20 世纪以来，在欧洲一体

---

〔1〕 王迁：《著作权法》，中国人民大学出版社 2015 年版，第 112 页。
〔2〕 李扬："试论数据库的法律保护"，载《法商研究（中南政法学院学报）》2002 年第 1 期。

化进程的迫使下，即便是采"版权体系"传统的国家，也逐渐放弃了其"额头出汗原则"的主张。典型的如1991年发生在美国的"Feist"一案[1]，美国联邦最高法院明确表明事实作品必须在收集、协调、编排方面有"一点点的创造性"，进而认为原告广泛搜集并按照户主姓名的字母排列编排而成的电话号码本因不具备最低程度的创造性而不能被认定为作品获得保护。在采取大陆法系"作者权体系"的我国，以著作权法来保护数据库制作者的权益是更为不利的。正如上文所指出的，数据库的价值并非来源于数据库的形式，而是来源于数据库内容的全面性、真实性、准确性。在这样的独创性认定标准之下，一些在内容上更为全面、真实、准确的数据库因内容的编排不具有独创性不能获得著作权法保护，而对于另一些在内容上相比之下不是那么的全面、真实、准确，但数据库制作者在内容的编排上投入了更多精力从而具有独创性的数据却也获得了著作权法保护，这是不公平的。在这样的制度安排下，会激励数据库的制作者将有限的人力、物力、财力更多地投入到数据库的形式编排上，而非数据库的内容上，这对信息产业的发展是极为不利的。

（二）合同法保护模式

一直以来数据库是和服务绑定到一起而被纳入到合同法领域内进行保护的。此种模式，是将数据库作为债权客体的给付中的一部分而进行保护。如"上证所诉新华富时案"[2]，原告与被告签订了《证券信息使用合同》，被告违反合同约定，将原告提供的数据擅自许可第三方使用，原告最终选择以合同法作为请求权基础提起诉讼，保护其因生产数据库而享有的相应权益。在依据著作权法不能获得有力保护的前提下，合同法为数据库提供了一定程度的保护。然而，合同法保护模式虽然具有一定的合理性，但依然存在着很多的缺陷与不足。

首先，合同法保护模式仅能约束对方当事人。从保护数据库持有者的利益的角度来看，受合同相对性的影响，合同法仅能约束对方当事人，而第三人侵犯数据库持有者的权益的情形更为常见。当合同以外的第三人侵害数据库持有者的权益时，合同法显得束手无策。然而，上文已提到过，数据库本质上是一种信息，具有自由性。在互联网的环境下，其极易被拷贝而被其他

---

[1] Feist Publications, Inc., v. Rural Telephone Service Co., 499 U.S. 340 (1991), pp. 345～346.

[2] 参见上海市浦东新区人民法院（2006）浦民二（商）初字第2963号民事判决书。

企业或个人用作商业性用途，并对数据库持有企业的市场造成影响。

其次，将数据库视为给付的一部分使得数据库无法受到产品质量法的调整。从保护数据库的用户利益的角度来看，数据库的价值往往在于功能性上，和仅为学习、研究而提供参考的著作或提供文学欣赏的著作不同，其作为一种提供给用户的产品，在生产、服务和日常生活领域发挥着实际的作用。如果数据库存在产品质量瑕疵，其造成的危害与实物产品无异。如存在瑕疵的气象数据会产生错误的气象预测，而这会导致农业生产者的大量损失。然而，根据《中华人民共和国产品质量法》第2条第2款的规定："本法所称产品是指经过加工、制作，用于销售的产品。"可知，行为无法被纳入"产品"的概念之中。由此可见，对数据库独立的财产问题避而不谈，将其纳入给付行为之中，会使得数据库无法受到产品质量法的规制。

（三）反不正当竞争法保护模式

在实践中，还存在着利用《反不正当竞争法》第2条原则性条款进行保护的模式。例如，在"大众点评诉百度案"[1]中，法院经审理后认为，百度利用大众点评搜集的用户点评信息的行为超出了合理限度，最终以《反不正当竞争法》第2条原则性条款认定百度构成不正当竞争。《反不正当竞争法》保护的是数据库制作者在材料收集、整理、证明、编排等方面的投资，以制止擅自利用他人制作的数据库谋取利益的"搭便车"行为。[2]从这点来看，与著作权法保护模式相比，其更能够切中要害。然而，该种保护模式依然存在着不足：

首先，《反不正当竞争法》没有明确规定数据库制作者享有哪些基本权利，当数据库受到侵害时，数据库制作者无法主张具体的权利；其次，《反不正当竞争法》具有高度的抽象性与模糊性。因此，对于具体受到侵害的数据库是否能够给予保护往往要取决于法官的自由裁量，这有违司法的统一性与可预测性，使数据库制作者的利益保护存在不确定性，最终会影响到数据库制作者的积极性。

此外，需要说明的是，由于上文已经提到，数据库的功能在于服务于人们生产生活的需要，因此，数据库就是要进行公开后才具有价值。这就使得

---

〔1〕 参见上海市浦东新区人民法院（2015）浦民三（知）初字第528号民事判决书。

〔2〕 参见郭洪波："数据库法律保护的研究"，载《河北法学》2005年第6期。

数据库不具有秘密性，从而不能适用《反不正当竞争法》第9条来将其认定为商业秘密进行保护。

三、数据库财产权取得的法理分析

（一）数据库财产权取得的合法性分析

波斯纳等学者认为，法律上的财产必须符合三个方面的条件：一是具有价值性，即因稀缺性而具有价值；二是具有排他性，即能够归属于某一特定主体，该主体能够进行支配而排除他人的共享和干涉；三是具有可交易性，即可以以一定价格让渡给他人。[1]因此，数据库要被认定为法律上的财产，需要具备上述的价值性、排他性与可交易性。

第一，数据库具有价值性。数据既具有使用价值，又具有交换价值。在人类历史上，人类根据认识能力的推进，最早认识到物质资源的重要地位，其后，人类认识到能源资源的重要地位，到近现代，人类开始认识到信息资源的重要地位。物质、能源、信息三个要素依次进入主流位置，实际上标志着人类文明的不同阶段。它（数据库）同其他经济资源一样，具有稀缺性和有用性。[2]经过加工整理后的数据库，能够满足人们生产和生活的需要。在信息社会数据库的使用价值无须赘言。在市场经济中，对于数据库制作者而言，其生产数据库不是为了数据库本身的使用价值，而是为了获取数据库的交换价值。数据库作为凝聚着社会必要劳动时间的信息资源，其具有交换价值是符合经济学原理的。对于消费者而言，消费者获取数据库中的信息是为了实现数据库的使用价值，并通过该使用价值从而实现自己预期的目的。因此，可以说，数据库具备了可作为商品的使用价值和交换价值。上述的"大众点评诉百度"案中，法院也认定了数据库所具有的价值：大众点评网的点评信息是汉涛公司的核心竞争资源之一，能给汉涛公司带来竞争优势，具有商业价值。[3]

第二，数据库具有排他性。数据库要具有排他性，首先要求其具有独立性。而数据库是具有独立性的。其独立性表现在：一是数据库可以独立于主

---

〔1〕 参见［美］理查德·A. 波斯纳：《法律的经济分析（上）》，蒋兆康译，中国大百科全书出版社1997年版，第42页。

〔2〕 参见乌家培等：《信息经济学》，高等教育出版社2002年版，第21页。

〔3〕 参见上海市浦东新区人民法院（2015）浦民三（知）初字第528号民事判决书。

体而存在，而不是只存在于人的意念中而不可被他人感知；二是数据库可以与载体分离，在不同载体间转移从而进行传播，而不依赖于载体的转移。数据库所具有的独立性，使其满足了构成财产权客体的可支配性，也即排他性的要求。然而，数据库属于"公共物品"，具有经济学意义上的非竞争性，无法像有体物一样能够通过物理上占有进行排他性的支配。通过类比可发现，知识产权的客体同样属于"公共物品"，但"法律的规定及其实施的效力就赋予作者对原本'自由'的信息一定程度的控制力，使其能够排斥他人未经许可的利用，也即实现了波斯纳'财产三要件说'中的排他性"。因此，法律也完全可以通过规定使其成为"拟制物"，从而具备排他性。

第三，数据库具有可交易性。在具备上述条件的情况下，希望使用数据库的人可向数据库制作者寻求使用许可或转让，从而达到法律上的占有、使用和收益，这就满足了可交易性的条件。

（二）数据库财产权取得的正当性分析

1. 洛克财产权劳动学说

洛克的自然法学说中的财产权劳动学说，常常被用来论证知识产权取得的正当性问题。这一学说对于论证数据库财产权取得的正当性同样适用。洛克认为："土地和一切低等动物为一切人所共有，但是每个人对他自己的人身享有一种所有权，除他以外任何人都没有这种权利。他的身体所从事的劳动和他的双手所进行的工作，我们可以说，是正当属于他的。所以只要他使任何东西脱离自然所提供的和那个东西所处的状态，他就已经掺进他的劳动，在这上面加入他自己所有的某些东西，因而使它成为他的财产。既然是由他来使这件东西脱离自然所安排给它的一般状态，那么在这上面就由他的劳动加上了一些东西，从而排斥了其他人的共同权利。因为，既然劳动是劳动者无可争议的所有物，那么对于这一有所增益的东西，除他以外就没有人能够享有权利，至少在还留有足够的同样好的东西给其他人所共有的情况下，事情就是如此。"[1]

对于数据库也是如此。构成数据库系统要素的零散信息，本来是处于"自然状态"下而零散地存在于公共领域的。然而，"自然状态"下的零散信

---

[1] ［英］约翰·洛克：《政府论（下篇）》，叶启芳、瞿菊农译，商务印书馆 2005 年版，第 17~20 页。

息本身并不具有太大的价值。正是数据库制作者投入了其享有"所有权"的人力、物力和财力，对其进行加工，使零散的信息之间关联性增加，成了有机的数据库系统而脱离了"自然所提供的和那个东西所处的状态"，进而"有所增益"，产生了附加价值，最终使其服务于人们的生产、生活的需要。此外，赋予数据库财产权并不意味着其不能够"留有足够的同样好的东西给其他人所共有"，对此在下文中会进行论述。因此，根据财产权劳动学说，数据库制作者对数据库享有财产权也就是天经地义的了。

2. 经济学"激励"理论

上述均是站在数据库制作者的立场进行论证的。而经济学中的"激励"理论能够从功利主义的角度出发，站在宏观的社会福利而非个人福利的立场上来对数据库财产权取得的正当性进行论证。在经济学中，激励（incentive）是引起一个人做出某种行为的某种东西（例如惩罚或奖励的预期）。由于理性人通过比较成本与收益作出决策，所以，他们会对激励做出反应。[1]在激励理论的视野下，赋予人们对通过自己的劳动所产生的产品的某些权利，因而能够增加社会产品的总量而促进社会进步。数据库的"公共产品"特性决定了其通过私人手段很难对其投入了人力、物力、财力而生产出的数据库产品进行有效控制。如果任由此情形发展，当他人以较低的成本拷贝数据而进行商业性使用后，将对数据库产品生产者的市场产生替代性影响，其付出的投资难以得到回报。这将大大打击数据库产品生产者的积极性，而使得社会中数据库产品的总量减少，最终使得社会福利减少。而只有赋予数据库制作者以独占的财产权，使得其投资得以回报，才能够激励其生产更多的数据库产品，进而促进信息产业的发展，使社会福利增加。

综上所述，个人与社会公众在利益保护上存在着矛盾，然而无论站在数据库制作者个人的立场，还是社会公众的立场来看，赋予数据库制作者以财产权均具有合法性与正当性。

---

〔1〕 参见［美］曼昆：《经济学原理：宏观经济学分册》，梁小民、梁砾译，北京大学出版社2015年版，第7页。

四、数据库的物权法保护

（一）"物必有体"之反思

1. "物必有体"之历史沿革

在古罗马时期，人们所称的物，是一切为人力可以支配、对人有用，并能构成人们财产组成部分的事物。[1]罗马法学家盖尤士进而对"物"进行了有体物与无体物的划分。[2]作为近代民法典鼻祖的《法国民法典》对这一观点进行了继承。然而，同样继承罗马法的《德国民法典》却一改罗马法的做法，《德国民法典》第90条规定："法律上所称之物，仅指有体物而言。"由此确立了"物必有体"的原则。这一原则对大陆法系国家影响深远，我国也不例外。然而，现代科技的迅猛发展，一成不变地将"物"限定为有体，已成为社会发展的桎梏。鉴于此，学理上纷纷对"物必有体"原则进行修正，将那些虽然不符合"有体"条件，但却在特征上与有体物相符的客体纳入到"物"中来。例如"能够为人力所控制的电、气、光波、磁波等物"[3]。梁慧星教授也指出："'物'不限于有体。"[4]遗憾的是，对于数据库、知识产权客体这类本质为信息的无形财产，许多人还是将其认定为与物权并列的一类客体，从而难以获得物权法的保护。这不得不说是一大缺憾。在当下，"物必有体"的原则，已经摆脱了"有形"的限制，经历了一次从"有形物"到"无形物"的飞跃。但飞跃得仍不够彻底，因为仍然将物所具备的物理属性作为"物"的限定条件。鉴于此，为何不再进行一次更为彻底的飞跃，摆脱"物理"的限制？

2. "物必有体"原则的突破

将"物"限定为"有体"是过去科学技术之下的产物，是当时人们认识的局限性导致的。随着科技的发展，社会的需求使得财产权客体被迫地扩张。而笔者认为，"物"是否有体，影响到的是能否实现对其物理上的占有。然而，能否实现物理上的占有，意义究竟有多大？

---

[1] 参见周枏：《罗马法原论》，商务印书馆2001年版，第276页。

[2] 参见吴汉东：《无形财产权基本问题研究（第3版）》，中国人民大学出版社2013年版，第4页。

[3] ［美］曼昆：《经济学原理：宏观经济学分册》，梁小民、梁砾译，北京大学出版社2015年版，第209~210页。

[4] 梁慧星主编：《中国物权法研究（上）》，法律出版社1998年版，第31页。

首先，从物权的目的来看，"物权的目的在于享受物之利益"〔1〕，而要实现这一目的，物权要发挥三种功能：确认物的归属，在此基础上确保物权人对物的利用，同时使物权人能够就物的价值而设立债务的担保。而对有体物进行物理上的占有，一是在于解决有体物的公示问题，二是在于对具有使用价值的有体物，以占有作为前提，而进行物理上的使用，以发挥物的效用。然而，财产权本质上不是指权利人对物的占有或支配，而是权利人主张的其支配权的不可侵犯性。在物理上对物进行如何的占有和使用，并不是法律所关注的。法律所关注的，是权利人依其意志对法律所赋予的"力"的支配，本质上，权利人所享有的，也是对法律所赋予的"力"的支配。因此，从这点上来看，占有在法律上的意义，仅仅在于解决所有物的公示问题。进而可以推定，"物"是否有体，仅仅影响公示的方式罢了，只不过有体物的公示通过简单的物理上的占有更容易实现而已。这点从《中华人民共和国物权法》（以下简称《物权法》）第17章第2节对无形的权利质权的规定可以得到印证。该节作出特别规定的意义，恰恰在于解决无形的权利无法进行物理上的占有所带来的公示方式的问题。在解决了其特别的公示方式后，其在第229条规定："权利质权除适用本节规定外，适用本章第一节动产质权的规定。"此外，从电、气、光波等无法进行物理上占有的无形物也能够成为特殊的动产，也可看出："物"是否能够实现物理上的占有对"物"能否成为物权客体的影响微乎其微，只要解决了公示问题进而确认了物的归属后，物权人对物的利用与就物的价值而设立债务的担保这两种物之利益即可实现。换言之，能够对物权客体进行物理上的占有，与能否最终进行法律上的"拥有"之间，并无必然的联系。

其次，在坚持"物必有体"原则的观点中，有代表性的齐爱民教授是这样论述的：只有有体物才是物权法保护客体的思想，是现代物权法的基础和灵魂，从民法传统来看，确定有体物的法律要素之一是人们能否通过建立一种直接支配关系来行使权利。光、电、磁等自然力被作为物权的客体，主要是因其移转其上的财产利益亦随之移转，从而新的支配关系得以建立。〔2〕依

---

〔1〕 魏振瀛主编：《民法（第5版）》，北京大学出版社、高等教育出版社2013年版，第210页。

〔2〕 参见齐爱民："论信息财产的法律保护与大陆法系财产权体系之建立——兼论物权法、知识产权法与信息财产法之关系"，载《学术论坛》2009年第2期。

此主张，又如何理解观念交付中的占有改定所导致的"物未移转而其上的财产利益却发生移转"的现象？应认识到，现实的世界和法律的世界存在于不同的维度里，两者并非是一一对应的。"现实世界"是自然界客观形成的，而"法律世界"是人脑意识构建的，其主观能动性不容忽视。"法律世界"的构建者完全可以发挥其主观能动性，选择采取对现实世界的客观存在进行确认的方式，将其"照搬"至法律世界中，也可以根据其利益的需要，直接采取拟制的方式对法律世界进行"创造性"的构建。

最后，也有学者认为："在社会化大生产和商品经济尚未高度发展，无形财产尚未大量出现，地位不很重要的历史条件下，认为所有权的客体仅指有形财产……是可以理解的……但是，联系到变化了的客观实际深入研究以后，应该指出，作为所有权客体的'财产'，不仅包括有形财产，而且包括无形财产。"[1]对此主张笔者予以肯定，但一些具备"公共物品"属性的无形财产，还是具有其固有的特殊性的，因此，在物权的行使方式及保护方式上，应再进一步进行探究。

综上所述，物理上的"占有"于物权法的意义，仅在于解决确认物的归属所带来的公示方式问题。只要解决该问题，数据库完全可以像有体物一样实现物权法所赋予的排他性支配。因此，"物必有体"在现如今已经不能满足社会科技的发展对财产权客体扩张的需要，应当予以突破，以对"物"有全新的理解。

（二）数据库物权保护的合理性

上述的论述，使得对"物"的本质有了进一步的认识，而不必再拘泥于是否"有体"之上。而只要数据库所具有的法律属性符合"物"的本质特征，就可以被认定为"物"而获得物权的保护。通说认为，民法上的物具有五大属性：可支配性、独立性、非人身性、价值性和有体性。[2]而在否定了"物"的有体性之后，剩下的可支配性、独立性、非人身性、价值性就是"物"所具有的本质特征。对于数据库的可支配性、独立性、价值性，上文已进行过详细论述，故此处不予赘述。而对于数据库的非人身性，上文也已提

---

〔1〕 杨紫烜："财产所有权客体新论——兼论公司财产权和股东财产权的客体"，载《中外法学》1996年第3期。

〔2〕 参见仲相、司艳丽："知识产权法中物权理论的应用"，载《烟台大学学报（哲学社会科学版）》2002年第3期。

到，数据库可以独立于主体而存在，而不是只存在于人的意念中而不可被他人感知。虽然数据库中可能因包含个人信息而具有人身性，但是对于包含了个人信息的数据库，涉及的是两个不同的法律关系。因此，这并不影响数据库制作者因其对个人信息的加工事实而产生物权法律关系进而获得非人身性的财产权，只不过其在行使时会受到他人人身权的限制。这种情况对于有体物也是存在的。例如，一张人体写真摄影照片，会涉及照片这一物质载体所有人的所有权、摄影师的著作权，以及照片中人物的肖像权问题。而这并不能说明照片就不具有非人身性，对于照片的所有权人而言，其依然享有非人身性的所有权，只不过当上述三者权利分别属于三个主体时，照片所有人会受到限制。如将照片上传到网络上进行信息网络传播时，须取得肖像权人和摄影作品著作权人的同意。综上所述，数据库具备了"物"的本质特征，因此可以被认定为"物"而获得物权的保护。

（三）数据库物权行使与保护方式的特殊性

数据库的特殊性，会影响到物权法具体的适用。但需要指出的是，数据库的特殊性仅在物权的行使和保护问题上具有具体影响，并不会影响到数据库物权的取得。而数据库在物权法意义上的特殊性，主要就是其具有的无形性以及"公共物品"属性这两个方面导致的。

首先，在公示方式上具有特殊性。数据库的无形性及"公共物品"属性决定了无法对其进行物理上的占有，从而进行公示。因此，在公示方式上与有体物存在不同。数据库物权的公示方式，可以参照知识产权的公示方式来解决，如著作权法中的署名问题。《著作权法》第11条第4款规定："如无相反证明，在作品上署名的公民、法人或者其他组织为作者。"对于数据库也如此，在数据库产品上署名的公民、法人或其他组织，如无相反证明，推定为数据库的所有者。此外，也可像专利权和商标权一样通过登记的方式来解决。

其次，在物权的权能和适用物权保护请求权的方面具有特殊性。第一，所有权的权能包括占有、使用、收益、处分。由于数据库无法进行物理上的占有，数据库所有权的权能仅包含了后三者。同时，对于一些以进行物理上的占有为必要条件的权利，如留置权，数据库因其固有性质而无法获得。第二，数据库的"公共物品"属性决定了当他人对数据库进行非商业性使用时，并不会妨害数据库所有权人对数据库的使用。因此，数据库所有权人无法使用也无必要使用"返还原物"的物权请求权来对其数据库进行保护。同时，也因其使用权能未受到妨害，而不能以其使用权能被妨害为由请求排除妨害。但这并不意味着其使用权能不会受到妨害。例如，当数据库所有权人将数据库发布到网站上进行销售，却被他人以不正当理由删除时，其可以使用权能被妨害为由主张适用物权方式对其进行保护。第三，当他人对其数据库进行商业性使用，足以对其市场造成影响时，其收益权能才会受到妨害，此时，数据库所有权人可以主张排除妨害，并同时要求赔偿相应的损失。

（四）数据库物权的限制

赋予数据库以物权，可能会令部分人产生担忧，即认为赋予数据库制作者以物权，可能会导致其对取自于公有领域的信息获得过强的垄断性。然而，数据库本身所固有的性质决定了即便赋予了数据库制作者以物权，其获得的独占性依然达不到有体物所有权获得的独占性的强度。

首先，数据库的"公共物品"属性决定了当他人非商业性使用数据库所有权人的数据库时，并不会妨害到数据库所有权人对其客体物的效用，因此，当公众出于学习、研究等非商业性目的而对数据库进行使用时，数据库所有权人无权阻止。这恰恰满足了洛克所提出的"至少还留有足够的同样好的东西给其他人所共有"的要求。

其次，当数据库内容中包含有个人信息、他人作品，进而涉及他人的人格权或者著作权等权利时，如果其行使物权的某些行为足以侵犯到他人的权利，应征得相应的权利人的同意。

最后，依据《物权法》第44条之规定，当发生紧急情况时，出于公共利益的目的，可以对数据库所有权人的数据库进行强制性征用，以满足社会公共利益的需要。

五、结语

适用物权法对数据库进行保护，具有合法性与正当性，能够兼顾数据库制作者和社会公众的利益，促进信息产业的繁荣发展。因此，具有重要的意义。在专门针对数据库进行保护的相关特别法出台以前，适用物权法对数据库进行保护不失为权宜之计。此外，即便在特别法出台之后，确认数据库的物权性，也有助于认清物权法与特别法之间"一般法与特殊法"的关系。这使得在适用特别法对数据库进行保护之外，对一些特别法所不能触及的方面，也能够适用物权法进行"兜底性"保护。同时，一些物权法中的制度也能够适用于数据库财产权之上，这样一来，一是节约了立法的成本；二是有助于财产权体系的协调性与系统性；三是使得作为人类几千年智慧结晶的物权法制度得以更为广泛地适用。

论民事法律关系中人工智能的法律人格

董　彪*

人工智能（Artificial Intelligence）的智能属性注定其不会像其他人类创造物一样，仅仅是一种工具性或手段性的存在。人工智能是人吗？即人工智能的法律人格问题自人工智能概念产生之日起便成为人类为之不懈探索的难解。[1]但是，由于科技和人类认知水平的限制，人工智能法律人格的问题一直停留在科学幻想和纯粹理论分析的层面，人工智能未能突破以客体形式存在的藩篱。[2]这一状况在近十年间发生了变化，人工智能法律人格问题从科幻和书斋走进现实生活，出现被认可的趋势，如沙特赋予机器人索菲亚（Sophia）以国籍，美国高速公路交通安全局（NHTSA）认可谷歌（Google）驾驶系统具有司机地位。解决人工智能创作物的权利归属与侵权法律责任的认定、智能驾驶的侵权法律责任承担、人工智能是否享有人格尊严的权利等问题都需要对传统法律人格理论进行反思。

一、作为客体存在的人工智能及遭遇的挑战

（一）人工智能作为客体存在的理论预设

主体与客体严格区分的二元框架是构建近现代民法体系的基础之一。传

　＊　董彪，北京工商大学法学院副教授。本文系教育部人文社科基金青年项目"人工智能时代新型民事法律责任规则研究"（项目编号：18YJC820014）阶段性成果。
　〔1〕　如奥斯卡金像奖提名影片《机器管家（Bicentennial Man）》提出了人工智能是否能够取得与人同样的主体资格的问题。
　〔2〕　Lawrence B. Solum, "Legal Personhood for Artificial Intelligences", *North Carolina Law Review*, 70 (1992), p. 1231. ——笔者译

统法律体系中人工智能的法律定位以人工智能的工具属性和主体与客体二元区分为基础。人工智能是由有形载体承载计算机编程的结果，是人类创造或设计的产品，与人类利用的众多其他工具无异，属于可供人类支配或利用的财产。人工智能是一种工具性或手段性的存在，在法律关系中处于客体地位，无所谓法律人格，不具备承载权利、义务或责任的资格。

将人工智能作为客体存在的理论预设，侧重于人工智能中"人工"的部分。"人工"意味着人工智能是人类的创造物，是人类智慧的结果，是人类征服世界的外在表征。人类与人工智能之间类似于"造物主"与创造物的关系。所谓人工智能的行为并非其自主意识的结果，而是人类意志的体现或折射。

人工智能创作诗歌、新闻稿、小说等不过是人类意志的延伸。人类借助人工智能进行创作与借助电脑、打字机等设备进行创作并无本质的区别。设计或使用人工智能的人类是创作的思想源泉，作为法律关系客体的人工智能不具有享有权利的资格。人工智能对创作物享有权利的命题倘若成立，无异于认可客体对客体享有权利的理论，这在传统法律体系框架下难以理论自洽，是荒谬的。同理，人工智能也不能作为承载义务或责任的主体。作为工具的人工智能实施"行为"的背后隐藏着设计者、制造者、使用者等人类主体的意志，因而其导致的社会危害性或造成的损失应由传统法律意义上的"人"承担。总之，人类创造了人工智能并将其作为工具影响社会生活，所谓的人工智能行为不具有独立于人类意志或行为的价值。

（二）人工智能作为客体存在的理论预设遭遇的冲击

时至今日，人工智能作为客体的理论预设仍然具有存在的现实基础。从人工智能技术发展的角度而言，虽然人工智能在诸多领域体现出优越于人类智能的特点，但是能够与人类智能媲美的通用型人工智能仍处于探索阶段。当下人工智能主要扮演任务执行者的角色，即按照人类预先设定的程序和指令而作为或不作为。人工智能基于自主意识而行为的技术尚未达到普及的程度，也未形成技术共识。

即便如此，人工智能作为客体存在的理论预设也并非颠扑不破。人工智能学习和认知能力的不断增强冲击着将人工智能作为纯粹客体的理论预设。人工智能的行为模式由"命令——行动"转变为"感知——思考——行动"，人工智能行为的自主性增强，人工智能行为与人的意志或行为之间的联系逐渐被切断，相对独立，将人工智能创作物的权利归属于人类或者将人工智能造成的人身或财产损失归责于生产者、所有者或使用者的基础动摇甚至丧失。"机器人的自主性越强，就越难将其当成是其他主体（比如制造商、所有人、使用者等）手中的简单工具，这反过来使得既有的责任规则开始变得不足，因而需要新的规则。"[1]

人工智能行为的独立性、自主性直接冲击传统民事法律制度中的民事主体规则、权利归属规则以及责任承担规则，模糊了民事主体与民事客体的界限，引发对民事法律关系中法律人格理论基础的深层思考。人工智能能否作为民事主体，具有法律人格成为规则体系重构的核心与关键。解决这一问题必须以反思传统法学理论和法律体系中取得法律资格的正当理由和条件为基础。

二、智能主体一元化视角下人工智能法律人格问题思考：涵摄式路径

智能主体一元化视角下，人是现实世界中唯一具有心智和灵性的社会存在，是法律主体制度设计的唯一原型和基础。人之外的其他社会存在原则上不具有法律人格，在某些特定的情境，为了满足人类利益的需要，通过拟制的立法技术，赋予部分社会主体法律人格。

智能主体一元化视角下，人工智能作为人类创造物，不具有与人类同等或者类似心智和灵性，原则上不具有法律人格。只有为了人类利益的需要，才可能将其作为拟制的主体，赋予其法律人格。

人工智能法律人格的涵摄式路径是指通过对传统法律人格理论和规则体系中的法律人格内涵进行解读，分析人工智能与传统民事主体的异同，考察人工智能是否能够纳入到"人"的范畴中。这是借助逻辑三段论推理解决人工智能法律人格问题的路径。其中，大前提是具备法律人格需要具有若干基本要素，小前提是人工智能具有或不具有上述基本要素。而大前提中基本要素的模糊性和争议性以及小前提中确定人工智能是否具备基本要素的技术性是该解决方案中的难点。

（一）"人之为人"的正当理由

传统民法体系中，民事主体等同于民法上的人。民事主体资格或法律人

---

[1] 司晓、曹建峰："论人工智能的民事责任：以自动驾驶汽车和智能机器人为切入点"，载《法律科学（西北政法大学学报）》2017 年第 5 期。

格的制度设计具有显著的人类中心主义色彩。主客体二元划分的框架下，人占据主体地位，人以外的其他事物是人类征服的对象，以客体的形式存在。基因是判断"人之为人"的基本标准。民法上的人是以生物学意义上的人为基础或原型。在这一意义上，日常生活中，"人"通常指"自然人"（human being）。法律意义上的"人"是经过法律技术处理的结果，指向权利和义务的承担者（subject）。[1]但是，民法上的人并不简单等同于生物学意义上的人。作为基因标准的限缩与扩张，民法上出现了"人可非人"与"非人可人"的现象。

1. 基因标准的限缩：身份标准下的"人可非人"现象

近代社会以前，采用"基因标准+身份标准"确定取得法律人格的主体资格。基因标准将非生理意义上的人排除在民事主体范围之外。而生物学意义上的人也并不必然具有法律上的权利能力或责任能力，能够作为法律主体，即"人可非人"。法律以"强而智"的人像预设为基础设计主体意义上的人，将具有"弱而愚"特征的生物学意义上的人排除在法律主体之外。法律主体资格是一种特殊的身份，不具有普遍性。古罗马法中，奴隶以客体的形式存在，与牲口并无差异；妇女、未成年子女的主体身份存在瑕疵；即便是作为一家之主的"家父"也可能遭遇人格减等。

2. 基因标准的恢复：自由意志标准下民法上差异化的人

近代社会，经过3R运动，身份标准不再被作为判断能否取得法律主体资格的依据。是否具有人类的基因是取得法律人格的唯一标准，具有决定性作用，即只要属于生理学意义上的人都具有法律主体资格。概言之，生物学意义上的人具备成为民法上的人的充分条件。

生物学意义上的人与人之间事实上的差异在抽象的法律人格中被抹平。人人平等、独立、自由的时代最强音在民事主体法律规则中得以体现。自然人的权利能力与行为能力分离。权利能力对应法律人格，一切具有人类基因的存在都应当无差异地取得民事主体资格，成为民法上的人；而行为能力体现了具有同等法律人格的不同类型群体参与现实社会生活能力方面的差异。判断主体的行为能力往往采用自由意志的标准，即基于主体拥有自由意志的

---

〔1〕 参见［美］约翰·奇普曼·格雷：《法律的性质与渊源（原书第2版）》，马驰译，中国政法大学出版社2012年版，第24页。

强弱区分主体的行为能力类型。

抽象法律人格理论下，基因标准是判断社会存在[1]是否具有法律人格的决定性标准，而自由意志则是具备法律人格的主体进一步类型化细分的判断标准。基因标准使得生物学意义上的人以"类存在"的方式获得普遍保护，成为权利、义务、责任的承载主体。自由意志不是决定社会存在能否具有法律人格的因素，它只影响拥有抽象法律人格的主体直接参与社会生活的范围。"而当意志能力确实不具备时——例如新生儿或白痴的案件——法律所归属给这类变态自然人的意志便并非来自于某个确定的个人，而是来自于大众，或是大多数正常自然人。"[2]

换言之，社会主体在人像预设上仍有"强而智"和"弱而愚"的区分，但是这一区分并不具有将某一群体排除在法律主体之外的功能，仅影响法律主体的行为能力及相应的责任能力。

现代社会，对消费者和劳动者等特殊群体利益的关注使得法律人格制度发生从无差异的抽象法律人格向有差异的具体法律人格的转向，法律规则设计在一定程度上出现"从契约到身份"的回归。这一回归的目的并不是复辟特权思想，而是对弱势群体利益的特殊保护。具体法律人格理论与抽象法律人格理论在将基因作为判断法律人格的决定性要素方面不存在差异，两者的不同之处在于抽象法律人格理论中的人像预设是单色调、无差异的，而具体法律人格理论中的人像预设考虑社会生活中主体事实上的差异，在法律人格上进行类型划分。

3. 基因标准的扩张：延伸保护标准下的"非人可人"现象

基因标准的扩张是指包含人类基因的非人存在或以人或物聚合形态存在的非人组织因直接或间接满足基因标准，在不同程度、不同范围内被视为民事权利主体。也就是说，非生物学意义上的人在特定条件下存在取得法律人格的可能性。

一方面，人类基因在法律规则设计中的重要性使得人格利益出现被延伸保护的趋势。载有遗传基因的物质，如受精卵、尸体等，受人格利益延伸保

---

[1] 社会存在是指社会生活客观存在的事物或现象，如生物学意义上的人、合伙、法人、动物、植物、人造物、知识产权等。

[2] [美]约翰·奇普曼·格雷：《法律的性质与渊源（原书第2版）》，马驰译，中国政法大学出版社2012年版，第34页。

护，不同于一般的物，不能简单地被视为客体。胎儿利益受到法律保护，在一定范围内视为具有法律人格。[1]"克隆人"技术上的可能性以及伦理上的正当性存在争议，但是，一旦"克隆人"成为现实，因其本质上与人类并无差异，取得法律人格应当没有障碍。

另一方面，社会生活中自然人既可以以独立个体的形态出现，也可以以聚合的形态存在。虽然自然人与团体在意思表示的方式上存在差异，但是本质上具有同质性。作为自然人集合体的公司、合伙与社会团体组织虽然不属于生物学意义上的人，但是法律在不同程度上承认其主体地位。赋予自然人聚合形态下的团体以主体资格是自然人主体资格延伸的必然结果。以法人为例，"法人制度本身就是对'人'这一概念在法律上提出的挑战。但是，法人制度从来没有威胁到人的主体地位，反而被视为是人的手臂之延展，进而被认为是实现人的价值的最伟大制度发明"[2]。

（二）基因标准下人工智能的法律人格分析

以是否具有人类基因或是否属于人类基因延展所及的范围判断人工智能能否具有法律人格具有明显的人类中心主义。它深蕴"对人终极关怀"的价值理念，体现了法律规则为人类服务的目的以及对"类存在"的人的普遍尊重。"人是万物的尺度"，人类之外的存在都是一种客体性或工具性的存在。将基因标准推向极致，肉体也被赋予了特殊的重要性，成为人性不可或缺的组成部分。卡罗瓦（Karlowa）认为："肉身并不仅仅是人性驻留的居所，它与灵魂一道组成了人性，而对于生活来说，灵魂则与肉身不可分离地结合在一起。"[3]

严格的基因标准之下人工智能与动物、植物类似，因不具有人类基因原则上不具有法律人格。但是，在严格的基因标准下，也并非会绝对将非人类基因的社会存在排斥在具有法律人格的主体之外。当今社会，部分学者主张在一些国家或地区立法中反映的"动物权利论"或"生态权利观"就将部分与人类基因完全无关的社会存在在一定范围内纳入到法律主体的范畴加以保

---

〔1〕《中华人民共和国民法总则》第16条规定："涉及遗产继承、接受赠与等胎儿利益保护的，胎儿视为具有民事权利能力。但是胎儿娩出时为死体的，其民事权利能力自始不存在。"

〔2〕易继明："人工智能创作物是作品吗？"，载《法律科学（西北政法大学学报）》2017年第5期。

〔3〕［美］约翰·奇普曼·格雷：《法律的性质与渊源（原书第2版）》，马驰译，中国政法大学出版社2012年版，第25页。

护。事实上，所谓的"动物权利论"或"生态权利观"不过是人类基于整体利益或未来利益的考量的结果，仍然是以人类利益为出发点和终极目的。"即使颁布这些法律的目的在于动物本身，动物也没有权利。当法律主体诉诸国家要求强制实施制定法时，法律将之当作意志的实施，这种意志或为其本人意志，或为国家意志，或为其他某些人类组织体的意志。现代文明社会的法律并不认可动物能够作为法律权利的承担者。"[1]

动物权利以及取得权利资格命题的提出，并未构成对法律主体制度的实质性冲击。"动物权利观"仍然是建立在人类利益本位基础上的，是人类利益折射的结果。动物权利与人类权利的冲突主要根源于人类未来利益与当前利益、整体利益与局部利益的差异。

法律规则始终是人类社会设计的产物，与人类基因相关性的强弱成为判断社会存在能否成为具有法律人格的主体的标准。在这一理论预设下，不具有人类基因的社会存在原则上不具有法律人格，作为例外基于利益考量在一定范围内赋予非人类法律人格。人工智能与动物一样，能否具有法律人格完全是人类设计的结果。人工智能即便被赋予法律人格，也仍然隐含着将人工智能作为工具性、手段性而非目的性存在的预设。如同影片《机器管家》中的情形，赋予人工智能以法律主体资格不过是人类的"恩赐"。人工智能作为具有法律人格的主体并不具有与人类同等的地位，其权利的享有和行使都是人类设计的结果且最终是为了服务于人类社会。

法律人格制度具有较强的价值宣誓功能，它反映了人人生而平等的价值理念，明确人是目的性而非手段性的存在。将人作为区别于其他生物或社会存在的独立类型予以特殊的"类保护"是主体与客体二元划分的基石。

三、智能主体多元化视角下人工智能法律人格问题思考：新设式路径

民事主体类型多元化是以人类智能与人工智能二元区分为基础的法律主体制度设计。它突破了人类中心主义的立场，将以人工智能技术为基础的机器人作为独立于人类的新的族群。人工智能不是人类智能的附属物或衍生品，人类智能并不天然优越于人工智能。

---

[1] [美]约翰·奇普曼·格雷：《法律的性质与渊源（原书第2版）》，马驰译，中国政法大学出版社2012年版，第38页。

民事主体类型多元化以人工智能摆脱对人类智能的依附，获得独立性为前提。人工智能技术的发展逐步缩小着人类智能与人工智能的差距，人工智能甚至在诸多场合表现出超越人类智能的优势。

人工智能时代以前，法律人格制度的演变是围绕基因标准展开的。近代以前，关于法律人格的争论集中在人类基因是否存在等级性或差异性之上，即能否将部分具有人类基因的生物学意义上的人排除在主体之外。近现代社会，生物学意义上的人普遍取得了法律主体资格，关于法律人格的争论转移到人类基因延伸保护的范围问题，法人以及其他社会组织等作为集合性的人被视为具有法律人格。动物等完全与人类基因无关的社会存在是否具有法律人格在理论上存在一定争议，在立法上也有一定体现，并未撼动传统的以基因为标准判断法律人格的传统法律体系。

"对人终极关怀"的人文价值观是通过基因标准判断法律人格的理论基础。这一标准具有明确、可操作性的特征，但是，存在过于武断之嫌。它并没有回答人类当然具有法律地位的深层原因，即"人之为人"的根本性问题。倘若人工智能或其他形式的社会存在具有作为"人之为人"之根本的共性特征，则其在理论上亦存在具有法律人格的可能。

从生物进化论的角度而言，人类是由动物进化而来的，作为区别于其他动物的独特物种的根源在于人脑的构造。基于人脑的特殊构造，人类在思维方面具有明显优越于其他物种的优势，具有基于独立意志行为的可能性。人工智能时代以前，人类以外的其他生物以及人类的创造物都不具有类似人脑的思维器官。人脑的独特构造以及人类思维方式的特殊性作为判断人类与其他生物以及人类创造物之间根本区别的标准具有正当性。人工智能中智能的属性表明人工智能技术指向的对象恰恰是模拟人脑思维或人类智能的部分。人工智能虽然不具有人类基因，但是在思维、意志、智能方面存在与人类相似之处，甚至可能超越。

倘若人工智能具有类似于人类的思维或独立意志，则人工智能作为独立法律主体具有理论上的可能性。但是，人工智能能否具有独立思维或独立意志在认识上存在分歧。这首先是认识论上的难题。如何确定人工智能是否具有"自主意识"的属性？持怀疑主义论调的学者认为，倘若人与人工智能是相对独立的实体，那么人类无法确定人工智能是否具有"自主意识"。正如《庄子·秋水》中惠子问庄子："子非鱼，安知鱼之乐?"

（一）形而下的路径：结果导向的测试或思想试验

人工智能能否思维以及是否具有心智的抽象问题涉及对思维、心智等抽象概念的理解以及对其本质的认识。为避免因抽象概念引发认识分歧，部分学者或实务工作者回避思维、心智等抽象概念，以结果导向的测试或思想试验判断机器是否达到了智能的要求。

图灵测试（Turing Test）通过比较人工智能与人类输出的内容（output）的模仿游戏（Imitation Game）判断机器是否达到了智能的要求。图灵测试具有明显的结果导向特征，其关注的重心不在于输出内容的过程是否符合思维、心智等抽象概念的要求。迄今为止，结果导向的图灵测试仍然是判断机器是否达到智能要求的重要方法。

但是，关于该方法的合理性存在质疑。赛尔（John Searle）便提出了"中文房间"（Chinese Room）的思想实验，质疑图灵测试关于智能的判断。[1]"中文房间"思想实验中，尽管被测试者足以以假乱真，使得房间外的人确信其懂中文，但是，事实上被测试者根本不懂中文。基于该试验结论赛尔主张，思维不应归因于模拟人类智能处理符号的程序。符号处理程序不构成"思维"（thinking）或"理解"（understanding），因为它缺乏"意向性"，即处理意义的能力。符号的形状是语法属性（Syntactic Property），其意义是语义属性（Semantic Property），计算机仅回应语法属性。[2]"中文房间"输出的符合中文表达要求的语句表面上看是对输入该房间的信息的回应，但是，"中文房间"内处理信息的过程只针对输入内容的形状或语法属性，并不涉及理解或思维。[3]

（二）形而上的路径：以思维等抽象概念为中心

智能革命引发的社会变革体现了人类智能的自我超越还是新型智能形态

---

〔1〕 "中文房间"思想实验是20世纪80年代初由美国哲学家赛尔提出的，其过程是：将以英语为母语、对中文一窍不通的被测试者关闭在房间内。房间里有一本用英文写成的关于中文翻译程序的规则手册。房间外的人向房间内传递用中文写成的问题。房间内的被测试者可以通过规则手册进行解答，给出答案。这一过程中，房间外的人扮演的角色相当于程序员；房间中的人相当于计算机；规则手册相当于计算机程序。

〔2〕 Lawrence B. Solum, "Legal Personhood for Artificial Intelligences", *North Carolina Law Review*, 70 (1992), p. 1237.

〔3〕 Lawrence B. Solum, "Legal Personhood for Artificial Intelligences", *North Carolina Law Review*, 70 (1992), p. 1237.

对人类智能的超越？对此学者认识不一。有学者认为，无论是人工智能战胜专业棋手还是普遍应用的模拟人类专家的专家系统（Expert System）都是数字计算机编程的结果，是人类智能通过人工智能的展现。人工智能不过是人类智能的延伸或再现，并不存在独立于人类智能的人工智能。

关于机器能否思维的问题是由笛卡尔（Rene Descartes）首先提出的。他对机器思维持否定性态度，认为"我思故我在"，思维是人的基本素质，是人类与人造物的区别所在，机器作为人造物即便能够进行语言表达甚至对行为做出反应，也不能在不同情形下在当时做出适当的回应。而霍布斯（Thomas Hobbes）在《十六—十八世纪西欧各国哲学》一书中提出"推理即计算"的观点，首先提出了心智的可计算性理论。奥卡姆认为，认知科学以人类智能本质上具有可计算性假设为基础，人类的大脑能够模式化为运行计算机的程序。[1]

人工智能出现后，笛卡尔关于人造物不具有思维能力的论断一直是争议的焦点。"对于达到人工智能终极目标而言，意识是一个绕不开的难题。如果未来'通用型人工智能'成为可能，一定会伴随着'机器意识'的出现。而对于本轮基于机器学习的人工智能浪潮而言，这还是一个相对遥远的研究方向。"[2]

四、情景化预设下人工智能法律人格问题的解决路径

法律规则与制度设计需要因时势变化，针对不同社会场景做出差异化规则或制度设计具有正当性。人工智能时代的不同阶段，人工智能依赖人类的需要、人工智能意志与行为的自主性等方面存在差异，人工智能是否应当具有法律人格在差异化的情景预设下需要区别对待。

（一）区分弱人工智能时代与强人工智能时代进行差异化设计

根据人工智能在思维和意志方面对人类的依附性不同，人工智能时代可以分为强人工智能时代与弱人工智能时代。人工智能需要依赖于人类设计或编程进行推理和解决问题的时代被称为弱人工智能时代，而人工智能依靠其独立的思维和意志自主行为的时代被称为强人工智能时代。需要结合时代特

---

〔1〕 Lawrence B. Solum, "Legal Personhood for Artificial Intelligences", *North Carolina Law Review*, 70（1992）, p. 1231——笔者译

〔2〕 腾讯研究院等：《人工智能》，中国人民大学出版社2017年版，第10页。

征对人工智能法律人格进行制度设计。

（二）弱人工智能时代无需赋予人工智能独立法律人格

弱人工智能时代，"人工智能离通用型人工智能还有一段距离。工具型人工智能无法产生意识"[1]。人工智能尚未达到"自我觉醒"的程度，无法独立思维并自主判断和行为，所谓人工智能的思维或意识不过是人类设计或编程的结果。人工智能与其他人类创造物类似，在社会生活中主要起到工具性和手段性作用。

法律规则的设计具有体系化效应，局部规则变化在不同程度上影响着法律的内在精神气质与外在规范结构。法律主体类型和范围的规则设计是法律规则设计的基础，其变化具有牵一发而动全身的效果。主体与客体在类型与范围上存在的负相关性使得主体类型的增加以及范围的扩张必然导致客体类型的减少以及范围的限缩。而主体与客体类型与范围的变化又会影响原有的权利义务结构体系。鉴于法律主体类型的增加以及范围扩张对既有法律体系在内在价值理念和外在体系结构等方面的剧烈冲击，有必要考虑奥卡姆剃刀原理（Occam's Razor）[2]，对人工智能时代增设法律主体类型或扩张法律主体范围持审慎的态度。

弱人工智能时代，人工智能尚不具备独立的思维和意志，其在社会生活中发挥的作用与其他作为工具的人类创造物并无实质差异。将人工智能作为具有法律人格的法律主体进行规则设计在事实层面不具有足够的技术支撑，不仅无法产生积极的社会效果，而且会破坏法律规则体系原有的精神气质和结构。

弱人工智能时代关注法律人格问题的重心不在于规则设计而在于法律伦理上的可能性及限度。人工智能的历史演进一定程度上具有不可逆转性的特征，即人工智能一旦具备了与人类同等甚至超越人类的智能，人工智能基于独立、自主的意志从事行为的后果将是人类单方无法控制的。控制人工智能可能带来的灾难性风险需要从政策和法律制度等方面进行顶层设计，调控人工智能技术研发的方向与进度。换言之，在弱人工智能时代人工智能的法律

---

[1] 腾讯研究院等：《人工智能》，中国人民大学出版社 2017 年版，第 20 页。

[2] 奥卡姆剃刀原理（Occam's Razor）是由 14 世纪的逻辑学家奥卡姆的威廉（William of Occam）提出的。该原理被称为"如无必要，勿增实体"（Entities should not be multiplied unnecessarily）。

人格不是"应不应该"而是"可不可以"的问题。人类需要在对人工智能与人类的关系以及人工智能自主意志或行为未来发展可能性方面占据控制地位的阶段，合理规划人工智能未来走向的路线图。从法律伦理的角度探讨人工智能研发的技术限度，控制人工智能作为法律主体的进程及限度是弱人工智能时代法律的关注焦点之一。

（三）强人工智能时代基于利益多元化设计法律人格规则

关于强人工智能时代法律人格的规则设计，想象和科幻的色彩胜于严密的逻辑推理和理性分析。在技术条件尚未实现强人工智能的阶段，人类只能通过想象预设人类与未来强人工智能之间的关系，并基于此进行相关制度设计。预设的未来社会生活场景不同，制度设计迥异。

考虑到法律与现实生活的关系，对强人工智能时代法律人格进行规则设计不宜操之过急。因为，缺乏现实生活作为根基的规则设计往往只是空中楼阁，设计再完美也难以经受现实生活的考验。人工智能是否能够发展到与人类智能相媲美甚至超越人类智能的通用人工智能阶段尚属未知。倘若，通用人工智能技术得以实现，具有独立思维和意志的人工智能出现，人类将面临的可能不再是法律人格设计的问题，而是作为"类存在"的人工智能与作为"类存在"的人类之间进行利益协调和规则设计的问题。

智能驾驶汽车的侵权责任研究

姜　洁*

智能驾驶汽车作为未来汽车行业的发展方向，已经从原来的产业技术热点转变为当前全社会讨论的热点问题。关于"智能驾驶"，国际自动机工程师协会（SAE International）将其分为了6个等级：L0完全手动驾驶，L1驾驶支援，L2部分模块自动化，L3特定条件下自动化，L4高度自动化，L5全自动驾驶。[1]我国已有多家企业对不同级别的智能驾驶汽车进行了路测，目前百度Apollo开放平台声称已生产出L4级别的智能驾驶汽车，且计划于2020年完全实现高速和城市道路网自动驾驶。但就目前而言，即便智能驾驶汽车已经达到了高度自动化的程度，在路上也不能保证是绝对安全的，近年来与之相关的交通事故频频发生：在美国发生了谷歌Waymo碰撞隔离带、Uber智能驾驶汽车事故致人死亡等多起案件，我国也有特斯拉智能驾驶汽车致乘客死亡的类似交通事故案件发生。由此也引发了法律界对智能驾驶汽车侵权责任的诸多讨论：智能驾驶汽车的侵权责任应当由谁来承担？智能驾驶汽车的侵权责任应当适用怎样的归责原则？与之相应的交通事故责任保险又将作出怎样的变革？

一、智能驾驶汽车的分级与分类

关于智能驾驶汽车，目前国际上尚无各方均认可的统一标准和定义，当前较为主流的定义是国际自动机工程师协会（SAE International）提出的"五

---

* 姜洁，北京工商大学法学院硕士研究生。

〔1〕 National Highway Traffic Safety Administration's Federal Automated Vehicles Policy："Accelerating The Next Revolution in Roadway Safety"，载 perma. cc，https://perma. cc/VSX9－B6J6，最后访问日期：2018年12月18日。

阶段分级法"[1]，由于现行交通事故侵权责任制度是以人类驾驶者驾驶行为为中心构建的，所以笔者根据人类使用者驾驶责任承担比例、对车况及周边环境的注意义务、在紧急情况下是否接管车辆等要素，将这种分级方法进行了归纳，如表所示：

智能驾驶分级 SAE	名称	人类使用者驾驶责任承担比例	人类使用者对车况及周边环境的注意义务	接管
L0	人工驾驶	全部责任	全部注意义务	全程接管
L1	驾驶支援	部分责任	全部注意义务	全程接管
L2	部分自动驾驶	不承担驾驶责任	全部注意义务	手脚待命，随时接管
L3	条件自动驾驶	不承担驾驶责任	部分注意义务	手脚离开，随时接管
L4	高度自动驾驶	不承担驾驶责任	不承担注意义务	无需接管
L5	完全自动驾驶	不承担驾驶责任	不承担注意义务	无需接管

由表对比可以看出，L0~L1 阶段都是由人类使用者承担驾驶责任，在驾驶汽车的过程中需对车辆的状况及周边环境保持高度的注意义务，车辆的运行完全由人类驾驶员控制，故从法律角度看，这两个阶段的汽车都可以理解为传统的普通汽车，由现有的法律进行调整；L2~L3 阶段汽车本身可以在特定场景下监测驾驶环境，承担部分驾驶任务如可自动巡航、保持车道等，但人类驾驶员仍需保持注意义务，随时准备接管汽车，因此，人类使用者仍会在一定程度上影响到汽车的智能驾驶，故这阶段的智能驾驶汽车可以理解为非全自动化驾驶汽车；L4~L5 阶段都是由汽车本身承担全部驾驶任务的，区别只在于 L4 由于技术限制只能在特定场所自动驾驶，而 L5 则在任何场景下都可以进行全自动的驾驶，人类使用者就像乘坐出租车的乘客一样，几乎不会对汽车的自动驾驶产生影响，因此，这阶段的智能驾驶汽车可以理解为是全自动化驾驶汽车。

---

[1] 裴腾编译："为何美国交通部选用 SAE 的自动驾驶分级，而弃 NHTSA"，载《汽车商业评论》，http://m.sohu.com/n/470128000/?_trans_=000014_sougou_ss&v=3，最后访问日期：2018 年 11 月 25 日。

本文将以 L2～L3 阶段的非全自动化驾驶汽车和 L4～L5 阶段的全自动化驾驶汽车为研究对象分析其致人损害时的侵权责任问题。

二、智能驾驶汽车的侵权责任的具体探析

智能驾驶是人工智能技术飞速发展的情况下，破土而出的"春笋"。虽然是应运而生，但在当下的环境，与之相关的专门性法律法规寥寥无几，智能驾驶技术的应用与现有法律法规的冲突也是层出不穷。因此，为了让破土而出的"春笋"有更好的发展方向，应当保证技术和法律同步进行，让法律带动技术发展，使智能驾驶技术的发展得到更加准确的规范和引导。

（一）智能驾驶的侵权责任主体的范围

智能驾驶汽车的侵权责任主体一直是争议的焦点，在我国，一般认为法律关系主体是在法律之中，享有权利、负有义务和承担责任的国家、机构、组织以及公民。[1]智能驾驶汽车是"人类技术理性的延伸"[2]，并不具有主体性，将其"拟制为法律主体，当前并无迫切的现实需要，也缺乏可行性，并且有导致人的价值贬抑和物化、异化的危险"[3]，因此，智能驾驶的侵权责任的承担主体还是应当从现有的主体范围内寻找。按照可能引发智能驾驶汽车造成他人侵权损害的原因，可以将责任主体分为以下三类：

1. 智能驾驶汽车的保有人

我国司法实践对机动车保有人采取运行支配说与运行利益说的判断标准，认定某人是否是机动车损害赔偿的责任主体时，以该人与机动车之间是否有运行支配和运行利益的关联性加以确定。[4]因此，智能驾驶汽车的保有人是指对智能驾驶汽车的运行在事实上能够起到支配管理的地位且从智能驾驶汽车的运行中获得了利益的人，可能包括如智能驾驶汽车的所有人、占有人、实际使用人、管理人等。根据"危险开启说"，保有人选择开启危险源，并以此获得运行利益，应当承担侵权责任。

〔1〕 参见侯郭垒："自动驾驶汽车风险的立法规制研究"，载《法学论坛》2018 年第 5 期。

〔2〕 龙文懋："人工智能法律主体地位的法哲学思考"，载《法律科学（西北政法大学学报）》2018 年第 5 期。

〔3〕 龙文懋："人工智能法律主体地位的法哲学思考"，载《法律科学（西北政法大学学报）》2018 年第 5 期。

〔4〕 参见程啸："机动车损害赔偿责任主体研究"，载《法学研究》2006 年第 4 期。

2. 智能驾驶汽车的制造商和销售商

从消费者的角度来讲，可以将智能驾驶汽车看作一种产品，因汽车本身的质量或者技术存在缺陷造成的事故，如果制造商没有证据能够证明汽车本身不存在"不合理的危险"并且尽到了一切应当的注意义务的话，该汽车的制造商和销售商就应按照《中华人民共和国产品质量法》（以下简称《产品质量法》）和《中华人民共和国消费者权益保护法》承担侵权责任。且从风险和收益一致的原则来看，智能驾驶汽车的制造商通过销售智能驾驶汽车获得了巨额的利益，其比智能驾驶汽车的保有人更有承担赔付责任的能力，受害人的损失也更容易得到救济。

3. 智能驾驶系统的供应商

对于处于自动驾驶的智能驾驶汽车，汽车本身是驾驶行为的实际控制者，人类使用者对汽车的影响趋近于无，因此，在这种情况下，汽车发生交通事故，最大的可能就是智能驾驶汽车的系统故障造成的。这时仍可以认定为汽车存在产品缺陷，由智能驾驶汽车的制造商和销售商承担侵权责任是毋庸置疑的，但系统供应商作为系统程序和算法模型的创造编写者，也同样不能置身事外。从预防损害发生的角度来看，系统也是一种产品，其供应商掌握和控制着系统运行背后的算法的编写和升级，让系统供应商承担系统存在缺陷的产品责任，可以促使其以更加严谨的态度对待系统算法的编写，进行技术升级，保证智能驾驶技术的安全性能。因此，笔者认为智能驾驶汽车的制造商和销售商可以对外首先承担侵权责任，事后可向系统的供应商追责。

智能驾驶汽车侵权责任主体范围主要是以上三类，但需要注意的是，不同分级下的智能驾驶汽车在发生交通事故时，责任的承担主体是不同的，需要根据不同情形适用具体的侵权责任来进行归责。

（二）智能驾驶的侵权责任的归责原则

新事物的产生总是在旧事物的基础上进行的，智能驾驶侵权责任作为一种"新侵权现象"也应与既有的侵权行为与责任类型进行相似性的匹配审查，匹配审查以二者共同性为认定相似的基础，二者差异性不具有匹配价值，不作为匹配审查的参考。通过匹配审查的这个过程，可以使具有特殊性的智能驾驶侵权现象融入现有的法定类型之中，从而根据现有相似的法定类型来确定适宜智能驾驶侵权的归责原则。通过匹配审查发现，智能驾驶可能适用以下几种与其最近似的侵权责任的归责原则：

1. 适用机动车交通事故责任的归责原则

侵权责任体系中的机动车交通事故责任是智能驾驶侵权最直观的反映，根据《中华人民共和国民法总则》第 177 条、《中华人民共和国侵权责任法》（以下简称《侵权责任法》）第 11 条~12 条与第 42 条~43 条、《中华人民共和国道路交通安全法》（以下简称《道路交通安全法》）第 76 条等相关条文所形成的"以人类驾驶行为为核心"的传统归责原则体系可知：我国对于普通机动车的侵权采用多元归责体制，即以过错推定责任原则为主，过错责任原则为辅。具体而言，当交通事故发生在机动车之间，实行过错责任归责原则；而当交通事故是发生在机动车与非机动车、行人之间的时候，则采用过错推定责任原则，在机动车没有任何过错的例外情况下，机动车承担不超过10%的严格责任。智能驾驶汽车本质上仍属于机动车的范畴，上述归责原则在某些智能驾驶交通事故中可以直接沿用，特殊情况下可类比沿用：智能驾驶汽车与普通机动车之间发生交通事故，沿用过错原则；与非机动车、行人之间发生交通事故时，亦沿用过错推定原则和有限额的无过错原则；而对于特殊的智能驾驶汽车之间发生的交通事故，基于平等原则亦可以适用过错原则。

2. 适用产品责任的归责原则

智能驾驶汽车在完全依靠自动系统操作汽车运行时，汽车本身的质量和技术成为交通事故出现的本质原因，如在前述特斯拉事故致死案件中，特斯拉公司事后将事故原因解释为"车辆的自动驾驶系统当时没能分辨出前方卡车的白色拖车与明亮天空的区别，导致自动刹车未能辨识出障碍物而没有进行制动"[1]，显然造成事故的原因是产品设计缺陷，且系依据现有技术能够查明的缺陷。可见，智能驾驶汽车侵权与产品责任应存在直接的关联。根据我国《侵权责任法》的相关规定，应由生产者或销售者根据无过错责任原则承担不真正连带责任，具体上来说，生产者适用"严格责任归责原则"；销售者则适用"二元责任归责原则"[2]：面对受害消费者时，适用无过错责任归责原则，销售者承担首负赔偿责任；当销售者承担首负赔偿责任后，面向生产者追偿时，销售者与生产者之间如何承担责任适用过错责任原则。

---

〔1〕 张力、李倩："高度自动驾驶汽车交通侵权责任构造分析"，载《浙江社会科学》2018 年第 8 期。

〔2〕 钱玉文："论我国产品责任归责原则的完善——以《产品质量法》第 41、42 条为分析对象"，载《中国政法大学学报》2017 年第 2 期。

3. 适用高度危险责任和劳务派遣责任的归责原则

国外有学者认为智能驾驶属于侵权责任法中的"高度危险"[1]。其依据为侵权责任的"危险责任说"[2]，我国没有使用此概念而是使用了"高度危险责任"的概念，对部分典型进行了列举，但智能驾驶并未列入其中。在当下的运输体系中，地铁与智能驾驶存在一定的相似性，"从危险是否可控的角度看，虽然国家对地铁运行有严格的安全和技术规范要求，很多城市甚至实现了智能运行，但限于科学技术和工业制造能力，现阶段还不能完全了解和控制某些自然力量和物质属性，即使尽到审慎的高度注意和勤勉义务，采取必要的防范措施，造成损害的危险性还是不能完全消除"[3]，智能驾驶亦是如此，即便通过技术升级能够大大地降低事故发生的频率但也是不能完全消除偶然性的，危险的发生仍是不可控的，将其认定为属于高度危险作业的一般概况是具有合理性的。按照《侵权责任法》第69条的规定，从事高度危险作业的人造成他人损害的，应当承担侵权责任，具体到智能驾驶来说，智能驾驶造成侵权承担责任的主体就是从事智能驾驶的人，在非全自动化驾驶下，从事智能驾驶的人是人类驾驶员和智能驾驶汽车本身，由人类驾驶员对外承担无过错责任；在全自动化驾驶下，从事智能驾驶的人就只有智能驾驶汽车本身，但是就目前来说，智能驾驶汽车本身并不能作为责任主体来对损害进行赔偿，那如何来确定赔偿责任呢？在这个问题上学术上主要有两种观点：其一是根据产品责任，由汽车的制造商和销售商及系统的供应商承担责任；另一个是从技术发展的角度来说，未来智能驾驶汽车由于其特殊性，被赋予"电子人"的人格[4]，将其拟制为一个无过错的"雇员"，根据《侵权责任法》关于"劳动派遣责任"的规定，因为智能驾驶汽车在运行过程中造成的侵权损害，由用户（用工单位）对外承担无过错责任，智能驾驶汽车的生产者（劳务派遣单位）有过错的，承担相应补充责任。[5]

---

〔1〕 Kyle Colonna, "Autonomous Cars and Tort Liability", *Case Western Reserve Journal of Law，Technology & the Internet*, 4（2012），pp. 124~125——笔者译

〔2〕 方明："论危险责任及其立法模式"，载《清华大学学报（哲学社会科学版）》2010年第6期。

〔3〕 参见北京市第二中级人民法院（2016）京02民终9178号民事判决书。

〔4〕 John W. Zipp, "The Road Will Never Be the Same：A Reexamination of Tort Liability for Autonomous Vehicles", *Transportation Law Journal*, 32（2016），p. 173——笔者译

〔5〕 《侵权责任法》第34条第2款："劳务派遣期间，被派遣的工作人员因执行工作任务造成他人损害的，由接受劳务派遣的用工单位承担侵权责任；劳务派遣单位有过错的，承担相应的补充责任。"

4. 适用饲养动物损害责任的归责原则

国外有学者认为饲养的动物与智能驾驶汽车具有高度的相似性，二者都是可以不依靠人类所有者的意思表示独立进行决策和行动的个体，且其独立行为都可能会给他人造成较为严重的财产损失或者人身伤害，因此，对于饲养的动物侵权责任的规定是确定智能驾驶汽车侵权责任的良好模型。[1]我国《侵权责任法》第78条规定动物致人损害适用的侵权责任类型是无过错责任，即饲养的动物致人损害的，动物饲养人或管理人应当承担侵权责任。类比于智能驾驶汽车，则由汽车的保有人对智能驾驶汽车造成的损害承担无过错责任。这种方法确实可以有效保证受害人的利益，但现代侵权责任法的"道德评价意味逐渐变淡，法经济学的理念逐渐得到彰显：它以'对所有人都有利'为目标，在特定案件中，虽然大多数时候都符合道德或正义的标准但它的初衷并非考虑对个人的正义，而是提供一个总体上对社会有利的规则体系"[2]。在这种情况下要求汽车的保有人对外承担无过错责任，要求过于严格，且使智能驾驶汽车的生产者免于承担责任，会引起一系列不利于智能驾驶行业发展的连锁反应，如消费者会因为使用风险而回避使用和购买智能驾驶汽车，保险公司不愿为智能驾驶汽车承保等。

基于对以上五种侵权责任的归责原则的分析，可以得出，"机动车交通事故责任"的归责原则是智能驾驶汽车在混合路面上发生交通事故判断由哪一方承担责任的基础，若根据《道路交通安全法》判定事故的责任由智能驾驶汽车一方来承担，这时就需要对智能驾驶汽车这一方的主体根据不同责任类型进行归责。根据"产品质量责任"的规定，若是由于智能驾驶汽车存在缺陷造成的交通事故，由汽车的制造商和销售商承担侵权责任；根据"高度危险责任"时，由从事高度危险活动的人来承担的原则，则有人参与驾驶时由人承担无过错责任，由车自身运行时根据"劳务派遣责任"仍由汽车保有人承担，根据"产品责任"归责时同上；类比"饲养动物损害责任"时，智能驾驶汽车造成他人损失由汽车的保有人承担无过错责任。而由于在全自动化驾驶状态下，人类使用者仅在上车时发布到达某地的指令，全自动驾驶汽车

---

[1] Sophia H. Duffy, Jamie Patrick Hopkins, "Sit, Stay, Drive: The Future of Autonomous Car Liability", *Smu Science & Technology Law Review*, 16 (2013), p. 113. ——笔者译

[2] [美] 丹·B. 多布斯：《侵权法（上册）》，马静等译，中国政法大学出版社 2014 年版，第 12 页。

就会如同我们搭乘的出租车一般，为人类使用者规划出最高效的运行路线，将其安全地送达目的地，人类使用者并不实际控制汽车的运行，且汽车的保有者在选择全自动驾驶汽车时，是基于相信其有着比普通汽车更加安全的性能、更加环保的效益以及更舒适的乘坐体验才作出的选择。在此种情况下，若仍将全自动驾驶汽车自身的不安全性加之于车辆保有者，使其承担不可控危险的责任，显然不具有合理性，因此，笔者更加认同根据"产品责任"的规定对智能驾驶汽车侵权责任进行归责。

（三）L2~L5智能驾驶汽车侵权责任的具体适用

1. 非全自动化驾驶汽车的侵权责任

非全自动化驾驶汽车包含L2和L3两级智能驾驶汽车，两者的区别在于对随时接管时人类使用者的状态要求不同，L2要求人类使用者必须手脚待命，保持高度注意义务，全程监控环境；而L3的要求相对宽松，仅需自动驾驶系统在发出警示时，人类使用者及时接管即可。无论是前者还是后者，都体现出人类使用者对汽车执行驾驶任务的影响在于接管。因此，可以将非全自动化驾驶汽车的驾驶行为分为三个阶段，第一阶段是在接管之前汽车的完全自动化驾驶阶段；第二阶段是发生智能驾驶汽车无法处理的问题，由人类使用者对汽车进行接管的阶段；第三阶段则是接管后，人类使用者进行的人工驾驶阶段。第一阶段是完全自动化驾驶，与L4和L5阶段的完全自动化驾驶阶段的侵权责任是相同的，会在下一部分进行详细分析；第三阶段是完全人工驾驶的阶段，可以直接适用传统的以"人类驾驶行为"为核心的侵权责任体系。因此，本部分将仅对在接管过程中发生交通事故，对车外人造成侵权的责任承担问题进行分析。

对于L2级别的智能驾驶汽车，人类驾驶员必须全程参与监控环境，虽然部分场景是智能驾驶汽车进行自动驾驶，但人类驾驶员的手脚一旦离开方向盘和制动踏板，系统就会发出警报，人类驾驶员所负担的注意义务与驾驶普通汽车时相同，因此L2级别的接管类似于全程处于接管中，在此过程中发生交通事故与普通机动车发生交通事故时依法所需承担的侵权责任一致。对于L3级别的智能驾驶汽车，其与L4级别的高度自动驾驶汽车的区别为L3"不可睡觉"与L4"可睡觉"，由此可见，人类驾驶员虽是必须的，但不必保持全程监控环境，仅需准备在提示情况下随时接管车辆即可。北京市出台的《北京市关于加快推进自动驾驶车辆道路测试有关工作的指导意见（试行）》

第 4 条和《北京市自动驾驶车辆道路测试管理实施细则（试行）》第 10 条亦明确规定，测试车辆应安装提醒装置，测试驾驶员在自动驾驶失效时应立即接管，[1]德国于 2017 年 5 月新修订的《德国道路交通法》中也有关于自动驾驶汽车的规定，该法认为"启动该法定义的高度或完全自动驾驶功能、利用其控制汽车驾驶的人，即使他在按规定使用该功能的时候不亲自驾驶车辆"[2]，也仍是车辆的驾驶员，必须保持相应的警觉，当智能驾驶系统做出提示表明其遇到须驾驶员介入的情况后，驾驶员应当立刻对汽车进行接管。对于立刻接管的时间是多少该法没有作出明确的规定，但笔者认为这里不能作过于宽泛的解释，从而加重智能驾驶汽车的驾驶员的责任。一方面 L3 级别的智能驾驶汽车不要求人类驾驶员全程监控环境，在其自动驾驶的过程中，人类驾驶员的注意力并不在汽车的运行上，保持相应的警觉仅指对车辆系统发出警报的警觉，且人类的注意力的转移本身就需要一定的时间，如果要求系统警报发出的同时人类驾驶员就接管汽车的驾驶行为，其可行性几乎为零，因此不能把立刻接管的时间定义为与系统提示时间相同；而另一方面如果人类驾驶员注意力太过分散，接管用时远远超出正常人的反应时间，则应当认为其怠于履行接管义务，造成交通事故的，应当承担相应责任。

在人类正常的反应时间内完成接管，但因接管不及时导致交通事故发生的，侵权责任应该由谁来承担呢？显然，人类驾驶员已经尽到了相应的警觉义务，没有任何过错，不应当由其来承担最后的侵权责任，受害人应当依据"产品质量责任"向智能驾驶汽车的制造商要求索赔。原因主要有两点：一是产品缺陷包括设计缺陷，设计缺陷的认定标准主要是"替代方案说"[3]，即有更优化的方案能够替代该设计避免缺陷，本设计替代方案是 L4，制造商可以制造出 L4 后再将产品投入流通；二是该警示义务设计不合理，常人无法与系统提示发出同步接管汽车。故 L3 设计上存在的缺陷属于产品缺陷，可以依照《产品质量法》向汽车制造商和销售商追偿。

---

〔1〕 参见郑志峰："自动驾驶汽车的交通事故侵权责任"，载《法学》2018 年第 4 期。

〔2〕 张韬略、蒋瑶瑶："德国智能汽车立法及《道路交通法》修订之评介"，载《德国研究》2017 年第 3 期。

〔3〕 美国法律研究院：《侵权法重述第三版：产品责任》，肖永平等译，法律出版社 2006 年版，第 15 页。

交通事故发生

机动车交通事故责任归责

| 非全自动化驾驶汽车 | 普通汽车 | 非机动车或行人 |

全自动化驾驶阶段

接管阶段

人工驾驶阶段

承担机动车交通事故责任

非机动车或行人故意，机动车一方免责

生产者承担产品责任

人类驾驶员怠于接管，承担一般过错责任

承担机动车交通事故责任

机动车一方承担10%限额的无过错责任

系统存在缺陷，制造商承担产品质量责任

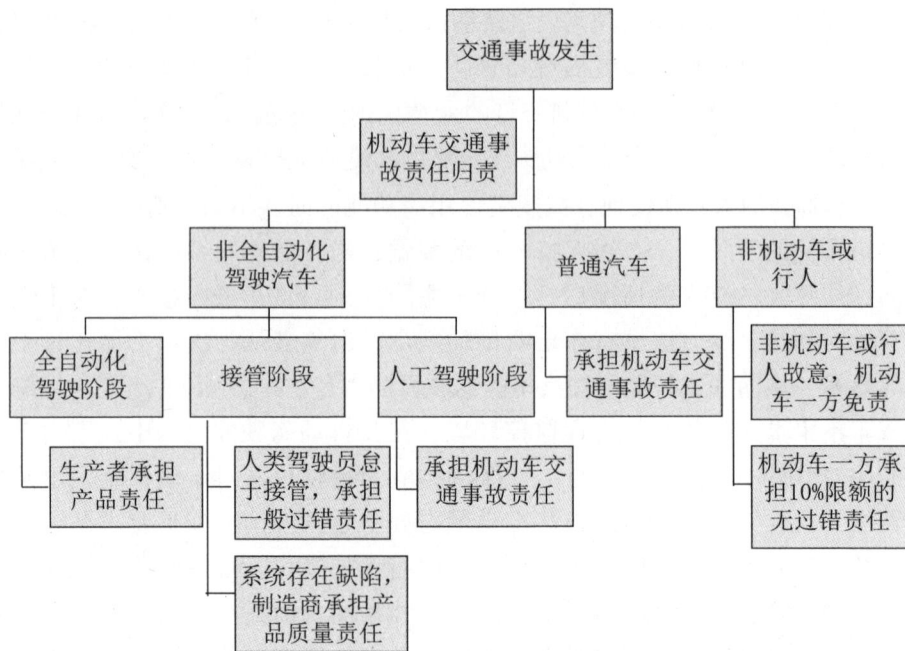

图1：非全自动化驾驶汽车发生交通事故后责任承担结构图

如图所示，交通事故发生后，先启动"机动车交通事故责任"确定双方承担责任的比例，当非全自动化汽车是承担责任的一方时，要根据其运行过程中的三个阶段进行判断和区分，若其在全自动化驾驶阶段发生交通事故，由汽车制造商承担产品质量责任；当其在人工驾驶阶段发生交通事故，则适用传统的机动车交通事故责任；在接管过程中发生的交通事故，如果是由于人类驾驶员怠于履行接管责任导致事故发生，则不需要继续分析，若是人类驾驶员已经尽到了警惕义务并以正常的反应速度立刻接管了汽车，汽车仍因为接管不及时发生事故，则认为该非自动化汽车的系统设计存在缺陷，交通事故受害人可以根据《产品质量法》要求汽车的制造商承担侵权责任。

2. 全自动化驾驶汽车的侵权责任

全自动化驾驶汽车包括 L4 和 L5 两级的智能驾驶汽车，能够实现车辆完全自主驾驶，通过技术升级大大降低交通事故的发生概率，提高人们在途过程中的时间使用率。但是全自动化驾驶的汽车也不能保障绝对的安全，因为自动驾驶汽车发生交通事故的原因与传统的人类驾驶行为发生事故的原因有所区别，全自动化驾驶的汽车发生交通事故最大的可能性就是汽车的自动驾驶系统出现故障，如视觉识别错误、路径规划错误、系统被黑客攻击及信号失灵等突发性状况。而发生这些可能导致自动驾驶系统失灵、汽车失控情况的原因可能有以下两点：一是自动驾驶系统自身存在问题，如算法或模型在其设计之初就存在不合理的故障却没有被发现，没有被发现分为应当发现而未发现和现有技术无法发现两种情形；二是由于全自动化汽车是一种科技产品，它是有一定使用期限和定期升级维护需求的，如果超过能够正常使用的期限或者未进行定期的升级维护就会导致驾驶系统发生故障的概率增大，这就要求全自动化驾驶的汽车的保有人要及时地更换零部件并进行系统的升级和维护。

如果是第一种因驾驶系统自身存在问题导致的系统失灵，造成交通事故，那么就需要判断在具体情况中的这种缺陷是否属于产品缺陷，有没有可以进行免责的事由，如果是因为制造商在制造时应当发现而由于疏忽大意等主观原因没有发现，使得系统不符合安全标准，在用户使用过程中出现系统故障导致交通事故发生，则应当认定为产品缺陷，由产品的制造商承担相应的产品责任。若是制造商已经尽到了注意义务，系统发生故障是由于技术限制无法发现或者能够发现但已经符合了当下法律对此行业规定的强制性标准的，这种情况下可不可以作为生产者承担产品责任的免责事由呢？一方面，若承认其可作为生产者的免责事由，那么汽车的保有人就要承担全部的责任，但汽车的保有人并没有任何过错，其按照产品说明，正确地操作了产品，是产品的"隐患"造成了损害结果的发生，这时仍由保有人承担侵权责任是对消费者合理信赖原则的违背，不符合我国民法一以贯之的公平原则。另一方面，产品"符合强制性标准"并不能作为评判"产品不存在缺陷"的充分条件："强制性标准执行者的'合标'行为只是阻却了行政责任，从而可以以符合强制性标准为抗辩理由主张免除行政责任"；"当强制性标准执行者的'合标'行为造成损害时，应当依法承担侵权责任，而不得以符合强制性标准为抗辩主张免除"[1]。因此，由于全自动化驾驶汽车的这种对智能系统的依赖性，汽车的制造商并不能以技术限制和符合强制性标准作为免责事由，只要全自动化驾驶汽车的使用者尽到了产品说明上应尽的相关义务，其他由于系统本

---

〔1〕 谭启平："符合强制性标准与侵权责任承担的关系"，载《中国法学》2017 年第 4 期。

身的缺陷造成的交通事故，都应由汽车的制造商承担产品质量责任。

若自动驾驶系统故障发生的直接原因，是由于全自动化驾驶汽车的保有人超过使用期限仍使用汽车，或没有按规定的时间对全自动化驾驶汽车的系统进行升级和维护，从而引发交通事故的，应当由汽车的销售者承担过错推定责任，汽车的保有人承担一般过错责任。定期检查系统更新、维护汽车是保障汽车车况良好的重要手段之一，在全自动驾驶汽车售卖之时，销售商应对购买全自动化汽车的消费者进行说明，并定时提醒消费者及时更新，尽到督促义务，若销售商没尽到该义务，销售商应根据过错推定原则承担相应责任；若销售商尽到了该义务，而汽车的保有人怠于履行该义务，侵害他人权益的，应当承担侵权责任。另外，由于全自动化驾驶汽车的特殊性，其报废标准应当由法律明确规定，符合报废标准被强制报废的全自动化驾驶汽车不能再继续上路行驶，若其保有人开启报废的全自动化驾驶汽车造成交通事故的，应根据其过错承担责任。

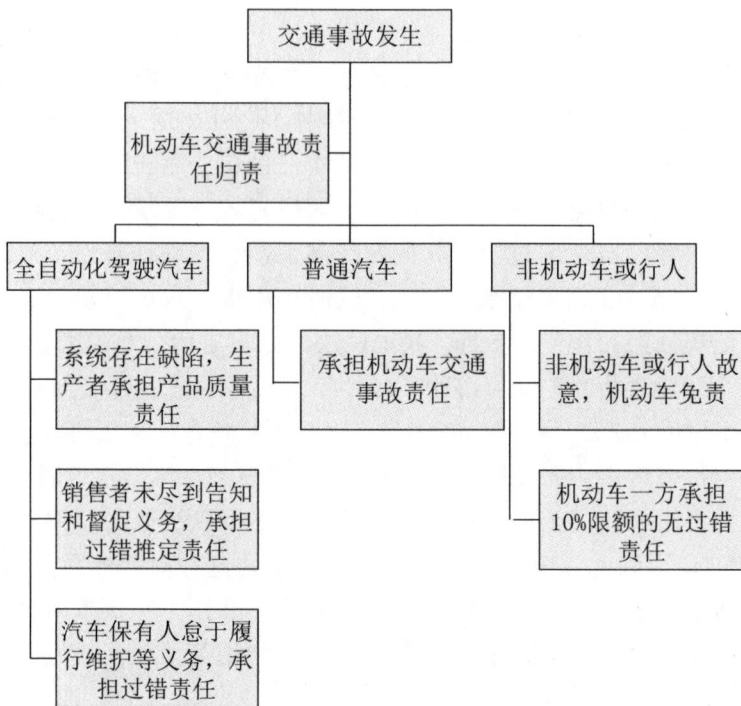

图2：全自动化驾驶汽车发生交通事故后责任承担结构图

综上所述，全自动化驾驶汽车的侵权责任要根据系统发生故障的原因分情况讨论汽车的制造商和销售商以及汽车保有人的责任。如果是系统本身存在缺陷导致事故发生，无论系统的设计是否符合强制性标准和现有技术限制，只要系统本身存在安全隐患，那么汽车的生产者和销售者就要对外承担产品质量责任。另外，在投入使用后由于用户的使用造成的系统故障，如果销售者没有尽到提示义务和督促定期更新检查的义务，就需要依照过错推定责任原则承担相应责任，而汽车的保有人经催告不履行对系统的检查维护及更新义务的，承担相应的过错责任。

三、引入"黑匣子"技术与增设智能驾驶汽车强制责任保险

（一）引入"黑匣子"技术

交通事故发生后，无论是非全自动驾驶阶段的汽车还是全自动驾驶阶段的汽车都应设计有"实时监督"汽车驾驶行为的"黑匣子"，其录制的汽车运行过程包括运行时车辆的自身情况、车外的运行环境及人类使用者是否有干涉汽车运行的行为等，此记录可由汽车生产者与汽车保有者共同联网存储，以方便厘清事故发生时的具体情形，并由此确定交警部门所判定的智能驾驶汽车一方的责任承担比例，具体由谁（汽车的生产者或汽车的保有者）来承担。

现在已经有不少国家将"黑匣子"技术引入到智能驾驶汽车的领域中了。《德国自动驾驶汽车法》要求自动驾驶汽车必须安装"黑匣子"，记录车辆运行情况，以便在事故发生后厘清法律责任，方便理赔；[1]美国加州、内华达州等就规定，自动驾驶汽车交通事故发生前 30 秒的数据必须记录，并至少保存 3 年。[2]有学者也提出了设计"车险自动定损系统"[3]，该系统可以通过读取第三方的数据（如"黑匣子"所记录的关于汽车运行的一些数据），进行事故还原和责任分析，从而初步判定是否属于保险责任及事故责任比例是多少。如此，将使得厘清事故真相更加方便快捷，一方面保证了事故发生后

---

〔1〕 参见张龙："自动驾驶背景下'交强险'制度的应世变革"，载《河北法学》2018 年第 10 期。

〔2〕 Julie Goodrich, "Driving Miss Daisy: An Autonomous Chauffeur System", *Houston Law Review*, 51（2013），p. 265. ——笔者译

〔3〕 尹会岩等："基于大数据与人工智能的车险自动定损可行性研究及系统设计"，载《保险理论与实践》2018 年第 11 期。

对事实真相的还原，确保公平公正地处理责任纠纷；另一方面可使保险人在较短的时间内明确事故责任，节省保险投入，使保险公司更加愿意承保，发展智能驾驶相关保险。但在享受便利的同时，也不能忽视对于智能驾驶汽车使用者个人信息的保护。

（二）设立智能驾驶汽车强制责任保险

从法经济学的角度分析，责任保险与侵权责任有着如下的互动关系：责任保险能够使交通事故的当事人将自己所承担的风险转嫁给保险公司或社会全体成员承担，在一定程度上挽救了侵权责任的有效性。[1]交通事故发生的风险可能会随着智能驾驶技术的发展和普及而逐渐降低，但不可能会消灭，因此，需要增加设立智能驾驶汽车强制责任保险，以挽救现行"机动车交通事故责任强制保险"以"人类驾驶员"为核心的责任保险制度无法挽救的侵权责任的有效性。

不同等级的智能驾驶汽车，在发生交通事故后，承担侵权责任的主体并不相同。由生产者承担产品质量责任时，受害人需承担证明智能驾驶汽车存在缺陷，且缺陷与损害结果具有因果关系[2]的举证责任，需要一定的时间和成本，对受害人来说，这无疑是极其困难的。由人类驾驶员承担机动车交通事故责任，造成重大损害时，人类驾驶员可能因为自身财力和身体状况等问题不足以支付赔偿；造成微小事故时，双方可能会因为毛头小利产生争执，总体来说都不利于纠纷的解决。

同时，只要存在诉讼，就需要耗费时间和成本，产品责任的诉讼采取举证责任倒置的归责原则，由汽车生产者承担证明与损害结果之间不存在因果关系或受害人有过错或第三人有过错的责任。汽车制造商由此陷入复杂的技术证明之中，难以集中精力和财力进行技术研发，不利于行业的长期发展。引入智能驾驶汽车强制责任保险保障每一辆智能驾驶汽车在出厂时就有属于自己的车牌号和相应的强制保险，由国家统一编号，统一进行强制保险，在交通事故发生后，由保险公司首先对外承担责任限额内的赔偿责任，可以大大减少上述问题的发生。

---

〔1〕 参见林承铎、阎语："道路交通事故中侵权责任与保险问题研究——以法经济学为视角"，载《保险研究》2016年第5期。

〔2〕 参见郑志峰："自动驾驶汽车的交通事故侵权责任"，载《法学》2018年第4期。

在推行智能驾驶汽车的强制保险的过程中，可以首先强制智能驾驶汽车生产商，在汽车出厂销售之前，投保智能驾驶汽车强制责任保险。同时，国家可基于《机动车交通事故责任强制保险条例》等法律法规，根据 L2～L5 不同的分级、交通事故发生的类型、比率和汽车的座位数等因素，增设统一的适用于智能驾驶汽车的保险费用以及保险公司在发生事故后所应承担的保险限额，如北京市发布的相关规定就已经体现了此意志，其要求申请自动驾驶系统道路测试的测试主体，必须购买"不低于 500 万人民币的交通事故责任保险"或者提供"不少于 500 万元的自动驾驶道路测试事故赔偿保函"，并提交书面申请。

与此同时增设配套行政法规，如：若生产商未进行投保则不可以进行销售，经公安机关交通管理部门查处发现的，应扣留智能驾驶汽车，通知汽车保有人缴纳保险费 2 倍罚金。这样的规定可以督促汽车保有者在购买智能驾驶汽车时关注，汽车生产商是否投保，使其扮演一个监督者的角色。另外，汽车生产商也可以在销售时通过适当提高价格的方式来分散自己的投保金额，因此，让智能驾驶汽车的生产商来承担投保义务并不会加重其所承担的事故责任、打击其发展技术的积极性，是分散其风险的有效措施。

由此，可以明确在生产商投保后发生的道路交通事故的责任划分，根据《道路交通安全法》第 76 条，即便智能驾驶汽车的生产商或者车辆所有人对事故的发生负有责任，保险公司仍应当在责任限额范围内先行对本车人员和被保险人之外的受害人的人身及财产进行赔偿。对于超出责任限额的部分，则由真正的责任人承担补充赔偿责任。当然，保险公司在先行赔偿之后，有权向交通事故的真正责任人追偿。

四、结语

智能驾驶汽车能够有效缓解因全世界人口快速增长所带来的交通拥堵等问题，给社会带来巨大的经济利益。但智能驾驶技术的发展也伴随着诸多法律问题，如智能驾驶汽车发生交通事故，其侵权责任如何适用、风险如何分担等，已成为当前不容忽视、迫待解决的问题。现行的侵权责任体系和风险分担制度是围绕人类驾驶员的驾驶行为建立的，不能直接适用于智能驾驶汽车。目前，智能驾驶技术仍处在有人与无人驾驶的并存过渡期间，缺乏相应的实践运行的经验，因此，根据智能驾驶汽车不同等级的特性，以现有的机动车交通事故侵权责任和产品责任，配套相应的智能驾驶汽车强制责任来解决其产生的侵权责任问题，是适宜现阶段智能驾驶汽车发展情况的现实选择。

人工智能创作物的著作权归属

陈　旭[*]

1956 年，在美国汉诺斯镇达特茅斯学院召开了一场研讨会，首次定义了人工智能。[1]六十余年的时光，人工智能的发展几经沉浮。终于在 2016 年，被称为人类最后的智力堡垒的围棋，也败在了人工智能 AlphaGo 下，引发了人们的空前热议。当前，人工智能可以将深度学习和强化学习相融合，通过类脑计算来分析大数据，实现自主学习、自主创作。其中的代表就是微软公司的人工智能——小冰。2017 年 5 月份，微软（亚洲）互联网工程院公开了小冰创作诗歌并发表的事实信息，并且保留了小冰创作诗歌的版权声明。这对传统的以人为中心的传统著作权理论造成了极大的冲击，并且引发了一系列著作权法上的问题：人工智能是否能成为作者？人工智能创作物是否构成著作权法上的作品？如若构成，那么该作品的权利应当归谁所有？

一、人工智能创作的现状

（一）人工智能创作物的概念界定

计算机参与人类创作的事情并不新鲜。早在 2010 年，网络小说发展到了一个高潮，当时许多作家就会利用脚本辅助写作了。先将大量的词语分门别类，输入到脚本之中，然后根据输入需要寻找的词性，脚本随机分配出一个事先输入的词语。例如，当作者想要构建一个女性角色的形象时，如果想要描写面部特征的话，只需输入眼睛、鼻子、嘴等关键词，脚本就可以分配出

＊　陈旭，北京市顺义区光明街道办事处党建工作科科员。

〔1〕　参见尼克：《人工智能简史》，人民邮电出版社 2017 年版，第 6~9 页。

"杏眸流光""鼻若琼瑶""朱唇皓齿"等词语。较为完善的程序，仅输入几个词语，就可以直接导出一段武侠小说的打斗片段。但是这些也只是利用简单计算机算法使计算机参与创作，与计算机创作是完全不同的。

作为计算机的分支学科，随着算法的发展和硬件的进步，人工智能也随之进化。通过神经网络对大量数据的深度学习，再加之自然语言处理算法的进步，人工智能完全可以自己搜集、分析资料，然后独立地编辑新闻、谱写乐章、创作诗歌等。人们就好像给人工智能"留作业"一样，要求它写出什么，它就会自己独立创作出什么。其中的创作过程，完全是计算机独立完成的。因此，笔者认为，人工智能创作物应当是通过人工智能技术，由计算机独立收集、分析资料，整合创作出来的具有创新性的内容。

（二）人工智能创作涉及多方领域

目前，人工智能创作涉及多方领域，包括新闻、音乐、诗歌、绘画等。自动视野（Automated Insights）公司下的自动化写作平台语言大师（Word-Smith），与美联社、雅虎、康卡斯特（Comcast）、好事达（Allstate）等几大公司合作，一年可以创作出10多亿篇文章和报道。[1]索尼巴黎计算机科学实验室利用巴赫的300余部作品来训练神经网络深度巴赫（DeepBach），实验室将其创作出的作品对1 600多人进行测试，其中包括400多位音乐家或音乐系的学生，结果超过半数人认为，DeepBach生成的作品就是巴赫本人的作品。[2]北京联合出版公司出版了一本诗集，叫做《阳光失了玻璃窗》，辞藻高雅华丽，而这本书的作者一栏，标注的就是当前微软公司备受关注的人工智能——小冰。[3]美图秀秀也发布了全球首款将人工智能用于绘画的产品——绘画机器人安迪（Andy）。用户只需上传一张自拍，安迪（Andy）就可以为用户画出不同风格、不同效果的插画像。[4]与传统的人类创作相比，人工智能

---

〔1〕 参见韩雨："美联社用机器人写了篇又好又快的财经报道"，载爱范儿网，https://www.ifanr.com/488438，最后访问日期：2018年12月23日。

〔2〕 参见谭燃："人工智能不仅会谱曲，还达到了巴赫水平"，载腾讯科技网，https://tech.qq.com/a/20161221/034075.htm，最后访问日期：2018年12月23日。

〔3〕 参见太平洋电脑网："全球首部！微软小冰推原创诗集《阳光失了玻璃窗》"，载新浪科技网，http://tech.sina.com.cn/roll/2017-05-20/doc-ifyfkkmc9892391.shtml，最后访问日期：2018年12月23日

〔4〕 参见东北新闻网："全球首款人工智能绘画机器人Andy首开微博"，载新华网，http://www.xinhuanet.com/itown/2017-11-24/c_136776217.htm，最后访问日期：2018年12月23日。

创作具有高效率与低成本的显著优势，因此越来越多的公司开始利用人工智能进行创作。

（三）我国现行著作权法遭到冲击

人工智能的蓬勃发展，既给当前创作市场注入了新的活力，但同时也为我国现行著作权法带来了冲击。人工智能创作物的出现为当前人类创作者们带来了极大的刺激，引发"鲶鱼效应"，使得创作市场活跃，但是其中蕴含的庞大经济效益，也会引来觊觎。如不对其进行保护，人工智能创作物将会成为"无主作品"或"孤儿作品"，任何人都可以随意使用，这将严重影响到创作市场的竞争。同时，低学习成本的人工智能创作模式也很可能遭人滥用，用来生产一些法律禁止出版传播的作品，例如"淫秽"或者"影响公序良俗"的作品。如果认定这些法律禁止出版传播的作品为"无主作品"或"孤儿作品"的话，那么在刑法意义上的刑事犯罪主体也不存在，对我国执法、司法体制也是一个挑战。

依据现行《中华人民共和国著作权法》（以下简称《著作权法》）第2条第1款的规定，著作权人包括作者和其他依照本法享有著作权的公民、法人或者其他组织。很显然，人工智能并不属于这之中。依照《中华人民共和国著作权法实施条例》中的规定："著作权法所称作品，是指文学、艺术和科学领域内具有独创性并能以某种有形形式复制的智力成果"。除了是否满足独创性的条件这项有待商榷，其他方面人工智能创作物都符合我国著作权法对于作品的规定。那么，人工智能创作物是否构成著作权法意义上的作品呢？若是构成著作权法上的作品，该作品的权利应当归谁所有？

二、人工智能创作物在著作权法上的属性

（一）规范分析的视角

若想构成著作权法上的作品，需要满足两个条件：一是作品必须是对于思想观念的表达，二是作品必须有独创性。[1]一般来说，思想观念是指概念、术语、原则、客观事实、创意、发现等，[2]对这些客观事实进行独创性表达，才能构成作品。人工智能的创作则依托于其自身收集的数据，而这些数据明

---

[1] 参见李明德：《知识产权法（第2版）》，法律出版社2014年版，第30页。
[2] 参见李明德：《知识产权法（第2版）》，法律出版社2014年版，第30页。

显符合思想观念的定义。那么，判断的重点就在于人工智能创作物是否具有独创性。作品的独创性一般指作者在创作过程中投入了智力性劳动使创作物具有最低限度的独创性。那么这里就涉及了两个问题：第一，人工智能创作物的创作过程是否投入智力性劳动？第二，人工智能创作物是否具有最低限度的独创性？

针对第一个问题，人工智能创作过程是否投入智力性劳动，首先要考虑，人工智能创作物的创作过程，究竟是计算机软件运算的结果，还是人工智能编程者的行为？在私权主体与客体不可转换的前提下，人工智能不可能成为权利主体和初始著作权人。[1]在当前法律模式下，人工智能并不能属于权利主体，人工智能并没有脱出"计算机软件"这一概念。并且在创作过程中，人工智能进行创作时的判断，皆是基于编程人员为其输入的判断标准，并没有其独立的价值观。根据目的的不同，输入的判断标准不同，人工智能可能针对相同的思想观念进行截然不同的表达。由此可以推导，人工智能创作物可以看作是代表其价值判断标准输入者所进行的创作。这点和我国著作权法中"由法人或者其他组织主持，代表法人或者其他组织意志创作，并由法人或者其他组织承担责任的作品，法人或者其他组织视为作者"的情况相类似。那么，人工智能创作物就可看成"由使用者主持，代表价值判断标准输入者的意识创作"。所以，人工智能创作物的创作过程应当是属于人工智能编程者的行为。人工智能编程者在为其输入价值判断标准时，必然会投入智力性劳动。综上，人工智能创作过程中必然投入了智力性劳动。

针对第二个问题，人工智能创作物是否具有最低限度的独创性。那么何为独创性呢？依据维基百科对独创性（Originality）的解释，"独创性指创造或发明的作品是新颖的，因而区别于复制品，克隆品，剽窃，或衍生作品"[2]，同时满足"区别于复制品等"和"新颖"两个条件的创作物才具有独创性。人工智能创作物是否满足这两个条件呢？答案是肯定的。虽然"区别于复制品等"这一条件的判断标准相对主观，但目前大量的人工智能创作物都足以证明其明显区别于复制品等。而作品的"新颖"体现在作品的形式和内容上，

---

〔1〕 参见熊琦："人工智能生成内容的著作权认定"，载《知识产权》2017年第3期。

〔2〕 "Originality"，载维基百科，https://en.m.wikipedia.org/wiki/Originality，最后访问日期：2018年12月23日。

作品最低程度的新颖就体现在其形式上的新颖。人工智能创作物是依托于现有资料，进行分析整理创作的，所以尽管内容上可能体现不出新颖，但形式上的新颖十分明显。综上，人工智能创作物具有最低程度的独创性。

既然满足"对于思想观念的表达"和"具有独创性"这两个条件，人工智能创作物可以构成著作权法上的作品，其应当受到著作权法的保护。

（二）案例分析的视角

2017年5月，世界第一部人工智能诗集《阳光失了玻璃窗》由北京联合出版公司出版发行。这本书的出版代表着这本人工智能创作物是经由国家广播电视总局依《出版管理条例》审核通过的，受我国著作权法保护的作品。那么我们不妨用作品的条件，来逆推论证一下《阳光失了玻璃窗》这本人工智能创作物成为作品的可行性。

第一，作品是对思想观念的表达。那么这本诗集是怎么样对思想观念进行表达的呢？根据微软（亚洲）互联网工程院公布的信息，小冰作诗是通过一个诱发源，上传至小冰这个创作主体，经由分析整理创作出的。诱发源通常是一张图片，小冰通过分析图片上的内容，来创作诗歌。图片本身其实就是一件作品。不管是照片、绘画还是拓片等，都是对某种思想观念的表达。如此，微软小冰的创作方式应该属于对图片作品的演绎，那么其创作物就是对图片所表达的思想观念的表达。这符合作品是对思想观念的表达这一条件。第二，作品的独创性问题。依照上文所说，作品的独创性包含两方面内容，创作过程是否投入智力性劳动和是否具有最低限度的独创性。对于诗歌的创作，微软（亚洲）互联网工程院副院长李笛在演讲时说："它学习到第10次的时候，生成的诗简直是不可读的……到1万次的时候我们停止了它的训练，生成的就是刚才看到的这首诗"[1]。这就证明，小冰创作的诗歌明显是依据人的价值观。若是依据小冰自己的价值判断，那么它学习到第10次时生成的诗歌便可以称作是它的作品。然而人类继续令之学习，直到其所生产的诗歌符合人类的诗歌标准。那么人类在为其输入诗歌的判断标准的时候，必然投入了智力性劳动。李笛还表示，"小冰的创作成果，在与诱发源有着相关性的

---

〔1〕 零夏："李迪演讲：微软小冰被训练成诗人，人类或找到AI创造的通用方法"，载搜狐科技网，http://m.sohu.com/n/493352172/?clicktime = 1572836955&enterid = 1572836955，最后访问日期：2018年12月22日。

基础上，却讲述了一个完全不同的故事。小冰创作的这首诗已经达到独创性的标准"[1]。虽然作品独创性的判断偏向主观，但判断也相对简单。小冰创作的诗歌基于常理判断也确实满足作品的独创性标准。既满足对思想观念的表达，又满足作品的独创性标准，那么由此我们可以得出结论：微软小冰所写的《阳光失了玻璃窗》一书，完全符合我国著作权法对于作品的标准，应当认为其构成作品。

（三）比较研究的视角

不仅仅是人工智能的创作物，在我国著作权法中，也存在着其他非自然人创作的作品，例如我国著作权法中规定的法人和其他组织的作品。"由法人或者其他组织主持，代表法人或者其他组织意志创作，并由法人或者其他组织承担责任的作品，法人或者其他组织视为作者"[2]，此处可以说是我国著作权法对于非自然人作者的适用。人工智能创作物也与之类似，也可以看作是由实际使用者主持，代表其意志进行创作，并由其承担责任。那么，这二者之间有什么样的区别呢？

第一，主体差异。人工智能作为直接创作主体，属于"受委托"的一方。而"法人或者其他组织"是非直接创作主体，属于"委托"的一方。二者的相同点仅仅存在于"非自然人"这一个点上。并且，"法人或者其他组织"，仅仅是"视为"作者，并没有直接参与创作；而人工智能虽然直接参与了创作，但并不能因此就认定其为作者。二者在主体上有着本质的差异。第二，受众差异。人工智能的创作不仅仅代表法人或者其他组织，也可能是代表个人用户进行创作，例如微软小冰就可以根据个人用户上传的图片进行诗歌创作。[3]这种情况下人工智能的创作行为，仅能代表个人用户希望人工智能通过其上传的图片这个诱发源进行创作的个人意志。而上述法条中的"代表法人和其他组织意志创作"，明显不能适用于个人。这两点不同，使得人工智能创作物的法律属性并不能类推到法人或者其他组织作品，而是应当直接适用

---

〔1〕 零夏："李迪演讲：微软小冰被训练成诗人，人类或找到 AI 创造的通用方法"，载搜狐科技网，http://m.sohu.com/n/493352172/? clicktime = 1572836955&enterid = 1572836955，最后访问日期：2018 年 12 月 22 日。

〔2〕《著作权法》第 11 条第 2 款。

〔3〕 参见玄隐："重磅消息！微软小冰宣布放弃诗歌版权，开启与人类联合创作模式"，载 IT 之家网，https://www.ithome.com/html/it/315472.htm，最后访问日期：2018 年 12 月 22 日。

著作权法中关于作品的规定。

三、人工智能创作物的权利主体探讨

上文论证了人工智能创作物构成我国著作权法上的作品，那么接下来将要讨论人工智能创作物的权利主体。我国著作权法中的权利主体模式是"以著作权属于作者为原则，以特殊规定为补充，以合同约定为例外"。因此除了普通的作品之外，还衍生出了合作作品、职务作品和衍生作品等特殊的著作权归属制度。那么人工智能创作物的权利应当如何归属呢？能否适用这些特殊的著作权归属制度呢？

（一）人工智能作为权利主体的模式分析

作为作品的直接创作主体，人工智能可以通过构成我国著作权法上的作者来获得著作权吗？首先我们应该准确把握作者的具体含义。我国著作权法上的作者指的是创作作品的公民，这其中包含了两层含义。其一，创作作品。创作作品包含创作目的、创作主体、创作过程、创作成果四项内容。其二，公民。这要求作者必须为自然人。很明显，人工智能在这两个方面都不符合。人工智能创作虽然具有创作主体、创作过程和创作成果，但是并不能说人工智能是进行了有自主目的的创作，人工智能创作物的创作目的都是基于其编程者或使用者为其输入的。并且，人工智能并不满足创作主体是自然人的条件。所以人工智能并不能构成我国著作权法上的作者。

即便不能通过作者途径获得著作权，那么通过其他途径，人工智能可能获得著作权吗？在我国著作权法中，也存在着非自然人拥有著作权的制度，在第 2 条中就明确说明了公民、法人或者其他组织可以享有著作权。其中所表述的"其他组织"，如研究所、编纂委员会等，与法人是以不同的形式存在的。由此可以推导出，不具备法律上的人格的主体也可以成为著作权的承受者。但是，这种其他组织可以享有著作权的制度，仅仅是一种公民和法人之间的过渡情况。虽然这些组织没有法人资格，但它们是由自然人构成的，本质上还是依托于自然人存在的。而人工智能是依托于计算机存在，并不能构成组织，与著作权法上的规定并不契合。所以，人工智能并不能通过被认定为其他组织来成为其创作物的权利主体。

在我国司法实践中，也存在着非自然人不得作为著作权权利主体的案例。在海底世界（湖南）有限公司与长沙动物园一案中，法院认为，……海豚不具

有法律上的人格意义，既不是表演者，也不能构成著作权的权利主体。[1] 依据此观点，要想构成我国著作权法上的权利主体，必须拥有法律意义上的人格。人工智能也不存在法律意义上的人格，所以，人工智能并不能成为其创作作品的权利主体。

（二）人工智能所有者作为权利主体的模式分析

作品是作者人格的体现。人工智能不存在人格是其无法获得著作权的根本原因。人工智能在创作过程中的价值判断，都是由人类为其输入的。因此，人工智能才能将毫无逻辑的大量信息筛选编排，成为作品。如果排除价值判断标准，人工智能创作物就很可能是一堆毫无逻辑、没有意义的词语。那么，人工智能的创作行为，就可以视作代表为其输入判断标准的人创作。那么，这个为其输入判断标准的人，只有一种可能性，那就是人工智能的编程者。但是，当前世界上的人工智能都是由一些公司或实验室研发的，目前并没有基于个人研发的人工智能。研发出该人工智能计算机技术的公司或实验室，就是该人工智能的所有者。而人工智能的编程者，也是作为公司或实验室组成人员。那么作为公司或实验室的组成人员，其为人工智能输入的价值判断标准，不可能是其一人的标准，而是基于整个公司或实验室所决定的价值判断标准。编程者只是代替组织将价值判断标准输入到计算机软件之中，这可以看作是一种职务行为。因此，人工智能的价值判断标准，可以说是来源于其所有者。

这样，人工智能创作物的所有权归属问题，就可以推导至著作权法中规定的法人和其他组织作品：由法人或者其他组织主持，代表法人或者其他组织意志创作，并由法人或者其他组织承担责任的作品，法人或者其他组织视为作者。[2]公司或实验室明显可以构成法条中所说的"法人和其他组织"。应当注意的是，在此款中，对于整个创作过程，只规定了其创作结果的部分，对创作主体没有任何要求，该条款并没有禁止非自然人作者代表法人或其他组织创作。那么，就无需考虑受托方的身份，只需要考虑作品是否满足上述的三个条件。很明显，人工智能创作物就是在其所有者的主持下，代表其所有者进行创作，由其所有者对作品负责。而人工智能的所有者可以构成本条

---

[1]　参见湖南省长沙市中级人民法院（2003）长中民三初字第 90 号民事判决书。

[2]　参见《著作权法》第 11 条第 3 款。

款所说的"法人或其他组织"。因此，人工智能创作物的所有权归属问题，完全可以适用《著作权法》第 11 条第 3 款，人工智能所有者作为人工智能创作物的权利主体是可行的。

（三）人工智能使用者作为权利主体的模式分析

上文所说人工智能所有者作为权利主体的可行性中，还存在着一个例外。创作分为四部分：创作目的、创作主体、创作过程和创作结果。那么，当创作主体不仅仅有人工智能，还存在着其他创作主体参与的时候，创作结果的著作权又该归谁所有呢？在 2017 年 7 月 5 日，微软（亚洲）互联网工程院发表了一封公开信，宣布其人工智能小冰上线了一种新模式"人类与人工智能的联合创作模式"。"每个人都可以用一张照片去激发小冰，先由她完成初步创作，再在这基础上，完成他们自己的作品。"〔1〕虽然微软宣称放弃创作的诗歌版权，但是我们应当考虑的是，这种模式是否可以构成《著作权法》第 13 条关于合作作品的相关规定呢？

《著作权法》第 13 条中规定，两人以上合作创作的作品，著作权由合作作者共同享有〔2〕。此处的合作创作是指，各方将各自的创作融为一体，使之构成一部全新的、具有独创性的完整作品。小冰的"联合创作模式"，就是指个人用户上传一张图片作为"诱发源"，刺激小冰进行初次创作，小冰创作后，再由用户修改校对。图片的内容必定是对某种思想观念的表达。那么如果个人用户所上传的图片是其个人作品，而并非他人的作品，满足对思想观念的表达和独创性两个条件，那么该行为完全可以构成合作创作。如果该图片并非其个人作品，那么小冰创作的诗歌也可以看作是演绎作品。在小冰的初步创作完成后，个人用户又进行了修改和校对，在其中加入了独创性内容的话，那么该作品也可以构成合作作品。依《著作权法》第 13 条的规定，再根据上文论证，该作品的著作权应当由个人用户和人工智能所有者共同拥有。所以，人工智能的使用者也可以构成人工智能创作物的共同权利主体。

四、人工智能时代著作权法的应对

上层建筑应当适应经济基础，随着经济基础的发展，上层建筑理应做出

---

〔1〕 北京青年报："人工智能'少女诗人小冰'上线 AI 新技能'看图写诗'"，载人民网，http://media.people.com.cn/n1/2017/0707/c40606-29388857.html，最后访问日期：2018 年 12 月 23 日。

〔2〕 参见《著作权法》第 13 条第 1 款。

新的应对。在现有生产力的情况下，人工智能还仅仅是高级计算机程序。可是，终有一天，随着科技的进步，人工智能可以通过运算模拟出人身上的每一根神经、每一个突触甚至每一种电信号的时候，人工智能除了不存在碳基结构的肉体以外，与活生生的人类并没有任何区别。届时，当人工智能的思考回路演化成和人类相同的时候，著作权法又该如何应对呢？相比较中国的著作权法，世界上一些科技强国早已通过立法形式对计算机创作物进行规定，例如英国《版权、设计和专利法》，南非的《版权法》等。那么，未来我国的著作权法又应当如何应对呢？

（一）关于作品界定方法的重新认定

在当前我国著作权法的模式下，人工智能创作物因其在创作过程中存在着人类价值判断标准而符合作品独创性的标准，因而构成作品。那么，当人工智能拥有其独立的价值判断标准，因而无需借由人类为其输入价值判断标准时，现行著作权法还能继续对其适用吗？问题的焦点依旧集中于作品的独创性，作品的独创性中要求作者必须在创作过程中投入了智力性劳动，而作者的主体在我国著作权法中又被限制为了"公民、法人或者其他组织"，人工智能并不在其中。依前文所说，在当前模式下，人工智能被看作是辅助创作的计算机软件，其创作物的作者应当是其所有者或使用者。那么当人工智能拥有独立的价值判断标准后，其创作过程不依赖于人类的价值判断标准，那么人工智能就因不能构成著作权法上的作者而不能满足作品独创性的主体的条件。届时，现行著作权法对其并不适用。

随着经济基础的发展，我国著作权法也应当对作品的界定方法进行重新认定，而其中的最为可行的方法就是对于作品独创性的认定标准进行重新定义。笔者认为，应当将作品和作者二者的概念独立，关于作品的独创性的认定，不应当掺杂其创作者的因素，而是应当作为一个独立条件，完全依照其内容上是否具有独创性而判断。现行著作权法中关于创作过程中必须有作者投入智力性劳动的观点，应当将其划归到作品权利的归属问题上。这样，不仅是人工智能创作物，著作权法也将能够适应其他的非人类创作物。

（二）关于作品创作主体的重新认识

作品是作者人格的体现。民法意义上的人格，指的是自然人的民事权利能力，是法律赋予自然人依法享有民事权利或承担民事义务的资格。目前人工智能还停留在算法阶段，在私权主体与客体不可转换的前提下，仅仅作为其所有者的一个计算机软件，所以并不能成为民法上的权利主体，独立承担民事责任。那么，当有一天，人工智能可以承担一些民事权利义务，例如人工智能也通过工作获得报酬的时候，民法能否承认人工智能作为独立的权利主体呢？当前世界上已经有一些国家承认了机器人的民事权利主体地位。例如沙特阿拉伯王国授予了来自香港的机器人索菲娅（Sophia）公民身份[1]，日本东京也为聊天机器人涩谷未来（渋谷みらい）授予了户籍。而未来也将有更多的国家承认人工智能的民事主体地位[2]。届时，著作权法又将如何应对呢？

现行著作权法中人工智能不能成为作者的原因有二，一是人工智能没有民法上的人格，不能承担民事权利义务；二是判断人工智能创作物是否具有独创性时，创作过程中投入的智力性劳动来源于人类，而并非源于其自身。一旦人工智能在民法上被授予了权利主体地位，那么在著作权法上，人工智能的权利主体地位也将被承认。人工智能因没有人格而无法成为作者的障碍也被排除了。人工智能想要成为作品的作者，仅需满足一个条件，即人工智能在创作过程中的价值判断标准完全来源于其自身。而随着人工智能的发展，类脑计算的不断完善，人工智能必定会出现其自己的价值观。如果人工智能依据其自行产生的价值观进行创作，不再需要人类为其输入价值判断标准，人工智能创作过程中的智力性劳动就完全来源于其自身。因此，随着未来社会经济的发展和科技的进步，当人工智能被授予民法上的权利主体地位，并且类脑计算发展得使人工智能拥有其自己的价值观时，人工智能也可以构成著作权法上的作者。

五、结语

人工智能的发展为创作市场带来变革的同时，也为我国现行著作权法带来了冲击。人工智能创作物构成我国著作权法上的作品，为促进我国社会主义文化和科学事业的发展与繁荣起到了积极作用。明确人工智能创作物的著作权归属，也为我国创作市场的秩序提供了保障。我国现行的著作权法无法

---

〔1〕 IT业界："沙特授予机器人公民身份 历史上首次"，载腾讯科技网，http://tech. qq. com/a/20171027/012795. htm，最后访问时间：2018年12月23日。

〔2〕 威锋网："有人工智能获得居住权：在东京涩谷"，载新浪科技网，http://tech. sina. com. cn/it/2017-11-07/doc-ifynmvuq9322865. shtml#，最后访问时间：2018年4月20日。

应对未来人工智能的进化，未来应当对其进行完善。技术的进步是无法阻止的，人工智能的发展已经成了不可逆转的时代洪流。正如狄更斯所说："这是最好的时代，也是最坏的时代。"如何应对这个时代，是当前我们最需思考的问题。希望我们能把握住这个时代，共同构建人工智能发展美好的未来。

互联网监管创新法治研究

刘经靖　孙　悦*

我国互联网金融迅猛发展，从网贷平台、移动支付、大数据金融、股权众筹到互联网保险，带来了传统金融体系的巨大变革。互联网金融创新充满活力、方便快捷、普惠大众，提高金融业资源配置效率和服务实体经济效率，但其频发的风险事件不断侵害金融消费者的合法权益。"ofo 小黄车"退押金难、公益众筹诈捐、比特币暴涨暴跌[1]、"钱宝网"跑路、"e租宝"事件的背后都折射出监管的不力，互联网金融的信用风险、技术风险、关联交易、暗箱操作等使得互联网金融合法性边界模糊，极易引发区域性甚至系统性金融风险，亟需完善监管体系，明确监管主体，划清权力边界，加强信息披露，保护消费者合法权益，控制金融风险，形成标准规范、良性发展的金融生态。

一、互联网金融的发展现状

互联网金融是指资金回报型众筹，是融合互联网信息技术和传统金融而

---

　* 刘经靖，烟台大学法学院教授；孙悦，南京大学法学院博士研究生。
　〔1〕 2017年，暴涨暴跌的比特币成为全球最热门的话题之一：一年之内价格暴涨约20倍，一日之内深跌逾40%。新年伊始，比特币延续了之前的颓势，价格跌破1.3万美元每枚，但与去年初不足千元的价格相比，比特币的价格依旧与价值背离。转引自常城："去中心化互联网金融法律监管——比特币大热背后的冷思考"，载《市场论坛》2018年第9期。

形成的新业态，包括网络借贷、众筹金融、移动支付等，[1]顾名思义是借助互联网平台，大量筹集个人或机构的小额资金达成一定的融资目的。其具有虚拟性、创新性、混业经营性以及跨行业、跨部门以及业务交叉等新特征，成为域外政府部门的重点关注对象。互联网金融充分利用新型通信技术，创造多元化的金融市场，有效推动金融行业格局变化和服务理念改进，同时互联网金融风险事件频发，对监管提出了更为严峻的挑战。互联网金融形成复杂、传染快、波及范围广的金融关系网络，加剧金融风险积聚、扩散并使参与主体受制于"所嵌入的关系网络"，具有"太快而不能倒""太多连接而不能倒"的新表现形式。

（一）网络借贷异军突起

网络借贷2005年开端于英国的Zopa[2]，根据零壹数据平台统计，截至2019年1月，网络借贷平台达6 346家，[3]拍拍贷以近5 000亿的累计成交金额超过红岭创投，涉及15余万投资人，相比于整改前呈缓慢增长趋势。借贷网络化、去中介化拓展了借贷规模边界，打破传统金融机构垄断下的信息壁垒，借贷关系突破原有的熟人圈，提升资金融通效率，有力推动普惠金融发展，在一定程度上缓解了中小企业融资难题，改善借贷双方信息不对称问题，[4]极大地降低了交易成本，以相对低廉的成本获得较窄的存贷款利差[5]。但是网络借贷领域较银行、证券等传统领域尚缺乏有效监管，风险极易集中爆发，而"虚拟代币发行""现金贷"的出现极大地放大了金融风险，进一步加大了整治难度。

1. 资金拆分、期限错配形成资金池

网贷平台的发展在很大程度上提高了社会闲散资金的配置效率，但在利

---

〔1〕 See Eleanor Kirby and Shane Worner, "Crowd-funding : An Infant Industry Growing Fast ", *Staff Working Paper of the IOSCO Research Department*, 3 （2014）, p. 4.

〔2〕 Zopa 全称为英国 Zopa 网上互助借贷公司，Zopa 是"可达成协议的空间（Zone of Possible Agreement）"的缩写。

〔3〕 参见零壹数据平台：http://data. 01caijing. com/p2p/website/count. html，最后访问日期：2019 年 1 月 15 日。

〔4〕 Liu Yang, " Labor market matching and unemployment in urban China", *China Economic Review*, 24 （2013）, pp. 108~128. ——笔者译

〔5〕 David Frame, "Saving and consumption in cities", *Journal of Urban Economics*, 1 （2013）, pp. 111~124. ——笔者译

益驱动下通过"长标拆短"〔1〕"借短投长"〔2〕实现借贷金额拆分和期限错配产生资金沉淀,通过"秒标""自融自用"甚至虚构债权可以使得资金池进一步扩大。经营资金池的网贷平台实质上是在线上进行同质于银行的业务,产生资金沉淀形成资金池极有可能涉嫌非法集资,网贷平台正从最原始的借贷信息平台向信用平台转换。在网贷平台资金池担保作用下,虽有收益率、风险不尽相同的投资标的可供选择,但并未摆脱刚性兑付,投资者的投资风险转嫁到资金池,最终由网贷平台承担。由于存在监管漏洞,网贷平台缺乏传统商业银行贷款风险拨备机制,"长标拆短"以后续投资者投资偿还前面投资者本息,一旦违约达到一定规模或后续资金中断使得平台资金链断裂,极有可能产生"挤兑"使得提现困难,甚至部分平台直接"跑路"。正常情况下,金融市场的参与者越多,金额越小额化,越容易分散风险,损失越容易被承担。〔3〕但是网络理财产品中经验产品居多,并且参与者容易受媒体宣传造势影响,也极易相信"权威人士"形成跟风效应,融资方利用信息不对称隐藏行为信息,虚构债权债务形成资金池,开启"借新还旧"的庞氏骗局模式,网贷平台极有可能沦为洗钱、非法集资的工具。传统金融领域的审慎监管理念在解决多样化的互联网金融问题方面捉襟见肘,较为隐匿的网贷平台风险极易在某一个时间段集中爆发。

政府监管为网络借贷设置"借贷限额红线",〔4〕并要求网贷平台资金隔离托管,但是实际运作效果不佳。就资金托管而言,银行与网贷平台合作关系并不融洽,网贷平台因托管提高了运营成本,银行接手资金托管积极性不强,真正与银行存管系统对接的平台屈指可数。〔5〕网贷平台资不抵债、提现

---

〔1〕 P2P 网贷平台将长期贷款拆分成众多短期贷款后发标,即将长标拆成短标滚动融资,"发新偿旧"来满足到期兑付。

〔2〕 为满足大额借款的业务需求,部分 P2P 平台把众多期限不等的借款人的借款需求统一打包成一个产品,然后再去分别投资不同项目。

〔3〕 See Steven, Dresner, *Crowdfunding: A Guide to Raising Capital on the Internet*, John Wiley & SonsInc, 2014, p. 200.——笔者译

〔4〕 2016 年《网络借贷信息中介机构业务活动管理暂行办法》第 17 条第 2 款规定,"同一自然人在同一网络借贷信息中介机构平台的借款余额上限不超过人民币 20 万元;同一法人或其他组织在同一网络借贷信息中介机构平台的借款余额上限不超过人民币 100 万元;同一自然人在不同网络借贷信息中介机构平台借款总余额不超过人民币 100 万元;同一法人或其他组织在不同网络借贷信息中介机构平台借款总余额不超过人民币 500 万元"。

〔5〕 参见彭晓娟:"普惠金融视角下互联网金融发展之法律进路",载《法学论坛》2018 年第 3 期。

困难、跑路等事件屡见报端，比较有代表性是"e租宝"和"钱宝网跑路"事件。"e租宝"[1]以假标的自融、沉淀形成资金池，盗用企业信息提供假担保，我行我素，罔顾监管政策；"钱宝网跑路"先是以高回报、低风险或者小额注册金为诱饵或者打着"看广告、赚外快"的幌子诱使用户注册，穿着分销QBII（合格境内投资者）股权任务的外衣，在多省份设立的多个关联皮包空壳公司，以高额回报诱使投资者向其旗下虚假空壳公司购买股权，并利用虚拟货币分红。不断造势，制造资产升级假象，营造虚假正面舆论形象，利用互联网金融的监管灰色地带规避监管。[2]

2. 违规担保、债权转让进行监管套利

传统借贷方式中借贷双方信息极度不对称催生网络借贷，网贷平台创新层出不穷，由单纯的信息中介异化为融资顺利而"刚性兑付"的类存储机构，其不断创新的动力源于以引入担保、债权转让等方式监管套利[3]。股权众筹、虚拟货币等金融创新为监管带来新的挑战，资产证券化的发展及区块链技术的运用，为网贷平台监管套利创造更广阔的空间，而监管套利的合理存在，决定了市场主体偏好成本最小化而规避监管。[4]

网贷平台为利用监管的空白地带抑或回归居间人的本质多登记为咨询类或信息服务类公司，部分平台在业务创新过程中为扩大经营规模，吸引更多投资者而突破单纯信息中介功能，采用为交易提供担保或承诺债务承担等额外征信手段弥补社会征信体系的不健全。由于缺乏法定的担保资质，[5]平台担保改变了居间人性质且可能涉嫌非法集资[6]。部分平台（如陆金所）引

---

[1] "e租宝"全称为"金易融（北京）网络科技有限公司"，是一家以融资租赁债权交易为基础的互联网平台，从2014年7月上线至2015年12月被查封，e租宝实收资金500余亿元，涉及被骗投资人约90万。

[2] 参见许井荣："'钱宝网跑路'事件对互联网金融监管的启示"，载《金融会计》2018年第4期。

[3] 参见沈庆劼等："我国P2P借贷平台监管套利的路径、危害及治理措施"，载《河北经贸大学学报》2017年第1期。

[4] Annelise Riles, "Managing Regulatory Arbitrage: A Conflict of Laws Approach", *Cornell International Law Journal*, 47 (2014), pp. 68~77. ——笔者译

[5] 参见吴景丽："P2P网络贷款的九大司法诉讼问题"，载《人民法院报》2015年1月28日，第7版。

[6] 《最高人民法院关于审理非法集资刑事案件具体应用法律若干问题的解释》第1条规定，承诺在一定期限内以货币、实物、股权等方式还本付息或者给付回报属于非法吸收公众存款或者变相吸收公众存款。该担保应当认定无效。

入担保公司等专门机构提供第三方担保，或要求借款人提供担保或保证，但大量保证人缺乏实际履行能力而平台未予以审查，使得保证效果大打折扣。履行能力是否是成为保证人的必要条件，我国立法并未予以明确规定，《中华人民共和国担保法》第 7 条对担保主体作出的概括性限制，即将保证人的主体限制在具备"代为清偿能力"。[1]国外立法中部分国家将履行能力作为保证人资格的要件，《德国民法典》要求"拥有与应当提供的担保相应的财产且在国内具有普通审判籍"[2]为合格保证人，《埃及民法典》第 774 条规定"债务人提供的保证人须具有偿债能力"[3]，《马耳他民法典》第 1931 条限定保证人的资格时要求"有对债之标的承担责任的足够财产"[4]。清偿能力不属于民事行为能力范畴，且处于动态变化之中，但订立保证合同的目的在于债务人不能履行清偿到期债务义务时由保证人代为清偿，因此要求保证人具备一定清偿能力符合订立保证合同的初衷。

随着"金融脱媒"发展，投资者投资渠道的多元化、企业杠杆率提升、资金周转压力加大，使得网贷平台在利益驱动下拆分、错配债权。网贷平台债权转让主要以债权传递转让或债权拆分转让的方式进行，债权传递转让强调债权"传递"，投资人以网贷平台为中介转让自己尚未到期的全部或者部分债权，转让的次数并不受限。与之相比，债权拆分转让重在"拆分"，表现为网贷平台将获得的债权进行金额拆分，化整为零、拆大为小抑或时间拆分，拆长为短、错配期限，进而以短养长（以短期负债支撑长期资产）。[5]金额的拆分可以将大额债权拆分以满足小额投资需求，降低网贷平台一对多直接融资而涉嫌非法集资的法律风险，但极易带来表内、表外的流动性风险，甚至引发系统性风险。[6]

---

〔1〕 参见李昊、邓辉："论保证合同入典及其立法完善"，载《法治研究》2017 年第 6 期。

〔2〕 《德国民法典》，杜景林、卢谌译，中国政法大学出版社 2014 年版，第 49 页。

〔3〕 徐国栋主编：《埃及民法典》，厦门大学出版社 2008 年版，第 123 页。

〔4〕 《马耳他民法典》，李飞译，厦门大学出版社 2012 年版，第 392 页。

〔5〕 参见郭琳、车士义："商业银行资产负债期限错配问题及对策"，载《现代管理科学》2017 年第 10 期。

〔6〕 美联储主席本·沙洛姆·伯南克将系统性风险定义为威胁整个金融体系以及宏观经济稳定性的事件。See Ben S. Bernanke, Regulation of systemic risk, Opening Remarks at the Conference on the Regulation of Systemic Risk, Federal Reserve Board, Washington DC, 15 September 2011, https://www.bis.org/review/r110916a.pdf? ql=1，最后访问时间：2018 年 12 月 20 日。——笔者译

3. 高坏账率引发信用风险

网贷平台的坏账率较高。线上交易带来方便的同时也隐藏着风险，网络借贷双方通过电子合同交易代替面签，借款用途不加限制，并且其违规性多在损害结果发生时才能暴露，征信体系的不健全导致信息披露不充分则进一步加大坏账风险。在一定程度上，"平台规模"大小替代"合约风险"作为借款流向的"信号显示"，[1]投资者对网贷平台规模的非理性依赖是作出非理性投资决策的重要原因。此外，网络借贷的出现建立在严格审慎监管下传统金融方式不能有效满足部分群体的贷款需求的基础上，他们有贷款需求，但并不符合金融机构贷款条件才转向审核较为宽松的网络借贷，加剧网络借贷的信用风险。

此外，知识产权抵押在网络借贷中的广泛运用，也加剧了网络借贷风险。网贷平台以盈利为目的，倾向于采取一定手段降低成本，扩大盈利空间。知识产权质押融资在线下交易中困难重重，由线下融资转为线上融资是互联网金融、知识经济发展的必然趋势，知识产权抵押在部分网络借贷中被作为增信手段运用，甚至出现专门进行知识产权融资的网贷平台（如汇桔网推出的"知商金融"），出于成本考量势必导致其他增信手段的减少，但知识产权价值不确定性、无形性、变现困难、贬值迅速等特征会进一步加大网络借贷的信用风险。

4. "网贷黄牛"扰乱借贷市场

"网贷黄牛"熟悉银行的借款时间和利率，巧妙地利用信用卡还款免息期间操作，低利套取投资者资金进而高息转贷赚取利息差。在高额利息差的诱惑下，"网贷黄牛"借助网贷平台发布短期低利率借款标，进而将款项投资利率较高的借款标（多为P2P官网挂出的借款标）。正如网贷之家首席运营官石鹏峰在接受《法治周末》采访时提到："目前一些平台的净值标，80%都是网贷黄牛发布的，这也是行业中的普遍现象。"[2]过去典型的非法集资类犯罪包括大"理财——资金池"模式、非合格借款人引发非法集资犯罪或典型的"庞氏骗局"，其犯罪主体多为网贷平台，以赚取差额利息为目标的"网贷黄

---

〔1〕 参见潘静："从政府中心规制到社会共治：互联网金融治理的新视野"，载《法律科学（西北政法大学学报）》2018年第1期。

〔2〕 兰健、陈义兴："新常态下互联网金融法律监管问题探析——基于网络借贷的角度"，载《中国物价》2017年第2期。

牛"虽有"庞氏骗局"特性，但是不符合非法集资类犯罪的犯罪构成要件，加之我国现行立法缺少对"网贷黄牛"行为的合理引导，扰乱了网络借贷市场的金融秩序。

（二）众筹金融方兴未艾

众筹概念起源于美国 Kickstarter 网站的奖励众筹，互联网金融打破传统金融抑制，激发市场竞争活力，加速资本流通，高效资本配置，金融创新的同时给处于监管空白、模糊地带的互联网金融带来诸多潜在风险，危害金融秩序。众筹金融[1]作为互联网金融新兴业态之一，是金融创新的产物，具有新公共性、脱媒化、普惠性等特征，但因缺乏相应的保护措施保护金融消费者合法权益而在监管方面饱受诟病。众筹金融主要包括公益众筹、股权众筹，[2]公益众筹如"水滴筹""轻松筹"等已广为人知，公益与众筹依托互联网打破传统社会互助的时间与地域限制而结合，形成新的社会互助模式，但也存在诸如以虚假信息骗取爱心捐款、筹集钱款去向不明等问题；股权众筹类似于公开发行证券，是向社会公众募集资金并回馈公众股份。[3]股权众筹存在系统风险、技术风险甚至信用风险，且受刑法规制较重，非法吸收公众存款罪、擅自发行股票罪等束缚着处于法律灰色地带的众筹金融。[4]

契约是劳伦斯·弗利德曼勾勒的"陌生人社会"的产物，以契约为中心的现代金融提升了交易者对陌生人的信任感，互联网金融则进一步打破熟人社会的藩篱，加强市场资源配置，减少熟人社会中人情、伦理干预市场带来权力寻租的负外部效应。但是众筹金融带有法律适用性缺失导致的非合规性的先天不足，进而导致公开发行、非法吸收公众存款等方面的法律阻碍，以及伴随着新信用风险、新系统风险、技术风险等问题，在我国法律相对滞后的情形下，亟需法律规范。

（三）"三农"互联网金融不断创新

与城镇地区相比，我国农村地区分布广，农民的文化水平普遍偏低，对

〔1〕 参见杨东："互联网金融风险规制路径"，载《中国法学》2015 年第 3 期。
〔2〕 参见王曙光等："众筹模式的激励相容、运作机制与风险监管——兼论中国式众筹的问题与趋势"，载《金融与经济》2015 年第 3 期。作者将众筹分为公益众筹、奖励众筹、股权众筹和债权众筹，并将 P2P 网络借贷划归债权众筹，本文并不认可该种归类方法。
〔3〕 参见刘宪权："互联网金融股权众筹行为刑法规制论"，载《法商研究》2015 年第 6 期。
〔4〕 参见徐卫东、郭千钰："互联网金融监管困境及其破解——基于众筹金融视阈的分析"，载《当代经济研究》2017 年第 1 期。

广大农民来讲，金融更是陌生的概念。农村的经济文化落后，金融生态机制尚待完善，而农村的发展、农业的繁荣、农民的创收离不开资金，传统的正规渠道受政府管控较为严格，互联网金融作为新型金融模式随着"余额宝"的兴起在农村异军突起，倒逼传统金融模式改革。互联网金融进军"三农"来势凶猛，蚂蚁金服、京东金融、翼龙贷轮番上阵，互联网金融不断渗入农村金融系统，不断刷新着中国民众的视野，惠农政策惠及千家万户，但是对农村地区互联网金融的监管却更为薄弱。

互联网基础设施建设为互联网金融进驻农村创造了物质条件，阿里巴巴大型电商平台实施"千村万县计划"，"农村淘宝"进驻村村落落，"农产品进城""网货下乡"进一步打破了农村信息交流与物流的瓶颈，"旺农贷""旺农村""旺农保"涉及信用贷款、保险、支付等领域，蚂蚁金服联合百余家龙头企业提供广泛的金融服务，改变了传统的农村金融生态，形成了电商平台带动的互联网金融模式。P2P网贷平台迅猛发展，网络借贷的触角广泛深入农村，以网贷平台为依托可以实现农村金融服务发展，并且联想控股旗下的翼龙贷独创"同城O2O"商业模式，将线上信息发布、撮合交易与线下质量检测、风险控制相结合，充分利用农村熟人社会优势，实现降低人力成本，前置风险，利益共享，合作共赢，形成了网贷平台与"三农"相结合的发展模式。此外，北京农村商业银行在金融和旅游之间通过"凤凰乡村游"App搭建桥梁，实现银行与农村信用社互联，创新互联网金融发展模式。借助互联网实现的众筹也在农村开疆扩土，为农村、农业、农民的发展提供资金支持渠道，沃丰收旗下设立"云菜园"，创新社区生鲜连锁品牌，贯穿农产品加工、销售一条龙服务。

"三农互联网金融"将线上线下交易完美契合，或作为信息中介，或成为网络理财工具，或成为交易平台，交易便捷、便利，运作空间灵活，地域跨度无限制，交易金额、规模多样，"轻资产"运作，降低交易成本，扩大农村金融覆盖范围，聚集农村分散的潜在投资者，极大地改变着农村的金融生态。但不可否认，互联网金融进驻农村也是一把双刃剑，风险与收益并存，互联网金融引发的市场风险、技术风险、信用风险等也不容小觑，甚至部分运营者打法律擦边球，损害农民的切身利益。农民大多属于低收入群体，具有较高的价格敏感性，农产品的价格波动受供需影响明显，农产品极易受重大自然灾害影响，而对于重大的自然灾害往往难以预期并难以及时作出有效防范，这对"三农"融资项目产生现实威胁，一旦农副产品未能盈利，极易导致资金链断裂进而引发信用风险。

二、互联网金融监管面临的现实困境

（一）监管路径依赖：互联网金融的硬性拆分

金融监管中的不确定性本身构成了特定类型的法律风险。在设定互联网金融的准入门槛时，是否应比照传统金融施加互联网金融的市场准入限制在理论上产生分歧，互联网金融不等同于金融互联网，互联网金融是基于互联网技术的金融创新，互联网金融出现了传统金融市场中不存在的"互联网直接融资模式"，〔1〕但又未直接改变金融交易的本质。尽管学术界从不同的角度论证互联网金融的独特性与特殊性以及不同于传统金融的诸多特点，但我国政府在监管互联网创新时产生路径依赖，倾向于将互联网金融硬性拆分为"互联网"和"金融"两个部分，并将传统监管手段削足适履适用于互联网金融监管。〔2〕"互联网+"时代为政府建构和重构监管体系提供机遇，中国亟待改变传统监管模式，契合互联网金融的发展趋势，超越以往的"驾驭市场"模式，〔3〕减少管控，完善市场监管，构建监管型政府。

（二）监管模式选择：分业监管与混业监管的抉择

我国长期保持的金融业分业经营、分业监管状态，严格限制委托业务从业资格。监管部门希望在原有的法律监管框架内解决互联网金融监管这一新兴问题，导致理论研究与实践脱节。"互联网金融本质属于金融"，〔4〕努力将互联网金融削足适履改造为金融的互联网化强行加以监管。〔5〕《关于促进互联网金融健康发展的指导意见》（以下简称《指导意见》）在监管网络借贷和股权众筹融资时也体现这种趋势，将网络借贷划分为个体网络借贷，纳入民间借贷范畴，和网络小额贷款划归银监会管辖，并要求明确网络借贷平台的

---

〔1〕 参见谢平、邹传伟："互联网金融模式研究"，载《金融研究》2012 年第 12 期。

〔2〕 参见彭岳："互联网金融监管理论争议的方法论考察"，载《中外法学》2016 年第 6 期。

〔3〕 参见冯涛、郁建兴："走向监管型政府：'互联网+监管'与'监管+互联网'的融合"，载《中共宁波市委党校学报》2017 年第 1 期。

〔4〕 参见中国人民银行等十部委发布的《关于促进互联网金融健康发展的指导意见》（银发〔2015〕221 号），以下简称《指导意见》。

〔5〕 参见 2015 年《最高人民法院关于审理民间借贷案件适用法律若干问题的规定》（法释〔2015〕18 号）第 22 条。

中介服务提供者地位。将股权众筹融资界定为以互联网为媒介的公开小额股权融资，将融资主体限定在小微企业，借助股权众筹融资中介平台融资，分属于证监会监管。决策者希望回避互联网融资平台进而界定相关金融业态本质，将互联网金融创新中出现的网络借贷和股权众筹看作是传统民间借贷或小微企业股权融资的互联网化，将"互联网+"强制改造成"+互联网"，相关互联网平台成了信息传递与展示平台，忽略了互联网金融低交易成本、覆盖范围跨越地域边界带来的多人小额问题，忽视了互联网金融集聚小额资金、聚沙成塔的功能。〔1〕

互联网金融的监管是否应当继续遵循分业监管模式，还是互联网金融的发展会倒逼监管模式由分业监管向混业监管转变？互联网金融快速发展，传统金融监管模式的不适用，将互联网金融削足适履强行纳入传统监管体系出现诸多问题，需要创新监管机制在学界已经达成共识。传统分业经营、分业监管体制下，网贷平台借助互联网混业经营金融业务，市场准入标准模糊、监管主体不明、权责分配不清导致分业监管失灵，网贷平台未获金融牌照而游离于监管之外为监管套利提供广阔的空间，将风险具有社会特性的互联网金融监管放进分业监管的框架行不通。〔2〕分业监管阻碍金融市场趋良性发展，金融市场的发展趋势为混业经营，"混业经营是金融监管的必然选择"，急切呼吁金融监管制度改革，〔3〕更有学者建议推动金融行业混业监管试点改革，打破部门壁垒，实现监管协作，〔4〕并在谦抑干预理念下实现分业监管向统合监管的过渡。〔5〕在大部分学者诟病分业监管框架下互联网金融监管不力时，也有小部分学者建议互联网金融监管应坚持分业监管，并在分业监管模式下生成相应监管规则，〔6〕抑或在分业监管框架下实现"分业监管与联合监管相

---

〔1〕 参见［美］克里斯·安德森：《长尾理论》，乔江涛、石晓燕译，中信出版社2012年版，第386页。

〔2〕 参见许多奇："互联网金融风险的社会特性与监管创新"，载《法学研究》2018年第5期。

〔3〕 参见陆岷峰、葛和平："供给侧改革背景下我国金融监管体制重构的思考——基于互联网金融对传统金融的冲击分析"，载《当代经济管理》2017年第1期。

〔4〕 参见王媛、李玲："从'e租宝跑路事件'反思我国互联网金融监管问题"，载《哈尔滨学院学报》2016年第11期。

〔5〕 参见苏丽芳："论互联网金融分业监管的困局与破解"，载《湖北经济学院学报》2018年第6期。

〔6〕 参见沈伟、余涛："互联网金融监管规则的内生逻辑及外部进路：以互联网金融仲裁为切入点"，载《当代法学》2017年第1期。

结合"〔1〕，降低分业监管与需要加强风险监管的互联网金融业务中混业经营、跨行业经营的不适应性。

纵观国外，作为互联网主要业务模式发端国家的美国对以网络支付和融资为主体的互联网金融进行原则性监管，监管体制历经自由竞争、严格分业监管进而逐步放松管制进入混业经营模式，诸多企业形成自己的移动支付端。英国成立金融政策委员会加强宏观审慎监管，改革原有三方监管体制为"双峰监管体制"，成立金融行为监管局和审慎监管局承担微观监管职能，并完善监管协调机制，避免金融监管不畅带来监管盲区。在我国互联网金融新业态发展过程中，监管部门不断对互联网金融风险进行防范回应。实践表明，"一行两会"式的分业监管体制及缺乏科技支撑的传统监管模式难以遏制互联网金融的野蛮生长以及防范金融风险的积累和传染。自 1993 年起的"四分天下"的分业监管模式下出现的金融监管盲区〔2〕使得混业监管似乎又有重回格局之势，银监会和保监会合并成为银保监会似乎也体现了分业监管向混业监管过渡，但是互联网金融并未成为金融业的主体，传统的金融行业依然发挥着重要作用，也不可能完全被互联网金融所取代，无论是分业监管还是混业监管都有其制度设计的弊端，完全回到混业监管模式恐是历史的倒退，在进行制度设计时强调建立跨部门的监管协调机制比改变分业监管模式更具有实际可操作性，也是金融监管的关键所在。

（三）监管模式协调：合法性与合规性

政府金融监管分为市场准入监管和金融机构业务监管。绝大部分法律学者将互联网金融视作新金融模式，倾向于从金融效率、金融安全、金融公平等大而泛之的抽象概念推理具体的监管目标和监管手段，甚至要重构"金融法"，动辄立法忽略了现有制度的粘性与锚定效应。

金融监管体制分为金融抑制型和金融自由型，金融自由型的典型代表是低准入门槛的美国银行业，一直以来我国采用金融抑制型监管体制，金融业准入标准严格，金融业长期垄断经营。〔3〕面对互联网金融，金融自由体制下，

---

〔1〕　胡传东等："我国互联网金融风险监管创新研究"，载《成都行政学院学报》2018 年第 3 期。

〔2〕　2011 年下半年浙江温州中小企业流动性危机、2013 年货币市场钱荒危机、2015 年 6 月 A 股异常波动等。

〔3〕　参见朱大旗：《金融法（第 3 版）》，中国人民大学出版社 2015 年版，第 101 页。

监管者倾向于对任何有助于经济发展的金融创新推定为合法，不额外施加监管要求，而金融抑制体制中倾向于推定为非法，或将其强行纳入现有监管框架。正如《指导意见》一味严监管，避免互联网平台打擦边球获得制度租金的同时抑制互联网平台的合理作用，加之缺乏合理引导，降低了筹资者获得足够资金支持相关业务活动的可能，且极易造成垄断，降低市场活性。严格监管体制下，为使得有意进入互联网金融行业的从业者获得合法身份，避免互联网金融业务被认定为非法而予以取缔，有必要就其合法性予以探讨。合法性要求互联网金融行为符合一般法律要求，而合规性则是符合监管部门的监管要求，二者相互区别。合法性要求是一般性要求，而合规性要求适应更为严格的监管措施。[1]

金融规制要注重把握"度"，不能简单对照合规要求。政府监管为网贷平台设置了较为严苛的准入资格，规范网贷平台秩序的同时也存在平台管理层监管缺失、强制性信息披露责任机制缺位、监管制度错位、风险与控制失衡、监管机制与互联网金融未能充分互动等诸多问题。政府这只"看得见的手"对市场的过度干预不仅扼杀了市场活性而且极易造成竞争不充分进而导致垄断性加强。[2]"强抑制，强监管"的监管理念导致市场竞争不充分，亟需构造弹性化的法律规则体系平衡金融监管与金融创新的关系，满足市场中风险偏好不同、投资需求多样的投资主体的投资需求。金融风险防范中法律更是要"有所为，有所不为"并且"为之有度"[3]。互联网金融为公众提供了传统金融体系中不存在的新的高风险投资良机，纵然存在风险，但不可因噎废食，只要合理采取审慎措施，合理限制筹资数额，合理设计投资策略，"不将鸡蛋放在同一个篮子里"，允许互联网金融平台适当增信，则相关投资风险完全可控。

三、互联网金融监管的应然诉求

（一）谦抑干预理念下监管与市场调节博弈

互联网金融发轫于民间迎合弱势金融群体的融资需求，网贷平台迅速发

---

〔1〕 参见彭岳："互联网金融监管理论争议的方法论考察"，载《中外法学》2016年第6期。

〔2〕 参见缪因知："证券交易场外配资清理整顿活动之反思"，载《法学》2016年第1期。

〔3〕 刘宪权："互联网金融股权众筹行为刑法规制论"，载《法商研究》2015年第6期。

展并为小微初创企业和广大投资者普遍接受的根本原因在于网贷平台借助互联网在一定程度上实现了"金融脱媒",降低了市场不对称程度,提高了融资效率,降低了融资成本。政府与市场是调节市场资源配置和经济的主要方式,网络借贷作为互联网创新的一部分可能增加风险,政府监管不能缺位,[1]监管成为政府介入宏观调控的主要途径。[2]市场在资源配置中起到决定性作用,市场失灵应是政府监管的风向标。政府与市场的关系一直处于动态博弈之中,市场要发挥其决定性作用而非基础性作用,要求政府本身不能成为负外部性(Negative Externality)的来源。

谦抑干预理念属于经济法范畴,假设市场竞争充分、自由主义盛行,在私法发生作用的范围内经济法作为补充性、保障性的手段而存在。[3]谦抑干预理念首先要求市场先行,当市场失灵时政府才能以谦逊、克制的方式嵌入,并且国家干预依附于市场机制发挥作用。市场失灵程度降低或者市场调节恢复正常轨道时,国家干预应及时限缩或退出,也即政府选择的干预经济的手段应该以消除市场失灵为目的。[4]谦抑性干预理论也要求政府干预重视互联网金融市场中不同主体的差异性,尊重私法自治以及市场在资源配置中的决定性作用。[5]市场经济与国家干预共同发挥作用,[6]市场敏感性强,往往先于监管机关监测到网贷平台出现的问题,也先于监管机关作出反应。因此,如果市场自身的调节机制就可以实现网贷平台的优胜劣汰,那么限制平台资本市场融资的立法是否损害优质平台,以及立法的必要性就需要仔细斟酌。[7]具体到网络借贷所在的金融市场,应当允许投资人自主选择借款人,

---

〔1〕 See Robert J. Shiller, "Capitalism and Financial Innovation", *Financial Analysts Journal*, 69 (2013), p. 21.——笔者译

〔2〕 Nicholas Bagley, Richard L. Revesz, "Centralized Oversight of the Regulatory State", *Social Science Electronic Publishing*, 106 (2006), pp. 1260~1329.——笔者译

〔3〕 参见刘大洪、段宏磊:"谦抑性视野中经济法理论体系的重构",载《法商研究》2014年第6期。

〔4〕 参见许玉镇:《比例原则的法理研究——私人权益控制政府权力的法律维度》,中国社会科学出版社2009年版,第171页。

〔5〕 参见陈甦:"商法机制中政府与市场的功能定位",载《中国法学》2014年第5期。

〔6〕 参见〔美〕布里安·P. 辛普森:《市场没有失败》,齐安儒译,吉林出版集团有限责任公司2012年版,第30~31页。

〔7〕 参见杨东、文诚公:"论互联网金融背景下金融权的生成",载《中国人民大学学报》2015年第4期。

"自动撮合借贷双方"的投标模式应予以取缔，赋予投资者选择权的同时加强信息披露[1]。政府进行大刀阔斧的改革，先后出台多项专项治理措施，但是"运动式监管"不是金融治理的常态，政府监管介入金融市场需要把握恰当的时机，明确实施主体，拿捏好监管力度，立法权的行使应与市场机制衔接并充分借鉴吸收市场内部治理的有益经验。

（二）监管与金融民主协调

公共领域的民主被视为现代法治国的源头活水，[2]自罗伯特·希勒提出金融民主理论以来，金融民主作为一种金融立法原则体现经济民主而被广泛关注，金融民主被视为降低金融不平等程度、塑造公平世界的利器。[3]

网络借贷的发展顺应历史发展潮流，互联网金融不断创新，法律自身的相对滞后性在复杂多变的互联网金融面前更显得捉襟见肘，旧问题尚未解决又出新问题，"新问题"的解决又无法可依，单纯借助事前审批提高网贷准入门槛极有可能引发监管规避，而加大事后惩处力度"杀鸡儆猴"以增加"威慑力"又无人填补市场出清后的空白，传统的管控型监管模式效果大打折扣。[4]国务院及各部委相继或联合出台相关政策"重典治乱"。虽监管重拳出击，大规模违法、违规行为依然屡禁不止。原因在于我国的监管格局依然倾向于"政府管制"而非"群众参与"，信息经过加工形成金融制度构建中至关重要的大数据，[5]网络借贷的迅猛发展也体现出原有法律体系在降低信息不对称和解决信用风险方面的不足，而信息不对称程度影响着监管政策的实施效果，当监管加剧信息不对称，"监管机构的投机心理激发市场主体的冒险心理"[6]，被监管者倾向于寻求可能路径规避监管。此外，网贷平台不断"暴雷"凸显负外部性时监管被迫介入，传统管控式监管恐无法满足网贷监管

---

〔1〕 参见冯辉："论互联网金融的私法规制——以大学生网络信贷消费合同的效力问题为例"，载《南京社会科学》2017年第12期。

〔2〕 参见张翠："合法之法与民主法治理想——哈贝马斯的法治观及其现实启示"，载《理论导刊》2015年第6期。

〔3〕 参见［美］罗伯特·希勒：《金融与好的社会》，束宇译，中信出版社2012年版，第337~349页。

〔4〕 参见冯辉："网络借贷平台法律监管研究"，载《中国法学》2017年第6期。

〔5〕 Eugene F. Fama, "Efficient Capital Markets: A Review of Theory and Empirical Work", *The Journal of Finance*, 25（1970），p.384.——笔者译

〔6〕 See Kathryn Judge, "The Future of Direct Finance: The Diverging Paths of Peer-to-Peer Lending and Kickstarter", *SSRN Electronic Journal*, 50（2015），p.609.——笔者译

的多元化需求，在规制互联网金融信用风险时失灵，催生刚性兑付以及对担保的过度依赖，导致市场竞争不充分，进一步加剧市场信息不对称程度。[1]可以在互联网金融监管领域引入激励监管理论，该理论由"激励相容"理论[2]演化而来，借鉴信息不对称条件下"代理人问题"的处理，为互联网金融从业者提供适当激励，通过利益驱动解决监管机构追求社会利益最大化与被监管者规避监管追求自身利益最大化之间的矛盾，以降低监管成本，提高监管实效，顺应互联网互动、融合、创新的特性。[3]监管政策对金融市场问题作出反应，到政策制定、落实非一朝一夕即可完成，执法资源的稀缺又约束着规则的有效落实，根治产生质变危害后果的网贷平台不可能一蹴而就，公众的矛头不应指向监管不力，监管更不能矫枉过正，落入"一管就死"的窠臼，监管要与市场充分接轨，在金融民主原则的指引下出台相应的监管政策。

网络借贷作为互联网金融的一分子，在促进金融民主的过程中离不开互联网等高新技术。金融民主的核心是参与民主，对介入到互联网金融领域的公权力提出了要求。一是政府公权力以金融立法或者是监管政策等方式介入互联网金融时要广泛征求专家、投资者、融资者等方面的意见，建立对话协商机制，使得"管控型监管"逐步向更优的"参与型监管"转变。[4]政府应当在金融民主的基础上治理互联网金融，反过来金融民主可以保障金融相关立法、政策得以贯彻落实，实现政府与市场良好互动；二是金融监管权应当在中央和地方合理配置，避免监管主体混乱导致监管交叉重叠或者出现监管空白地带，这也是金融民主的体现。中央监管机关依据金融民主原则以及适合金融发展需要而适当放权，明确双方治理范围和干预权限，充分调动地方积极性，地方监管机关合理用权，中央和地方优势互补，中央的宏观审慎监管与地方的相机监管及行业自律共同发挥有益价值，规范互联网金融秩序，保证政府规制绩效。[5]

---

〔1〕 参见杨东："互联网金融的法律规制——基于信息工具的视角"，载《中国社会科学》2015年第4期。

〔2〕 激励相容理论最初由英国学者詹姆斯·米尔利斯和美国学者威廉·维克里提出，他们通过建立委托代理模型来研究信息不对称条件下的委托代理关系及在此关系中如何实施激励方案。

〔3〕 参见周昌发："论互联网金融的激励性监管"，载《法商研究》2018年第4期。

〔4〕 参见朱新力、余军："行政法视域下权力清单制度的重构"，载《中国社会科学》2018年第4期。

〔5〕 参见刘辉："论互联网金融政府规制的两难困境及其破解进路"，载《法商研究》2018年第5期。

（三）监管与金融创新协调

长期以来的利率管制使得借贷市场资金供需失衡，互联网金融开辟了广泛吸收社会资金、创新融资模式的新道路。技术革新和金融创新冲击现有监管体制，技术革新催生技术创新兼具套利和非套利因素，相关互联网金融企业利用现有监管缝隙和模糊地带实现营利目的，创造出独立于传统金融市场之外的新金融市场，产生套利性抑或非套利性金融创新，套利性创新假借创新侵蚀现有监管基础，削弱监管成效，极易受到谴责。国家出台一系列监管政策在一定程度上规范了网络借贷平台的发展，也在一定程度上抑制了网络金融市场的活性，2016 年 8 月有 152 家网贷平台"暴雷"，经过 2 年的治理，2018年新增网贷平台屈指可数，但是，仅 2018 年 8 月又出现 140 多家问题平台。一系列监管政策的出台并未有效改善平台运营状况，互联网金融监管立法相对落后，先发展后规范的传统金融监管模式已经不能满足新形势下互联网金融层出不穷的创新要求。金融不断创新、监管政策与现实情况脱节、地方政府的监管存在地方利益考量等因素使得监管落实不力，监管政策未能发挥预期效果。

互联网金融错综复杂，金融监管机构对其认识需循序渐进，适度的动态监管为互联网金融发展所必需。新的金融产品、新的管理办法以及创新的交易方式极有可能带来更多的金融风险，互联网金融创新和监管层严格防范过度创新之间产生矛盾，互联网金融企业的创新和监管部门的监管是一个动态博弈的过程，二者需要相互作用、相互推动。金融管制和金融创新在监管——违规（合规）创新——罚款（监管）这一路径中重复动态博弈并交替上升，监管机构采取动态管制措施约束金融机构过度创新存在"双赢"可能。[1]基于动态博弈模型，互联网金融中的博弈参与方一般都不满足现代主流博弈论的"完全理性"前提假设，而基本遵循"探索、学习、成熟"的监管和动态调整的行为逻辑。监管成本、监管收益以及对监管机构的信任程度影响监管机构策略选择，而过度创新的收益、成本以及惩罚成本是互联网金融机构策略选择的主要因素。[2]需要基于双方"有限理性"的前提假设，构建动态博弈模型，分析影响互联网金融企业和监管部门做出差异化选择的因素，进行互

[1] 参见宋洋等："互联网金融创新与监管双赢：规避和管制的博弈分析"，载《社会科学研究》2018 年第 4 期。

[2] 参见张红伟、徐镒菲："基于动态博弈模型透视互联网金融监管的适度性"，载《金融经济学研究》2016 年第 5 期。

联网金融适度性监管的制度设计，平衡监管与创新之间的动态博弈关系，[1] 在不断的动态博弈中使得信息逐渐趋于透明，金融市场趋于稳定，形成"规范中发展，发展中规范"的良性循环。

（四）外部监管向行业自律转变

互联网金融不断创新使得其内容不断丰富，并且界限模糊，无法与"一行两会"职能部门一一对应，在有限的监管资源下传统的监管方式难以发挥应有的效果。外部监管有其固有的滞后性，与其在问题集中爆发时倒逼监管政策出台，不如在加强监管的同时积极引导行业自律良性发展，"从外部监管向行业自律转化"[2]应是互联网金融发展过程的本来面貌。

自律是"自己遵守自己制定的规则"[3]，行业自律组织由行业内经营者自愿共同组建，是连接政府和私人的桥梁，分担政府压力，表达行业诉求，从行业整体利益出发制定行业规范，通过行业规范指引行业内经营者规范经营，实现行业自律。[4]行业自律机制在大数据时代个人信息权保护、网络治理、私募投资基金、广告投放、房地产开发、证券等方面[5]发挥重要作用，并有学者建议在企业信用管理[6]、网络舆论监督[7]等方面嵌入行业自律。英国非常重视行业监管，英国政府管理服务商偏好自律方式而非立法控制，[8]

---

〔1〕 参见袁凤英、杜朝运："互联网金融监管适度性分析——以进化动态博弈模型为例"，载《财会月刊》2018 年第 9 期。

〔2〕 宋怡欣、吴弘："P2P 金融监管模式研究：以利率市场化为视角"，载《法律科学（西北政法大学学报）》2016 年第 6 期。

〔3〕 Renée de Nevers，"（Self）Regulating War? Voluntary regulation and the private security industry"，*Security Studies*，18（2009），p. 3.——笔者译

〔4〕 参见王新红："不干预、规制与自律：限制自带消费品入场消费行为的法解释学分析"，载《政治与法律》2018 年第 2 期。

〔5〕 参见陈奇伟、刘倩阳："大数据时代的个人信息权及其法律保护"，载《江西社会科学》2017 年第 9 期；徐美："再谈个人信息保护路径——以《民法总则》第 111 条为出发点"，载《中国政法大学学报》2018 年第 5 期；周书环："英国对网络淫秽色情传播的规制体系研究"，载《西南政法大学学报》2018 年第 2 期；许玉镇："网络治理中的行业自律机制嵌入价值与推进路径"，载《吉林大学社会科学学报》2018 年第 3 期；张艳："私募投资基金行业自律监管规则研究"，载《证券市场导报》2017 年第 5 期；陈瑞："近代广告行业自律与政府监管略论"，载《贵州社会科学》2016 年第 6 期等。

〔6〕 参见曹兴权："企业信用监管中行业自律的嵌入"，载《法学论坛》2014 年第 2 期。

〔7〕 参见董国军："基于网络法律规制的网络舆论监督问题与对策研究"，载《昆明理工大学学报（社会科学版）》2017 年第 6 期。

〔8〕 Lilian Edward，Charlotte Waelde，*Law and the Internet：Regulating Cyberspace*，Oxford：Hart Publishing，1997，p. 4.——笔者译

遵循"行业先行，监管后行"，[1]先后成立 P2P 金融协会（2011 年）、众筹行业协会（2012 年）等行业协会。监管者出台《监管意见》探索自律性监管机制，英国的网络观察基金会（Internet Watch Foundation）在规范互联网竞争、构建互联网合作秩序等方面至关重要。美国广告监管色彩最重，[2]但自律在美国广告行业治理中依然发挥着重要作用，[3]美国广告自律监管理事会（Advertising Self-Regulatory Council）是全美影响最大的自律机构，将制定自律政策，规范广告行业发展，行业自律与广告企业自治完美契合。[4]我国互联网金融协会也发布了系列规范文件试图进行监管机构的理性化建构。

严格意义上的行业自律需要借助行业协会等自律组织，行业自律组织制定行业规范的"权力"产生于行业内部，来源于行业经营者授权，[5]只对行业内经营者具有约束力，应定义为成员权而非公权力。政府审批、监督、指导下我国的行业自律政府管制色彩浓厚，集中体现了政府和企业意志，并非真正意义上的行业自律，属于"条件型的行业自律"。[6]不仅如此，行业自律的法律保障不足、行业自律组织自身审查机制缺位、权利救济方式匮乏，我国行业自律发展面临现实障碍。高效的行业自律组织应由行业主体自发形成，而非政府主导，其成立目的应在于自律规则制定与监督实施，自主性的行业自律才能充分发挥自律效果。

但是，单纯的自我约束抑或单纯的政府规制不能实现互联网金融领域的社会共治目的，自律性监管归根结底需要经由具体的监管规则落实。相比于英国，我国互联网金融监管比较依赖事后监管，依据互联网金融业务模式产生的后果决定监管与否的事后监管灵活性不足，我国监管部门在进行制度设计时出台《指导意见》作为较为宏观的政策指引，但是依然缺乏可操作性强

〔1〕 英国对 P2P 的监管最初由公平交易管理局（OFT）和金融服务管理局（FSA）共同完成。公平交易管理局的任务主要包括对符合规则的机构授予消费者信贷许可证，从而限制部分违法机构进入金融 P2P 市场；金融服务管理局的任务主要是对金融消费者的资金进行监管。

〔2〕 Don R. Pember, Clay Calvert, *Mass Media Law*, New York：McGraw-Hill Education, 2015, p. 586.

〔3〕 ［美］凯斯·桑斯坦：《网络共和国——网络社会中的民主问题》，黄维明译，上海人民出版社 2003 年版，第 126 页。

〔4〕 参见周辉："美国网络广告的法律治理"，载《环球法律评论》2017 年第 5 期。

〔5〕 参见鲁篱：《行业协会经济自治权研究》，法律出版社 2003 年版，第 90~95 页。

〔6〕 Jyh-An Lee and Ching-Yi Liu, "Forbidden City Enclosed by the Great Firewall：The Law and Power of Internet Filtering in China", *Minnesota Journal of Law, Science & Technology*, 3（2012）, p. 23.

的细节监管规则。需要在自我约束中嵌入政府规制，并将其与行业自我约束无缝衔接，逐步建立政府与行业主体协商、对话、合作机制。因此，对于互联网金融行业，基于投资者利益保护和行业信用建设，应在政府指导下自发形成行业自律组织，减少自律组织的政府色彩，在登记备案、信息披露、合同指引、平台管理等方面建立细节性的自律规则，制定网络借贷自律公约，搭建逐步覆盖事前登记、事中监督以及事后规制的自律行业监管规则体系，发挥行业自律的优势，利用行业自律弥补政府监管专业性差、信息片面、执法资源稀缺等不足。

四、金融监管体系建构

金融监管的一大挑战就是金融创新总是走在监管前列使得监管难度不断增加，借鉴域内外先进互联网监管经验，合理设计金融监管体系的顶层制度，完善互联网金融监管长效机制，建立内含有效跨部门协调机制与行业自律的互联网金融监管体系乃关键之所在。互联网金融监管应形成监管部门与互联网金融平台的双元监管范式，并与征信体系建设形成"三位一体"的新监管模式。

（一）构建"政府—平台"双元监管范式

监管部门对互联网金融提出"鼓励创新、防范风险、趋利避害、健康发展"的宏观要求，明确了"依法监管、适度监管、分类监管、协同监管、创新监管"的监管原则。在政府监管职能部门和职责变化的大部制改革背景下，互联网金融迅猛发展，规则缺失加剧互联网金融风险，防范大规模互联网金融风险监管必须到位，而监管不能生搬硬套，需将鼓励创新与金融风险防范相结合设计我国的互联网监管体系框架。自治性和公共性是市场型网络交易平台的两大特点，市场型网络交易平台市场化的载体也是独立的组织个体，政府—平台的双元监管范式成为可能。

互联网经济快速迭代效应催生金融创新发展，互联网金融借助互联网平台实现点对点信息分享形成共享经济秩序，模糊地域边界划分，传统的以行政力量驾驭市场，促进经济稳定增长的"驾驭模式"[1]难以维持。政府应更

---

〔1〕 有学者通过考察东亚工业化进程提出了"驾驭市场"发展模式，政府在驯服国内外市场力量并使之服从国家经济利益的过程中扮演着重要角色。

加注重维护市场秩序公平竞争，逐步向中立的市场监管者角色转变，进而从过去管控式监管转向底线式监管，并将监管重点转向互联网整体性和导向性制度设计，对未突破底线的失范行为保留相应的自由度，平衡金融创新与监管的关系。

1. 落实登记注册制度

登记注册包含两方面内容，一是互联网金融平台的注册审批。美国2012年通过《创业企业扶助法案》（JOBS法案）将小额股权众筹认定为经纪商或者集资门户，从法律上确定股权众筹的合法地位，开启小额股权众筹豁免先河，并采取双重登记注册制〔1〕，这一做法可资借鉴。登记注册便于监管部门事先审查平台是否具备相应的从业资质，将不合法或不合规的平台排除在外，从源头上控制风险。并且登记注册使得平台"有底可查""有案可查"，避免平台负责人利用互联网的虚拟性逃避责任。二是投资者的登记与信息核查。在"大众创业、万众创新"浪潮下，我国并未规定投资者的准入资格，致使许多还贷能力差、风险承受能力差、热衷于赚"快钱"的投资者充斥着互联网金融，一定程度上造成互联网金融的无序状态。英美作为互联网金融股权众筹最先兴起的国家，其股权众筹监管模式推陈出新，不断完善，给我国带来了启发。美国2012年的《就业法案》由前总统奥巴马签署成为法律，为股权众筹奠定合法性基础。该法案第2章为"合格投资者"〔2〕打开公募之门；第3章建立适合小微初创企业的众筹豁免规则，要求第三方平台须经美国证券交易委员会审核，并在提供股权众筹投资之前，向金融行业监管机构注册；第4章为"不合格投资者"设定投资限额允许其进行证券投资。英国的互联网众筹发轫于艺术家利用互联网的捐赠资助项目，形成了EBCI互联网众筹平台。2000年英国《金融市场与服务法案》（FSMA）禁止未经授权或非豁免的个人发行证券，并宽松适用于众筹。法案规定豁免条款，根据豁免类别限定投资人数和总额。众筹须获金融行为监管局（FCA）〔3〕批准，平台负有证明潜在投资者投资前具有豁免资格义务，并对个人投资者购买初创企业新股实行

〔1〕 要求小额股权众筹在证券交易委员会登记注册并在相关自律组织登记注册。
〔2〕 美国《证券法案》D条例规定的年收入至少为20万美元或净值至少为100万美元的个人投资者为"合格投资者"。See The Securities Act of 1933 Regulation D, 17C. F. R. § 230. 501.
〔3〕 2013年4月，受金融危机影响，金融服务监管局（FSA）不再承担监管职能，其监管职能由金融行为监管局（FCA）与审慎监管局（PRA）替代行使。

特定税收减免。分析英国金融行为监管局新规下英国股权众筹监管模式以及《就业法案》下美国股权众筹监管模式，在借鉴国外先进经验的基础上，需要严格注册和审核制度，互联网金融产品未经注册严格禁止销售，界定我国的"合格投资者"与"不合格投资者"，为合格投资者确立豁免规则并为"不合格投资者"设定投资限额，为小微初创企业确立众筹豁免规则。借此严格准入机制，保证监管前置下相关中介组织具备相应的资产管理能力和风险控制能力，同时将事中监管权下放到行业协会，避免监管资源紧缺带来的监管粗放和滞后。

2. 严格信息披露与资金托管

巴塞尔监管体系将信息披露看作三大支柱之一，信息披露也是监管的核心要素。互联网金融在一定程度上实现"金融脱媒"，降低投资者信息获取成本，加快信息传播速度，增强信息透明度，增加信息垄断成本，消弭传统金融交易中过高的交易成本和信息成本摩擦，实现资源的更优、更迅速配置。网贷平台金融信息中介的法律地位业已明确，[1]但是我国以信息披露为中心的监管尚处于薄弱地带。1933年美国《证券法案》诞生于经济大萧条之后，监管者严格监控证券市场，"持有证券交易委员会认可的登记表（实质上是复杂的披露文件）"是证券众筹的前提，严格禁止未经注册证券的销售，证券真实和证券披露等基本原则逐步形成。[2]信息披露使得信息更为透明化，使交易更能建立在信息完全和信息对称的基础上，更有利于交易公平，借此约束企业行为，体现企业信用，有利于维护互联网金融市场秩序。

实践证明，资金托管是行之有效的监管方式，第三方托管资金可以起到很好的监督作用，及时预警资金异常流动，并及时采取措施降低损失，并为互联网金融平台日后可能涉及的诉讼提供强有力的证据支持。此外，资金托管也具有一定的制衡作用，在一定程度上有利于规避道德风险。

3. 明确互联网金融平台退出机制

我国互联网金融快速发展并且已经广泛渗透到日常生活之中，诸多风险事件的集中爆发折射出互联网金融的"两面性"，充分揭示互联网金融监管滞后的现实困境。英国金融监管局建立网贷平台退出机制，确保与平台业务相

---

〔1〕 2015年12月28日银监会会同相关部门联合下发了《网络借贷信息中介机构业务活动管理暂行办法（征求意见稿）》，提出网贷平台金融信息中介的法律地位和以信息披露为中心的监管方向。

〔2〕 参见孟柳："英美互联网金融股权众筹监管及对我国的启示"，载《北方金融》2018年第3期。

关的第三方支付机构或者互联网系统运营商接管运营失败平台。接管方式包括安排其他接管人，或由平台提供与其债务相当的抵押担保或者追加风险保障金。英国的平台退出机制存在一定的问题，一是未明确由谁来安排其他接管人来接管运营问题平台；二是若没有事先约定也没有国家强制力的保障，接管问题平台极有可能蒙受巨额损失而不符合理性经济人假设；三是平台已经出现问题时再提供与其债务相当的抵押担保或者追加风险保障金，此时平台已经不具备此种能力使得实际履行存在障碍。网贷平台出现运营问题，或者平台运营者干脆"跑路"，甚至人间蒸发，损失由广大投资者最终承担。我国在设计平台运营机制时可以批判地继承英国的退出机制，一是政府建立机构或者指定民间机构负责平台退出相应事宜，受理债权登记、代位行使追索权；二是比照破产制度对互联网金融企业进行制度设计；三是要求平台在设立之初与其他企业约定接管（类似于债权法上的担保或保证制度）或者足额缴纳风险准备金。

4. 合理配置中央与地方的金融监管权

地方政府在互联网金融监管中发挥着越来越重要的作用，同时也面临着由互联网金融的虚拟性、流动性和混业经营等特征带来的挑战。地方金融监管权尚处于灰色地带，发现互联网金融风险防范中的漏洞和不足，立足地方政府参与互联网金融监管的正当性，明确监管对象和监管方式，合理配置央地分权。[1]需要指出的是地方政府负责网贷平台登记备案行使监管权，而网贷平台经营业务的监管又归银保监会及其分支机构负责，两监管主体之间尚未建立制度化的信息沟通渠道，监管的细枝末节之处就需要行业自律嵌入，并发挥辅助政府监管的新价值，为金融监管的协调性打下坚实基础。

5. 明确互联网平台责任

互联网平台责任体系分散且不统一，具有双重身份，既是市场的竞争主体也是市场的规制者。互联网平台基于市场规制者身份产生平台责任也具有双重结构，包括对监管机构和平台用户产生的平台责任。互联网平台本身是自治平台，协同甚至部分取代政府监管职能，实现"软法治理"。互联网金融领域的立法现状倾向于监管互联网企业"主体责任"。然而，规范分析"主体

---

〔1〕 参见毛志刚："地方政府参与互联网金融监管的法律问题研究"，载《西南金融》2018年第9期。

责任"，作为法律概念其含义有待进一步明确，并且需要将政府介入平台监管和平台配合监管以及平台的负外部性考虑在内以明确平台责任限度。[1]互联网金融平台担责的范围需要进一步廓清，当损失可归责于一方或双方时，基于合同遵循意思自治的基础上适度考量投资者权益保护原则并兼顾个案平衡，[2]使得此种"现代化非典型契约"[3]典型化，寻求意思自治与消费者权益保护的平衡。

我国台湾地区保险部门通过测试法则限定保险公司运营范围，并进行安全检查，"保险法"规定："保险业自有资本与风险资本之比率不得低于200%"[4]，确定互联网保险办理的最低标准，防范互联网保险公司监管核心要素之清偿能力的丧失。全力发展互联网技术，使消费者在获取清偿能力等信息的基础上进行理性判断是保险监管部门的职责所在。台湾地区保险监管部门倾向于选择公司治理与自律相结合的处罚措施，不仅为保险公司设立准入资格，要求近一年来未受重大处罚，而且将投保人的综合评分考虑在内，综合评分后20%的公司丧失办理互联网保险业务资格。此外，要求依据"保险法"相关内容进行内部稽核及自行核查，若有违反，将依情节处罚。保险机构利用大数据库和云技术进行交叉分析，重视互联网背后隐含的营销契机，并发掘潜在市场，增加保险市场渗透率。[5]互联网保险业务顺应时代发展，祖国大陆互联网监管的思维是敢于试错，我国台湾地区缺乏市场销售行为监管，倾向于审慎前进，两者各有优劣，平分秋色，建议两岸保险监管模式相互渗透、在适度整合的基础上充分借鉴吸收。

此外，互联网金融平台负有审查义务。我国征信体系尚不完善，出借人对网贷平台的信任建立在认可平台资质，信任平台对借款人的信用评判能力的基础上。互联网金融平台所涉业务专业性强，以网贷平台为例，网贷平台的维系、发展与出借人对其专业性、辨别能力等方面的信赖密切相关，出借人通过支付一定的报酬弥补自身相关知识的欠缺，利用平台信息优势与资源

---

〔1〕 参见叶逸群："互联网平台责任：从监管到治理"，载《财经法学》2018年第5期。

〔2〕 参见文杰：《证券投资基金法律问题研究》，知识产权出版社2011年版，第124~125页。

〔3〕 王泽鉴：《民法概要》，中国政法大学出版社2003年版，第311~313页。

〔4〕 中国台湾地区"保险法"第143条之4第1款。

〔5〕 参见李伟群、丁旭明："海峡两岸互联网保险监管制度比较研究"，载《上海金融》2018年第7期。

解决自身信息不对称问题并尽可能减少投资风险，以期达到盈利目的。为避免权利义务失衡，遵循公平原则承担风险，分享收益，平台不能仅靠提供信息获得高额报酬而不承担任何风险，平台作为居间人应承担更加积极的审查义务，并在存在过错时承担相应的法律责任。

（二）借鉴监管沙盒理论实现柔性监管

监管沙盒（Regulatory Sandbox）旨在促进金融科技创新，增强金融市场竞争活力，并推动金融监管升级，是对真实市场的模拟，政府为获批的金融市场主体进行适度宽松的监管以鼓励金融创新，并如实跟踪记录相关数据，政府的监管内嵌于市场本身，金融市场主体为产品最终投入市场不断根据相关数据完善和创新。以英国为首的部分国家和地区如新加坡、澳大利亚、中国香港，已经就金融科技（Fintech）的监管沙盒展开有益探索。[1]设置更低的准入门槛，让金融科技主体得到更大的创新空间是沙盒监管的核心目标，沙盒的容错机制保障了互联网金融广阔的创新空间和保证了市场活力。在柔性监管理念指导下，我国互联网监管领域原则性规定居多，硬性指标较为缺乏，与沙盒监管的监管措施兼容。风险可控是沙盒监管的另一特点，契合我国区域试点并划定安全区域的理念。鉴于金融科技与互联网金融的相似性，沙盒监管对我国互联网金融监管制度的创新和完善大有裨益。

金融领域在"互联网+"时代采用互联网技术革新商业模式，弥补传统金融机构提供服务的不足，但也带来新的问题，需要改变传统的金融监管政策和方法以适应新的监管要求。保护金融消费者权益是金融监管的核心和出发点，通过立法明确消费者的隐私权、知情权、公平交易权以及自由选择权[2]，明确信息披露制度，强调风险提示、金融消费者教育以及隐私保护等。对金融消费者进行必要的培训和专业知识测试，明确金融消费者的投资建立在明晰潜在投资风险的基础上，并甘愿承担相应的金融风险。从保护金融消费者角度出发，英国监管沙盒兼容金融监管与金融科技发展，是一种"长效监管机制"，[3]建议引入沙盒监管实现金融消费者权益保护，提高互联网金融机构业

---

[1] 参见卢静："论沙盒监管在我国互联网金融领域的运用"，载《行政与法》2018年第9期。

[2] 如英国的《消费者信贷法》、美国的《多德·弗兰克华尔街改革与消费者保护法案》、韩国的《消费者权益保护法》。

[3] 参见王小丽："金融科技时代英国监管沙盒对我国互联网金融监管的启示"，载《哈尔滨师范大学社会科学学报》2018年第5期。

务创新效率，促进监管部门发挥监管职能，推动金融市场体系良性发展。

（三）征信体系建设与信用评级机制

互联网金融实现"金融脱媒"为传统金融垄断体制下小微企业融资难题的解决带来曙光，但也带来违约、集资诈骗、非法吸收公众存款、信息泄露等问题，建设网贷平台大数据征信体系迫在眉睫。信用体系是金融风险控制的核心，缺乏专业、系统、全面的信用评级机构使得我国信用评价体系建设处于薄弱环节，互联网金融企业庞大的数据内容，纷繁复杂的业务量以及资金流向的不确定性为市场分析带来挑战。技术革命为"大众创业、万众创新"创造机遇，科技监管是互联网金融监管从应然走向实然的必由之路。[1]互联网金融监管中，大数据为数据支持，为实现高价值社交商业链，挖掘风险控制新方法所必需。基于互联网大数据的信用体系建设乃当务之急，也是互联网金融良性发展的保障。

互联网金融打破传统物理网点分布与地域划分，削弱空间距离阻碍。传统商业银行监管包括资本充足率、不良贷款率、流动性资金等，互联网金融监管对监管提出了更高要求，互联网金融的虚拟性更加依赖高科技，要求监测用户信用、加强网络设备安全性、维护资金系统稳定性。在信息化社会，海量用户信息数据可以产生潜在收益，在利益驱使下极易引发数据倒卖的道德风险。并且随着交易规模的扩大，为保证交易安全，社会对信用信息的需求量越发庞大。除传统金融机构汇集、分析消费者"碎片式"的消费数据，还需要有机整合"金融碎片"形成完整的"信用簿"，借此研判金融消费者诚信度，形成自有征信体系。商业性网络征信平台大量涌现，承担了部分征信信息采集和记录任务，网贷平台作为征信信息的需求主体，也可在借贷关系中累积信用信息，利用大数据完善数据采集机制。不同主体采集的信用信息难免出现重叠或杂乱，并且征信信息极有可能覆盖不完全，加之不同信用采集主体之间未形成行之有效的沟通机制，借款人在某一平台失信可能在其他平台依然可以获得大规模借款。网贷行业内需要建立链接所有网贷平台的信息共享网络，审视各平台整体借贷情况，建立信贷"黑名单"，打破同一借款人在不同平台借款的信息壁垒，增强借贷信息透明度，有必要将网贷平台等征信主体在优化升级、深层整合后纳入央行征信体系，建立社会信用统一

---

〔1〕 参见许多奇："互联网金融风险的社会特性与监管创新"，载《法学研究》2018年第5期。

评价平台，录入信用记录，形成诚信档案，并合理评级，以大数据技术为基础，构建完善的信用评级机制，[1]逐渐形成系统、高效、优质的征信体系，促进互联网金融行业创新发展与长期稳定。

五、结语

互联网技术已经走进千家万户，网络借贷因其强大的社会需求基础而受众广泛。监管强压下，网贷平台被迫向线上理财、消费信贷转型，如果转型失败则极有可能因各种不合规因素而被淘汰，平台数量的减少会加剧市场不完全竞争程度。互联网金融监管体系中网络信贷监管缺失、制度落后于技术，技术发展倒逼监管跟进，已出台的监管政策可操作性较差，已经成立的互联网协会因未出台完善的行业公约和制度规定而不能有效发挥应有作用。监管部门不明确，成立新的监管机构或将现有监管机构合并重组又浪费社会资源，极易造成垄断，传统金融采用的现场检查的不适用性给监管者带来了重重挑战。

互联网金融"双刃剑"效应突出，私法规制侧重于纠纷解决、权益救济和规则塑造，单纯强化公法规制效果有限并且负外部性明显，私法规制与公法规制应相互协调、相互配合才能有效避免引发市场规避，满足金融消费者真实诉求。监管要适应互联网金融的新特点，在市场失灵时做加法，基于信息要素构筑新型市场监管制度；在简政放权导向下做减法，由直接管控向底线式监管转变；在激发市场活力上做乘法，激发互联网金融活力；在信息过剩时做除法，解决监管负荷重与执法资源稀缺的矛盾。监管模式的变革不是一蹴而就的，既要循序渐进，又要尊重社会发展的客观规律，在动态博弈中寻求一个平衡点，力求达到"双赢"。

---

[1] 参见杨莉："用大数据助力互联网金融高效监管"，载《人民论坛》2018年第15期。

互联网信托模式的合规困境与突破

陈　敦　　江永兴*

随着"互联网+"时代的到来，互联网技术不仅深刻改变了人们的生活方式，同样也深刻影响了信托业的发展。互联网技术与信托业务相结合，不仅扩大了信托投资者的来源，而且高效匹配了资金需求与资金供给，推动了信托业的创新发展。实践中，信托公司借助网络开展业务，既促进了传统信托业务的发展，同时也孵化出了多种新的互联网信托业务模式，为我国信托业的发展注入了新鲜的活力。与业务创新相伴而生的，是互联网信托模式的合规问题。在任意拆分信托受益权，不断降低信托投资门槛的过程中，以及互联网金融平台参与信托业务时，其合规性如何？信息披露是否充分？投资者权益如何保护？随着一些互联网信托模式出现问题而被监管机关取缔，这些问题也暴露无遗。那么，我们应当如何看待互联网信托模式创新，是肯定其创新进而调整监管政策，还是维持现有监管政策不变，但要求互联网信托业务必须实质合规开展？考虑到信托与生俱来带有的"法律革新与法律规避"之双面性[1]，在互联网技术不断革命性发展的背景下，对这一问题的追问显得尤具深意。

一、互联网信托模式之概况

（一）互联网信托之界定

互联网信托的概念诞生于 2015 年 7 月 18 日中国人民银行等十部委联合发

---

　*　陈敦，北京工商大学法学院副教授；江永兴，北京工商大学法学院硕士研究生。

　〔1〕　参见高凌云："收益权信托之合法性分析——兼析我国首例信托诉讼判决之得失"，载《法学》2015 年第 7 期。

布的《关于促进互联网金融健康发展的指导意见》（以下简称《互金意见》），即互联网信托是指信托公司依托互联网技术而开发出来的基于互联网技术的新产品和新服务，且该业务与传统信托业务一样，归银监会监管。在学术界，互联网信托的界定主要有两种主要观点：第一种观点认为，互联网信托就是传统信托业借助互联网技术进行模式和服务创新；[1]第二种观点认为，互联网信托是一种全新的互联网微金融服务模式，简称 P2B（Person to Business Lending），应适用专门的类似《放贷人条例》（草案）或《网络借贷管理条例》的规制，在现有情况下，只能适用民间借贷的相关法律规定。[2]显然，第一种观点更符合现行监管政策的本意。第二种观点则似乎指出了目前信托业发展的内在缺陷。换言之，现行《中华人民共和国信托法》（以下简称《信托法》）颁布于 2001 年，近年来信托业发展迅猛，然而，配套法律制度如信托财产登记制度、信托税收制度等却相对滞后，致使信托业者所从事的在本质上无非就是放贷业务，而鲜见真正的财富管理业务。既然如此，那么，互联网技术加入后，通过互联网进行放贷，岂非名正言顺的"互联网信托"？这一观点值得信托业者深思。互联网时代既为创新之时代，亦必为淘汰落后思想和制度之时代，如信托业不能借助新技术推陈出新，反而自甘封闭，那么，互联网大潮下，恐无信托业生存之地。由此，从法律制度到从业人员思想层面，都要有根本性变革，方可再次迎来信托业的繁荣与发展。本文认为，这两种观点表面上看似乎相互矛盾，却是一枚硬币的两面，表达出了互联网时代信托业发展的两个维度。从本文视角，互联网信托是指运用互联网大数据的思维，将互联网开放、分享、合作特征与信托制度相结合，利用互联网技术优化信托服务的"互联网+信托"业务。

（二）互联网信托的主要模式

互联网与信托业务的结合有一个发展过程，也是信托业探索新业务的过程，当然，其中也有牵强附会者，挂着互联网信托之名开展业务，归纳而言，这些年互联网信托的主要模式有如下五种。

第一种模式：互联网信托直销。互联网信托直销，即信托公司通过 APP、官网页面等互联网渠道销售本公司开发的信托产品。换言之，互联网信托直

---

〔1〕 参见赵姿昂："互联网信托风险与法律制度之完善"，载《人民法治》2016 年第 1 期。

〔2〕 参见邱勋："'互联网信托' P2B 网络借贷模式探析"，载《新金融》2014 年第 3 期。

销即信托公司在自己的互联网平台进行信托产品的销售。在互联网技术发展之前，根据中国银行业监督管理委员会发布的《信托公司集合资金信托计划管理办法》第 8 条规定，信托公司销售信托产品只能委托银行或其他非银行金融机构代为推介，且不得进行公开营销宣传。这一规定是基于信托产品属于私募性质的投资产品，不得以公开方式进行推销，以免误导公众投资者。这对于防范信托投资风险扩大化确有必要，但也限制了信托业务的发展。随着互联网技术的发展，信托公司有了基于互联网渠道的销售平台，催生了互联网信托直销模式，推动了信托业务的发展。

第二种模式：互联网理财平台的信托受益权质押融资。[1]该类信托产品主要依托互联网理财平台进行小额化融资，其主要类型有二：一是 P2P（Person to Person）平台。信托受益权人可通过此平台开展信托受益权的质押融资。深圳"高搜易"互联网金融平台即属此类平台。该类平台在 2014～2015 年间蓬勃发展，于 2016 年互联网金融风险专项整治活动之后开始衰退，目前该类平台所剩不多。二是信托公司自建的互联网理财平台，如平安信托推出的"平安财富 APP"。此类平台主要是信托公司为自己的客户提供信托受益权质押融资服务。

第三种模式：互联网消费信托。消费信托，不同于传统的投融资概念的信托理财，而是在理财的基础上加入了消费因素，是"理财+消费"。具体而言，投资者为了获取高性价比的优质消费，以信托公司作为受托人，按照委托人的意愿，将信托资金用于购买指定产业方提供的消费权益，并按照信托文件的约定对信托产品运行提供全流程监管，为受益人的消费权益的实现提供监督和管理服务，以实现满足受益人特定消费需求及消费者权益保护的信托目的的信托。2014 年 9 月，中信信托与百度百发合作，推出挂钩电影《黄金时代》的消费信托产品，利用互联网大数据进行了票房等指标的预测，开启了互联网消费信托之先河。[2]目前实践中，消费信托主要有两种表现形式：一是信托公司与互联网平台联合销售的消费信托产品，如 2014 年百度联合中影股份和中信信托推出"百发有戏"产品，通过百度金融中心和百度理财APP 进行发售；二是信托公司运用互联网技术独立发售的信托产品，如 2017

---

〔1〕 参见姚崇慧："拆解'灰色'互联网信托"，载《中国外汇》2017 年第 14 期。

〔2〕 参见庞小凤、马涛："我国互联网信托发展及其业务思考"，载《现代经济探讨》2016 年第 7 期。

年华融国际信托通过微信公众号发售的"融华精选"信托产品。

第四种模式：互联网信托受益权拆分。传统信托业内遵行的刚性兑付规则以及高收益率吸引着众多投资者，但是信托投资门槛高使得众多难以达到"合格投资者"要求[1]的投资者望而却步。随着互联网金融时代的到来，很多人打着降低投资门槛的旗号，通过拆分信托受益权的形式，将线下信托产品通过互联网平台销售给众多不符合合格投资者标准的投资者，从而催生了此种互联网信托模式。采用该模式的互联网平台主要有信托100、多盈金融、雪山贷、梧桐理财网、高搜易等。

第五种模式：P2B模式，即通过互联网实现个人对中小微企业（非金融机构）的一种贷款模式，采取类似信托项目风控的方式，投资者在风险可控的条件下获得最大化收益，同时中小微企业又能以远低于民间借贷的利率获得中短期发展需要的资金。[2]P2B模式源于P2P模式，是在后者基础上经过改良而来的，主要有P2B（线上服务）和O2O（线下服务）。此类平台不仅能提供金融资讯，还能为客户提供理财服务。该模式采用第三方支付平台或者第三方银行进行担保和托管，融资企业一旦违约，P2B平台宣称将采用刚性兑付方式支付投资者本息，其主要融资对象是中小微企业。

二、互联网信托模式的合规困境

（一）合格投资者标准的有意规避

传统信托的投资者主要针对高净值人群，投资门槛较高，这体现在《信托公司集合资金信托计划管理办法》有关"合格投资者"的条件中。《互金意见》也明确指出，"信托公司通过互联网进行产品销售及开展其他信托业务的，要遵守合格投资者等监管规定，审慎甄别客户身份和评估客户风险承受能力，不能将产品销售给与风险承受能力不相匹配的客户"。可见，在现行监管制度下，互联网信托产品仍然遵循传统信托有关合格投资者之标准，并无另外的互联网信托投资者之标准。然而，实践中运行的互联网信托产品及业务模式，却有意无意地规避这一标准，让监管规定流于形式。很多平台运营者利用互联网的便捷性，刻意降低投资门槛，吸收社会小微资金，进行聚合

---

〔1〕 参见《信托公司集合资金信托计划管理办法》第6条。

〔2〕 参见邱勋："'互联网信托'P2B网络借贷模式探析"，载《新金融》2014年第3期。

型结构的信托投资。互联网消费信托、互联网信托拆分以及互联网理财平台的信托受益权质押融资等模式皆为适例。

（二）信托受益权拆分及质押游走在合规边缘

根据《信托公司集合资金信托计划管理办法》第 29 条规定，在信托计划存续期间，受益人可以向合格投资者转让其持有的信托单位，但信托受益权进行拆分转让的，受让人不得为自然人，且机构所持有的信托受益权不得向自然人转让或拆分转让。可见，信托受益权拆分时不得向自然人拆分转让。另外，根据银监会 2014 年下发的《关于信托公司风险监管的指导意见》（银监办发〔2014〕99 号），投资人不得违规汇集他人资金购买信托产品，违规者要承担相应责任和法律后果，并在产品营销时向投资人充分揭示风险，不得存在虚假披露、误导性销售等行为。信托受益权拆分即可能存在违规汇集他人资金购买信托产品的问题。前述互联网信托受益权拆分模式即存在这些合规问题。

通过互联网理财平台的信托受益权质押融资业务，则可能存在如下信托受益权质押的合规合法问题：其一，信托受益权质押在我国《信托法》、《中华人民共和国物权法》（以下简称《物权法》）和《中华人民共和国担保法》中并没有直接规定，虽然在理论上多有认可者，但从物权法定角度，难免存在让人诟病之处；其二，信托受益权质押既然法无明文规定，就其质押登记部门更无相关规范，质押财产难以公示，亦有碍于交易安全之维护；其三，互联网理财平台开展信托受益权质押融资业务，因缺乏相关法律依据，很可能陷入"非法集资"，遭到法律取缔。因此，此类以信托名义发行的产品卵生于法律空白的温床，游走于法与非法的边界，运行中隐藏了合规的风险。

（三）互联网信托产品信息披露规则模糊

互联网信托产品由于缺乏专门的监管规则，在发布产品时信息披露有欠充分。试以"信托100"为例加以说明。"信托100"属于前文第四种信托受益权拆分模式。在"信托100"建立的法律关系中，个人投资者并不直接与信托公司发生法律关系，而是由"财商通"以间接代理的方式参与到具体的信托计划中。换言之，个人投资者是与财商通公司发生法律关系，财商通汇集个人投资者的资金购买信托公司的产品。财商通公司的经营状况、财务情况以及资金运作流向并不向投资者披露，投资者能否取得预期收益不仅取决于信托计划的投资是否能够如期收回，还取决于财商通公司是否愿意或有能力将从信托计划分配得到的收益分配给个人投资者。在资金流向环节，投资者所投资金是否全部用于信托计划，同样取决于财商通公司是否履行其与投资者之间协议的义务。由于资金是通过财商通公司进行操作，而财商通公司并未在法律监管之下，且对投资者信息披露不充分，因此，投资者的资金安全缺乏必要的保障。由于目前的互联网信托模式大多经由互联网平台对接投资者与信托公司，互联网平台缺乏信息披露之规则，投资者的知情权及利益就缺乏相应的制度保障。

（四）公开推介意旨含糊

根据《信托公司集合资金信托计划管理办法》规定，信托公司推介信托计划时，不得进行公开营销宣传。通过信托公司网站宣传信托产品是否属于公开营销宣传，是互联网直销模式中可能存在的合规问题。

（五）搭车互联网信托模式者监管不明

在互联网金融潮流下，涌现出一批搭车于互联网信托的业务模式，如所谓的P2P模式与P2B模式。P2P模式起源于民间借贷，依托于个人信用体系，个人向个人借款并承诺给予高回报。此种模式应适用民间借贷的法律规则。P2B模式虽然自称以信托项目的风控标准开发产品，但其实是个人对企业借款，借鉴的是小额信托原理，类似于"团购"信托产品的理念，亦与现有信托公司业务相去甚远。在目前阶段，此两种模式尚难以称之为互联网信托模式，因此，如何对其予以监管成为问题。

三、互联网信托模式合规困境之突破

（一）信托受益权作为权利质权客体之确认

通过质押信托受益权以获得融资的模式，面临信托受益权能否作为权利质权客体的问题。根据《信托法》第47条、第48条规定，信托受益权可以用于清偿债务，并可以转让和继承。我们认为，信托受益权作为一项财产性权利，理应可以自由转让和质押，因此，应当明确信托受益权质押的合法性，以促进互联网信托受益权质押融资的实践。

信托受益权可以设定权利质权的理由在于，既然《信托法》规定了信托受益权可以转让、继承、用于清偿债务，自然亦应可以质押。因为质押的后果不会超过转让，质押只是担保，最严重的后果是被转让，如果债务人清偿债务，受益权则可确保无损。根据举重以明轻的原则，既然后果严重的转让都可以，那么后果轻微的质押更没有理由禁止。从这个角度，《信托法》关于信托受益权可以转让的规定，可以看成是从《信托法》角度肯定了信托受益权质押，从而构成《物权法》第 223 条第（七）项所规定的其他法律，则以信托受益权设定质押并不违反物权法定原则。那么，信托受益权应当如何质押？对此，首先应当符合《信托法》的规定，即"信托文件有限制性规定的除外"。换言之，如信托合同对受益权质押另有条件限制，则应遵其约定。其次，当《信托法》未规定时，应符合《物权法》的规定。因为信托受益权属于财产权，根据我国《物权法》对权利质权的设立通常采登记生效主义的立法模式，信托受益权设定质权应当办理质押登记，并自登记之日起发生效力。在我国《物权法》所规定的各类可设定质押的财产权中，与我国信托实践中信托计划受益权最相近者，应为基金份额与股权，但办理信托受益权质押的登记机关不应设定为工商行政管理机关。从目前情况来看，根据银监会发布的《中国银监会关于印发信托登记管理办法的通知》（银监发〔2017〕47 号）所设立的中国信托登记有限责任公司可以胜任信托受益权质押登记的工作。因此，以信托计划项下受益权设定质押者，应到中国信托登记有限责任公司办理受益权质押登记，质权自登记之日起设立。

（二）信托受益权拆分制度之完善

互联网消费信托和信托受益权拆分模式，都是通过降低投资门槛，集合资金进行信托投资，这些模式都面临信托受益权拆分规定的限制。传统信托所具有的针对高净值人群、门槛高等特点与开放、共享、小额的互联网精神背道而驰，互联网背景下，是否有必要适当调整受益权拆分之规定，值得思考。

根据《信托公司集合资金信托计划管理办法》第 29 条规定，信托受益权进行拆分转让的，受让人不得为自然人；机构所持有的信托受益权，不得向自然人转让或拆分转让。同时根据《信托公司集合资金信托计划管理办法》第 6 条规定，合格投资者是指个人收入在最近 3 年内每年收入超过 20 万元人民币或者夫妻双方合计收入在最近 3 年内每年收入超过 30 万元人民币，且能提供相关收入证明的自然人。我国信托业监管机关规定的信托投资者门槛以及限制信托受益权向自然人拆分，主要目的是为了稳定金融秩序，降低信托行业风险，避免那些资金不足、风险承受能力差的投资者进入信托领域，遭受高风险的投资损失。随着我国经济的快速发展，符合该类条件的投资者越来越多。然而，由于信托产品投资门槛仍然远高于 30 万元或 20 万元的数额，如果完全限制信托受益权向自然人拆分，可能将一部分民众挡在信托投资门槛之外。毕竟从立法目的角度解释，这种拆分转让限制的目的是防止信托受益权转让给合格投资者以外的人，只要受让的对象是合格投资者，限制把受益权拆分转让缺乏合理性。[1]随着中国信托登记公司成立，受益权转让的供方和需方信息不对称问题得到较好的解决，只要受让人符合合格投资者的要求，可以适当放松《信托公司集合资金信托计划管理办法》第29条过分严格的拆分限制。

（三）适当降低信托产品合格投资者的准入门槛

信托计划高收益、低风险的特征吸引着越来越多的投资者目光，为了避免投资风险而设置高门槛，将众多普通投资者排除在信托投资之外，是否具有合理性？我们也不妨换一种思路，在审慎甄别投资者风险承受能力的前提下，适当降低合格投资者的准入门槛，让信托理财成为更多民众的理想选择，是否更符合信托制度之本质？信托制度本为财富管理的基本法律制度，而在信托业迅猛发展的过程中，却被有意无意地束之高阁，不仅道义上令人感到遗憾，客观上更是不利于整个社会经济的发展。随着我国人均 GDP 于 2016 年超过 8 000 美元，民众的理财需求大量爆发，信托业作为信托的专营店，无论是监管者、行业管理者以及从业者，皆应直面此社会现实，推动信托制度作为财富管理的基本法律制度，统一适用于所有的财富管理业务，让信托制度真正服务于民众的理财需求。然而，《信托公司集合资金信托计划管理办法》《互金意见》仍然对信托合格投资者设定了较高的门槛，将众多投资人挡在了信托投资之外，这既不利于财富管理业务的顺利开展，也不利于信托制度的健康发展，更遑论让普通投资者享受到信托投资高收益、低风险的福利。因此，在互联网信托业务发展的过程中，应当修改以往陈旧的规则，适当降低信托投资者的准入门槛，以促进信托业的发展。

（四）完善互联网信托产品的信息披露制度

信托公司通过互联网理财平台向客户提供信托产品和服务，实际上是将产品和服务的销售从实体网点转移到虚拟网点。这种销售场所和过程的虚拟化并不意味着可以忽略或弱化信息披露要求，相关的信息披露义务应由理财平

---

[1] 参见周小明：《信托制度：法理与实务》，中国法制出版社 2012 年版，第 437~438 页。

台或信托公司以合理的方式履行。[1]对此，可以根据信托产品所处的阶段不同分别明确每个阶段信息披露义务的责任主体。第一，在产品销售阶段，信息披露义务主体是理财平台。因为此时的信托产品相关信息主要由平台发布。一方面，理财平台应当向投资者披露自身与信托公司的关系，明确自身的法律地位及责任范围；另一方面，理财平台应当将信托产品的介绍、资金投资、潜在风险等信息对投资者进行披露。第二，在产品运营阶段，信息披露义务主体为信托公司。因为此时主要由信托公司负责信托计划的管理和运营。信托公司应当及时、准确披露包括过程管理、进展情况、产品风险及原因对策等信息。第三，在产品兑付阶段，信息披露主体为信托公司。此时由信托公司制作产品清算报告。报告内容主要包括互联网消费信托项目的总体运行状况、兑付资金来源、清算情况、信托专户的使用及其销户情况、信托计划的相关费用、固定信托报酬和浮动信托报酬的收取状况等。第四，在产品风险处置阶段，由信托公司负责披露相关信息。信托公司应当披露产品产生风险的原因，提供产品相关文件，公布受益人会议情况，拟采取维权方式等信息，以确保投资者能够获得及时的维护自身合法权益的信息。在各个阶段，信息披露方式可选择灵活方便快捷的方式，但应当事先公布，并确保投资者知晓信息披露方式。比如信托公司通过官方网站发布信息、通过发送电子邮件的方式进行信息披露、发送手机短信、微信公众号的宣传、发送信函等方式。

（五）公开推介的合理解读

互联网直销模式中涉及的公开推介问题，应当合理解读。根据银监会发布的《信托公司集合资金信托计划管理办法》第8条规定，信托产品被定位为私募产品，因此限制其公开推介。然而，从互联网开放性视角，互联网与信托的私募性具有天生的矛盾性，因此，二者的结合需要适当调和此种矛盾。一方面，信托公司直销平台公布的信托产品信息仅是针对信托产品的潜在投资者，并不能"一刀切"地认为信托产品被大众所知晓从而成为类似公募产品即完全归于网站的推介行为。另一方面，信托投资作为一种投资方式，应让更多的需求方了解信息，通过网站推介可谓合情合理。因此，可以认为互联网信托直销是信托公司运用自己的平台进行信托产品销售的一种模式，并

---

〔1〕 参见王超："互联网消费信托的法律分析及风险规制——以乐买宝产品为例"，载《南方金融》2017年第1期。

未改变信托法律关系，是信托公司拥抱互联网的一种产物。

四、结论

互联网信托是"互联网+信托"融合发展的产物，囿于人们对信托的理解仅限于信托公司所开展的业务的狭隘语境，在监管视角下，能够称得上互联网信托的只有与信托公司业务相联系的互联网产品与服务。事实上，信托并非一种行业，而是一种接受他人信任而为其管理财产或处理事务产生的人与人之间的信义关系。准此以言，信托法律关系当如"旧时王谢堂前燕，飞入寻常百姓家"一般成为千家万户理财之良器。那时，结合互联网技术之发展，信托法律关系必将更加五彩斑斓，千姿百态。而那些搭乘互联网信托之名的网络借贷行为，也将因其中包含有信义法律关系而被纳入信托法律关系予以考量，其中，受信任者将负担受托人之义务与责任。信托法则为作为受益人的投资者提供完善的保护。对此，我们期待信托制度真正落地生根于中华大地。

网络隐私权的民法保护

刘　影　鲁　晴*

二十一世纪科技迅速发展，随着互联网时代的到来，网络隐私权作为隐私权的衍生，逐渐进入公众视野下，被大众所关注。越来越多的人选择用互联网进行交流、工作、学习、购物等，通过网络进行生产生活，无可避免地要用到个人信息，而这恰好也就引发了个人信息的泄露、篡改、盗取，从而引发了有关网络隐私权的问题。目前，我国对于网络隐私权的民法保护还没有较为明确的立法保护。

一、网络隐私权的概念

隐私，从人类抓起树叶遮羞开始，就已经产生了。但"隐私"一词，最早出现于周朝初期，但在当时，它仅仅指代的是衣服。随着时代的发展与变迁，人类社会越来越丰富多样，信息时代的到来，互联网的产生与发展，隐私的含义也越来越广，从而也有了隐私权一说，而网络隐私权，则是隐私权在网络环境下的延伸意思。

传统意义上的隐私权和网络隐私权两者之间既有区别也有联系。传统上的隐私权涉及的大部分是与人身相关的范围，具有强烈的人格属性，往往也都是围绕人身范围展开的一些权益。

网络隐私权是隐私权在网络中的延伸，具体是指自然人在网上享有的隐私权，即私人活动、私人生活、私人空间不被外界干扰。其具有数字信息化、侵权多样性的特点。网络隐私权包含：（1）知悉权。主要是当他人搜集使用

---

* 刘影，北京工商大学法学院副教授；鲁晴，北京工商大学法学院硕士研究生。

的是用户个人信息资料时，用户有权利知道自己的个人信息资料被收集用来做什么。（2）选择权。用户有权利选择向网站提供哪些个人信息资料。（3）支配权。用户有对于自己的个人信息资料支配的权利，有权利查询或修正自己的个人信息。（4）保护请求权。当用户的个人资料被泄露或者被盗取，用户有权利请求保护。（5）利用限制权。用户授权他人使用自己的个人信息资料时，被授权主体应当在用户授权范围内合法合理地正当使用。（6）赔偿请求权。当用户的个人信息隐私被侵犯了，有权利向侵权主体请求赔偿。[1]

将网络隐私权单独分开进行专门性规定，是因为网络隐私权的范围要远远大于传统上的隐私权，而且网络隐私权被侵权往往出于经济原因，有获利可能性，因此我们要单独创立一个网络隐私权的概念，来保护互联网时代下公民的隐私权——网络隐私权。

二、我国网络隐私权民法保护立法现状及存在的问题

（一）民法保护立法现状

我国作为大陆法系国家，对于网络隐私权的相关法律规定主要集中在民法领域。但是在民法领域内，并没有赋予其独立的民事权利地位。网络隐私权目前只零散地出现在各个部门法中。

1.《中华人民共和国民法总则》（以下简称《民法总则》）

2017年颁布实施的《民法总则》中第110条第1款规定："自然人享有生命权、身体权、健康权、姓名权、肖像权、名誉权、荣誉权、隐私权、婚姻自主权等权利。"在这条中，明确规定了隐私权，说明隐私权长期缺乏保护的问题已经有所完善，而作为隐私权延伸的网络隐私权，也可以使用这一规定。同时，人格权的体系也得到了完善。第111条规定："自然人的个人信息受法律保护。任何组织和个人需要获取他人个人信息的，应当依法取得并确保信息安全，不得非法收集、使用、加工、传输他人个人信息，不得非法买卖、提供或者公开他人个人信息。"这条明确规定了个人信息受法律保护。虽然该条将个人信息与隐私权分开规定，但这恰好会更好地保护网络隐私权。虽然网络隐私权是隐私权的延伸，但是两者也存在着很大的区别，网络隐私权更

---

〔1〕 参见王利明："论个人信息权的法律保护——以个人信息权与隐私权的界分为中心"，载《现代法学》2013年第4期。

多的是涉及网络用户个人信息的泄露、滥用等问题，《民法总则》第 111 条的规定，能更好地保护网络用户的网络隐私权。

2.《中华人民共和国侵权责任法》（以下简称《侵权责任法》）

《侵权责任法》可以说是我国目前对于隐私权的民法保护最为明确的一部法律。《侵权责任法》第 2 条将隐私权明确规定为一项民事权益，并规定了隐私权遭受损害后应当依法承担侵权责任，该条在隐私权遭受侵权后的法律保护上迈出了实质性的一步。《侵权责任法》第 36 条规定："网络用户、网络服务提供者利用网络侵害他人民事权益的，应当承担侵权责任。网络用户利用网络服务实施侵权行为的，被侵权人有权通知网络服务提供者采取删除、屏蔽、断开链接等必要措施。网络服务提供者接到通知后未及时采取必要措施的，对损害的扩大部分与该网络用户承担连带责任。网络服务提供者知道网络用户利用其网络服务侵害他人民事权益，未采取必要措施的，与该网络用户承担连带责任。"该条更是网络隐私权的一个最直接的法律规定，是目前我国对于网络隐私权的民法保护方面的一个最明确的法律保护条文。该条规定了网络用户、网络服务提供者的责任，同时还规定了被侵权后的救济方式。该条作为一项法律明文规定，不仅是目前最明确的对于网络隐私权的保护的法律依据，而且为日后网络隐私权的民法保护的立法方向提供了依据。

（二）存在的问题

1. 法律地位不明确

目前我国无论是各个部门法还是《中华人民共和国宪法》，均未单独定义网络隐私权的含义。虽然随着科技发展，互联网的普及，社会也开始越来越重视网络隐私权这一权利，但就目前来说，网络隐私权并没有被单独定义为一项独立的人格权，而是和其他人格权混淆在一起，更不用说在民法保护方面的法律规定了。即使像《侵权责任法》有相关的规定，也并没有直接起到保护作用，反而在当下实践中，网络隐私权遭受侵权后，更多的是与其他人格权混在一起进行判决，这样往往可能导致网络隐私权与民事权利与义务混淆，造成漏洞。《侵权责任法》中的规定，虽然在一定意义上赋予了网络隐私权的救济保护，但是也并未明确网络隐私权的法律地位，其依旧不是一个独立的人格权。在实践中，更多时候处理网络隐私权都会将其归属于名誉权来进行判决。不过，就目前立法方向和趋势来看，也正在将网络隐私权和名誉权分开，将其作为独立的人格权来看待。

2. 责任分配不合理

对于网络隐私权这一概念，还没有真正出现在法律条文中，被予以明确的规定。无论是在《民法总则》还是《侵权责任法》中，对于网络隐私权的保护，都属于间接保护。条文中所规定的网络用户、网络服务提供者的责任分配，并不是很具体明确，存在着不合理之处。现如今，网络隐私权被侵犯的方式多种多样，例如网络用户侵害网络隐私权、网络服务者侵害隐私权、黑客侵害网络隐私权等。当网络隐私权被侵犯后，这其中所涉及的可能不仅仅是双方当事人，很有可能有多方的当事人。[1]比如当下最流行的微博，成千上万的网民在微博上对于当下最热门的事件发表着自己的观点。更有甚者，对于热门事件中的当事人进行人肉搜索，将其个人信息、个人隐私公布于众，随之而来的便是成千上万的网友更加疯狂地进行挖掘。虽然当事人可能会通过法律手段进行维权，但是，这众多的隐藏在屏幕背后的人，要如何去寻找并起诉他们。想要找到起初的信息发布的人，可以说非常难，即使通过一些技术手段可以找到，但这过程之中可能又会涉及其他人的个人隐私，因此，实践起来非常困难。因此对于网络隐私权的责任分配，并没有一个具体明确的规定，《侵权责任法》中的规定，也并没有合理分配责任，而是属于事后解决方式。

3. 保护范围与界定标准不明确

《侵权责任法》的实施，让网络隐私权的民法保护有了法律依据。但在第36条中所规定的保护范围，只有"侵害他人民事权益"，而具体的保护范围却并未作规定。该条保护的并不只限于传统意义上的隐私权，更多的是网络隐私权，也就是说，除了传统意义上的隐私权需要保护，诸如IP地址、聊天信息、互联网交易信息等新型网络隐私权，也是需要保护的，而法律并未作明确具体的规定。第36条所规定的主体也只有网络用户、网络服务者。但在实践中确实很难去具体认定，这就使得被侵权的公民难以通过法律进行救济。对于是否构成网络隐私权侵权的界定标准，也是不明确的。该条并未明确规定侵害的信息、侵害的手段、侵害的方式等是什么样的，才可以构成侵犯网

---

[1] 参见张新宝："从隐私到个人信息：利益再衡量的理论与制度安排"，载《中国法学》2015年第3期。

络隐私权。[1]网络隐私权的保护范围和界定标准如何以法律形式具体规定并更好地适用，民法对于网络隐私权的保护，如何发挥其真正的作用，是未来值得探讨的。

三、欧美对于网络隐私权的保护[2]

（一）美国——行业自律模式

互联网隐私权中的行业自律是指：网络业者（网络服务商、网站、网络广告商等从事网络服务和提供网络产品的主体）自行制定行业行为规范或标准，表明它们在网络隐私问题上的立场、态度和具体的保护措施，通过这些行为规范或标准来约束网络业者的行为，从而实现对网络用户个人隐私的保护。美国是行业自律模式的典型代表。美国在互联网的发展上处于领先地位，无论是在大数据产业还是互联网的发展，都遥遥领先，因而网络隐私权问题也越发严重。[3]虽然在立法上美国也设立了一系列的法律：1974年《隐私法案》、1986年《电子通讯隐私法案》、1999年《儿童在线隐私保护法》、2015年《消费者隐私权法案》等，但是美国政府认为，既然是行业内的问题，就应当由行业内自己解决网络隐私权保护问题，才会更加高效便捷。为此美国采取了行业自律模式，将互联网发展交由自身决定。美国行业自律模式采取以下方式：（1）行业指引规则。由自律组织制定，在美国最具代表的行业指引组织是在线隐私联盟（Online Privacy Alliances，OPA）。（2）网络隐私认证。网络隐私认证是指互联网企业自发形成一种自律形式来保护网络隐私。目前美国的网络隐私认证组织最具代表的是 TRUSTe。（3）技术支持。保护网络隐私，离不开技术支持。为网络用户提供自主保护，帮助网络用户识别网站安全性，自行决定是否浏览该网站。

（二）欧盟——立法保护模式

相比较美国而言，欧盟采取立法保护模式，是立法保护模式的典型代表。现代欧洲非常重视对隐私权的保护，他们将隐私权视为一项重要的人格权，并通过各种立法来进行保护。自欧盟成立以来，颁布了众多法律来保护网络

---

[1] 参见陈璞："大数据、隐私权与自由"，载《中共中央党校学报》2016年第5期。

[2] 参见王爱军："网络隐私权立法保护的完善策略"，载《新闻战线》2018年第4期。

[3] 参见陈璞："论网络法权构建中的主体性原则"，载《中国法学》2018年第3期。

隐私权。1995 年《个人数据保护指令》的颁布，通过立法保护公民数据，维护公民网络隐私权。2002 年《隐私与电子通讯指令》是为了规范电子商务中的公民的网络隐私权而颁布的法律。其是电子信息的发展推动欧盟立法保护在网络时代下公民的隐私权。2018 年正式生效的《一般数据保护指令》，是欧盟颁布的数据信息通用标准，是信息数字化时代下的产物。该法对于互联网时代的网络隐私权的立法保护具有重要意义。

四、我国网络隐私权民法保护的路径

（一）明确法律地位

网络隐私权的民法保护，首先就是要扩张《侵权责任法》中对于隐私权的解释，对于网络隐私权要有一个明确的具体的定义。这样，当网络用户的网络隐私权遭受侵犯后，能够真正做到有法可依，有理有据，同时也能够让关于网络隐私权侵权的案件的实践变得更加容易，不再是难以实践。其次，要对网络隐私权进行专门的立法，来保护公民的网络隐私权。可以参考借鉴美国的行业自律模式以及欧盟的立法保护模式，来进行互联网行业的立法保护，做到立法与行业自律相结合，在行业自己管理解决自己在发展中产生的问题的同时，也为普通网络用户提供法律依据，让网络用户能够更好地维护自己的权益。最后，将网络隐私权作为独立的人格权来看待。这样做的好处就是当网络隐私权侵权案件发生之后，对于网络隐私权的法律依据，不再是与名誉权等人格权混为一谈，而是清晰明确地有网络隐私权的法律依据，使得被侵权人能够更好更清楚地通过法律条文来保护自己的权益。因此，对于网络隐私权的法律地位一定要明确，当有了充分的民法保护之后，公民的切身利益才能得到保障，才能减少和防止关于网络隐私权的侵权案件的发生。[1]

（二）合理分配行为人责任

对于网络隐私权的侵权，也要根据行为人不同的侵权情节来进行责任的分配，承担不同的责任。那么，如何合理分配行为人的责任呢？

1. 明确免责事由

法律所保护的是当事人双方的权益。遭受侵权的人拥有请求权，对于侵

---

[1]　参见余一多："网络社会人权新命题：隐私权的反思"，载《理论月刊》2018 年第 2 期。

权行为人，也要有同等的抗辩权。因此，通过法律条文明确规定免责事由，能够保护双方的权益。《最高人民法院关于审理利用信息网络侵害人身权益民事纠纷案件适用法律若干问题的规定》（法释〔2014〕11号）第12条规定了网络用户、网络服务提供者的免责情形：自然人同意、促进社会公共利益、用于教育科研目的、当事人已经公开、合法渠道获得等。对于该规定中的免责事由，存在没有详细列举哪些属于符合社会公共利益而获取的信息以及合法渠道是指哪些等问题，这就会导致在实际司法实践中相似的案件会有不同的结果。因此，明确具体的免责事由，有利于受害人的权利救济。

2. 确定责任承担方式

我国对于权利遭受侵害后的救济方式，《民法总则》规定了11种，《侵权责任法》规定了8种。在司法实践中，我们通常采用停止侵害、排除妨碍、消除影响、赔礼道歉、恢复名誉等方式。一般也会有精神损害赔偿和财产损害赔偿。然而现有的这些责任承担方式还不足以解决网络隐私权侵权案件，对于网络隐私权的责任承担方式依旧较为模糊。因此，对于网络隐私权的侵权案件，我们要更加细化责任承担方式，来保证广大网络用户的网络隐私权充分得到保障。

（三）明确保护范围与界定标准

1. 保护范围

互联网时代，信息获取的方法方式有很多，如何保护网络用户的网络隐私权，则需要立法明确规定其保护范围。[1]例如IP地址、聊天信息、互联网交易等一系列新型的网络隐私权，都应当予以具体明确的法律条文来规定，这样，当出现了网络隐私权侵权的案件后，权利人能够更好地进行救济，维护自己的合法权益。

2. 界定标准

而对于网络隐私权如何界定，也需要通过法律给出一个明确的标准，清晰的规定出来，这样才能更好地在司法实践中予以运用。

首先明确网络隐私权侵权行为的构成要件。一般我们将构成要件分为以下四个最低标准的构成要件：（1）侵犯网络隐私权的侵权行为。在互联网时代，网络隐私权的侵权行为多种多样，因此对于网络隐私权的侵权行为要具

---

〔1〕 参见张新宝、任彦："网络反腐中的隐私权保护"，载《法学研究》2013年第6期。

体明确规定，不能笼统地规定。例如应当具体规定诸如非法收集、第三方泄露隐私、公开披露、跟踪监视等各种行为，从而更加具体明确地知道是何种行为构成侵权而承担责任。（2）损害事实。网络隐私权遭受了侵害，造成了相关权利人的利益受到了损失。也就是说，相关权利人不仅遭受了精神上的损害，实际上也造成了利益损害。（3）过错。这要求实施侵权行为的人要具有过错。对于网络隐私权的侵权采用过错推定原则。个人信息的泄露等是由于个人信息处理者的行为造成的，那么我们就推定其有过错。（4）侵权行为与损害事实之间存在因果关系。互联网的变幻莫测，导致可能一因多果或者多因一果，因此我们只需要明确在现有的技术水平下，侵权行为与损害事实之间存在某种联系，即可认定为具有因果关系便可。

其次，对于网络侵权行为的当事人的权利义务关系也要明确，并且扩大网络隐私权的主体即任何可能侵犯网络隐私权的一切主体。例如应当尽说明和提示义务、安全保障义务、对内容的审查与监督等义务。

最后，对于网络隐私权的具体适用要明确，也就是说，要明确网络隐私权的基本原则。例如透明原则、安全保障原则、分类保护原则、限制利用原则等。明确了这些具体原则，才能更好地具体适用法律来保护网络隐私权。

五、结语

随着全民网络时代的到来，网络隐私权的民法保护应当提上日程，应当被更加重视起来。网络隐私权必须得到法律的保护，才能在当下这个快速发展的互联网时代顺应时代的潮流，更好地保护多种多样的网络隐私权以及被侵权的公民的权益。网络隐私权的民法保护研究，不但保护权利人的人格权，保障权利人的个人信息自主权的法律效力，而且是网络隐私权民法保护中的安全保障建设的重要一环，只有维护一个良好的网络环境，才能让互联网的发展更加具有动力。

网络游戏直播平台的著作权法保护问题研究

马擎宇　李超宇*

近年来，网络游戏产业的繁荣发展衍生出了新的商业模式，备受关注的网络游戏直播产业就是其中一例。数据显示，游戏直播平台市场规模 2015 年为 11.7 亿元，2016 年为 32.1 亿元，2017 年为 87 亿元，预计 2018 年将突破 140 亿元。[1]随着网络游戏直播产业的迅猛发展，其中涉及的相关的著作权法问题也日益凸显。目前，关于网络游戏直播的作品性，应当归属的作品类型，独创性的分析，以及对于网络游戏直播的合理使用分析等问题已受到学界广泛关注，但其焦点主要针对游戏开发商的权益的保护，而对网络游戏直播平台的利益保护却常被忽视。实践中，2015 年 9 月，广州斗鱼网络科技有限公司与上海耀宇文化传媒有限公司著作权侵权及不正当竞争纠纷案中，法院以不正当竞争为裁判理由否认了游戏画面的作品性，引起较大争议。[2]一方面，网络游戏直播平台在创建和运营中投入了很大的人力、物力和财力，如果忽视网络游戏直播平台的著作权问题，那么其投入将不能获得有效的法律保护，这显然是不合理的。另一方面，网络游戏直播平台通过对游戏的传播，促进了游戏市场的繁荣，对于游戏的推广具有极大贡献，如果忽视其相应的权利，同时认定其侵犯游戏的著作权，显然也是不公平的。在此背景下，深入研究与网络游戏直播相关的著作权法律问题，进而平衡游戏著作权人与

---

* 马擎宇，北京工商大学法学院讲师；李超宇，北京工商大学法学院硕士研究生。

〔1〕 参见 "2018 年中国游戏直播市场研究报告"，载艾瑞网，http://report.iresearch.cn/report_pdf.aspx? id=3254，最后访问日期：2018 年 12 月 27 日。

〔2〕 参见冯晓青："网络游戏直播画面的作品属性及其相关著作权问题研究"，载《知识产权》2017 年第 1 期。

游戏直播平台间的利益，对被忽视的网络游戏直播平台的法律地位进行分析研究并进行法律上的保护，不仅有重要的理论价值，还具有一定的实践意义。

一、网络游戏直播所涉游戏画面的作品性分析

对于千变万化的电子游戏而言，其核心内容主要包括两个方面，即游戏引擎和游戏资源库两大部分。[1] 其中游戏引擎属于计算机软件，可以获得《中华人民共和国著作权法》（以下简称《著作权法》）的保护，这在理论与实务界基本没有分歧。这里所论及的，是游戏资源库以及通过游戏的运行，游戏引擎调用游戏资源库而形成的整个游戏画面的作品性。[2] 在游戏运行过程中，游戏引擎会自动或根据用户的请求，而调用资源库的素材并呈现在用户面前，它们构成了网络游戏的整体画面。而网络游戏直播平台的直播行为，也是将网络游戏的整体画面，直接呈现给观众。因此，要探讨网络游戏直播中的著作权问题，不应当单独孤立地探讨游戏资源库中的单个元素的作品性，而应当直接探讨网络游戏直播中游戏整体画面的作品性。

（一）关于网络游戏整体画面的作品性存在的争议与问题分析

我国现行著作权法并未将网络游戏乃至电子游戏单独作为一个客体进行保护，这导致理论界与司法界产生了是否应当将网络游戏认定为作品从而获得著作权法的保护，以及应当将网络游戏定性为何种作品进行保护的分歧。

在以往的司法审判实践中，例如前述"耀宇诉斗鱼案"中，受案法院曾否认网络游戏画面的作品性；此外，也曾有判例将网络游戏画面进行拆分保护。[3] 然而，在2015年4月，上海浦东新区法院在"《奇迹MU》网络游戏案"中，首次将网络游戏的整体画面定性为电影作品进行保护。[4] 而在理论界，也有不同观点：

一种观点认为，可以将网络游戏画面视为一个整体资料库，从而适用《著作权法》第14条规定的"汇编作品"进行保护。该观点认为网络游戏是

---

〔1〕 参见崔国斌："认真对待游戏著作权"，载《知识产权》2016年第2期。

〔2〕 所谓游戏资源库，是指计算机游戏中各种素材片段组成的资源库，包括各种音频、视频、图片、文字等文件。参见崔国斌："认真对待游戏著作权"，载《知识产权》2016年第2期。

〔3〕 例如：在"暴雪公司诉游易公司案"中，法院将《炉石传说》游戏拆分为美术作品和类电影作品进行保护。参见上海市第一中级人民法院（2014）沪一中民五（知）初字第23号民事判决书。

〔4〕 参见上海市浦东新区法院（2015）浦民三（知）初字第529号民事判决书。

包含文字、图形、音乐、动画等各种元素的有机结合体，可以将其视为一个整体资料库，从而认定为"汇编作品"。[1]对此笔者认为，所谓"汇编作品"，是一种独立于《著作权法》第3条规定的各类作品之外的新的作品类型，其功能在于对《著作权法》第3条所规定的各类作品进行"兜底"性保护。[2]在游戏运行过程中，游戏资源库中各独立的作品元素，根据系统设定或玩家操作，选择性地出现在游戏动态画面中。而各元素的"选择、编排"已经构成了精美的配有声音的动态画面，已经能够独立表现思想或文艺美感的内容，因此应属于《著作权法》第3条规定的作品，而不应当归入"汇编作品"范畴。

另一种观点认为，网络游戏画面可以将所涉及的元素进行拆分保护，分别作为文字作品、美术作品、音乐作品等获得相应的著作权保护。[3]对此笔者认为：既然构成游戏整体画面的声音、文字、图形、动画等元素已经有机整合成了一个具有独创性的能够独立表现思想或文艺美感内容的整体游戏画面，而网络游戏直播涉及的是对整个游戏画面的直播，则应当将其视为一个整体进行保护，而不应当拆分进行保护。同时，如果认为游戏资源库中的各类元素构成作品，而对各类元素的选择编排而形成的网络游戏画面又构成"汇编作品"或"作品"，则使得同一著作权人对同一客体获得了双重保护，这显然是不合理的。

此外，还有观点认为，可以将网络游戏画面纳入电影作品的作品类别中进行保护，[4]或利用《著作权法》第3条兜底条款，将其归类于"其他作品"进行保护。[5]对此，笔者认同将网络游戏画面纳入电影作品进行保护的观点，而对于后一种观点，笔者认为，如果将游戏整体画面认定为电影作品进行保护，则其已属于《著作权法》第3条第（六）项所规定的作品范畴，而不适用该条的兜底条款。

（二）关于网络游戏整体画面属于电影作品存在的争议与问题分析

目前，认为网络游戏整体画面不能够构成电影作品的依据主要有二。一

---

〔1〕 参见崔国斌："认真对待游戏著作权"，载《知识产权》2016年第2期。

〔2〕 参见王迁："论汇编作品的著作权保护"，载《法学》2015年第2期。

〔3〕 参见祝建军："网络游戏直播的著作权问题研究"，载《知识产权》2017年第1期。

〔4〕 参见王迁、袁锋："论网络游戏整体画面的作品定性"，载《中国版权》2016年第4期。

〔5〕 参见冯晓青、孟雅丹："手机游戏著作权保护研究"，载《中国版权》2014年第6期。

是我国现行《中华人民共和国著作权法实施条例》（以下简称《条例》）的相关规定。根据该《条例》第4条第（十一）项的规定，我国的电影作品主要由两个要件构成，其一是在制作方式上要"摄制在一定介质上"；其二是在表现形式上应"由一系列有伴音或者无伴音的画面构成"。二是有观点认为网络游戏整体画面不能构成电影作品的原因还在于玩家的互动性操作。主要理由是：电影播放是单向性的，而网络游戏是双向互动性的，不同的玩家根据不同的操作会呈现出不同的画面。[1]

对于《条例》第4条中关于"电影作品"构成要件的规定，笔者认为其已难以适应时代发展与当前科技的进步。一方面，将电影作品的制作方式限定在"摄制"上是不合理的，这会使得许多利用新技术制作的视听作品无法纳入其中。例如用电子计算机技术制作的精美的动画、游戏CG过场动画，将因为上述规定无法纳入电影作品获得著作权法保护。而这类动画无论从制作上、耗资成本上、表现形式上还是从独创性的要求上来看，与传统的电影并无明显区别，不能纳入"电影作品"受到著作权法保护是明显不合理的。另一方面，该规定也和《保护文学和艺术作品伯尔尼公约》（以下简称《伯尔尼公约》）的立法精神不符。《伯尔尼公约》第2条第1款规定：电影作品和以类似摄制电影的方法表现的作品应当受到保护；但同时《保护文学和艺术作品伯尔尼公约指南》中也明确指出，对此款规定的作品定义重在表现形式上。[2]因此，《条例》中对电影作品的制作方式进行限定是不合理的。此外，在上述《条例》规定中电影作品是由"画面组成"的，没有突出其"连续画面"的本质。如果根据该规定，那么不连续的一幅幅摄影照片构成的幻灯片也可能够构成电影作品，这显然也是不合理的。值得一提的是，这一缺陷在2014年《中华人民共和国著作权法（修订草案送审稿）》（以下简称《送审稿》）第5条第（十二）项中已得到关注和修正，该条目不但将对电影作品制作方式上的限定予以删除，改为"能够借助技术设备被感知"，同时还将之前"画面组成"的表述改为"连续画面"，这说明立法者已经意识到原规定的不足。按照该《送审稿》对视听作品的界定，网络游戏整体画面已可以纳

---

〔1〕 参见上海市浦东新区人民法院（2015）浦民三（知）初字第529号民事判决书。

〔2〕 参见《保护文学和艺术作品伯尔尼公约指南》，刘波林译，中国人民大学出版社2002年版，第15页。

入电影作品的类别进行保护。

而对于电影的单向播放性与网络游戏的双向互动性之争议，笔者认为，从现行《著作权法》以及《送审稿》来看，其仅要求本质上呈现的"活动图像"能够借助技术设备被感知，同时表达出统一的思想和情感，满足作品独创性要求，即可满足电影作品的要件，并没有因玩家的互动性操作而造成的画面存在一定差异而否认其能够构成电影作品。因此，网络游戏整体画面完全符合关于电影作品的定义。此外，游戏中的实质性元素，如故事情节、人物角色、布景画面、音乐配音等，很难因为玩家的互动参与而呈现出本质区别。换言之，玩家必须在游戏预先设定好的有限范围内进行操作，无论玩家如何操作，对于游戏整体画面构成作品的要素并不会产生任何增添或修改，也并不会对已经创作好的游戏作品造成实质性改变。因此，玩家的互动参与并不会对网络游戏整体画面的独创性认定产生实质影响。

综上所述，无论从网络游戏的创作过程还是从表现形式上来看，网络游戏整体画面与电影作品并无本质区别。首先，从创作过程来看，网络游戏的策划阶段与电影创作中的导演、编剧、美工、音乐、服装设计相似，而编程过程又相当于电影的拍摄。[1] 其次，从表现形式上看，随着玩家操作和游戏程序的设定，游戏资源库中的图片、文字、音乐等相应组合成活动的游戏整体画面，而这与电影作品的表现形式也是相同的。因此，应当将网络游戏的整体画面认定为电影作品。

二、网络游戏直播平台所涉游戏直播行为的表演性分析

所谓游戏直播是以视频内容为载体，以电子竞技比赛或网络游戏为素材，主播实时展示、解说自己或者他人的游戏过程或游戏节目的服务。[2] 由于游戏直播平台为游戏的直播、转播投入了大量资金、人力和物力，如果忽视其权益保护，将导致其他组织或个人擅自传播其成果，这明显会对权益人造成损害。因此，应当确认网络直播平台的邻接权以保护其利益。

（一）网络游戏主播的直播游戏行为是否构成创作

有观点认为，网络游戏的性质更像是游戏工具的数据库，而玩家则是所

---

〔1〕 参见刘超："网络游戏及其直播的法律适用——以'耀宇诉斗鱼案'为例"，载《福建警察学院学报》2016年第3期。

〔2〕 参见李扬："网络游戏直播中的著作权问题"，载《知识产权》2017年第1期。

呈现的整体画面的作者。[1] 笔者认为，玩家的游戏行为是否构成创作应当根据不同类别的游戏进行分类讨论。如果是一些简单的拼图绘画类游戏，则游戏本身可以视为玩家创作的工具，而利用该游戏作创出的富有美感的图案或者立体图形可以构成美术作品、建筑作品等，进而玩家的行为可以构成创作行为。

但现实中，网络直播平台直播的游戏很难涉及上述类别。其直播的多是多人战术竞技类游戏（MOBA）、第一人称射击类游戏（FPS）、角色扮演游戏（RPG）、策略游戏（RTS）、动作游戏（ACT）以及策略卡牌游戏等。[2] 对于上述游戏的直播行为，应当否认玩家构成创作。理由是：玩家是在游戏预先设定好的范围内进行操作的，其操作只是使得游戏程序中的各种预先设定得以实现，并没有创作出新的有别于原作品的演绎作品。"无论是游戏画面的场景、人物形象和人物的各种姿势，都是程序中预先设定的。"[3] 因此，应当否认网络直播平台主播玩游戏的行为构成创作，从而产生演绎作品的理论。

（二）网络游戏直播平台是否构成表演者

目前，否认网络游戏直播平台构成表演者的主要理由有两个。一是我国《条例》第 5 条第（六）项规定，表演者是指演员、演出单位或者其他表演文学、艺术作品的人。但由于网络平台直播游戏的画面属于电影作品，而电影作品不属于文学、艺术作品，因此网络游戏直播平台不应被认定为表演者。[4] 对此笔者认为，将电影作品排除在文学、艺术作品范围之外，是缺乏依据的。根据《著作权法》第 1 条，我国著作权法保护的作品包括文学、艺术和科学作品这三类作品，而这三类作品，也涵盖了现实中所有的作品类别。《条例》第 5 条第（六）项"表演者"表演的作品中，虽将科学作品排除在外，但游戏整体画面显然不属于科学作品，因此，网络游戏整体画面自然就应当归于文学、艺术作品中。值得一提的是，早在 20 世纪初，电影理论家里乔托·卡

---

〔1〕 参见上海市浦东新区人民法院（2015）浦民三（知）初字第 529 号民事判决书。

〔2〕 参见《2015 年中国游戏直播市场研究报告（行业篇）》，载艾瑞网，http://report. iresearch. cn/report_ pdf. aspx？id=2316，最后访问日期：2018 年 12 月 30 日。

〔3〕 王迁："电子游戏直播的著作权问题研究"，载《电子知识产权》2016 年第 2 期。

〔4〕 参见祝建军："网络游戏直播的著作权问题研究"，载《知识产权》2017 年第 1 期。

努杜就将电影称为"第七艺术"，[1]因此，电影作品应当属于艺术作品。

另一种观点则认为，著作权法上的"表演"应是通过表情、动作、声音等动态再现作品的行为，因此网络游戏平台的游戏行为不属于表演。[2]对此笔者认为，通过"表情、动作、声音等"的表述只是开放式的列举出表演的形式，重点应在于只要能将作品进行再现即可。而网络游戏主播正是通过其独特的技艺，通过对电脑或其他介质对游戏进行操作，将游戏以活动的画面配合声音呈现在屏幕上来，使得作品得以再现，这也完全符合上述表演的定义。因此，以上述理由来否定主播的表演行为也是不合理的。

此外，根据《条例》关于表演者的定义，自然人和演出单位均可构成表演者，这正契合了目前网络游戏直播的两种主要形式：一是游戏主播自行录制的网络游戏直播节目；二是大型电子竞技比赛直播节目。[3]对于前者，主播的游戏行为应当认定为对作品的表演，这是由主播在游戏过程中所展现的与众不同的技巧、理解与判断所决定的。如前文所述，主播的游戏行为虽然无法达到"独创性"的要求，但对作品的传播却是至关重要。如果仅有游戏而没有主播或玩家对游戏的操作，从而使得游戏以活动画面的形式通过屏幕展现出来，就难以被公众充分欣赏，这也与传统的表演者如歌唱家、演奏家等表演作品并无区别。对于后者，网络游戏直播平台直播网络游戏往往首先需要获得游戏开发商的授权，然后再进行赛事组织，最后再进行内容制作与内容传播。[4]因此，网络游戏平台可因对该类直播节目的赛事的组织、策划，从而被认定为表演者。

综上，对于游戏主播自行录制的网络游戏直播节目，主播可享有表演者权。而对于大型电子竞技比赛直播节目，网络游戏直播平台可通过对演出的策划、组织，进而被认定为表演单位而享有表演者权。

三、网络游戏直播平台直播行为的合理使用分析

依前文所述，网络游戏整体画面应当属于电影作品，其自然应享有著作

---

[1] 1911年，里乔托·卡努杜发表了名为《第七艺术宣言》的著名论著，第一次宣称电影是一种艺术，是一种综合建筑、音乐、绘画、建筑、诗和舞蹈这六种艺术的"第七艺术"。

[2] 参见李扬："网络游戏直播中的著作权问题"，载《知识产权》2017年第1期。

[3] 参见周高见等："网络游戏直播的版权法律保护探讨"，载《中国版权》2016年第1期。

[4] 参见王迁："电子游戏直播的著作权问题研究"，载《电子知识产权》2016年第2期。

权人排他性的权利。至于其应当属于哪项具体权利受到保护，有不同的观点，但至少可以属于《著作权法》第 10 条第 1 款第（十七）项规定的兜底性权利。[1]由于这里主要探讨网络游戏直播平台的法律保护问题，故笔者对此不再赘述。

当网络直播平台传播游戏画面的行为落入游戏著作权人的著作权控制范围后，要认定其是否合理使用并最终构成侵权，就需进一步探讨其是否存在合理使用抗辩。虽然我国《著作权法》第 22 条穷尽列举了无需经过著作权人许可和支付报酬即可使用作品的情形，但我国法院早已开始借鉴美国法上的"四要素"测试法来判断作品使用的合理性。[2]笔者也认为应当参考借鉴"四要素"测试法来对网络游戏直播平台直播游戏画面的行为进行合理使用分析。这更能够平衡游戏著作权人与网络游戏直播平台间的利益，在不损害游戏著作权人利益的同时，促进网络游戏直播产业的发展。以下将结合上述四个要素对网络游戏直播平台直播游戏画面的行为进行合理使用分析。

（一）使用作品行为的目的与性质

一方面，从使用游戏的目的上考量，具有商业性使用的目的在认定是否构成合理使用时更容易产生负面影响。就目前主要的商业模式来看，直播平台主要通过鼓励观众购买虚拟礼物送给主播，然后与主播共享收益的方式进行盈利。[3]因此，这对认定网络游戏直播平台的行为构成合理使用是不利的。但是，在参考该因素时，还应关注游戏主播对于网络游戏整体画面的贡献。毕竟技术高超的高级玩家和普通玩家吸引的观众数量是具有明显区别的，这足见游戏主播对游戏商业价值的影响。

另一方面，从使用游戏的性质上考量，应当分析网络游戏直播平台的直播行为是否构成"转换性使用"。[4]其中，"转换性"越强，越容易被认定为合理使用。笔者认为，不同类型的游戏在认定是否构成"转换性使用"时，会产生不同的结论。对于竞技性、操作性不强的，以剧情为主的游戏，则不容易构成"转换性使用"。这是因为这类游戏比较类似于电影，其功能主要在

---

[1] 参见李扬："网络游戏直播中的著作权问题"，载《知识产权》2017 年第 1 期；王迁："电子游戏直播的著作权问题研究"，载《电子知识产权》2016 年第 2 期。

[2] 参见北京市第一中级人民法院（2011）一中民初字第 1321 号民事判决书。

[3] 参见崔国斌："认真对待游戏著作权"，载《知识产权》2016 年第 2 期。

[4] 参见王迁："电子游戏直播的著作权问题研究"，载《电子知识产权》2016 年第 2 期。

于供玩家观赏整个游戏画面和故事情节，较少强调游戏的操作乐趣。而主播将整个游戏过程和画面进行直播的行为与其将电影画面直接进行转播并无二致。相反，对于那些主要以竞技性、操作性、策略性等更注重玩家互动参与为主的游戏，则更容易被认定为构成"转化性使用"。这是因为该类游戏功能主要在于让玩家亲身进行操作、进行竞技，从而体验游戏的操作乐趣。而将该类游戏进行直播的行为，其主要功能在于让玩家欣赏主播的操作技巧与策略。通俗而言，对于该类游戏本身的功能是在于"玩"而非"看"，而观看该类游戏直播功能在于"看"，而非"玩"。因此可以认定为构成"转换性使用"。对于网络游戏直播平台直播的游戏类别，上文已经提及。因此在参考该要素时，网络游戏直播平台更容易被认定为构成"转换性使用"。

（二）作品的性质

作品的性质要素主要关注作品在多大程度上接近著作权法所保护的客体的核心范围，越接近就越不容易被认定为合理使用。鉴于此，独创性很高的作品往往比事实性、信息类或功能性作品得到更强的保护。具体到网络直播游戏中，游戏整体画面所展现的要素，包括文字、图片、音乐、动画等，独创性越高，或越接近客体的核心范围，越不容易被认定为合理使用。反之，网络直播游戏的整体画面所展现的要素独创性越低，则越容易被认为合理使用。笔者认为，那些不太追求游戏素材的美学表达功能，而是强调操作性和技术性的竞技功能的游戏，往往越容易被认定为合理使用。而从网络游戏直播平台所主要涉及的游戏类别来看，在参考该要素时，网络游戏直播行为更有利于被认定为合理使用。

（三）使用的数量与实质程度

此要素要求对游戏作品使用的程度，应当以刚好满足使用目的为限，而不能过度使用。虽然网络直播游戏涉及整个游戏的全程画面，直播画面占游戏画面的比重较大，这似乎对认定网络游戏直播平台直播行为的合理使用不利。但是，即便是全面的使用也是有可能构成合理使用的。例如，在美国著名的谷歌图书案中，美国谷歌公司扫描了大量书籍，将数字文本存储在服务器中，并提供了全文检索服务。但是，中国法院认为其使用构成了对作品的

"转换性使用"，具有合理性。[1]因此，对于游戏画面的播放，即便是全屏全程播放，也可能会因产生了市场替代性而被认为是合理使用。

（四）对游戏市场价值的影响

在认定网络游戏直播平台对游戏的合理使用时，该要素是最重要的参考要素。一般认为，该要素与作品使用的目的与性质之间会存在一定的交叉，换言之，转换性使用的程度越高，对作品市场价值的影响就越小。但需要注意的是：在分析转换性使用时，不能够一概而论，而应当根据游戏类别具体进行分析。

对于那些竞技性、操作性不强的，以剧情为主的游戏，则容易产生市场替代可能性，从而影响游戏开发商的市场价值。该类游戏就如同电影一样，重在观看而非互动参与，玩家购买游戏的目的主要是去"看"。而玩家观看了游戏直播后，往往就不再会去购买游戏。而网络直播平台直播的游戏主要为竞技性、操作性、策略性等更注重玩家互动参与为主的游戏，对于该类游戏，用户在观看主播的直播后，往往更容易产生想去体验的兴趣。这就如同观看篮球比赛一样，"看"并不能代替亲自去体验，相反，对篮球比赛的观看更能够激发人们参与篮球的兴趣。相关报告显示，观看电竞赛事的用户与经常玩电竞游戏的用户分别占64.4%与54.9%，而既观看电竞赛事又经常玩电竞游戏的用户高达22.8%。[2]从以上数据来看，似乎没有理由相信观看游戏直播能够替代游戏用户直接参与游戏所带来的体验。而根据上述报告中对中国客户端游戏用户流失原因的统计：用户离开一款游戏的最主要原因是产品原因（占34.3%）和个人原因（占28.2%），其他原因分别包括维护原因（占25.4%）和新游戏原因（占10.1%）。[3]以上数据可以说明，游戏用户主要在意游戏本身带来的直接体验，游戏体验差会导致游戏用户流失；另一方面，没有任何数据能表明游戏直播影响了游戏用户的流失。

因此，网络游戏直播平台通过对游戏的直播，对公众传播了游戏，同时

---

〔1〕 参见北京市第一中级人民法院（2011）一中民初字第1321号民事判决书；北京市高级人民法院（2013）高民终字第1221号民事判决书。

〔2〕 参见《2015年中国游戏用户行为研究报告简版（电子竞技/客户端游戏/移动游戏）》，载艾瑞网，http://report. iresearch. cn/report_ pdf. aspx? id=2363，最后访问日期：2018年12月30日。

〔3〕 参见《2015年中国游戏用户行为研究报告简版（电子竞技/客户端游戏/移动游戏）》，载艾瑞网，http://report. iresearch. cn/report_ pdf. aspx? id=2363，最后访问日期：2018年12月30日。

也激发了受众群体体验游戏的欲望。这不但不会对游戏本身的市场价值产生负面影响，相反地，还产生了积极的促进作用。这对网络游戏直播平台合理使用的认定是极为有利的。即使部分观众在体验游戏前因为观看了游戏直播，认为游戏体验差而放弃了亲自参与游戏，那这也应当归咎于游戏产品本身，而不应当归咎于网络游戏直播平台，更不能以该理由认为其影响了游戏的市场价值从而对其合理使用的认定产生负面影响。

综上，通过对以上四个要素的综合分析，笔者认为，在对游戏市场损害不明显时，应当认定网络游戏直播平台对游戏整体画面的直播构成合理使用。

四、结论

游戏的整体画面属于电影作品，因而网络游戏直播平台可在直播行为中被认定为表演者获得著作权法中邻接权的保护；同时其制作的音频、视频产品可被认定为录音、录像制品，从而同样受到著作权法中邻接权的保护。网络游戏直播平台对游戏整体画面的直播，在对游戏市场损害不明显时，应当认定为合理使用。

C2C 电子商务纠纷中举证责任合理分配问题研究

俞 亮 罗来兵*

C2C 电子商务贸易活动不仅给我们生活带来了很大的便利，还节约了大量的时间、金钱和人力成本。尤其对于快节奏的现代都市人来说，人们不需要下班或周末到商场购买所需商品，他们随时随地可以在网上进行选购，他们在购买之后商品会由快递物流服务运营商直接运送到家，方便又快捷。但当消费者和电子商务平台内经营者发生交易纠纷时，消费者作为原告起诉平台内经营者瑕疵履行或不履行合同内容时，消费者就得承担所主张事实成立的证明责任。[1] 由于在双方交易过程中所形成的交易信息都是以电子数据形式存储在网络交易平台上，电子数据由电子商务平台经营者所管理和存储，而平台经营者一般不会因消费者的请求，向其公开相关的交易信息。这时就会出现消费者举证不能或困难的局面，对于需要维护自身合法权益的消费者来说，无疑是一个非常大的障碍。

---

* 俞亮，北京工商大学法学院副教授；罗来兵，北京工商大学法学院硕士研究生。

〔1〕 参见李博文："C2C 电子商务纠纷中的举证责任"，黑龙江大学 2015 年硕士学位论文。

一、C2C 电子商务纠纷的概况

（一）C2C 电子商务纠纷的概念及属性

结合《中华人民共和国电子商务法》（以下简称《电子商务法》）的规定[1]，C2C（Consumer to Consumer）电子商务纠纷是指交易双方通过一个网络交易经营平台，卖方利用交易平台销售商品或者提供服务，买方在交易平台上自行选择商品或服务进行购买，在交易过程中，双方因买卖合同不能达到预期目标而引发的争议。从 C2C 电子商务纠纷的概念中可以看出，该纠纷不同于传统的买卖纠纷，其属性主要体现在以下几点：

第一，争议主体的复杂性。传统买卖合同纠纷只涉及交易双方当事人，一般很少会有第三人直接参与进来，即使有也可能只做保证人、担保人等特殊身份关系人。当一方当事人不履行或瑕疵履行合同义务时，另一方当事人在承担举证责任义务后，有权要求对方承担违约或侵权造成的损失。而在 C2C 电子商务纠纷中直接涉及三方主体，一方为消费者，另一方为平台内经营者，第三方为电子商务平台经营者。在消费者请求追偿时，我国《电子商务法》明文规定消费者可以先行向电子商务平台经营者索赔，由第三方为交易过错方直接买单的情形[2]，这在传统买卖合同中是很少存在的。

第二，交易合同成立方式的特殊性。在传统合同买卖关系中，交易双方当事人一般会以面对面的形式进行交易，在自愿合法达成一致的情况下，双方签订一个书面买卖合同，双方还可以针对所订立合同内容和条款进行协商、修改。而在 C2C 电子商务买卖关系中，消费者和电子商务平台内经营者不可能就双方之间的买卖合同，在见面协商一致情况下自愿合法签订。一般需要通过第三方电子商务平台经营者提供一个交易平台，双方在平台上就交易内容进行在线沟通。如果没有特殊约定的话，平台内经营者发布的商品或者服务信息符合要约条件的，用户选择该商品或者服务并提交订单成功的，合同成立。[3]在符合《中华人民共和国电子签名法》（以下简称《电子签名法》）[4]的条件下，双方交谈的内容形成一个类似于电子合同形式的电子数据信息材料。

---

[1] 参见《电子商务法》第 2 条第 2 款。

[2] 参见《电子商务法》第 58 条第 3 款。

[3] 参见《电子商务法》第 49 条。

[4] 参见《电子签名法》第 2 条。

（二）C2C 电子商务纠纷的特点

1. 交易双方拥有信息的不对称性

在 C2C 电子商务活动中，引发消费者、电子商务平台内经营者之间交易纠纷的根源，是双方当事人在进行网络交易时，交易双方在掌握或了解对方信息不对称所造成的。而在传统交易活动中，消费者可以对卖方的经营规模、效益、社会信用评价有直观的了解，对卖家提供的商品质量、数量、颜色、包装以及形状等，也可以进行直接比较选择。如果二者在交易过程中产生纠纷也很容易通过协商解决。而在 C2C 电子商务活动中，消费者只能通过电子商务平台内经营者在电子商务平台上所宣传的商品或服务信息进行判断。平台内经营者为获取较大利润，往往对商品或服务进行夸大宣传，甚至有时候进行虚假宣传。消费者不能像现实交易活动中一样对商品的好坏有直接的判断。所以，时常导致消费者所购买的商品或服务与卖家宣传信息不符，而由此引发双方的交易纠纷。

2. 交易商品或服务内容的繁杂性

商品或服务内容的繁杂是 C2C 电子商务贸易的一大特色，消费者在购买时有了更多选择的机会，主要在于平台内经营者不需要承担交易场所带来的租金和员工工资压力。而在实体经营店模式中，经营者需要一个固定的交易场所，并且需要雇佣员工来帮忙销售，一般卖家为了减少店面租金，其所经营的商品或服务场所不会太大，卖家销售的商品或服务的种类就会受到限制。当买卖双方对交易的商品或服务内容产生争议时，一般由卖方负责解释清楚或者买方选择购买其他产品或服务，交易双方很少会产生交易上的纠纷。而在 C2C 电子商务交易中，经营者不需要固定的交易场所，虽然经营者也会产生网络交易平台租金或雇佣工资开销，但支付成本与实体店模式比起来要便宜许多，经营者也很少需要支付日常的水电劳损等费用。所以，电子商务平台内经营者可以在网络平台上宣传种类繁多的商品或服务信息。当消费者对所购买的产品或服务有异议的时候，消费者没有向卖家当面质疑的机会。虽然有时候可以与平台内经营者在网络交易平台上进行协商沟通，但经营者一般不会如实告知消费者。这就导致消费者所购买的产品或服务不是自己想要或需要的，为了维护自己的合法权益，消费者往往会提起维权之诉。

3. 异于传统面对面的交易方式

传统买卖合同的完成，需要交易双方面对面地履行自己的义务，即使存在需要运输才能完成的合同标的，双方当事人也会在合同成立前对交易标的进行磋商。在交易过程中，交易一方发现对方履行合同有瑕疵或履行不能，交易者可以选择改变合同内容或解除双方之间的合同关系，第一时间把自己的损失降到最低。而在 C2C 电子商务活动中，双方是通过网络交易平台虚拟行为进行交易，一般由平台内经营者将商品或服务的价格、性质、功能及质量等信息，在电子商务平台上进行网络宣传，消费者通过平台上的宣传信息对商品或服务进行选购。一旦消费者确定购买对象，消费者就会通过网络交易平台软件，与平台内经营者就商品或服务的价格、数量以及形状颜色等达成共识，然后在平台上进行下单、确定收货地址、付款、确认等一系列行为。消费者会把货款转交给电子支付服务商，委托其在对方履行发货义务后，经消费者确认无误后代为向平台内经营者支付货款，这时交易双方买卖合同关系因双方忠实履行义务终止。由于在交易过程中，消费者并不能对平台内经营者提供的商品或服务是否符合购买标准进行预前判断，只有在收到产品或服务内容时才能作出标准评估，于是经常因为卖家提供的商品或服务不符合消费者的要求，而引发双方之间的交易纠纷。

4. 交易双方交付方式的特殊性

在 C2C 电子商务活动中，交易双方之间的交付方式较为特殊，与传统买卖合同关系的交付方式存在很大的差异。在传统的买卖合同中，大多数情况下交易双方之间是一手交钱、一手交货的交付模式。双方当事人对对方履行义务的标的、态度有一个直观的了解，即使在交易过程中发生矛盾，双方也会当面通过协商或改变合同内容等方式把纠纷化解掉。而在 C2C 电子商务交易中，大多数情况下，普通商品买卖的交付是通过物流运输，一些特殊商品可能是网络传输（包括聊天工具在线传输、云盘下载、电子邮件传输），有些可能是账号兑换等交付方式。[1] 尤其以物流方式运送的商品，很容易让交易双方产生纠纷。因为当消费者收到已经过期或破损的产品时，并不知道是在快递物流服务过程中被调包或故意毁坏造成的，还是平台内经营者提供商品时本身就已经过期或破损。

---

〔1〕 参见李博文：《C2C 电子商务纠纷中的举证责任》，黑龙江大学 2015 年硕士学位论文。

二、C2C 电子商务纠纷中举证责任的特殊性分析

（一）一般举证规则的法律规定及在 C2C 电子商务纠纷的表现

根据《中华人民共和国民事诉讼法》（以下简称《民事诉讼法》）第64条，《最高人民法院关于适用〈中华人民共和国民事诉讼法〉的解释》（法释〔2015〕5号）第90条、第91条等规定，双方民事主体在商事活动中引发纠纷时，一方当事人需要对自己提出的主张承担举证责任，即"谁主张，谁举证"的规则。如果在法庭作出判决之前，负有举证责任的主体不能提出证据证明其主张事实存在的，负有举证责任者就有可能需要承担不利的法律后果。

在 C2C 电子商务买卖关系中，由于平台内经营者在交易过程中不履行或瑕疵履行合同义务，消费者为了维护自身的合法权益，就会向仲裁机关或法院提起维权诉讼请求，这时仲裁机构或法院就会让消费者提供其主张事实存在的证据。由于消费者与平台内经营者在交易过程中所产生的交易信息，以电子数据的形式存储在网络交易平台中，而网络交易平台是由电子商务平台经营者（主要有阿里巴巴、新浪、京东、苏宁易购等)[1] 所掌控，他们一般不会因个人的申请向其公开或提供相关的电子数据信息。例如在《淘宝网平台服务协议》中就规定，"淘宝网申明除非经过有关国家机关调取，其资料不得向个人提供。"所以，在 C2C 电子商务纠纷的举证责任中，如果还遵循"谁主张，谁举证"的规则，对消费者维护自身合法权益来说，无疑是一个很大的障碍和难题。由此，有必要对举证责任重新进行合理划分和改进。而其调整或补充的关键点在于网络科技发展已经将消费者置于举证的不利地位，而电子商务经营者及平台内经营者应当承担天然举证优势的义务。[2]

（二）一般举证责任规则在 C2C 电子商务纠纷适用中存在的问题

1. 消费者举证能力处于弱势地位

由于消费者和平台内经营者在进行交易的时候，是通过电子商务平台进行交易活动。消费者在与对方进行交易时，对经营者的经营状况、社会信用评价、商品或服务宣传等内容的真实性很少有所了解。日常生活中，我们会

---

〔1〕 参见胡晓霞："我国在线纠纷解决机制发展的现实困境与未来出路"，载《法学论坛》2017年第3期。

〔2〕 参见曹金戈："网络购物纠纷中的举证责任制度研究"，黑龙江大学2016年硕士学位论文。

经常遇到经营者为了消费者给予销后好评，以红包方式利诱消费者给出原本达不到好评的评分；如果消费者对购买的商品或服务不太满意，给出了不是好评的评分，经营者会不厌其烦打电话给你，让你修改评分记录。由此可以看出，消费者在网络交易平台上选购商品或服务的时候，所看到的经营者信息可能是虚假或伪造的。而由此产生的交易信息以电子数据形成存储在网络平台上，由电子商务平台经营者对交易双方所产生的交易信息按本企业的信息管理条例进行管理和保存，一般不会向消费者公开或提供。这种情况导致交易双方发生纠纷时，平台内经营者常常是有恃无恐，他们通常以拖延、迂回敷衍、不理睬等方式来对待消费者的投诉。他们知道消费者在规定的举证责任期限内，很难收集到有用的原始电子数据材料。因为消费者所能提供的只有双方交易时所产生信息的截图，在无其它证据印证的情况下，法庭会要求消费者提供原件材料，而消费者基于 C2C 电子商务纠纷的特殊性，一般是不能或难以提供原始交易的电子数据信息的，这时候消费者就可能要承担败诉的不利后果。

2. 平台内经营者掌握交易信息的比较优势地位

在 C2C 电子商务交易过程中，平台内经营者可以很轻松地掌握消费者的基本信息，甚至可以通过消费者购买商品或服务的内容和价格判断出消费者的消费水平、职业等，还可以通过下单记录、快递运输邮寄地址知道消费者的电话联系方式、家庭住址或经常居住地等信息。当双方发生交易纠纷时，经营者就会通过所掌握的消费者信息来应对消费者的诉求。如果消费者有很好的经济水平和社会地位，经营者会积极与消费者达成一致继续履行合同义务或赔偿对方损失；如果是一般的消费者，例如学生、基础工作服务人员和一般务工人员等低收入消费人群，经营者一般会以"不作为"的态度对待消费者的诉求。

3. 电子商务平台经营者对交易双方信息的优势控制

C2C 电子商务交易活动主要在电子商务平台上完成，二人在交易过程中所产生的交易信息，一般会以电子数据形式存储在交易平台上，由电子商务平台经营者管理和保存，其自然也有控制交易信息的权限。[1]当交易双方产

---

[1] 参见《电子商务法》第 31 条的规定：电子商务平台经营者应当记录、保存平台上发布的商品和服务信息、交易信息，并确保信息的完整性、保密性、可用性。商品和服务信息、交易信息保存时间自交易完成之日起不少于 3 年；法律、行政法规另有规定的，依照其规定。

生交易纠纷时，消费者需要对自己所主张的事实承担举证责任，向电子商务平台经营者申请公开或要求提供双方的原始交易信息，而电子商务平台经营者会以涉及对方的隐私或商业秘密为由拒绝提供，导致消费者只能承担举证不能的不利后果。

三、C2C 电子商务纠纷中举证责任合理分配的制度设计

我国应当考虑电子证据的特殊性，适当改造传统"谁主张，谁举证"规则，有条件引入"谁反驳，谁举证""谁持有，谁举证"的规则。[1]从《最高人民法院关于民事诉讼证据的若干规定》第7条的规定中可以得出，当一方无法举证时，人民法院可以根据公平原则和诚实信用原则，综合当事人举证能力等因素确定举证责任的承担。

在 C2C 电子商务纠纷中，所涉及的证据大多数以电子数据信息形式存在。由于电子数据信息基本上由电子商务平台经营者所管理和保存，消费者在举证时，时常会陷入举证困难或不能的困境中，该情形显然打破了原被告在举证时的平等状况。基于 C2C 电子商务纠纷中举证责任的特殊情形，应当合理分配消费者、平台内经营者以及电子商务平台经营者的举证责任，让消费者与平台内经营者在举证责任上有"平等武装对抗"的能力。

（一）合理分配消费者的举证责任

1. 消费者应对已经履行支付货款的事实进行举证

一般按照交易习惯，消费者与平台经营者进行交易时，会由消费者对所选购的商品或服务内容进行下单并支付货款。虽然在支付货款时由电子支付服务商先行收取保管 7 天，即为"冷静处理期"，在网络购物过程中，除特殊商品外，消费者在收到商品之日起 7 日内可以无理由退货。[2]消费者在 7 天内对收取商品或服务无异议的，再由电子支付服务商把货款支付给平台内经营者。但消费者在支付货款给电子支付服务商时，其就应当完成自己支付货款的义务。所以，当交易双方发生纠纷时，消费者应该对自己已经合理履行支付货款的义务承担举证责任。

---

[1] 参见刘品新："论电子证据的理性真实观"，载《法商研究》2018 年第 4 期。

[2] 参见哈书菊、李博文："C2C 电子商务纠纷中的举证责任"，载《知与行》2015 年第 1 期。

2. 消费者对货物的收取和验收已尽到合理注意义务承担举证责任

在 C2C 电子商务交易中，消费者应当按时收取由快递物流服务商运送的商品，如果没有按时收取商品使商品遭到破坏或损失，消费者以此为由提起诉讼的，应当对此主张承担举证责任。消费者在收取商品时，还需要尽到合理的检查货物是否存在瑕疵的义务。如果事后以商品在收取时已经存在瑕疵为由主张诉讼请求，就对自己已经尽到了合理的验收注意义务需要承担举证责任。[1]

（二）适度增加平台内经营者举证责任的义务

1. 经营者对已经尽到善意告知义务承担举证责任

消费者与平台内经营者在进行交易时，经营者有义务向消费者如实告知自己销售的商品或服务内容的真实性。[2]因为，在 C2C 电子商务交易活动中，一般消费者是通过经营者的告知或信息宣传才作出购买决定的。[3]当平台内经营者与消费者之间因产品的真实性发生纠纷时，经营者应当承担自己已经履行了如实告知义务的举证责任。

2. 经营者对已经合法履行了合同内容承担举证责任

消费者与平台内经营者在 C2C 电子商务交易中，经营者应当如实地履行自己的合同义务并及时安排发货，以保证消费者在规定的期限内收到购买的商品或服务内容。如果消费者以经营者所发送商品或服务标的、质量以及数量等不符合合同约定内容为由提起诉讼，平台内经营者应当对自己已经合法履行了合同内容承担举证责任。[4]

（三）平台内经营者对商品或服务质量问题需要承担举证责任倒置的情形

1. 经营者需要承担产品或服务致人损伤的因果关系过错责任

根据《中华人民共和国产品质量法》（以下简称《产品质量法》）[5]《中华人民共和国侵权责任法》（以下简称《侵权责任法》）[6]等相关内容的规

---

[1] 参见《中华人民共和国合同法》第 310 条。

[2] 参见《中华人民共和国消费者权益保护法》第 20 条。

[3] 参见哈书菊、李博文："C2C 电子商务纠纷中的举证责任"，载《知与行》2015 年第 1 期。

[4] 参见《最高人民法院关于民事诉讼证据的若干规定》第 5 条第 2 款。

[5] 参见《产品质量法》第 42 条。

[6] 参见《侵权责任法》第 42 条。

定，销售者销售的产品或服务存在缺陷，造成消费者或他人人身、财产受到损害的，销售者不能证明产品或服务缺陷是由生产者或供货商过错造成，销售者就需要承担侵权损害赔偿。在C2C电子商务纠纷中，如果电子商务平台内经营者提供的产品或服务致使消费者人身、财产受到损害的，经营者需要承担证明致损与产品或服务之间是否存在因果关系，以及需要证明自己是否存在过错问题的责任。如果平台内经营者不能举证证明产品或服务的缺陷是生产者或供货商造成的，经营者就需要承担对消费者的产品侵权责任。

2. 平台内经营者需要对特殊产品质量问题承担瑕疵举证责任

结合《中华人民共和国消费者权益保护法》（以下简称《消费者权益保护法》）第23条的规定，平台内经营者应当保证在正常使用商品或者接受服务的情况下，其提供的商品或者服务应当具有的质量、性能、用途和有效期限。经营者还需要保证以广告、产品说明、实物样品或者其他方式表明商品或者服务的质量状况的，其提供的商品或者服务的实际质量与表明的质量状况相符。尤其是经营者给消费者提供的机动车、计算机、电视机、电冰箱、空调器、洗衣机等耐用商品或者装饰装修等服务，消费者自接受商品或者服务之日起6个月内发现瑕疵，发生争议的，由经营者承担有关瑕疵的举证责任。

（四）完善电子商务平台经营者举证责任的辅助义务

1. 对交易双方用户信息有"区分公开"的义务

根据《电子商务法》第61条、第63条等规定，电子商务平台经营者在交易双方发生纠纷时，在不涉及交易双方隐私或商业秘密的条件下，应承担区分公开、披露交易双方信息的义务。前提条件是，消费者提出自己对电子商务平台经营者发出过取证申请，要求其提供相关电子数据信息材料，这就可以有选择性地减少消费者对举证责任的承担。[1]平台经营者应积极帮助消费者维护合法权益，同时也积极调解双方之间的矛盾，维护网络交易平台秩序的稳定。

2. 对交易过程中产生的电子数据有保护、妥善保存的义务

根据《电子商务法》的规定，电子商务平台经营者有义务保护消费者与

---

〔1〕 参见潘晨："电子商务第三方平台专利侵权诉讼举证责任研究"，重庆大学2017年硕士学位论文。

平台内经营者在交易过程中所产生的电子数据信息材料。[1]在法院依消费者的申请或依职权调取相关电子数据信息时，应当积极配合法院，向其提供交易双方之间的原始交易电子合同和交易过程中产生的原始数据信息，以确保纠纷能够得到合理、合法、高效的解决。

综上述及，在 C2C 电子商务纠纷举证责任中，应当根据当事人的举证能力、条件及其所处的地位来分配证明责任，使更有能力、更有条件的一方负有更多的举证责任。这样更有利于收集到更多的证据，从而能够证明到更接近于案件的事实真相，而对于缺乏条件和证明能力较弱的一方，减轻其证明的负担，只有根据当事人的举证能力和条件及其所处的地位来分配证明责任，[2]才能合理、合法地维护消费者的权益，同时也才能保障 C2C 电子商务贸易的健康持续发展。

---

〔1〕 参见《电子商务法》第 62 条。
〔2〕 参见彭磊："浅析网络购物纠纷中的举证责任制度"，南昌大学 2011 年硕士学位论文。

电子商务经营者知识产权保护义务与责任分析

——以《电子商务法》规定为限

熊　英[*]

一、电子商务经营者保护知识产权的一般义务

根据《中华人民共和国电子商务法》（以下简称《电子商务法》）第9条规定，电子商务经营者包括"电子商务平台经营者、平台内经营者以及通过自建网站、其他网络服务销售商品或者提供服务的电子商务经营者"。但由于不同类别的电子商务经营者在电子商务活动中的地位不同，因此《电子商务法》除第5条规定了所有类别的电子商务经营者都有保护他人知识产权的一般性义务外，第41条还特别规定了"电子商务平台经营者"保护他人知识产权的一般义务。

（一）电子商务经营者应当尊重并保护他人的知识产权

在知识经济的今天，无论是商品或者服务大都涉及相关的知识产权，如涉及专利技术或者注册商标的商品，或者是他人享有著作权的出版物等。因此，《电子商务法》第5条规定，电子商务经营者在经营活动中，应该遵守市场公平竞争秩序，保护消费者的合法权益，保护因电子商务活动可能涉及的他人的隐私、知识产权等。该规定具有一定的倡导性和指引性。作为电子商务经营者要遵守该条的规定，至少应做到以下两点：

首先，电子商务经营者应该有对他人知识产权尊重和保护的意识。电子商务经营者作为市场经营主体，在追求市场利益的同时，必须遵守公平竞争的秩序，尊重他人的知识产权。具体而言，作为平台经营者，应该制定保护

＊　熊英，北京工商大学法学院教授。

知识产权的具体规则，约束自己和平台内经营者的行为，注重对他人知识产权的保护。作为平台内的经营者或其他通过自建网站、其他网络服务销售商品或者提供服务的电子商务经营者，在向消费者提供具体的商品或服务时，应该通过合法的途径获得向消费者提供的商品或服务，不经营假冒伪劣商品，不侵害他人的知识产权。

其次，作为平台经营者应主动对平台内经营者的经营活动进行知识产权保护监控，一旦发现（自己主动发现或者权利人通知发现或者消费者举报发现等）平台内经营者的行为侵犯了他人的知识产权，应主动立即采取相应的措施，制止侵权行为的继续以免损害后果扩大。而作为平台内经营者，在接到平台经营者转送的"侵权通知"后也应积极配合，及时终止侵权行为，并提供商品或服务的来源，积极配合以保护他人的知识产权。

（二）平台经营者保护他人知识产权的一般义务

电子商务平台经营者是电子商务活动平台的搭建者，而其经营电子商务平台的目的就是通过平台内经营者的"进驻"获利。因此，电子商务平台经营者有义务也有条件和能力对"进驻"平台内经营者的活动进行监管。也正是基于电子商务平台经营者在电子商务经营活动中的特殊地位，《电子商务法》第41条特别规定了电子商务平台经营者保护知识产权的一般义务。

1. 建立知识产权保护规则

《电子商务法》第41条规定要求电子商务平台经营者建立知识产权保护规则，应该包括具体的知识产权保护制度和措施，而不是仅仅在一些制度和处罚细则中对知识产权的保护有所体现。实践中，并没有平台经营者制定具体的"知识产权保护规则"，而是通过一些不同的措施保护知识产权，如搭建"知识产权保护平台"，方便知识产权权利人或者消费者对平台内经营者侵犯他人知识产权或者销售假冒产品进行投诉；或者制定相关"处罚规则"制裁侵犯他人知识产权的平台内经营者。[1]显然，平台经营者的这些措施都只是一种"亡羊补牢"。而《电子商务法》第41条的规定是要求平台经营者主动制定相应的知识产权保护规则，并通过一定的措施保证规则的实施。

---

〔1〕 例如电子商务平台淘宝网、天猫网都有相应的"出售假冒商品认定和处罚规则与实施细则"。根据《淘宝网出售假冒商品认定和处罚规则与实施细则》的规定，平台内经营者出售假冒商品，淘宝将给予相应的处罚。但是，这些平台经营者并没有制定单独的"知识产权保护规则"。

因此我们建议，在今后的《电子商务法》司法解释中明确规定：电子商务平台经营者应当制定"知识产权保护规则""对平台内经营者侵犯他人知识产权的处罚规则"并予以公示，同时还应构建"知识产权保护平台和相应的纠纷解决机制"。

2. 与知识产权权利人合作

作为平台经营者，有义务尊重和保护他人的知识产权，但并没有义务知晓具体的知识产权权利人的权利状况，也没有义务实时跟踪和审查平台内经营者的经营活动。因此我们认为，《电子商务法》要求平台经营者与知识产权人加强合作，主要是针对平台内经营者的知识产权侵权行为发生之后，平台经营者接到知识产权权利人的侵权通知时，应积极按照《电子商务法》的相关规定，将"侵权通知"转送平台内经营者并及时采用必要措施终止侵权行为等合作行为。

在平台内经营者侵犯知识产权的行为发生之前，为了避免或尽快制止知识产权侵权行为，平台经营者与知识产权权利人也可以事先进行主动的合作，如知识产权权利人将自己的知识产权现状和许可使用情况事先告知平台经营者，为平台经营者主动监督平台内经营者的经营行为提供保护权利的依据。

总之，平台经营者与知识产权权利人合作可以是事先的合作，更多的应该是事后的积极配合。如果平台经营者没有依法合作，如不及时将知识产权权利人的"侵权通知"转送给平台内的经营者，那么其将与平台内经营者连带承担因不作为导致知识产权侵权损害扩大部分的责任。有关平台经营者与知识产权权利人事后的合作要求，《电子商务法》通过规定平台经营者的具体义务予以了细化。

二、平台经营者保护他人知识产权的具体义务与责任

电子商务经营活动离不开平台经营者，而作为知识产权权利人在发现平台内经营者的行为有可能侵犯了自己的知识产权时，往往也会第一时间与平台经营者联系，因为平台经营者是确定的，其有固定的平台管理员和联系方式，一些平台经营者还搭建了专门的知识产权保护平台和投诉通道。而平台内经营者或者没有确定的联系方式，或者没有专门的管理人员，大多也没有具体的纠纷解决机制。正是基于平台经营者在电子商务活动中这种特殊的地位，《电子商务法》第42、43、44、45、84条规定了电子商务平台经营者具

体的义务和不履行义务的责任。

（一）"通知+删除"的义务

"通知+删除"的义务原本是对网络服务提供商的要求，即网络服务提供商并不直接向消费者提供商品或者服务，但如果具体的网络服务商提供的商品或服务侵犯了他人的权利，权利人就会将侵权情况通知网络服务提供商，那么网络服务提供商则应在接到权利的"侵权通知"后，及时采取必要的措施删除侵权信息，制止侵权行为的继续。如果网络服务提供商履行了"通知+删除"的义务，则对网络服务商的侵权行为后果不承担责任。否则依法将与网络服务商即直接侵权行为人共同承担连带责任。

"通知+删除"的义务在我国《信息网络传播权保护条例》中有明确的规定。由于电子商务平台提供者与网络服务提供商在网络经营活动中的地位具有相同性，因此《电子商务法》也明确规定了电子商务平台提供者的"通知+删除"的义务。

1. 采取必要措施和侵权通知转送的义务[1]

（1）接到通知后，应当及时采取必要的措施。平台经营者具有一定的特殊性，这是因为平台经营者与平台内的经营者具有类似"管理与被管理"的关系。因此，一旦平台内经营者提供的商品或者服务侵犯了他人的知识产权，知识产权权利人第一时间通知平台经营者，将更有利于对知识产权的及时保护。根据《电子商务法》第42条的规定，平台经营者"接到通知后，应当及时采取必要措施"。

但知识产权权利人应采用何种形式发出"侵权通知"以及"侵权通知"的内容包括哪些等问题，《电子商务法》第42条没有明确规定。我们认为可以参考《信息网络传播权保护条例》第14条的规定，在未来《电子商务法》的司法解释中明确规定以下内容：首先，通知的形式。通知的形式应该采用书面形式或者是可以下载打印的电子版，而不应是口头或者电话等非书面形式。其次，通知的内容。通知的内容应该包括权利人的基本信息、侵权行为的证明材料和要求采取的具体措施、网络地址等。如权利人的姓名（名称）、联系方式和地址；要求删除或者断开链接的侵权商品或服务和网络地址；构成侵权的初步证明材料。再次，必要措施的选择。平台经营者在接到"侵权

---

[1] 参见《电子商务法》第42条。

通知"后，应该"及时"采取必要的措施。那么，何为"及时"？我们认为"及时"是在接到"侵权通知"后在工作开始的第一时间采取必要的措施。其次，何为"必要措施"？我们认为，平台经营者应该在接到"侵权通知"后，根据侵权行为的具体情形和权利人的请求，选择采取"删除、屏蔽、断开链接、终止交易和服务等"不同措施，即应有针对性地有效采取措施。

（2）转送侵权通知的义务。知识产权权利人通知平台经营者不是因为平台经营者的行为侵权，而是认为平台内的经营者行为侵权。因此，平台经营者接到知识产权权利人的"侵权通知"后，一方面应及时采取必要措施，与此同时应将"侵权通知"转送到平台内的经营者即具体的侵权行为人。

平台经营者应该一方面采取必要的措施，制止侵权行为的继续；另一方面应及时将知识产权权利人提交的"侵权通知"材料转送给侵权行为人，便于平台内经营者接到"侵权通知"后，知道自己行为的侵权性，及时终止侵权行为，或举证抗辩认为自己的行为不存在侵权。

2. 不存在侵权行为的声明转送、告知、终止或解除所采取措施的义务[1]

（1）声明转送的义务。平台内经营者接到知识产权侵权通知后，如果认为自己的行为不存在侵权，平台内经营者也有权做出"不存在侵权行为的声明"。平台经营者接到平台内经营者"不存在侵权行为的声明"后，也应及时将"不存在侵权行为的声明"转送给知识产权权利人。

首先，不存在侵权行为的声明形式和内容。《电子商务法》第43条没有明确规定不存在侵权行为的声明形式和内容，我们认为可以参考《信息网络传播权保护条例》第16条，在未来的《电子商务法》司法解释中明确规定，声明的形式采用书面形式，声明的内容包括：平台内经营者的姓名（名称）、联系方式和地址；要求恢复经营的商品或服务的名称和网络地址；不构成侵权的初步证明材料。

其次，告知的义务。即平台经营者在将平台内经营者不存在侵权行为的声明转送给知识产权权利人的同时，还应告知知识产权权利人"可以向有关主管部门投诉或者向人民法院起诉"。这是因为，作为平台经营者只是一种特殊的"中间人"，并没有解决侵权纠纷的司法权力和行政管理的权力。因此，知识产权权利人与平台内经营者之间的知识产权侵权纠纷，如果双方不能协

---

[1]　参见《电子商务法》第43条。

商解决，最终也只能由有关行政主管部门或法院依法处理。

（2）及时终止或解除所采取的措施。平台经营者依法履行了"转送和告知"的义务之后，"在转送声明到达知识产权权利人后 15 日内，未收到权利人已经投诉或者起诉通知的，应当及时终止所采取的措施。"《电子商务法》如此规定的目的是为了保护正当合法经营的平台内经营者的权益。因为，如果知识产权权利人在接到"不存在侵权行为的声明"之后，既不投诉也不起诉，说明不存在侵权行为的声明有事实依据，那么，平台经营者则应对平台内经营者采用的措施予以终止或解除，恢复平台内经营者的正常经营活动。

根据《电子商务法》第 43 条的规定，平台经营者"及时终止所采取的措施"的时间是在"转送声明到达知识产权权利人后 15 日内"。而《信息网络传播权保护条例》第 17 条规定的是"立即"。我们认为，在没有经过司法认定侵权之前，知识产权权利人和平台内经营者的权利义务应该是平等的，"立即终止或解除所采取的措施"与"及时采取必要的措施"规定体现了对二者要求和保护的平等性，同时也能最大限度地避免因为知识产权权利人的错误通知，给平台内经营者造成更大的损害。《电子商务法》第 43 条和第 42 条的规定，没有体现对知识产权权利人和平台内经营者的同等保护，因此建议将《电子商务法》第 43 条修改如下：平台内经营者接到转送的通知后，可以向电子商务平台经营者提交不存在侵权行为的声明。声明应当包括不存在侵权行为的初步证据。电子商务平台经营者接到声明后，应当将该声明转送发出通知的知识产权权利人，并告知其可以向有关主管部门投诉或者向人民法院起诉。并同时终止所采取的措施。

3. 及时公示"通知、声明及处理结果"[1]

平台经营者作为"中间人"，接到知识产权权利人的侵权通知、平台内经营者提交的不存在侵权的声明以及最后的处理结果等都应及时在平台上予以公示。我们认为：这里的处理结果应该仅限于通过平台经营者的中介沟通，知识产权权利人与平台内经营者之间问题的解决情况，不包括行政或司法机关的处理或裁决情况。

而要求及时公示"通知、声明及处理结果"的意义在于：一是将有关信息对争议双方透明，有利于公平公正地解决双方纠纷；二是对平台内其他经

---

〔1〕 参见《电子商务法》第 44 条。

营者也是一种提醒，经营活动必须严格依法进行，尊重并保护他人知识产权。

平台经营者作为知识产权权利人与平台内经营者之间的中间人，其义务的履行就是依法"传达和采取必要的措施"。我们可以将平台经营者以上义务以如下图表的方式表达，则更加清晰明了。

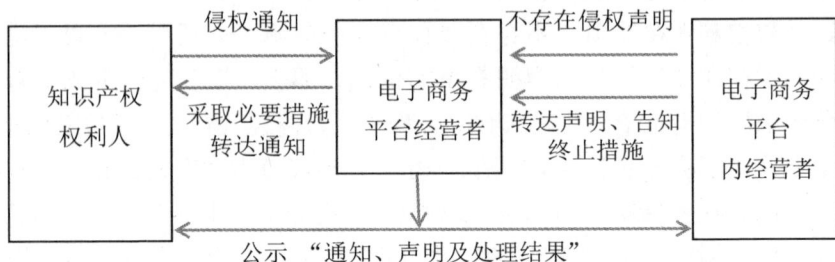

(二) 知道或者应当知道并采取必要措施的义务[1]

1. 知道或者应该知道的义务

一般来说，平台经营者没有义务审查平台内经营者提供的商品或者服务是否侵犯他人的知识产权。但是如果"知道或者应当知道平台内经营者侵犯知识产权的，应当采取删除、屏蔽、断开链接、终止交易和服务等必要措施"。[2]这一规定也是借鉴了《信息网络传播权保护条例》中的规定。

(1)"红旗原则"在不同法律、条例、司法解释中的规定。平台经营者作为一种网络服务提供商，前述《电子商务法》规定的"采取必要措施和转送的义务"其实就是"避风港原则"的适用。而"知道或者应当知道的义务"，则是"红旗原则"的适用。在规定"网络服务提供者""红旗原则"的适用时，2000年公布的《最高人民法院关于审理涉及计算机网络著作权纠纷案件适用法律若干问题的解释》（法释〔2000〕48号）（已失效）第5条规定，提供内容服务的网络服务提供者，明知网络用户通过网络实施侵犯他人著作权的行为要承担共同侵权责任。[3]2006年公布的《信息网络传播权保护条例》（已失效）第22条第3项规定，网络服务提供者提供信息存储空间，

---

〔1〕 参见《电子商务法》第45条。

〔2〕 参见《信息网络传播权保护条例》第23条。

〔3〕 2004年和2006年修改的《最高人民法院关于审理涉及计算机网络著作权纠纷案件适用法律若干问题的解释》没有变更该规定。

供服务对象向公众提供作品、表演、录音录像制品，但不知道也没有合理理由应当知道服务对象侵权的不承担赔偿责任。第 23 条规定，网络服务提供者明知或应知所链接的作品、表演、录音录像制品侵权的，应当承担共同侵权责任。[1] 2010 年实施的《中华人民共和国侵权责任法》第 36 条第 3 款规定：网络服务提供者知道网络用户利用其网络服务侵害他人民事权益，未采取必要措施的，与该网络用户承担连带责任。《电子商务法》第 45 条规定：电子商务平台经营者知道或者应当知道平台内经营者侵犯知识产权的，应当采取删除、屏蔽、断开链接、终止交易和服务等必要措施；未采取必要措施的，与侵权人承担连带责任。

（2）"红旗原则"在不同法律、条例、司法解释中规定的差异。从以上规定来看，在适用"红旗原则"时，对网络服务提供商主观上的要求用语不同，从"明知"到"明知或应知"再到"知道""知道或应该知道"。其实，"明知或应知"等同于"知道或应该知道"，而"知道"可以分为"知道或应该知道"。除《最高人民法院关于审理涉及计算机网络著作权纠纷案件适用法律若干问题的解释》（已失效）第 5 条规定要求的是"明知"外，其他规定都可以理解为要求网络服务提供者必须存在"知道或应当知道"。

（3）"红旗原则"所要求的"知道或应当知道"的理解。所谓"知道"应理解为应当知道，即平台内经营者的经营活动侵犯他人的知识产权，平台经营者应该知道。例如，根据知识产权权利的侵权通知已经确定平台内经营者的行为构成侵权，而后被终止交易。但是在侵权纠纷处理后不久，平台内经营者又进行同样的侵权行为，在此种情况下即便没有知识产权权利人的侵权通知，平台经营者也应该知道平台内经营者的行为是侵权行为，应该主动对平台内的经营者采取必要的措施制止侵权行为的继续。

所谓"应当知道"，也应根据一定的事实推断。假设平台内经营者销售侵权商品，被消费者向平台经营者投诉，之后平台内经营者继续销售侵权商品，平台经营者"应当知道"，并应主动采取必要措施制止侵权行为。

2. 采取必要措施的义务

如果根据具体的情况可以认定，平台经营者知道或者应该知道平台内经营者的行为侵犯了他人的知识产权，平台经营者并不当然就与直接侵权人共

---

[1] 2013 年该条例进行修改时，没有变更该规定。

同承担侵权责任,而是规定了平台经营者"采取必要措施的义务",即如果平台经营者"采取删除、屏蔽、断开链接、终止交易和服务等必要措施",制止了侵权行为的继续,则不承担民事责任。否则,依法与侵权人承担连带责任。

(三) 不履行法定义务的民事连带责任

平台经营者不是直接的商品或服务的提供者,因此涉及有关知识产权侵权行为也只能是平台内经营者的行为。在一般情况下,平台经营者不应对平台内经营者的侵权行为承担法律责任。但是,如果平台经营者没有依法履行自己的义务,将与平台内经营者承担相应的连带责任。

1. 未履行转送侵权通知、不侵权的声明、必要措施的采取或终止义务的民事连带责任[1]

(1) 如知识产权权利人认为平台内经营者的行为侵犯了自己的知识产权,并通知了平台经营者,那么平台经营者接到通知后,一方面要及时将侵权通知转送给平台内经营者,另一方面应及时采取必要的措施,以免侵权行为后果的扩大。如果平台经营者未及时采取必要措施的,对损害的扩大部分与平台内经营者承担连带责任。

平台经营者承担连带责任的原因不是直接实施了侵权行为,而是因为没有及时地依法履行义务导致损害后果的扩大,那么仅仅就损害的扩大部分与平台内经营者承担连带责任。显然,平台经营者的连带责任是因为不履行法定义务,而且连带责任的范围也限于未依法履行义务所导致的后果。

(2) 平台经营者依法有将平台内经营者不存在侵权的声明转送发出侵权通知的知识产权权利人,并及时终止所采取的措施的义务。如果最后确认平台内经营者的行为不构成侵权,那么平台经营者因没有履行以上法定义务,导致平台内经营者的损失,平台经营者应该与错误通知的知识产权权利人承担连带的民事责任。

2. 知道或者应当知道平台内经营者侵犯知识产权的,未采取必要措施的,与侵权人承担连带责任

我国《电子商务法》已经实施,在今后的实务中如何认定平台经营者知道或者应该知道平台内经营者侵犯知识产权,必将是难点之一。其实在《电子商务法》颁布之前,就有相关的案件发生。

---

[1] 参见《电子商务法》第42条。

例如，在"衣念（上海）时装贸易有限公司诉浙江淘宝网络有限公司、杜国发侵害商标权纠纷上诉案"〔1〕中，作为该案第二审法院的上海市第一中级人民法院经过审理后认定事实如下：

首先，在案证据证明被上诉人衣念公司从 2006 年起就淘宝网上的商标侵权向上诉人淘宝公司投诉，而且投诉量巨大，然而至 2009 年 11 月，淘宝网上仍然存在大量被投诉侵权的商品信息，况且在上诉人删除的被投诉商品信息中，遭到卖家反通知的比率很小，由此可见，上诉人对于在淘宝网上大量存在商标侵权商品之现象是知道的，而且也知道对于被上诉人这样长期大量的投诉其所采取的仅作删除链接的处理方式见效并不明显。

其次，被上诉人的投诉函明确了其认为侵权的商品信息链接及相关的理由，虽然被上诉人没有就每一个投诉侵权的链接说明侵权的理由或提供判断侵权的证明，但是被上诉人已经向上诉人提供了相关的权利证明、投诉侵权的链接地址，并说明了侵权判断的诸多理由，而且被上诉人向上诉人持续投诉多年，其所投诉的理由亦不外乎是被上诉人在投诉函中所列明的几种情况，因此上诉人实际也知晓一般情况下的被上诉人投诉的侵权理由类型。上诉人关于被上诉人未提供判断侵权成立的证明，其无法判断侵权成立的上诉理由不能成立；上诉人在处理被上诉人的投诉链接时，必然要查看相关链接的商品信息，从而对于相关商品信息是否侵权有初步了解和判断。因此，通过查看相关链接信息，作为经常处理商标侵权投诉的上诉人也应知道淘宝网上的卖家实施侵犯被上诉人商标权的行为。

再次，在案的公证书表明被上诉人购买被控侵权商品时原审被告杜国发在其网店内公告："本店所出售的部分是专柜正品，部分是仿原单货，质量可以绝对放心……"，从该公告内容即可明显看出杜国发销售侵权商品，上诉人在处理相关被投诉链接信息时对此当然是知道的，由此亦能证明上诉人知道杜国发实施商标侵权行为。

最后，判断侵权不仅从投诉人提供的证据考查，还应结合卖家是否反通知来进行判断，通常情况下，经过合法授权的商品信息被删除，被投诉人不可能会漠然处之，其肯定会作出积极回应，及时提出反通知，除非确实是侵

---

〔1〕 参见"衣念（上海）时装贸易有限公司诉浙江淘宝网络有限公司、杜国发侵害商标权纠纷"，载《中华人民共和国最高人民法院公报》2012 年第 1 期。

权商品信息。故本案上诉人在多次删除杜国发的商品信息并通知杜国发被删除原因后，杜国发并没有回应或提出申辩，据此完全知道杜国发实施了销售侵权商品行为。

综合上述因素，法院认为上诉人淘宝公司知道原审被告杜国发利用其网络服务实施商标侵权行为，但仅是被动地根据权利人通知采取没有任何成效的删除链接之措施，未采取必要的能够防止侵权行为发生的措施，从而放任、纵容侵权行为的发生，其主观上具有过错即知道或应该知道，客观上帮助了杜国发实施侵权行为，构成共同侵权，应当与杜国发承担连带责任。

通过该案不难看出，判断平台经营者是否存在主观上"知道或者应该知道"的过错，必须根据具体情况分析。如果通过事实分析，能够合理认定平台经营者存在主观过错，并且也没有对平台内经营者的知识产权侵权行为主动采取制止措施，因此导致侵权行为损害后果的扩大，那么，平台经营者就应与平台内经营者对知识产权权利人共同承担民事赔偿责任。

（四）不履行法定义务的行政责任

根据《电子商务法》第84条的规定，平台经营者因为没有依法履行义务，对平台内经营者实施侵犯知识产权行为未依法采取必要措施的，除应与平台内经营者承担相应的连带民事赔偿责任外，还应承担相应的行政责任。即当平台经营者没有依法履行义务，采取必要的措施制止平台内经营者的知识产权侵权行为，不仅导致知识产权权利人的损失扩大，同时也有可能使得平台内经营者的行为损害更多消费者的合法权益，破坏市场公平竞争秩序，因此有关知识产权行政部门有权责令相关的平台经营者限期改正，逾期不改正的，处5万元以上50万元以下的罚款；情节严重的，处50万元以上200万元以下的罚款。

三、平台内经营者保护他人知识产权的具体义务和责任

（一）依法提交不存在侵权行为的声明和初步证据

电子商务平台内的经营者是具体的向消费者提供商品或服务的经营者，如果其经营行为侵犯了他人的知识产权，作为知识产权人可以直接与平台内经营者协商解决侵权纠纷。但在实践中，知识产权权利人往往难以找到具体的平台内经营者，因此将平台内经营者的侵权行为通知平台经营者。

但是，知识产权权利人认为平台内经营者的行为侵犯了自己的知识产权，并不一定就是事实。因此，被知识产权权利人指控的平台内经营者在接到平

台经营者转送的"侵权通知"后，有权声明自己的行为没有侵权，而向平台经营者"提交不存在侵权行为的声明"。

平台内的经营者依法提交"不存在侵权行为的声明"是一种权利。但从对提交声明的要求而言，也可视为是一种法定义务。如关于提交声明的形式，《电子商务法》中没有明确的规定。我们认为应该与"侵权通知"的形式要求一样，参考《信息网络传播权保护条例》规定，[1]在今后的《电子商务法》司法解释中予以明确规定。其次，声明的内容应该包括销售商品的名称、价格、合法来源等说明不侵权的初步证据。平台内的经营者依法提交的"不存在侵权行为的声明"应该真实，不得虚构伪证。否则，因此给知识产权权利人造成更大的损失，平台内的经营者应该对损失的扩大部分承担惩罚性的赔偿责任。

（二）独立承担民事责任

平台内经营者是直接通过网络向消费者提供商品或服务的行为人，如果平台内经营者在接到平台经营者转送的"侵权通知"后，并不能证明自己行为的合法性，而是实施了侵犯他人知识产权的经营行为，则应对自己的侵权行为依法向知识产权权利人独立承担民事赔偿责任。

但是，如果平台内经营者能够提供经营商品或服务的合法来源，那么平台内的经营者则只承担停止侵权的民事责任。

（三）与平台经营者连带承担民事责任

作为平台内的经营者是具体的直接侵权行为人，原则上应该由直接侵权人承担侵权责任。但是，如果知识产权权利人向平台经营者通知平台内经营者的侵权行为，平台经营者接到"侵权通知"后没有及时采取必要措施，使得侵权行为后果加重，那么就损害后果的加重部分或者扩大部分，依法则应由平台内的经营者与平台经营者共同承担连带责任。

这里需要注意的是：首先，与平台经营者承担连带责任的范围是特定的，必须是平台经营者没有履行法定义务导致侵权行为损害扩大，那么只就扩大部分与平台经营者共同连带承担。其次，共同承担的是连带责任不是按份责任。

（四）行政责任

根据《电子商务法》第84条的规定，平台内经营者的行为如果侵害了他人的知识产权，除依法承担民事责任外，还可能要承担相应的行政责任。即

---

〔1〕 参见《信息网络传播权保护条例》第16条。

电子商务经营者违反《电子商务法》的规定，销售的商品或者提供的服务不符合保障人身、财产安全的要求，实施虚假或者引人误解的商业宣传等不正当竞争行为，滥用市场支配地位，或者实施侵犯知识产权、侵害消费者权益等行为的，依照有关法律的规定处罚。

就实施侵犯知识产权行为而言，依照处理的有关法律包括《中华人民共和国商标法》（以下简称《商标法》）、《中华人民共和国专利法》（以下简称《专利法》）和《中华人民共和国反不正当竞争法》（以下简称《反不正当竞争法》）等知识产权法。如根据《商标法》第60条的规定，工商行政管理部门处理时，认定侵权行为成立的，责令立即停止侵权行为，没收、销毁侵权商品和主要用于制造侵权商品、伪造注册商标标识的工具，违法经营额5万元以上的，可以处违法经营额5倍以下的罚款，没有违法经营额或者违法经营额不足5万元的，可以处25万元以下的罚款。对5年内实施2次以上商标侵权行为或者有其他严重情节的，应当从重处罚。销售不知道是侵犯注册商标专用权的商品，能证明该商品是自己合法取得并说明提供者的，由工商行政管理部门责令停止销售。根据《专利法》第63条规定：假冒专利的，除依法承担民事责任外，由管理专利工作的部门责令改正并予公告，没收违法所得，可以并处违法所得4倍以下的罚款；没有违法所得的，可以处20万元以下的罚款；构成犯罪的，依法追究刑事责任。

四、结语

《电子商务法》规定电子商务经营者应该依法保护他人的知识产权，并规定了一般义务、具体义务和法律责任。但有些规定不太具体，因此我们认为有必要在以后的相关司法解释中予以明确。其次，实践中也有可能存在知识产权权利人向平台经营者发出的侵权通知是"错误通知"的情况，而正是由于其"错误通知"，给平台内经营者造成一定的损失，那么发出"错误通知"的知识产权权利人也应依法承担赔偿责任，补偿平台内经营者因此所遭受的损失。如果知识产权权利人或是出于市场竞争，或者出于其他目的诬陷平台内经营者的经营活动，"恶意错误通知"平台经营者，并造成平台内经营者损失的，"恶意错误通知"的知识产权权利人，依法应加倍承担赔偿责任（即承担惩罚性的赔偿责任）。[1]

---

〔1〕 参见《电子商务法》第42条。

《电子商务法》 第 38 条解析

庞　昕[*]

《中华人民共和国电子商务法》（以下简称《电子商务法》）第 38 条在制定过程中可谓一波三折。该条文中的责任类型由最初统一的连带责任分裂为连带责任和相应责任两种类型。其中，该法第 38 条第 1 款规定了电子商务平台承担连带责任的情形，而该法第 38 条第 2 款规定了电子商务平台承担相应责任的类型。但是，《电子商务法》的制定并未终结这一社会热议的话题。

一、平台经营者对平台内经营者的违法行为未采取必要措施的民事责任

（一）平台内经营者违法行为的类型

首先要区分的概念是平台经营者和平台内经营者。《电子商务法》第 9 条明确区分了电子商务平台经营者和平台内经营者。平台经营者作为电子商务法的重要主体，对其责任的分配与认定，对实现电子商务法"保障权益、规范行为、维护秩序"的立法宗旨有着重要作用。

平台内经营者存在过错行为，第一是平台内经营者销售的商品或者提供的服务不符合保障人身财产安全的要求。这里主要包含两个方面：消费者的人身安全、财产安全要得到保障。消费者的生命健康是高位阶的法益，理应得到最好的保护。消费者的生命健康不被侵害是平台内经营者销售商品和提供服务应满足的第一要求；平台内经营者销售的商品或是服务应当符合保障人身、财产安全的要求。平台内经营者作为商家，是直接面对消费者的，故其有起码的保障义务。同时平台内经营者作为交易合同的相对方，是消费者

---

* 庞昕，北京工商大学法学院硕士研究生。

买卖合同、租赁合同或其他合同的相对人，应当确保其商品或服务对消费者人身财产安全最起码的保障。第二是平台内经营者存在其他侵害消费者合法权益的行为。这主要是在没有损害消费者人身、财产安全权的前提下，平台内经营者销售的商品或提供的服务数量不足、伪造商标、变造产地、在价格上欺诈消费者、以次充好、为履行交易双方合同约定的情形导致消费者权益受损的行为。[1]

在共同经营的过程中，平台的优势非常明显，充裕的资金资本，强大的技术支持，丰厚的资源和较大的规模等，依托这些优势再结合与商家签订的平台服务协议和制定的平台管理规则，可以对商家形成有效控制，大规模的平台对商家约束力就会更强。因此，平台应当与商家在利益共享的同时，更大程度地共担风险，在平台内经营者出现上述违法行为未采取必要措施时，平台经营者与平台内经营者承担连带责任。

（二）平台经营者"知道或者应当知道"平台内经营者有上述违法行为的认定

"知道"即：电子商务平台经营者知晓平台内经营者有销售的商品或提供的服务不符合保障人身、财产安全的要求或其他侵害了消费者合法权益两个违法行为之一。确认有不符合人身财产安全和其他侵害消费者合法权益的违法行为可以是在平台经营者履行相应的资格资质审核义务中发现的，也可以是在接到相关监管机构通知或消费者举报时知情。

"应当知道"即：法律上有依据的推断。平台经营者提供的商品或服务的性质不同，可能造成的危险程度的不同都会影响对平台经营者是否应当知晓的判断。平台经营者对上述违法行为的控制能力以及采取的相关管理行为，以及对同一平台内经营者（商家）重复违法行为的监管措施的应对，都可以推定出电子商务平台经营者是否应当知道。平台经营者知道或应当知道是承担连带责任的前提。故平台经营者承担责任需要有义务知道或属于其依常识或其专业能力应当知道的情况。电子商务平台经营者如前所述，在一定程度上与平台内经营者构成共同经营者。无论从合法合规审核义务、采取必要措施义务、平台内经营者资格资质审核义务、安全保障义务等，平台经营者都

---

〔1〕 参见全国人大财经委员会电子商务法起草组：《中华人民共和国电子商务法条文释义》，法律出版社 2018 年版，第 117 页。

有法定义务或便利的条件落实对消费者权益的保护。"知道或应当知道"是电子商务实践领域给予平台经营者的重要任务。

（三）电子商务平台经营者采取必要措施的含义

采取必要措施的义务分别来源于《中华人民共和国侵权责任法》（以下简称《侵权责任法》）第36条第3款、《中华人民共和国消费者权益保护法》（以下简称《消费者权益保护法》）第44条第2款、《中华人民共和国食品安全法》（以下简称《食品安全法》）第62条第2款。必要措施的具体内容可以参考《电子商务法》第42条规定。通过前后承接的法条不难得出，根据不同类型的商家，平台经营者所应采取的必要措施不尽相同。评判标准应当全面衡量各方主体利益，对采取必要措施这样的义务施加也给予一定的边界。电子商务平台经营者所应采取的"必要措施"是指电子商务平台经营者对平台内经营者采取删除、屏蔽、断开链接、暂时中止对该平台内经营者提供服务等限制交易、停止交易等足以控制违法行为和阻止损害发生的有效措施，还包括提醒消费者注意等附随义务。[1]法律规定在事件发生之前，有法律明文要求，平台经营者应当在法定范围内履行完毕。未履行或履行不到位之处，意味着未达到"必要措施"的程度。

二、平台经营者未履行资格资质审核义务、安全保障义务的民事责任

（一）不履行相关义务的认定

1. 资质资格审核义务

《电子商务法》第38条第2款规定确立了电子商务平台经营者对平台内经营者的资质资格审核义务，这里需要探讨几个问题：（1）本条规定的资质资格审核义务与本法第27条规定的行政许可信息审核涵义是否相同？第27条规定："电子商务平台经营者应当要求申请进入平台销售商品或者提供服务的经营者提交其身份、地址、联系方式、行政许可等真实信息，进行核验、登记，建立登记档案，并定期核验更新。"《电子商务法》第12条明确规定："电子商务经营者从事经营活动，依法需要取得相关行政许可的，应当依法取得行政许可。"此条文意味着在电子商务的领域明文规定了有些经营领域需要

---

〔1〕 参见全国人大财经委员会电子商务法起草组：《中华人民共和国电子商务法条文释义》，法律出版社2018年版，第118页。

取得行政许可。在需要取得行政许可的领域经营，因平台经营者对平台内经营者的资质资格审核义务，具体体现为对其应当取得的行政许可信息的审核义务。第27条中所规定的行政许可信息和第38条第2款规定的资质资格审核义务，笔者认为涵义基本一致。（2）资质资格审核义务的标准如何确定以及未履行资质资格审核义务如何认定？本条中的审核义务，是指电子商务平台经营者对进入平台的经营者资质、资格应当尽到审查、登记及定期核验的义务。具体包括两方面，第一是对申请进入平台的经营者的相关资质资格进行核验登记，第二是对平台内经营者的相关资质资格定期审核查实。笔者认为，此处的资格资质审核义务应当是实质上的审核，平台经营者要确保平台内经营者提供的信息是真实有效的，核验也意味着确保信息的真实有效性。所以平台应当采取必要措施，严格审查以确保信息真实有效，同时这种审查是持续的，要保证平台内经营者的信息是持续的真实，这就需要平台经营者定期进行核验更新，这实际也是对平台经营者的资格资质审核义务提了更高的要求。如果未履行对申请进入平台的经营者进行资格审查登记等实质上的审核义务，或者没有对已经入驻平台的平台内经营者的身份信息、资格资质定期审查核实，就可认定平台经营者未履行资格资质审核的义务。（3）事关消费者生命健康领域的商品和服务经营者的资质资格审核义务，和第27条包括的其他领域的资质资格审核义务，其要求的审核标准是否相同？第27条对平台经营者有严格的审核义务要求，笔者认为，在事关消费者生命健康的重要领域，资格资质的审核义务相较第27条的一般情况应当更加严格。同样以实质审查的标准来要求平台经营者，可以促使其积极履行审核义务，也有利于对消费者权益的切实保护。

2. 安全保障义务

安全保障义务的概念来源于《侵权责任法》第37条和《消费者权益保护法》第18条第2款。安全保障义务最早起源于德国判例法上的"交易安全义务"。在早期德国的判例中，该义务被称为"交通安全义务"，适用于解决公众往来的道路交通设备，如土地、道路、公园、桥梁等发生事故时的责任归属。随着社会发展和时代变迁，该义务的适用范围迅速扩大，适用于各种应当预防的社会危险，且不仅仅涉及公共交通安全，还包括私法交易安全。我国《侵权责任法》第37条确立了安全保障义务的适用范围，包括"宾馆、商场、银行、车站、娱乐场所等公共场所的管理人"与"群众性活动的组织者"。

　　《电子商务法》给电子商务平台经营者施加对消费者的安全保障义务的原因可以归纳为以下几点：（1）电子商务平台是伴随着互联网技术的发展，数字产品的繁荣，在线为用户或消费者提供产品和服务的媒介。电子交易成为主流的大趋势极大地节约了交易的成本，提高了交易效率，但同时也引发了很多传统商业模式中没有的风险和一些亟待规范的问题，比如假冒伪劣泛滥、索赔难度大、损失金额高、虚假宣传高发、诚信缺失、信用评价混乱等。时代的发展和科技的变迁为平台发展提供了良好的外部环境，但因技术革新也带来了一系列的问题，为消费者提供方便快捷的同时，消费者权益保护的需求变得更加突出。（2）电子商务平台的经营者相较于消费者个人有更强的预防和控制风险的能力。平台通常是企业或大型的公司，背后有强大的技术支持和资金积累，这是其预防和控制风险，解决问题纠纷的天然优势。而消费者通常情况下势单力薄，在面对陌生的行业或领域，因为缺乏相关专业技能或法律知识，权利极易受到侵犯。平台在商家与消费者的关系里处于相对居中的地位，平台通过与商家签订平台服务协议或设置平台管理规则等技术或法律手段来防范风险，从而可以切实对消费者权益的保护提供保障。（3）平台经营者在互联网时代运用新的商业模式获取暴利，平台经营者作为居中媒介以及一定程度上的共同经营者获取了巨大收益，收益共享就意味着风险共担。以最为熟悉的滴滴出行 APP 为例，消费者使用滴滴打车，接受司机提供出行运输服务的同时，也接受了滴滴平台为其提供的派单、支付方式和安全监督等保障服务。这是滴滴平台和司机的共同行为，让消费者享受到便捷的乘车服务，平台和商家也因此获得了相应的收益。所以平台经营者与平台内经营者收益共享的同时，也应当共担风险。

　　安全保障义务应当根据平台经营者类型的不同承担不同的责任。参照前文所述，平台经营者因其自身提供的产品或服务存在差异，应尽的安全保障义务自然有所不同，义务不同导致的责任也不尽相同。与此同时值得注意的是，安全保障义务也有一定的边界，义务并非无穷尽的。平台对关于生命健康的商品或服务承担安全保障的义务或责任，应当根据不同等级的风险而采取区别对待的态度。实际上，对于风险较大需要专门预估和制定规则的行业，法律已经另行规定。比如在关乎百姓日常餐饮的食品行业，关于身体健康的药品行业，关于出差旅行流动性强、人流量大的旅馆行业，都需要在具备一般营业执照之外，申请专门的行业许可证书。比如：《食品经营许可证》《特种行业许可证》《旅行社业务经营许可证》。这些行业需要在常规行业的基础上重新进行风险评估，根据其自身特点设立不同的审查准入门槛，这也与《电子商务法》第38条第2款中资格资质审查义务相对应。那么对于平台而言，安全保障义务所需要的程度就可以参照特殊行业的行政许可。根据行政许可设定的特殊行业，履行相应的专门告知或专门提示的义务。比如《中华人民共和国旅游法》（以下简称《旅游法》）第47条规定："经营高空、高速、水上、潜水、探险等高风险旅游项目，应当按照国家有关规定取得经营许可。"此时，平台经营者除了应当依法审查旅游项目经营者，也就是商家是否具备相关资格资质之外，还应当针对"高空、高速、水上、潜水、探险"这类预估风险高的项目对消费者进行再次提醒警示，如果没有尽到再次提示或在显著位置说明的义务，则承担相应的安全保障义务和相应的责任。这是根据商品或服务自身性质的不同引起义务与责任承担的不同。在《电子商务法》第38条第2款中，电商平台经营者的安全保障义务所保护的客体着重强调消费者的生命健康，给予平台经营者最严苛的义务。

安全保障义务的内容仅适用于那些关系消费者生命健康的商品或者服务。该义务的具体内容，应当在平台自身能力范围内，与平台的能力相匹配。例如平台经营者收到许多消费者举报，称其平台出售的某攀岩项目设备不完善，已经造成多名消费者受伤。虽然平台已经对该攀岩项目的商家履行了一般的线上资格资质审核，也能够准确提供经营者的地址和真实有效信息，但是在保护消费者生命健康的理念下，平台应该对提供这项攀岩活动的商家及时进行下线处理，或者通知商家再次对攀岩设施进行安全检测，以实现安全保障的义务。同时，平台对遭受损害的消费者的维权行为应该给予大力支持。反之，如果平台对消费者投诉置之不理，放任事态自行发展，导致更多购买攀岩项目的消费者发生人身损害，则平台要承担相应的责任。但是，此处平台应当承担责任的范围限于因平台未履行告知提示义务导致损害扩大的那一部分，不包括平台经营者接到投诉电话之前消费者受到的侵害，也不包括有些直接去攀岩活动商家的实体店购买服务而受到损害的消费者。在法律不强人所难的精神引导下，不能期待平台经营者主动巡视所有入驻其平台的商家保证其提供的商品或服务都符合安全保障的要求，也不能期待平台经营者随时随地发现所有商家提供的商品或服务的潜在风险，更不可能期待平台在发现潜在风险后派专人驻守在商家门口阻拦消费者的消费行为。最后，也不能期待平台对提供攀岩活动的商家进行强制停业整顿修改。法律没有赋予平台经营者这样的权利，也不可能要求平台经营者承担超出权力范围内的责任，那显然违背了权责统一的法律原则。因此《电子商务法》第38条第2款赋予平台经营者的安全保障义务是有边界的，是考虑到平台经营者线上化特点的，其权衡过平台经营者不是监督执法机构，只能在与自身能力相匹配的范围内履行义务，防止侵权行为的发生，保障消费者权益。

3. 不同类型平台的安全保障义务

互联网技术的繁荣伴随着不同类型平台的兴起。如2013年正式上线的美团外卖APP，作为典型的网上订餐平台，应当对入驻商家的资格资质进行严格审查，食品与消费者生命健康息息相关，对食品的保鲜技术、保温设备、存储装置都应当有规范的操作，保证食品在规定时间内准时送达。又如滴滴出行APP，作为一站式出行平台，滴滴出行改变了传统的打车模式，建立培养出移动互联网时代下引领的用户现代化出行方式。乘客不再需要路边拦车，而是利用移动互联网的特点，将线上与线下相融合，让司机师傅根据乘客目的地按照自身意愿"接单"，节约司机与乘客的沟通成本，降低空驶率。滴滴出行的优势显而易见，但高效便捷带来的风险也令人瞩目。与滴滴出行有关的侵权案件时有发生，且经常出现严重的暴力性犯罪，直接侵犯了乘客的生命健康权，性质极其严重，影响极其恶劣。这样的惨剧不仅仅让我们悲痛，也应该让我们更加警醒，对平台经营者应对乘客承担的安全保障义务进行深刻反思。根据《网络预约出租汽车经营服务管理暂行办法》，申请从事网约车经营的，应当具备线上线下服务能力。其中线上服务能力由企业注册地省级相关部门一次认定。滴滴出行事关消费者的出行安全，入驻平台营业的司机是否有驾驶证，该平台注册的网约车是否经过年检、是否人车一致、入驻检查是否到位、涉嫌侵权的是否妥善处理、司机封号后是否定期核验以防伪造身份信息继续经营、是否按时自查整改，滴滴出行事关出行安全，在一定程度上是公共安全的组成部分，平台经营者应当妥善尽到安全保障义务。再如链家APP，作为提供房产交易服务的平台，对于真房源数据，房屋信息真实性，也应当尽到起码的审核义务。如房源真假，是否真实存在，报价的合理性，是否存在不正当竞争。又如短期租房服务，平台对入驻的房源真实性是否应当实际检查，是否核实了房屋所有权证的真实有效性，核对证件登记人与实际出租人是否一致。住房作为个人私密空间，应对其出租房屋的安全性和真实性进行审核。由上述三个不同类型的平台经营者的例子中可以看出,对于安全保障义务不可一概而论。

(二) 不履行相关义务应承担的责任

1. 造成消费者损害如何理解

消费者的损害包括人身权利的损害和财产权利的损害。消费者在购买、使用商品和接受服务时享有人身、财产安全不受损害的权利。这里的消费者权利的损害,不仅包括实际发生的损害,还包括可能危及人体健康或人身、财产安全的损害。比如所销售的商品或者提供的服务应当符合相关的国家标准或者行业标准,在没有国家标准或行业标准时提供的产品或服务应当符合保证人体健康和人身、财产安全的要求。对可能危及人体健康和人身财产安全的商品或服务应当向消费者作出真实说明和警示,并说明或标明正确使用商品或接受服务的方法以及防止危害发生的方法。发现提供的商品或服务存在严重缺陷的,即使消费者采用正确使用方法仍可能导致危害的,要及时告知,并采取切实可行的措施。[1]如果平台内经营者销售的商品或提供的服务不符合上述要求,都是有可能在不同程度上侵害消费者权益,造成消费者损害的。

2. 承担相应责任如何理解

《电子商务法》第38条第2款的相应责任的表述很受争议。从发布的三次、四次审议稿看出,平台未履行资格资质审核义务和安全保障义务责任的认定经历了从“连带责任”到“相应的补充责任”,最后到“相应责任”这样的变化。在实践中,电子商务平台经营者未履行资质资格审核义务和对消费者的安全保障义务的情况比较复杂,应遵循“具体问题、具体分析;具体案例、具体解决”的原则,根据实际情形依法来具体认定其相应的法律责任。从民事责任来看,相应责任包括连带责任、补充责任、按份责任等。同时,相应责任还超越了民事责任的范畴,包括民事责任,也包括行政责任和刑事责任。当然,如果此处的相应责任属于特别法规定的情形,应当适用专门规定。如当平台经营者为网络食品交易第三方平台时,依照特别法优于一般法的原则,应依照《食品安全法》第131条第1款确定其法律责任。当平台经营者未尽到上述义务,且不属于特别法规定的情形时,应当按照《侵权责任

---

[1] 参见全国人大财经委员会电子商务法起草组:《中华人民共和国电子商务法条文释义》,法律出版社2018年版,第117页。

法》等法律，构成共同侵权的，应与平台内经营者承担连带责任。如果不构成共同侵权的，可以适用《侵权责任法》第 37 条第 2 款的规定，由平台经营者承担相应的补充责任。如果电子商务平台经营者作出比法律规定更有利于消费者的承诺，则应依照承诺承担责任。需要特别说明的是，确定平台经营者的相应责任，应结合本法其他条款与相关的法律法规确定。

三、平台经营者责任限度的延伸思考

确定电子商务平台经营者的审核义务、安全保障义务及相应法律责任，能推动电子商务平台经营者积极审慎地履行对平台内经营者的审核义务，也能够促进电子商务平台经营者加强对平台内有关商品和服务的监控。《电子商务法》第 38 条的规定有利于加强对消费者权益的保护，本条两款中，电子商务平台经营者的过错均源于不作为或者作为不充分、不到位。对于主观过错的表现形式和责任承担的形式，两款规定不尽相同。第 1 款电子商务平台经营者的主观过错是"知道或应当知道"，且又未采取必要措施，这是事后责任，承担责任的形式是连带责任。而第 2 款，电子商务平台经营者的主观过错是未尽审核或者安全保障义务，这是事前责任，承担责任的形式是相应的责任。"相应的责任"可以由司法解释或者行政法规等予以进一步明确。

电子商务经营者作为新兴市场主体，需要在立法实践中不断完善其权利、义务和责任的规范。特别是如何处理平台与消费者的关系、平台与平台内经营者的关系、平台与相关权利人的关系等，都需要立法不断地探索、研究和解决。我们在为平台经营者设定资格资质审查义务、安全保障义务的同时，也应对其责任限度进行思考。刘权教授在"互联网规制与治理的法律问题"研讨会上就"电商平台的公共性及其责任"作的主题报告认为平台治理行为除了关注自身利益外，更关注用户的权益。平台在交易规则制定、市场主体认证、规范卖家经营、保障买家权益、交易担保、信用评价、纠纷解决等诸多方面，都承担着越来越多的约定与法定的公共职能，这些公共职能随着平台规模的不断扩大而具有日益增强的公共性。因此，平台就像一个"小政府"或"小国家"。由于平台实际上掌握着巨大的"准立法"的"权力"，对于平台规则的订立、改变和废止有很大的单方意志。因此，尽管平台治理权属于私权力，但由于平台治理行为会涉及不特定的很多公众的利益，应承认平台具有公共性，而且随着平台规模的不断扩大，平台公共性的影响也会随之扩

大。因此，平台除了承担法定责任外，还要承担道德社会责任，平台应当主动承担道德义务，积极促进社会公共利益，努力实现利润目标与公共目标之间的均衡。

对于刘权老师的观点笔者并不完全赞同。首先应当肯定在交易规则制定、市场主体认证、规范卖家经营、保障买家权益、交易担保、信用评价、纠纷解决等方面，平台有着不可推卸的责任，电子商务法也有相应的法律规范对其进行规制。虽然平台经营者相较于平台内经营者或者消费者处于强势地位，有风险预估和防范的能力，但这并不等于平台经营者是公共服务企业，其更不是公共服务部门。平台经营者本质上是私人企业，商人的天性是逐利，是以营利为目的的。鉴于平台经营者有预防风险能力、有与商家协商对话和一定程度上制约的能力，电子商务法赋予了商家连带责任，与平台经营者自身能力相匹配的责任承担。这是法定的责任，但如果主观地将平台经营者认为是公共服务企业或是监督监管机构，要求其承担道德社会责任，就违背了立法的初衷，违背了促进电子商务发展的原则，违背了商法意思自治的理念。在遵循强制性法律规定的前提下，电子商务法应当给予平台经营者、平台内经营者意思自治的空间和逐利的空间。电子商务活动是典型的多边市场，参与方有平台、商家、用户等。从商业模式的角度看，平台参与方的多样化和结构化是利好趋势，严格注意平台经营者承担连带责任或相应责任的边界，不赋予平台经营者过重的责任，否则将会适得其反地会束缚电子商务活动的繁荣和交易的活跃程度。立法者将平台是否尽到了审核义务、安全保障义务的判断标准授予了法院，模糊规定责任的承担，个案具体分析的确认工作交给司法实践，对个案中平台经营者责任的承担持谨慎的态度，笔者认为是有利于促进电子商务市场的长远发展的。

公司法专题

有限责任公司股东除名:立法目的与制度实现

段　威　潘英石*

一、问题的引出：何谓股东除名？[1]

2005 年 10 月，江苏省镇江市某化工集团公司（简称化工集团）为了公司的增资扩股，经研究决定成立一家投资有限公司（简称投资公司），规定由化工集团的经营层及中层干部出资设立。同月 16 日，投资公司出台了《股东共同投资协议书》，规定：公司股东仅为化工集团经营层及中层干部，股东退休前因被免职不担任化工集团中层干部时必须对所持股权进行转让；转让对象为化工集团的主要经营者；5 年内发生转让的价格按当初出资额加银行同期同档存款利息；股权转让后由公司将受让人的名称或者姓名、住所或地址及受让的出资额记载于股东名册，公司应当及时撤换或采用背书方式变更出资证明书。当时，股东刘文斌为化工集团下属子公司的一名经理。2005 年 11 月 14 日，公司的股东又签订了《公司章程》，《公司章程》作了与《股东共同投

---

　* 段威，中央民族大学法学院教授；潘英石，中央民族大学法学院硕士研究生。
　〔1〕 有学者正确地指出，股东除名是适合于有限责任公司本质的法律规则，不适于引入股份有限公司制度，参见叶林："公司股东出资义务研究"，载《河南社会科学》2008 年第 4 期。本文亦仅在有限责任公司下探讨股东除名问题。

资协议书》相同的约定。2006年8月18日，化工集团经研究认为刘文斌不再适合担任领导职务，遂作出了解除刘文斌职务聘用的决定。后，关于刘文斌应否按照《公司章程》《股东共同投资协议书》的规定，将其股权予以转让，发生争议。诉讼中，江苏省镇江市京口区法院认为：有限公司具有人合性和封闭性，在不违反诚实信用原则的前提下，法律并不否认除名条款的效力，判决刘文斌须依《公司章程》《股东共同投资协议书》的规定将其股权予以转让。法官指出，"除名条款"，是指开除股东，或称为股东除名，实质为通过强制转让股东全部股份的方式取消股东资格，强迫股东退出公司的一种行为。[1]

该案判决结果应值肯定，将"股东于特定情形发生时须将其股权予以转让"认定为"除名条款"似显有谬。一般认为，股东除名系指公司基于特定事由，通过决议并以诉讼的方式将特定股东开除出公司。与其他有限责任公司股东退出途径相较，其具有如下特点：

其一，单方强制。如学者所言，股东除名与股权强制收买都表现为强制性，但是强制性的方向不同。股东除名是公司对股东的强制，而股权强制收买则是股东对公司或其他股东的强制。[2]即，公司无视股东意愿（无论其同意与否）将其自公司开除，此与股东间依意思自治进行协商达成合意（无论事先或事后），显有不同。

其二，事后启动。与股东间就股权转让的条件、时间、价格协商达成合意即可发生相应法律效果不同，股东除名，须由公司于特定事由发生后，另行启动相应的作出股东会决议、提起诉讼等程序，方能达到预期的除名效果。

其三，程序严格。尽管有论者区分除名事由系由法律明文规定抑或公司章程约定，认为前者除名决议无需法院判决，后者则需经法院判决决定最终是否生效。[3]唯股东除名对公司、被除名股东及其他股东影响至深，且即使

---

〔1〕 参见史友兴："'除名条款'引发的股权之争"，载《中国审判》2008年第12期。

〔2〕 参见刘炳荣："论有限责任公司股东除名"，载柳经纬主编：《厦门大学法律评论》2005年第1期。

〔3〕 参见郝磊："公司股东除名制度适用中的法律问题研究"，载《法律适用》2012年第8期；冯佰权："构建我国股东除名制度的几点思考"，载《市场周刊（理论研究）》2012年第9期。

法律明文规定的除名事由亦难谓即无争议，[1]因此股东除名仍需经过股东会决议、法院裁判的严格程序，如此才能对当事各方关系进行公正、妥当的调整与规制。

基此，前引案例中《股东共同投资协议书》《公司章程》关于"股东退休前因被免职不担任化工集团中层干部时必须对所持股权进行转让"等约定，与股东除名的特点并不相符，似更应认定为附生效条件的股权转让合意，贸然认定为"除名条款"，不仅可能造成相关法学理论及制度的混乱，亦可能在事实认定及法律适用方面产生偏差乃至错误，给当事人带来不应有的损害，此点尤需引起关注。

二、股东除名的立法目的

（一）维系股东间紧密关系的本质需要

有学者曾正确地指出，"在有限责任公司里，股东的个人人格仍然起着某种作用"[2]。该结论源于对有限责任公司本质特征的准确判断，历史上的有限责任公司脱胎于人合性经济组织，该类组织内部成员（后转化为有限责任公司股东）之间具有一种非常紧密的、表现为信任与合作而非完全商业化的私人关系，该种关系的存在与维系对于有限责任公司的成立、发展具有决定性的意义。换言之，有限责任公司最初的成立，往往可能正是基于股东对相互间特定的身份地位、专业的知识技能、丰富的实践经验、特殊的社会资源等因素的信赖，该种信赖的存在，使得在有限责任公司成立初期，全体股东能够"同心同德""齐心协力"地经营并发展公司事业，股东直接或间接地对公司事务的"共同参与"机制可以使股东"资源共享、集思广益"，这是有限责任公司的一个重要优势。

然而，随着公司的不断发展，无论是公司内的经营规模、组织结构等，

---

〔1〕 如有学者即认为，虽然《最高人民法院关于适用〈中华人民共和国公司法〉若干问题的规定（三）》第 12 条以列举的方式详细地规定了"抽逃出资"的几种情况，但是由公司自己认定某股东是否"抽逃全部出资"既不客观也缺乏正当性。在有限责任公司以股东"抽逃全部出资"为由而意欲召开"股东除名"的股东会的场合下，有必要事先提起一个确认之诉，确认某股东"抽逃全部出资"的事实。参见蒋琪、秦增光："首例股东除名制之争"，载《法人》2012 年第 11 期。

〔2〕 参见［法］伊夫·居荣：《法国商法》（第 1 卷），罗结珍、赵海峰译，法律出版社 2004 年版，第 556 页。

还是公司外的行业环境、商业背景等，都可能发生各种变化。此时，或者因为股东间经营思路出现分歧，或者因为股东间利益分配发生失衡，股东间原有的那种"同心同德"与"齐心协力"转变为"离心离德"与"貌合神离"，股东间更多的是怀疑、排挤、拆台，"共同参与"机制再也不像以前那样发挥积极作用，反而由优势转变为阻碍有限责任公司发展的桎梏。正如有学者形象而深刻地指出，"家人反目后的相互间下手更狠，这是众所周知的；而封闭公司像是培植细菌的器皿，极易滋生出形形色色的仇恨、贪婪和奸诈"〔1〕。在此种情况下，赋予公司（其他股东）基于法律规定或公司章程约定的重大事由，将只会给公司及其他股东制造麻烦、带来不利影响的特定股东开除出公司，即确立股东除名制度，可有效地维系股东间"同心同德""齐心协力""精诚合作"的紧密关系，维系有限责任公司本质所需要的人合性，并最终维护公司继续存在的价值和对公司有所贡献的股东的利益。也正基于此，德国最高法院将其理论建立在所有商事关系中的公正的基础上，以及重大事由（wichtige grund）和诚实信用的原则条款上。驱赶股东离开有限责任公司的法律机理是，《德国民法典》和《德国商法典》中的原则所规定的重大理由（substantial basis），如果重大事由出现，法律关系的存在给当事人造成极大的损害，则这种关系应被终止。〔2〕

（二）惩治股东义务违反者的特定需要

尽管我国有学者认为，"从本质上来看，信义义务强调受托人为了受益人最大利益而行为，因此是一种利他性的义务，这并不适合股东之间的关系，因此将信义义务原则扩展至调整股东之间的关系是一个美丽的错误"〔3〕。但是，有限责任公司特殊的本质特征决定了股东的地位与典型资合公司——股份有限公司的股东的法律地位有所不同，其中非常重要的一点，即是有限责任公司股东承担信义义务或忠诚义务，此点受到英美法系国家和大陆法系国家的一致肯定。英美法院同意在封闭公司中的股东应当承担高于公开公司股

---

〔1〕 参见朱伟一：《美国公司法判例解析》，中国法制出版社 2000 年版，第 223 页。

〔2〕 Scogin, Hugh T. Jr., "Withdrawal and Expulsion in Germany: A Comparative Perspective on the 'Close Corporation Problem'", *Michigan Journal of International Law*, 15 (1993), p. 153~159.

〔3〕 参见范世乾：《控制股东滥用控制权行为的法律规制：中国公司法相关制度的构建》，法律出版社 2010 年版，第 12 页。

东的诚信义务，[1]认为闭锁性公司（a close corporation）股东相互间承担如同合伙（a partnership）中合伙人间须承担的信义义务（fiduciary duties），这种义务包括最大程度的善意和忠实（the utmost good faith and loyalty），而且多数派股东和少数派股东均须承担。[2]在麻萨诸塞州最高法院的判决中，美国法官清楚表达了这一理念，"我们认为：在闭锁公司中，股东之间所负的信义义务同合伙企业的合伙人之间的信义义务是相通的。在先前的判决中，我们将合伙人之间的责任定义为'最大诚信和忠实'。闭锁公司中的股东应当根据严格的诚信标准起诉在执行公司事务时没有履行诚信义务的股东。这些股东没有履行诚信义务可能是为了私利而侵害了其他股东和公司的利益"[3]。

德国联邦最高法院曾多次指出，有限责任公司的股东不仅在与作为团体的公司的关系上，而且在股东间的相互关系上，须履行合伙法上的忠实义务。[4]德国学者亦认为，"股东义务的设计构建是与有限责任公司的基本类型相对应的，……它们比在股份法中广泛"[5]，有限责任公司股东一般还要承担忠诚义务，其一般表述是：忠实地对待公司，积极促进公司目标的实现，并避免给公司造成损失。有限责任公司股东的忠诚义务所针对的不仅是作为法人的有限责任公司，而且还针对其他的股东。并且，"股东忠诚义务的内容和范围是依具体情况而定的。主要考虑的不是公司的法律形式，而是公司的真正结构。……管理公司业务的股东所承担的忠诚义务，也要大于不管理公司义务的股东。与此相适应，多数股东和少数股东所应承担的忠诚义务也是不同的。一方面，在占支配地位的股东根据其所拥有的多数票数进行决策时，必须考虑到少数股东的利益；另一方面，少数股东也不能没有充分的理由，就阻拦由多数票数所作出的决定"[6]。

---

〔1〕 参见〔美〕史蒂文·L·伊曼纽尔：《公司法》（影印本），中信出版社2003年版，第162页。

〔2〕 Donahue, 328 N. E. 2d at 515. See Julian Javier Garza, Rethinking Corporate Governance："the Role of Minority Shareholder——A Comparative Study", *St. Mary's Law Journal*, 31（2000），p. 620.

〔3〕 Douglas K. Moll, "Shareholder Oppression & Reasonable Expectations：of Change, Gifts, and Inheritances in Close Corporation Disputes", *Minnesota Law Review*, 86（2002），p. 717.

〔4〕 参见〔德〕卡尔·拉伦茨：《德国民法通论》（上册），王晓晔等译，法律出版社2013年版，第190页。

〔5〕 参见〔德〕格茨·怀克、克里斯蒂娜·温德比西勒：《德国公司法》，殷盛译，法律出版社2010年版，第351页。

〔6〕 参见〔德〕托马斯·莱塞尔、吕迪格·法伊尔：《德国资合公司法》，高旭军等译，法律出版社2005年版，第471~473页。

同时需注意的是，正如学者所指出的那样，"与股份有限公司不同，有限责任公司的股东除了必须履行缴纳出资的义务外，也可以通过公司合同的规定让股东承担任何其他义务，对此没有任何限制。这种类型的附属义务非常常见，它们反映了有限责任公司的人合特点，即股东与公司之间的法律关系常常并不局限于资本的参与"〔1〕。有限责任公司股东的义务，亦可以由当事人通过多种方式进行约定，这正是有限责任公司人合性的反映，是与有限责任公司股东间紧密的信任与合作关系、在公司运营中发挥重大作用的自由协商机制相伴而生的必然结果。

足见，有限责任公司股东的义务具有来源多样性的特点，既可能来源于有限责任公司的本质特征，也可能来源于法律法规的明确规定，还可能来源于股东间多种方式的自愿约定；同时，有限责任公司股东义务还有内容复杂性的特点，其原因即在于股东之间关系的多种多样、股东地位的相互差异、公司发展情况的千变万化等因素。由此，也决定了股东违法义务的情形也各有不同，对于严重违反股东义务者，将其自公司中开除出去，无疑有利于惩治义务违反者，同时对于公司及其他股东也是一个很好的交代。

（三）剔除公司内异己分子的客观需要

众所周知，任何团体或组织的初始设立及其后的兴旺发达，均依赖于该团体或组织成员间具有"合"的关系。唯有具有"合"的关系，成员间才能形成人力、物力、财力的资源共享与有效整合，才能使成员"心往一处想、劲往一处使、物往一处用"，最大限度地发挥各自资源整合起来的效用。此点对于有限责任公司来讲，尤其明显。"信任理解、同心同德"无疑有助于有限责任公司的发展壮大；"怀疑猜忌、离心离德"也必将影响有限责任公司的存亡命运。因此，"异己分子"的存在，必将影响公司股东间信任合作关系的建立，必将影响或破坏公司的健康发展；剔除"异己分子"，自然亦是维持公司股东间信任合作关系、保证公司健康发展的客观需要。

但正如有学者正确指出，"公司是由异质性亚利益群体组合而成的团体，各利益群体的利益冲突是公司制度必须正视的现实，不能妥善平衡与整合异质性利益群体的不同利益诉求恰恰是多数决这一冲突的政治解决渠道内生的

---

〔1〕 参见［德］托马斯·莱塞尔、吕迪格·法伊尔：《德国资合公司法》，高旭军等译，法律出版社 2005 年版，第 468 页。

局限性"[1]。即使有限责任公司的本质特征先天地决定了公司设立时股东之间必然具有紧密的信任合作关系，但有限责任公司股东之间仍客观存在不同的利益诉求。同时，随着公司的不断发展，一方面正常的经营理念、管理模式等的分歧无可避免，另一方面不正常地滥用权力、侵害公司及其他股东利益的违法行为也与日俱增。一旦分歧不能得到有效沟通与解决、违法不能得到有效遏制与惩罚，公司将丧失其存在与发展的基础。美国的调查研究报告即指出，股东之间产生纠纷往往是有限责任公司面临的最为麻烦与最具有毁灭性的问题，股东之间出现纠纷容易延误公司经营时机、增加公司的经营成本，特别是容易导致公司经营的失败。这种现象不仅在美国特别常见，欧盟国家的有限责任公司组织形式也同样面临这一问题。[2]

正如有学者所言，"相对于其他私法，公司法以此而体现其特性，即它首先不是以保护和满足单个人的个人利益（个体利益）为目的，而是调整多个人的共同利益"[3]。在"个别分子"与"多数股东"发生利益冲突时，法律应依据不同情况提供适当的解决办法。比较而言，退股从股东自身出发提供了一种自愿、主动地与公司及其他股东脱离关系的渠道；除名则从另一个角度赋予公司及其他股东将只会给公司带来不利影响的股东开除出公司的权利，以消除"异己分子"已经或可能带来的负面影响，维持股东间"信任理解、同心同德"的"合"的关系。正基于此，我国有学者指出，股东除名制度肇端于公司可能解散而不被解散的一种替代途径。[4]德国也有学者认为，"若除了通过解散公司，没有更好的办法来解决当事人之间的利益冲突，而又不希望解散公司，因为其余股东还想继续经营公司的业务，那么退出或者开除可以看成是解决问题的最后手段"[5]。

---

〔1〕 参见蔡立东：《公司自治论》，北京大学出版社 2006 年版，第 160 页。

〔2〕 Sandra K. Miller, "Minority Shareholder Oppression in the Private Company in the European Community: A Comparative Analysis of the German, United Kingdom, and French 'Close Corporation Problem'", *Cornell International Law Journal*, 30 (1997), p. 37.

〔3〕 参见［德］格茨·怀克、克里斯蒂娜·温德比西勒：《德国公司法》，殷盛译，法律出版社 2010 年版，第 3 页。

〔4〕 参见赵德勇："论公司除名制度中的事由界定——兼评《公司法解释三》第 17 条"，载《求是学刊》2015 年第 3 期。

〔5〕 参见［德］托马斯·莱塞尔、吕迪格·法伊尔：《德国资合公司法》，高旭军等译，法律出版社 2005 年版，第 517 页。

三、股东除名的前提条件

（一）须存在重大事由

除名是对股东资格的剥夺，必将对股东切身利益产生重要影响，故须以存在重大事由为必要前提。其中主要有三点需要说明：

其一，该重大事由一般必须存在于被除名股东自身。可列举的除名事由有：财产关系不明和不正常的资金往来、有挥霍浪费的嗜好、长期重病、失去了合同中规定成为股东的前提条件、拒绝履行章程规定的合作义务、严重违反义务尤其违反诚信义务、购股时欺骗公司的行为、犯罪行为、损害公司经营和违反竞争规则的行为、不正当的损害其他股东名誉的言论等。[1]我国亦有学者认为，"如果寻求开除，寻求开除另一个股东的当事人可能是基于与股东有关的个人因素或者基于股东的行为。年龄高、长期生病或者精神失常都可以作为确保开除的个人因素。还有许多行为也可以正当化开除。受到侵害的当事人可以主张股东具有紊乱的财务环境，缺乏可信性或者信用，或者失去了章程要求的个人资格。如果股东怠于履行职责，违反信任，造成不可治愈的分歧，或者作出不适当的性示爱，可以寻求开除"[2]。"在股东严重损害公司利益的情况下，依照公司与股东之间存在合同关系的观念，似乎不宜排除公司实施股东除名。"[3]另外，"如果股东之间已经不具备基本的信任关系，而且相互之间的关系已经糟糕到不可调解的程度，也是开除股东的一个重要理由"[4]。可见，除名的事由既包括股东的个人道德品质、身体健康状况等纯粹个人原因；还包括股东严重的违反义务行为，无论该义务源于法律明确规定，还是源于当事人事先约定；还包括股东与其他股东之间严重的分歧、怀疑、猜忌等与有限责任公司本质要求不相符的关系。只要以上因素导致其不再适合保留股东资格，即满足除名的事由。

其二，该重大事由并不必然要求被除名股东存在过失或违反义务行为。

---

[1] 参见［德］托马斯·莱塞尔、吕迪格·法伊尔：《德国资合公司法》，高旭军等译，法律出版社2005年版，第520页。

[2] 参见范世乾：《控制股东滥用控制权行为的法律规制：中国公司法相关制度的构建》，法律出版社2010年版，第344页。

[3] 参见叶林主编：《公司法原理与案例教程》，中国人民大学出版社2010年版，第327页。

[4] 参见［德］托马斯·莱塞尔、吕迪格·法伊尔：《德国资合公司法》，高旭军等译，法律出版社2005年版，第520页。

尽管有学者认为，股东除名系将违反义务的股东强制退出公司，[1]过错方显然是被除名的股东。[2]实际上，除名的原因包括股东年老体弱、丧失特定资格或身份等致使其不再适合保留股东资格的一切事实，而不仅是对股东过失的一种惩罚。但亦有学者认为，有限责任公司股东除名须有正当理由，从有限责任公司的契约性质出发，它要求被除名股东存在根本违约行为，其中一个具体条件是，被除名股东须知，而且一个同等资格通情达理的人处于相同情况下也须知会发生根本违约的结果。将被除名股东须知或应当须知作为"根本违约"的构成条件，将"虽然被除名股东的违约行为，已经实际剥夺了其他股东的合理预期，但这并非其故意或恶意所致"排斥在外，有利于巩固股东间信任与合作关系。[3]实际上，正如学者正确指出的那样，"过错虽然不是必要的前提条件，但也是人们考虑开除的一个重要因素"[4]。一般情况下，在发生股东并不存在过错之重大事由情况下，当事各方往往能够对该股东退出公司达成协议，而无需采取除名这种极端的措施；而一旦当事各方达不成协议，尤其是在公司及其他股东提供之对价条件等确属合理的情况下，不同意退出公司的股东即存在过错，此时自可对其予以除名。

其三，鉴于有限责任公司鲜明的人合性、自治性特征，该重大事由可由法律明确规定，亦可由公司章程等内部自治性文件特别约定。立法对重大事由作出明确规定自无不可，在我国学界不懈呼吁下，2011 年 2 月 16 日《最高人民法院关于适用〈中华人民共和国公司法〉若干问题的规定（三）》（以下简称《公司法司法解释三》）第 18 条第 1 款对此作出了规定。但是，一方面，该规定明显存在适用范围过窄之弊端，有学者即明确指出，"《公司法司法解释三》规定了瑕疵出资情形下的股东除名制度，但这并不是需要救济的重点"[5]。另一方面，该规定对公司章程可否作出相关安排，则未予明确。在

---

〔1〕 参见刘炳荣："论有限责任公司股东除名"，载《厦门大学法律评论》2005 年第 1 辑；郝磊："公司股东除名制度适用中的法律问题研究"，载《法律适用》2012 年第 8 期；徐子良等："对未出资股东除名决议的表决权排除规则适用"，载《人民司法》2015 年第 12 期。

〔2〕 参见张海："论有限责任公司股东的退出和除名"，载《公司法律评论》2006 年第 00 期。

〔3〕 参见吴德成："论有限责任公司股东的除名"，载《西南民族大学学报（人文社科版）》2005 年第 9 期。

〔4〕 参见［德］托马斯·莱塞尔、吕迪格·法伊尔：《德国资合公司法》，高旭军等译，法律出版社 2005 年版，第 520 页。

〔5〕 参见胡田野：《公司法律裁判》，法律出版社 2012 年版，第 318 页。

德国，在以人合性设立的和以全体股东之间的合作为基础的有限责任公司中，公司章程可以规定将股东不再参与合作作为强制注销股份的重要事由；[1]学者同时认为"在条款中要说明回收的理由，精确地界定这些理由是控制公司股东结构的一个最重要的手段"[2]。据学者考证，德国公司实务上，有限责任公司章程中记载有除名规定者，存在着高达90%的比例。[3]我国学者对此存在意见分歧，有学者认为在尚无明确法律依据的情况下，不宜在其他情形下适用股东除名制度；[4]另有学者则认为章程将个性化的除名事由预先列明，既可以给股东带来明确的预期，也可以避免在未作约定时对除名事由是否属于"重大事由"而发生争议；[5]还有学者在认可公司章程可对除名事由作出约定的同时，认为公司章程对除名事由的设计是一种有限的意思自治，须对除名事项明确进行规定，并应当在适用条件上作狭义解释，以防止该制度被滥用。[6]我国司法部门的主流意见亦是，"由于这种解除股东资格的方式较其他救济方式更为严厉，也更具有终局性，所以应当将其限定在股东未履行出资义务或者抽逃全部出资的情形"[7]。实际上，如学者所言，"公司章程不拘一格的设计为公司的多样化创造了条件；公司章程成为股东自治的一个舞台，并通过章程的事前安排为股东自治提供依据和保障"[8]。我国日后修法应赋予公司章程等内部自治性文件一定的自治空间。

须注意的是，无论是法律明确规定，还是内部自治性文件特别约定，皆不可能穷举导致股东除名之所有重大事由，换言之，都不能排斥法院基于个案情况根据法律和内部自治性文件明确规定之外的重大事由支持股东除名的请求。同时，公司章程等自治性文件自然可依据私法自治原则自行约定重大

[1] 参见王东光：《股东退出法律制度研究》，北京大学出版社2010年版，第168页。

[2] 参见［德］托马斯·莱塞尔、吕迪格·法伊尔：《德国资合公司法》，高旭军等译，法律出版社2005年版，第511页。

[3] 参见杨君仁：《有限公司股东退股与除名》，台湾神州图书出版有限公司2000年版，第120页。

[4] 参见郝磊："公司股东除名制度适用中的法律问题研究"，载《法律适用》2012年第8期。

[5] 参见李建伟："有限责任公司的股东除名制度研究"，载《法学评论》2015年第2期。

[6] 参见张海："论有限责任公司股东的退出和除名"，载《公司法律评论》2006年第00期；焦慧君："有限责任公司股东除名制度的构想"，载《管理工程师》2010年第3期；徐翔："论有限责任公司股东除名规则的基本构造"，载《研究生法学》2011年第3期。

[7] 参见宋晓明等："《关于适用公司法若干问题的规定（三）》的理解与适用"，载《人民司法》2011年第5期。

[8] 参见常健："论公司章程的功能及其发展趋势"，载《法学家》2011年第2期。

事由的事项，但是，其必须受法律强行性规定、股东平等原则、诚信原则等的限制，并须接受法院的事后个案审查。重大事由司法考察与认定的重点，"应当是关乎公司目的的实现、对公司的继续存在与正常经营、对股东之间信任关系的维持、对公司利益的维护等企业和股东重要利益有重要影响的因素"〔1〕。同时，本文赞同论者的以下观点：有必要以公司的"大小"来区分除名规则的适用，在审判活动中，小公司除名规则的适用上应当充分考虑公司人合性要素，除名规则适用条件比大规模公司宽松。〔2〕

（二）须为最后之手段

如前述，股东除名一方面导致特定股东之股东资格的丧失，从而影响有限责任公司股东结构、股权结构的变化；另一方面一般要求向该股东支付其股权的对价，亦将影响有限责任公司的资产状况、资本结构，并最终影响公司的信誉基础、清偿能力，以及公司债权人债权的实现等。同时，在除名过程中，被除名股东之股东资格的丧失往往皆是违背其意志的结果，因此往往带有一定的"惩罚"色彩。足见，股东除名一方面存在与私法意思自治理念相违之嫌疑，另一方面对被除名股东的身份利益与财产利益影响甚巨，必须谨慎为之。因此，如果存在其他较为良性的替代解决办法，如要求股东矫正其违法行为、向公司或其他股东承担损害赔偿责任、通过协商将该股东股权进行转让等，即不得将股东除名。实际上，这也对公司及其他股东提出了一项重要的程序性要求，即在发生重大事由、可适用股东除名之前，一般应在合理程度上尽可能寻求良性替代解决办法，以避免股东除名可能给当事各方带来的过激影响。有学者即认为，"股东除名的前置程序表现为一种通知程序。首先，公司应将股东不履行义务、损害公司利益、违反章程约定等即将适用除名的具体情形告知股东，并需忍耐股东在合理的宽限期限内努力消除该情形；同时，在该通知中公司还应告知该股东不按期消除该情形的后果及其享有向公司解释、申辩的权利"〔3〕。当然，情势紧急、可能给公司及其他股东带来重大损失等须立即启动股东除名程序的情形除外。

---

〔1〕 参见王东光：《股东退出法律制度研究》，北京大学出版社 2010 年版，第 167 页。

〔2〕 参见丁俊峰："股东除名的裁判路径：从理论到实践的嬗变"，载《山东审判》2008 年第5 期。

〔3〕 参见李建伟："有限责任公司的股东除名制度研究"，载《法学评论》2015 年第 2 期。

四、股东除名的程序设计

(一) 须公司作出除名决议

除名作为一种"极端措施",需经公司采取决议的方式作出除名决定,以体现"大多数人的意愿",并最终实现制度目的。我国《公司法司法解释三》第17条仅规定"公司以股东会决议"解除股东资格,至于该"股东会会议"如何召集并召开,"股东会决议"应如何作出,被除名股东是否需要回避以及其是否有相应的保障措施,则缺乏任何规定,确属立法之疏漏。析言之,公司作出股东除名决议,需注意如下问题:

其一,股东会议的召开。除名是公司基于特定事由将特定股东开除出公司,而非其他股东将特定股东开除,故应召开股东会议。若股东会议能依照法律规定及章程约定正常召开自无问题,此时,一方面,依学者意见,若章程事先没有约定,享有表决权的应当是已经履行出资义务完毕的股东。[1]唯依《中华人民共和国公司法》(以下简称《公司法》)第42条规定,在公司章程中未作相关约定的情况下,似不存在将表决权限定于出资义务履行完毕之股东的充分理由。另一方面,依表决权排除法理,被除名股东对该除名决议具有利害关系,应予回避。但是,为保障"股东除名决议"的公正性,维护被除名股东的合法权益,在表决之前应给予其适当的机会,使其对于指控有所申辩。[2]若股东会议未能依照法律规定及章程约定正常召开,一方面,应允许股东就除名事宜请求召集股东会议或于股东会议上提交相关议案,有论者认为不应对启动股东除名规则的股东作出持股份额的限制,[3]鉴于股东除名立法目的及《公司法》相关规定,"代表1/10以上表决权的股东"的要求似乎并不会对该制度的适用造成阻碍。

其二,除名决议的通过,因涉及被除名股东身份资格的被强制剥夺,涉及公司"人"与"物"两方面的重大变化,为彰显其严肃性与庄重性,该决议应以超过简单多数表决权同意通过。如在德国,尽管也有一些学者认为简

---

[1] 参见蒋琪、秦增光:"首例股东除名制之争",载《法人》2012年第11期。

[2] 参见吴德成:"论有限责任公司股东的除名",载《西南民族大学学报(人文社科版)》2005年第9期;郝磊:"公司股东除名制度适用中的法律问题研究",载《法律适用》2012年第8期。

[3] 参见徐翔:"论有限责任公司股东除名规则的基本构造",载《研究生法学》2011年第3期。

单多数即可，[1]但是"由于和解散的情况相似，联邦最高法院要求：开除一名股东的决议也需要 3/4 以上的多数通过才是有效的"[2]。我国论者对此问题众说纷纭，有从现行制度设计出发认为应采"资本多数决"者，[3]有从有限责任公司人合性出发认为应采"人数多数决"者，[4]有认为采双重标准更为合适者。[5]且所谓"多数"之比例标准亦是多种多样，实难一一列举。依笔者拙见，股东除名更多地涉及人身关系或者说公司的人合性，因此应采取股东绝对多数、出资简单多数的标准，即除名决议须经其他股东 3/4 以上且出资额 1/2 以上的多数通过的双重标准，似较合理。同时，鉴于有限责任公司鲜明的人合性和自治性，似应允许公司章程在立法精神允许的范围内规定更高的比例。

其三，如学者所言，"公众上市公司会议与大多数实质性闭锁公司的会议，在社会表现和精神实质方面大不相同"[6]。有限责任公司股东间紧密的信任与合作关系对公司的存续发展具有至关重要的意义，有限责任公司股东积极地参与经营管理机制对公司的发展壮大也具有积极推动的价值，对特定股东是否予以除名无疑关涉每位股东的切身利益，为防止个别股东因诸种原因怠于参加股东会议及投票，应规定股东的积极表决义务，即其必须对该事项明确表态：或者赞同或者反对。这是有限责任公司人合性特征所决定的股东忠实义务题中应有之义，在我国国民中固有的极浓厚的倾向于"当老好人、和稀泥、不得罪人"的传统价值取向下，此点尤具意义。

（二）须通过诉讼方式进行

除名乃是股东被动地脱离公司，为保护被除名股东及公司债权人利益，

---

〔1〕 参见胡田野：《公司法律裁判》，法律出版社 2012 年版，第 316 页。

〔2〕 ［德］托马斯·莱塞尔、吕迪格·法伊尔：《德国资合公司法》，高旭军等译，法律出版社 2005 年版，第 574 页。

〔3〕 参见郝磊："公司股东除名制度适用中的法律问题研究"，载《法律适用》2012 年第 8 期。

〔4〕 参见凤建军："公司股东的'除名'与'失权'：从概念到规范"，载《法律科学（西北政法大学学报）》2013 年第 2 期；李红润："股东除名规则的反思与重构"，载《天津法学》2016 年第 3 期。

〔5〕 参见朱培安、张玲玲："公司股东除名法律问题研究"，载《北京教育学院学报》2010 年第 5 期；李建伟："有限责任公司的股东除名制度研究"，载《法学评论》2015 年第 2 期；高中、雷莎："强制股权置换与除名制的双重建构——公司僵局破解路径新探"，载《江西社会科学》2016 年第 6 期。

〔6〕 ［英］A.J. 博伊尔：《少数派股东救济措施》，叶林等译，北京大学出版社 2006 年版，第 24 页。

防止除名制度被滥用，除名决议通过后，公司必须提起除名之诉，以最终达到股东除名的目的。需强调者，主要有三点：

其一，必须通过诉讼方式进行的目的，即在于由法院决定除名是否合适、股权购买价格是否合理等问题。有学者认为，"公司作出除名决定后立即发生法律效力，被除名股东的股东资格即被强行剥夺，也不需要该股东的配合"[1]；"股东除名应当立即生效，不能给予起诉后，除名暂停的后果，因为这样容易造成权利滥用，有些股东会利用诉讼时间长的特点，拖垮公司。"[2]其担忧不能说全无道理，但被除名股东的合法权益则更不能被忽视，因为除名生效后的直接结果即为股东资格的丧失，所以对被除名股东利益的关注更应成为除名程序设计的重点。如德国法院认为，如果确认强制注销决议在作出之后立即生效，相应股东的权利将无法得到充分的保护，即只有股份补偿金全额支付方使注销决议生效。补偿金的支付构成注销决议的延迟生效条件，留存股东对相应股东的迅速退出和没有该股东参与的继续合作享有利益，同时退出股东对获得全额补偿享有利益，延迟生效条件的确立使得后者明确优于前者。[3]因此，当事人对于除名理由是否充分、股权收买价格是否合理等问题可能仍存争议，作为争议最后一道防线的法院仍应拥有予以介入的权力。自另一角度言，亦应允许被除名股东通过诉讼进行除名无法律依据、有失公平的答辩，而非在除名决议作出时即认定除名生效，股东资格丧失。

其二，尤其需要注意的是，法院对除名之诉所作的判决仅是对重大事由的客观性、除名决议的妥适性、股权购买价格的合理性等问题的确认，并非直接剥夺股东资格。换言之，如果在法院审理终结前或判决确定的股权购买对价支付合理期限内，被除名股东仍未完全收到股权的全部对价，股东资格则继续存在。德国联邦法院一贯立场及学者通说均认为，若在最后言词辩论终结前，公司仍未提供收买股份的充裕资本，则法院对该除名判决须附停止条件（unter aufschiebender bedingung），亦即股份收买价金在判决中所定之适

---

[1] 汪晨："驱逐有限责任公司的'离心股东'——以构建股东除名制度为核心"，载《证券法苑》2011年第2期。

[2] 刘炳荣："有限责任公司股东除名问题研究"，载王保树主编：《实践中的公司法》，社会科学文献出版社2008年版，第72页。

[3] 参见王东光：《股东退出法律制度研究》，北京大学出版社2010年版，第176~177页。

当期间内仍未完全支付者，除名判决之效力则仍难发生。[1]当然，所谓股东资格继续存在，是否意味着其仍可以继续"一如既往"地行使表决权，则不无疑问。否认其表决权，似与其股东资格继续存在相冲突；承认其表决权，又与其已被除名不符，其已与公司没有实质性关系，且其可能滥用表决权损害公司及其他股东合法权益。在德国，通过公司章程规定在强制注销决议作出和决议生效之间的效力待定期间，相应股东的成员权利中止的观点在文献中得到越来越多的支持。[2]该种观点值得肯定，但鉴于我国目前国民法律意识有待提升、公司章程自治性特点不明显的现状下，通过立法作出规定，似更可取。

其三，有学者认为，"仅赋予公司除名权并不是说公司的其他股东就毫无作为，当出现除名的情形，公司不作为时，股东可以向法院提出除名之诉，通过诉讼程序请求法院对某一股东除名，这是股东派生诉讼，是对公司行使除名权的必要补充"[3]。一般情况下，对特定股东进行除名的事由往往是基于其个人原因或其与其他股东之间关系的恶化，而其最终表现都是其他股东与特定股东之间的分歧与排斥。但股东除名解决的毕竟是股东资格丧失等团体法上的问题，因此无论是除名决议还是除名诉讼，均须以公司的名义进行。但是，当出现除名事由时，公司因各种原因却没有对该特定股东采取除名措施，似应允许股东根据我国《公司法》第151条的相关规定，提起股东代表诉讼，以最终保证除名规定的真正实现，故前述学者意见应值肯定。

五、股东除名的利益平衡

(一) 须维护被除名股东的财产权利

一般认为，股东被除名，至多被认为其不适合保留其公司股东资格，但绝不意味着其股权的财产性权益同时被剥夺，对被除名股东股权之财产性利益必须给以充分、合理的法律保护。法院对除名之诉作出判决后，被除名股东即享有请求公司购买其股权的请求权，相应地，公司承担受让其股权的义务。

---

〔1〕 参见杨君仁：《有限公司股东退股与除名》，台湾神州图书出版有限公司2000年版，第135页。

〔2〕 参见王东光：《股东退出法律制度研究》，北京大学出版社2010年版，第179页。

〔3〕 刘炳荣："有限责任公司股东除名问题研究"，载王保树主编：《实践中的公司法》，社会科学文献出版社2008年版，第66页。

　　有学者曾指出，无论是美国还是德国，都试图保护离开公司的股东的权益，无论是退股权下的离开还是被除名下的离开。因此，纠纷解决机制中都会围绕着价值评估的问题。[1]维护被除名股东财产权利的核心问题在于，其应获得关于其股权的公平价格。依法律经济分析上对财产权保护的法律规范手段，可分为"财产法则"（property rule）与"补偿法则"（liability rule），前者系指处分"事先"获得权利人之同意，权利之相对人得透过与权利人的谈判磋商，议定彼此主观上能接收之对价；后者系指未获权利人同意之处分，须于"事后"依法作适当之赔偿，此数额由公正之第三者（可能为法院或行政机关）作客观之核定。[2]基此，股权公平价格的确定首先可通过协商确定，该协商既可体现为股东除名时公司与该股东之间的真正的谈判磋商，也可以体现为股东之间在公司章程等内部自治性文件中事先规定的股权价格确定方法。协商不成时，应交由客观、独立、专业的第三方进行评估或由法院确定，评估或确定的基准是公司运营价值而非清算价值，同时不应采用折扣标准，而应采用比例标准。

　　股东除名中股权价格确定的一个特殊问题是，对股权进行评估的时点的确定。德国有学者认为，被开除者可以提出补偿要求，只要公司章程没有规定其他补偿计算方式，则根据起诉时股份的价值确定补偿数额。[3]以提起除名诉讼之日作为评估股权价格的时点，亦是德国学界的通说。但德国亦有学者持不同意见，认为提起诉讼至判决确定前，一般而言，尚需经相当时日，这期间公司财产状况之变化难测，因此认为应以判决确定日为准，始有利于被除名之股东。[4]实际上，"确定股份转让价格的最佳时日似乎应为除名决议作成之日，因为一旦作出除名决议，一般而言股东间关系即彻底决裂，相互间矛盾表面化，利益冲突也将尖锐化，无论是被除名股东还是其他股东掌握公司经营大权，都可能做出对公司的经营和财务状况产生重大影响的行为，

---

〔1〕　Scogin, Hugh T. Jr, "Withdrawal And Expulsion In Germany: A Comparative Perspective On The Close Corporation Problem", *Mich. j. jntl L*, 15（1993）, p. 127.

〔2〕　Guido Calabresi, A. Douglas Melamed, "Property Rules, Liability Rules and Inalienability: One View of the Cathedral", *Harvard. Law Review*, 85（1972）, pp. 1089~1091.

〔3〕　参见［德］托马斯·莱塞尔、吕迪格·法伊尔：《德国资合公司法》，高旭军等译，法律出版社2005年版，第522页。

〔4〕　参见杨君仁："论有限公司之退股与除名及其法政策上之建议"，载《中原财经法学》（台湾）2000年第5期。

在其后的任何时段确定被除名股东股份的转让价格,都将或者对被除名股东不利,或者对其他股东不公"[1]。

须注意的是,既然允许公司章程等内部自治性文件事先对除名事由等作出自治性规定,那么,股东除名后股权价格的确定标准或计算方法可否一并在公司章程等内部自治性文件中予以规定?在德国,在公司自治和章程自由的法律理念之下,原则上法律并不排斥公司章程设定特殊的限制性补偿条款,这已得到法院判例的确认。[2]而且,只要能够贯彻平等原则,章程也可以针对不同的注销情况,制定不同的补偿规定,当然,这种不同的规定必须有切实的实际原因,例如根据股东地位的存续时间或者组建公司时股东所占的股份比例而区别对待。[3]当然,经股东同意的补偿条款也不一定产生法律效力,因为股东的同意仅为补偿条款生效的形式或称程序要件,补偿条款还须接受实质的或称实体的审查,而且实体审查所带来的不确定性要远远超过形式审查。在实践的进程中产生的在签订合同之时尚不能预见的约定补偿价值和股份的真实价值之间超乎寻常的渐远情形通常应依诚实信用原则处理,即使考虑到其他股东的合法权益,也不能期待因事态发展而受影响的股东仍然坚守公司章程中补偿条款的约定。[4]根据联邦法院的意见,应当充分考虑变化后的具体情况,同时考虑公司和股东的利益,相关各方在合同中确定的评估准则是平衡双方利益的重要依据。[5]可见,为尊重公司人合性特点及股东自治性需求,应允许公司章程等内部自治性文件对股东除名时股权价格的确定事先作出相应规定,但该规定亦须接受法院的事后审查,以决定其合理与否、适用与否。

(二)须兼顾公司、其他股东及公司债权人等多方利益

正如有学者所言,"公司无论通过什么途径掌握自身的股权,实际都会构成未经许可的资本减少,也会给处理公司与股东关系带来麻烦"[6]。更有学

---

[1] 段威:《公司治理模式论》,法律出版社 2007 年版,第 144~145 页。

[2] 参见王东光:《股东退出法律制度研究》,北京大学出版社 2010 年版,第 172 页。

[3] 参见 [德] 托马斯·莱塞尔、吕迪格·法伊尔:《德国资合公司法》,高旭军等译,法律出版社 2005 年版,第 512 页。

[4] 参见王东光:《股东退出法律制度研究》,北京大学出版社 2010 年版,第 173~175 页。

[5] 参见 [德] 托马斯·莱塞尔、吕迪格·法伊尔:《德国资合公司法》,高旭军等译,法律出版社 2005 年版,第 513 页。

[6] 江平主编:《新编公司法教程》,法律出版社 1994 年版,第 135 页。

者明确指出，"股东除名制度也可能存在着被作为规避法律的手段。如在公司亏损的情况下，为规避不到资股东的资本充实责任，利用除名制度，让部分股东离开公司，进行规避是有可能的"〔1〕。因此，应合理构建相关制度，以降低给公司、其他股东及公司债权人造成的影响。我国《公司法司法解释三》第17条亦对此有所规定，"有限责任公司的股东未履行出资义务或者抽逃全部出资，经公司催告缴纳或者返还，其在合理期间内仍未缴纳或者返还出资，公司以股东会决议解除该股东的股东资格，该股东请求确认该解除行为无效的，人民法院不予支持。在前款规定的情形下，人民法院在判决时应当释明，公司应当及时办理法定减资程序或者由其他股东或者第三人缴纳相应的出资。在办理法定减资程序或者其他股东或者第三人缴纳相应的出资之前，公司债权人依照本规定第13条或者第14条请求相关当事人承担相应责任的，人民法院应予支持。"另外，须注意两个问题：

第一，与股东退股一样，股东除名自然享有要求公司回购其股权的权利，相应地，公司也承担以公平价格回购除名股东股权的义务。但是，为维持有限责任公司的人合性、维持有限责任公司既有的股权结构，允许公司另外指定第三方收购除名股东的股权，无论公司章程事先对此作有明确规定，还是公司章程对此缺乏规定，无论该种做法得到除名股东的同意，还是没有得到除名股东的同意，无论该第三方为公司现在的股东，还是公司以外的第三人，似均无不可，这并不会给除名股东带来任何不利的影响，亦有利于公司的发展并符合其他股东的意愿。

第二，实践中若是公司向除名股东回购其股权，其为购买被除名股东股权须支付相应的对价，该对价来源于何处，其对公司及公司债权人的影响，毋容忽视。如果股东除名将减少公司注册资本，必须遵守关于公司减少注册资本的法律规定。同时，即使公司存在超出注册资本的公司资产，利用该资产购买被除名股东股权，也不得侵害公司债权人的利益，因为公司向债权人承担责任的基础不是公司名义上之注册资本，而是公司实际的全部资产，而且，相对于股东的股权利益，公司债权人的债权应该得到公司全部资产的优先保护。

---

〔1〕 刘炳荣："有限责任公司股东除名问题研究"，载王保树主编：《实践中的公司法》，社会科学文献出版社2008年版，第69页。

敌意收购中目标公司董事的责任与限制

曹晓路*

在敌意收购中，目标公司的董事会出于保住自身对公司控制权的目的，很可能会采取一系列的反收购措施。例如在欧美的公司治理案例中，目标公司的董事会为了保住其对公司的控制权往往会采取"毒丸计划""出售皇冠上的明珠""焦土政策""降落伞计划"以及寻找"白衣骑士"等一系列的反收购措施。[1]这些反收购措施的实施本身是一把双刃剑，往往能够起到"杀人一万，自损三千"的效果。因此在各国的立法实践中都对上市公司董事会或管理层采取反收购措施的权限作出了很多限制。例如在美国的实践中，虽然将反收购的决定权赋予公司的董事会，但董事会行使反收购措施必须受"商业判断规则"的约束，且必须恪守董事对公司的忠诚与注意义务。[2]因此在敌意收购中目标公司的董事决策直接关系到广大公司股东的利益以及公司的远期价值，所以目标公司董事在遭遇敌意收购时的任何决策行为都必须受到其忠诚与注意义务约束，同时董事需对作出的决策行为承担与其董事职位对应的董事责任。

---

* 曹晓路，海南大学中国特色自由贸易港研究院研究员。海南省教育厅科研创新立项课题"市场操纵案件民事赔偿机制研究"，项目号：Hyb2018-20。

[1] 参见郑彧："上市公司收购法律制度研究：历史、现状、问题及变革"，载《证券法苑》2013年第2期。

[2] 参见王晓："美国公司反收购战中毒丸计划的法律分析"，载《证券市场导报》2007年第2期。

一、敌意收购中目标公司的董事义务

(一) 敌意收购中目标公司董事的一般义务

1. 忠实与勤勉义务

在敌意收购中，董事忠实义务条款是为了解决公司的董事在决策反收购措施时与公司整体利益和股东冲突的情形。忠实义务要求董事在遭遇敌意收购时必须为公司全体股东以及公司整体利益之目的而为之，而不能追求自身或第三人之利益。[1]简言之，在目标公司遭遇敌意收购时，目标公司的董事不得单纯为了保住自身对公司的控制权而做出有损公司利益的行为，例如采取"出售皇冠上的明珠"反收购措施时以明显低价处置给自己的关联公司或其他第三方，采取"降落伞计划"反收购时给自身设置明显高出行业水平的退休金或者以过分低于公司平均股价的价格向"白衣骑士"增发股份等等。[2]我国现行《中华人民共和国公司法》（以下简称《公司法》）第148条对公司的董事、监事与高管的忠实义务采取了列举的方式，一共包含 8 个条款，包括不得利用职权获取非法利益、收受贿赂、竞业禁止、禁止自我交易、不得泄露公司秘密以及禁止篡夺公司机会等方面。

而在敌意收购中另一个最为重要的，防止董事擅权、侵害股东利益的条款就是我国《公司法》第 147 条的董事勤勉义务，英美法称之为注意义务，又称"善良管理人的注意义务"。注意义务是一个比较抽象的义务，我国现行《公司法》也并未对此义务作细化规定。原因在于如若注意义务标准定得过于宽泛那么很可能会虚化这一义务，从而挫伤有良知的董事、高管改善公司治理效率的积极性，同时如若这一标准定得过于严苛，那么这一义务在风险并存的市场经济中将无法得到适用。[3]而在敌意并购中，上述注意义务是否应当被用作衡量董事是否对公司尽责的标准呢？笔者认为答案显然是肯定的，以"万科股权之争"为例，以王石为代表的管理层董事在无明确重组对象与标的的情形下，擅自使得上市公司处于长期停牌状态，侵害广大中小股东的

---

〔1〕 参见任自力："公司董事的勤勉义务标准研究"，载《中国法学》2008 年第 6 期。

〔2〕 参见 [日] 佐藤孝弘："董事勤勉义务和遵守法律、公司章程的关系——从比较法的角度"，载《时代法学》2010 年第 3 期。

〔3〕 参见梁爽："董事信义义务结构重组及对中国模式的反思 以美日商业判断规则的运用为借镜"，载《中外法学》2016 年第 1 期。

权益。但是这一中小股东利益受损的行为却碍于现行法律并未明令禁止长期停牌行为,从而无法得到权利救济。那么此时如果广大利益受损的中小股东需要救济其权利,就只能寻求法院基于董事注意义务的条款进行介入。但是我国并未确立类似美国判例法审查董事、高管是否履行注意义务的标准及商业判断规则,因而使得这一董事勤勉、注意义务的条款变得难以施行。而在大陆法系,我国台湾地区"公司法"第23条第1项规定,公司负责人应当忠实执行业务并尽善良管理人之注意义务,如有违反致公司利益受损,负损害赔偿责任。[1]德国《有限责任公司法》第43条第1项规定董事在公司的事务上应尽通常商人之注意。[2]笔者认为,未来我国应当对董事勤勉、注意义务作细化区分,立法应当明确公司的董事在遭遇敌意收购时依诚实信用原则竭力处理公司事务,不得做出损害公司利益和股东利益的行为。同时借鉴美国法的经验,考虑能否将商业判断规则引入作为判断董事是否违反注意义务的解决措施。

2. 利益揭露义务

根据我国现行《公司法》第124条:"上市公司董事与董事会会议决议事项所涉及的企业有关联关系的,不得对该项决议行使表决权,也不得代理其他董事行使表决权。""万科股权之争"中万科独立董事张利平的申明存在"关联关系"回避投票的那一票就直接涉及上述《公司法》第124条的运用,万科独董张利平申明的关联关系,在法律认定上尚存在争议,依据《公司法》第124条无法直接认定为关联关系。在上市公司敌意收购的案例中,作为与敌意收购相关表决议案存在关联关系的董事回避投票自不必讳言,但是如果上市公司本身持有其敌意收购要约人公司的股票,相关表决权回避是否依然能够适用上述《公司法》第124条呢?这一点我国《公司法》上尚无明确的法律规定,但是我国台湾地区"企业并购法"第18条第5项规定,公司若持有其他参与合并公司之股份或该公司或其指定代表人当选为其他参加合并公司之董事者,就其参与合并公司之合并事项为决议时,不适用台湾"公司法"之关联董事回避条款。[3]换言之,我国台湾地区的公司立法允许上市公司就

---

〔1〕 参见王文宇:《商事法》,中国政法大学出版社2008年版。

〔2〕 参见《德国商法典》,杜景林、卢谌译,法律出版社2010年版,第98页。

〔3〕 参见王文宇:《公司法论》,中国政法大学出版社2008年版,第65页。

其相关并购、收购（无论友好收购，还是敌意并购）时，允许上市公司就其持有并购方公司的股份行使表决权，且不受关联董事回避的限制。我国台湾地区的公司法学者认为，涉及企业并购的交叉持股表决权的行使，无论是敌意并购还是友好收购，其客观目的都是为了改善公司经营效率，强化公司的竞争力，且在公司持其他合并、收购公司股份的情况下，无论收购方主观目的如何，对公司整体利益客观上不存在危害之虞。[1]

即便在上述特殊情形下，存在间接关联关系的董事，可以不必就相关的并购或收购议案进行回避，但是其相关的利益揭露义务在一般公司法法理上是否可以一并免除？在我国现行《公司法》和《中华人民共和国证券法》（以下简称《证券法》）上并未采用强行法的形式规定董事必须定期就相关利益冲突进行定期揭露与说明，只是将董事的相关利益冲突禁止纳入董事的忠实义务范围下。在笔者看来，这样的做法并不明智，原因在于涉及董事忠实义务的条款叙述模糊，且缺乏配套的司法解释予以细化，在实践中往往难以认定董事违反利益揭露义务。而我国台湾地区的"公司法"在2012年的修法过程中，在其"公司法"第206条中新增加了董事对会议事项存在潜在利益关联时，应与当次董事会说明其自身利害关系之重要内容。[2]笔者对此项立法条文持肯定态度，因为是否存在关联关系，在英美法上属于商业判断范围，英美判例法中法院一般会尊重董事正常的商业判断，但是这并不意味着董事在涉及潜在关联关系时得以免除其说明义务。在董事会决议上，若某一董事可能与其决议事项存在潜在的关联关系，导致利益输送乃至冲突，那么即便其未达法定回避之义务标准，亦应尽揭露相关利益冲突之义务。在敌意并购中，以此次"万科股权之争"独董张利平的申明存在"关联关系"为例，张利平申明其存在关联关系并不必然导致构成法定回避之强行法效果，如何认定是否存在关联关系，需要董事会进行审议认定，而非简单说明，直接予以认定，因此单就此项关联关系的认定而言，万科董事会6月17日的决议的确存在瑕疵。笔者希望未来在相关立法完善的过程中可以对董事的利益揭露与说明义务作更为明确的立法条款和程序设定。

---

〔1〕 参见林国彬："董事忠诚义务与司法审查标准之研究——以美国德拉瓦州公司法为主要范围"，载《政大法学评论》2007年第100期。

〔2〕 参见陈彦良："董事义务责任的解构与建构——德国法制之借镜"，载《月旦法学杂志》2011年第198期。

（二）敌意收购中目标公司董事的特殊义务

在敌意收购中，目标公司的董事与收购方往往在利益取向上背道而驰，尤其是在像类似万科这样股权高度分散的上市公司遭遇敌意收购时，由于取得董事会控制权的管理层董事仅持有少量公司股份，导致其与公司的利益关联不足以制约其维持控制权的恣意行为，因而可能出现管理层董事出于单方面维持其控制权的目的而侵害公司股东利益的行为，例如管理层的长期恶意停牌行为、擅自筹划资产重组行为以及通过非官方披露渠道披露公司重大信息以及过分利用舆论工具引导上市公司股价等行为。[1]虽然我国现行《公司法》与《证券法》只规定上文笔者提及的董事的忠诚、勤勉义务以及关联利益时回避投票义务，但是可以借鉴域外的公司法与证券法理论与立法实务，比如欧美国家赋予了敌意收购中目标公司董事的一系列特殊义务。

1. 中立义务

在敌意收购中，目标公司的董事会与收购方通常存在利益冲突，控制目标公司董事会的管理层董事通常会采取一系列的反收购措施来抵御敌意收购，针对目标公司的董事会是否有权在遭遇敌意收购时采取反收购措施，目前欧美各国的做法不一。由于美国一直在公司治理中贯彻"董事会中心主义"，因而美国判例法与联邦各州立法上均未对董事会在遭遇敌意收购时采取反收购措施予以限制，但董事会的决策受忠诚与注意义务限制。[2]而英国则采取了相反的态度，英国《伦敦城收购与合并准则》规定，公司在遭遇敌意收购时，除非获得股东大会授权否则董事会不得采取反收购措施。但是英国的判例法与衡平法中均未明确提及董事会在敌意收购负有中立义务。[3]德国《证券与企业收购公开要约法》中明确了目标公司的董事在敌意收购中的中立义务，此后在欧盟《公开要约收购指令》中也有类似的条款。德国公司法学界认为目标公司的董事以及董事会无权阻挠破坏公司的股东以更高的价格卖出公司的股票，目标公司的董事及董事会在收到敌意收购要约后，原则上在未经股东大会或监事会授权的情况下不得擅自采取反收购措施，目标公司股东的决

---

〔1〕 参见西北政法大学课题组、张学安："上市公司收购法律制度完善研究"，载《证券法苑》2014年第1期。

〔2〕 John H. Langbein, "Questioning The Trust Law Duty of Loyalty : Sole Interest or Best Interest?", *The Yale Law Journal*, 114（2005），pp. 943~944.

〔3〕 No. 7 of the Rule of City Code on Takeover and Mergers.

定自由不应受到限制，在自由经济市场下有了上述董事会中立义务的保障，公司股票的价格信号才不会被扭曲。在敌意收购中，公司股权结构首先发生改变，根据德国公司法传统的股东平等理论，目标公司的董事会无权拒绝这一公司成分的变更，但是目标公司的董事会在敌意收购中必须履行中立义务。此时董事个人或董事会可以就敌意收购的相关事项在其职权范围内进行评论，董事个人或董事会可以就其反对敌意收购事项阐述合理理由。之所以规定上述董事或董事会中立义务的例外评论条款是为了保障公司股东能够充分获取相关收购信息，以便其作出价值判断。同时德国《证券与企业收购公开要约法》也针对上述董事在敌意并购中的中立义务规定了一项特别例外条款，即如果有证据表明敌意收购方的收购存在特殊的政治性目的。而英国的《伦敦城收购与合并准则》中也有类似的表述条款，即外国收购者例外与垄断收购例外原则，是指当目标公司的董事会在遭遇敌意收购时，如果出现以上两种收购情形，董事会无需得到股东会授权即可采取相应的反收购措施。[1]

2. 平等地对待所有的要约收购方

在敌意收购中，取得目标公司控制权的董事出于抵御敌意收购的目的，往往首选的反收购措施就是寻找"白衣骑士"，因为这种反收购措施对目标公司自身伤害较小，在很多案例中如果目标公司选择"白衣骑士"正好能与目标做到战略互补，那么很可能既抵御了敌意收购，又提高了公司的整体质量和竞争力，例如"丽珠集团引进白衣骑士——太太药业"的案例就是双赢的结果。[2]但是目标公司的董事在寻求"白衣骑士"时，与"白衣骑士"进行资产重组或战略合作时是否能够平等地对待其他潜在的要约收购方，管理层董事如何确保目标公司资产的增值保值？如何最大限度地保障目标公司股东的利益？如何避免与"白衣骑士"之间的关联交易与利益输送问题？回到"万科股权之争"，万科管理层董事面对野蛮人"宝能系"连番增持时，首先想到的就是寻求"白衣骑士"，万科最开始希望其原第一大股东华润能增持其

---

〔1〕 No. 20（b）of the Rule of City Code on Takeover and Mergers.

〔2〕 在2002年丽珠集团的股权之争中，公司管理层与第一大股东光大集团不合，光大集团有意将全部股权转让给合作伙伴东盛科技。为了避免公司控制权落入东盛科技之手，公司管理层主动与太太药业配合，将公司第二大股东丽士投资所持有的丽珠集团的股份以较优惠的价格全部转让给太太药业，而丽士投资由丽珠集团员工持股会持股90%。太太药业同时通过二级市场收购流通A股和B股，以及协议收购法人股等方式最终成为丽珠集团的实际控制人。

股票，鉴于华润央企的特性无法增持后，又转而谋求与华润置地进行合并重组，合并无果后又与安邦集团签署了战略合作协议，此后又筹划了与深圳地铁的资产重组方案，重组方案可能被股东大会否决，又谋求与黑石集团进行战略合作。可以看出万科管理层董事为了抵御"野蛮人"宝能系的敌意收购几乎考虑了一切可能合作的"白衣骑士"。万科管理层显然为了达到其维持控制权的目的忽视了股东的利益。

笔者认为，虽然我国《公司法》与《证券法》并未明确规定董事以及董事会在遭遇敌意收购寻求"白衣骑士"时需要平等地对待所有的要约收购方，从而确保相关处分公司资产价值的公允性。但是借鉴德国以及我国台湾地区的相关立法，如果目标公司的董事会对于不同的要约收购者采取不同之对待，有可能无法在公开市场形成最有利于股东之价格。所以在敌意并购中，如果目标公司董事会通过寻求"白衣骑士"来抵御收购，那么目标公司的董事会就必须向股东证明其从"白衣骑士"处所获要约为最佳之要约，同时不能拒绝更佳要约竞争者出现的可能性。同时禁止目标公司的董事会与"白衣骑士"签署排除其他要约竞购者之排他性协议。而德国《股份公司法》第53条第1项规定，董事会应当平等地对待各个股东，不应私自影响股东结构。也就是说依德国法理论即便遭遇敌意收购，目标公司的董事会对潜在股东仍具有平等对待义务。[1] 而在英国《伦敦城收购与合并准则》第20条b项中平等对待原则的表述中，在遭遇收购时，董事会必须以审慎的态度对待所有的竞购要约。[2] 根据瑞士的《并购委员会公开收购条例》第46条的规定，目标公司的董事会应对所有的要约者遵守平等对待原则，审慎检视所有要约者的收购报价及相关信息，除非证明某一要约收购者的收购行为对公司存在特别且重大的收购利益时，方能对其他要约者作出不平等对待。上述目标公司董事会违反平等对待所有股东的义务时，股东能否寻求司法或公权力救济？根据德国《证券与企业收购公开要约法》的相关规定，如果目标公司的董事会在遭遇敌意收购时违反上述平等对待所有股东之义务，利益受损的股东可以寻求联邦金融监理局介入，联邦金融监理局对上述董事会是否违反义务有权进行实质审查，但是在德国"法律保留"原则的约束下，上述实质审查不得妨害私法

---

〔1〕 参见《德国商法典》，杜景林、卢谌译，法律出版社2010年版，第131页。

〔2〕 No. 20（b）of the Rule of City Code on Takeover and Mergers.

自治。至于出现上述情况时，利益受损是否能够申请司法审查的介入的问题，原则上根据德国《股份公司法》第93条第1项所确立的经营判断规则，只有董事会的违反平等对待义务超出经营判断的界限时，司法审查才会介入进行裁判。[1]

3. 尊重独立专家意见

我国现行《公司法》与《证券法》并未规定上市公司在遭遇敌意收购时，目标公司的董事会需就争议事项聘请独立专家进行论证，并将论证结果告知广大股东，以供股东参考。而根据欧美公司法理论，当上市公司遭遇敌意收购时，收购双方就收购事项出现巨大争议时，目标公司董事会有义务聘请独立外部专家进行充分地论证并出具专家意见书，以便帮助股东提高决策的品质避免出现错误的决策。通说认为上市公司遭遇敌意收购时，董事会聘请独立专家出具专家意见是《公司法》上善良管理人注意义务的特殊化与具体化的体现。根据我国台湾地区"企业并购法"第6条的规定，公开发行股票之公司于召开董事会决议并购事项前，应委请独立专家就换股比例或配发股东之现金或其他财产之合理性表示意见，并分别提报董事会和股东会。[2] 但是在敌意收购中，由于董事会与收购方利益冲突明显，此时董事会聘请的独立专家的意见的公正性存疑。如果此时由于董事会聘请的独立专家意见有误导致公司利益受损，广大股东基于合同相对性的原理无法直接向独立专家进行索赔，而只能转而要求公司依据专家聘用合同进行索赔，但在实践中由于专家意见书仅具备参考价值，相关的司法胜诉概率较低。例如在此次"万科股权之争"中，华润方聘请的北京竞天公诚律师事务所会同北京大学企业与公司法研究中心邀请了国内13位权威证券法学家对"万科股权之争"中的相关争议点进行专家论证，最后出具了一份不具备法律约束力的专家意见书。尽管笔者对上述专家意见书中的绝大多数观点都予以认同，但是由于这场专家论证会由股权争议的一方单独提起，因而其公正性为以王石为代表的万科管理层方面所挑剔。

而为了保证外部专家的意见被敌意收购的双方所认同，德国法的相关条款值得我们借鉴。根据德国《企业改组法》第9条的规定，企业合并契约或

---

〔1〕 参见《德国股份法》，杜景林、卢谌译，中国政法大学出版社2000年版，第98页。

〔2〕 参见王文宇：《公司法论》，中国政法大学出版社2004年版，第142页。

合并契约草案应由一名或数名专家审查人加以审查，而专家审查人之选任则是由一个或数个代表机关向法院申请选任，而股份有限公司的合并即是由一个或数个董事会成员向法院申请选任专家审查人。[1]针对股份有限公司，德国法是将专家选任权赋予法院，避免由股权争议的单方来聘请从而导致专家的公正性受到质疑。同时德国法还规定数名专家审查人审查合并或并购契约后应出具一份详尽的专家意见书，专家意见书应对合并或并购后对股东权益的影响作全面性论述。而美国的做法则与德国不同，由于独立董事制度在美国上市公司治理中本身就扮演者外部专家治理的角色，因而在上市公司遭遇敌意收购时，通常会由独立董事组成一个特别审议委员会负责审查相关的收购要约，并以独立委员会的名义出具专家意见书。[2]很显然，在我国上市公司治理的实际中，依靠独立董事来独立出具专家意见书显然无法保障其公正性。笔者认为，在类似"万科股权之争"存在多方利益博弈的敌意收购案例中，如果最后上述收购僵局导致广大股东利益受损而诉诸司法介入时，法院在现行《公司法》《证券法》规则中无法找寻裁判依据时，可以效仿德国的做法由法院选任独立专家进行专家论证，以维护上市公司公众股东的利益。

二、敌意并购中目标公司董事的责任限制与免除

我国现行《公司法》对于董事责任限制的条款较少，其中《公司法》第112条第3项规定："董事会的决议违反法律、行政法规或者公司章程、股东大会决议，致使公司遭受严重损失的，参与决议的董事对公司负赔偿责任。但经证明在表决时曾表明异议并记载于会议记录的，该董事可以免除责任。"上述针对在董事会决议中表达异议的董事在后期公司遭受损失时可以依董事会议记录免除责任。同时上文也列举了众多董事在敌意收购中应当履行的义务以及不履行上述义务造成公司或股东利益受损要承担相应的责任。但实际的公司治理中如果对董事课以过重的责任很可能挫伤董事履职的积极性，因而在英美系国家衍生出了一系列董事责任的风险转移机制。英美公司法允许公司的董事在符合一定的条件下，对其责任进行适当限制与免除，力求董事

---

〔1〕 参见《德国商法典》，杜景林、卢谌译，法律出版社2010年版，第27页。

〔2〕 Ross Cranston, "Limiting Directors' Liability: Ratification, Exemption and Indemnification", *Journal of Business Law*, 1992, pp. 197~204.

承担责任的额度与其在公司领取的报酬处在一个恰当的比例。

（一）英国公司法上董事责任的限制

英国关于董事责任免除的相关规定来源于其2006年《公司法案》（Companies Act 2006），其主要包括股东决议免除、公司章程免除与法院免除三种方式：

第一，股东决议免除。英国2006年《公司法案》第239条规定，公司的董事或离职董事因过失或违反信托义务而产生对公司之责任，可以通过股东大会决议的形式免除其责任。同时股东大会决议对某一董事免除责任时，排除关联股东投票权，决议一经通过该董事则获免责且不受追诉。但是并非所有董事违反义务的行为都可以通过股东大会决议的形式免除。例如董事违反法律禁止性规定的行为、违反忠实义务的行为以及存在欺诈行为，则不属于股东大会决议免除的范围。[1]

第二，公司章程免除。英国原先的判例法允许公司通过章程的形式事前限制或免除董事责任，但是通过事前制定公司章程的形式限制或者免除董事责任，不免会剥夺未来相关利害关系人的权利。所以2006年《公司法案》第232条第1款规定，任何事先通过章程或契约的形式限制或免除公司董事因过失或违反信托义务而对公司产生之责任的无效。但是允许一种例外情形，即公司章程是出于避免冲突的目的而免除董事责任的情形有效。[2]

第三，法院免除。英国2006年《公司法案》第157条规定董事因过失或违反信托义务产生的董事责任诉讼中，如果董事系诚实合理地履行其职权，法官在考量所有因素后，认为免除董事的责任符合公平原则，那么可以免除董事全部或部分责任。[3]

（二）美国法上董事责任的限制

美国公司法的立法权限由各州行使，各州的公司法规定不尽一致。1929年美国的股灾导致了一连串对上市公司董事的集体诉讼，看到商机的英国伦敦劳依兹保险组织（Lloyd's of London）为美国上市公司的董事与高管设计了第一张责任保险保单（directors and officers liability insurance）。1985年美国特拉华州最高法院在Smith v. Van Gorkom一案中指出，董事即使无欺诈、恶意

---

〔1〕 No. 239 of Companies Act 2006.

〔2〕 No. 232 of Companies Act 2006.

〔3〕 No. 157 of Companies Act 2006.

或自我交易的行为，如未能详尽调查之义务导致公司利益受损，董事个人仍需承担责任。[1]特拉华州最高法院的上述判决导致公司惯常通过商业判断规则来获得保护变得更加困难。其后在公司董事、高管群体的游说下，美国各州逐步通过立法形式确立了董事责任的限制与免除模式，[2]主要包括章程选择（charter option statutes）与自动生效（self-executing statutes）两种立法模式：

章程选择模式。通过章程选择模式来限制或免除董事责任最早由美国德拉瓦州所首创。特拉华州《一般公司法》（General Corporation Law）第 102 条 b 项规定，公司可以通过章程的形式免除董事因违反受托义务产生的对公司或股东的损害赔偿责任，但是排除下列情形：董事违反忠实义务的；董事违反禁止性规定的；董事存在取得不当利益交易行为的情形。[3]

自动生效模式。自动生效模式是指有关董事责任限制与免除的条款系法律强制性的规定，董事可以直接援引法条获得限制或免除自身责任。美国印第安纳州《商业公司法》（Indiana Business Corporation Law）是最早采用此种立法模式的，其又可以分为选择性排除与非选择性排除两类，选择性排除模式的典型代表是俄亥俄州《一般公司法》（General Corporation Law）第 1701 条规定，董事非基于善意的目的或公司最佳利益造成公司利益受损，需就其行为承担责任，但是公司章程事先特别列明不适用此款的除外。[4]而非选择性排除模式则以印第安纳州《商业公司法》（Indiana Business Corporation Law）为代表，该州《商业公司法》规定董事应当以善意、谨慎的态度为公司最佳利益履行董事职务，但是董事无需就其因董事职务行为而作为或不作为的情形承担责任，除非董事违反忠实义务或禁止性规定。该州的董事责任限制与免除条款具备强制性，章程不得作出相反规定。[5]

综上所述，英美两国关于董事责任限制与免除的规定主要针对董事违反注意义务来进行限制与免除，而董事违反忠实义务，无论是英国法还是美国

---

〔1〕 Smith v. Van Gorkom of 488 A. 2d 858 (Delaware 1985).

〔2〕 Nowicki, Elizabeth A *Not in Good Faith*, 60 SMU L. Rev. pp. 441~478.

〔3〕 James J., Hanks Jr., "Evaluating Recent State Legislation on Director and Officer Liability Limitation and Indemnification", *Business Lawer*, 43 (1990), pp. 1207~1209.

〔4〕 Ohio Rev. Code Ann. 1701. 59 (D).

〔5〕 Ind. Code Ann. § 23-1-35-1.

都严格禁止限制与免除。通常而言董事违反忠实义务的主观恶性远大于违反注意义务，董事违反注意义务很可能是由于其过失导致。另外综合比较英美两国的立法发现，两国对董事责任与限制的免除通常及于董事对公司的责任，而并未涉及董事对第三人的责任。立法者之所以这样规定是为了更好地保障善意第三人的利益，毕竟董事对公司的责任属对内责任，应由股东决定由董事责任引起的风险责任分配。除了上述通过对董事责任进行限制与免除来减轻董事责任外，英美法上通过企业为董事购买董事责任保险来分担董事履职的风险。而在敌意收购中，目标公司的董事如确因过失或者违反注意义务而致使上市公司的股东或上市公司利益受损，我国《公司法》是否允许对董事的责任予以限制或免除呢？目前我国的《公司法》尚未就相关董事责任限制与免除问题立法，而关于董事责任保险制度虽然学术界探讨较多，但在我国目前的保险实务界，各家保险公司相关业务试点仍较少。

三、敌意收购中目标公司董事责任之完善路径

（一）敌意收购中目标公司的董事义务

1. 明确董事的利益揭露与说明义务

我国现行《公司法》第124条确立了关联董事回避义务，但是立法并未明确规定董事的利益揭露与说明义务。根据公司法理论，董事的利益揭露与说明义务是董事忠实义务的具体化与特别化的体现。确立董事的利益揭露与说明义务应与现行《公司法》第148条中相关违反忠实义务的条款相区分，董事履行利益揭露与说明义务的目的是防止董事在公司的某项潜在交易中进行关联利益输送，董事上述的利益揭露与说明的义务的行使也不必然导致其产生《公司法》第124条上关联董事回避的效果。董事在履行了利益揭露与说明义务后，是否构成关联利益，笔者认为属于董事会的商业判断范围，如果董事会认定董事的利益揭露可能导致潜在的利益输送发生，那么可以依董事会决议程序产生上述董事关联回避之效果。但如果董事会认为董事的利益揭露并不必然导致潜在关联交易行为的发生，那么依据"私法自治"的原则，上述董事依然可以行使相关董事会决议议案的投票权。[1]如果董事没有履行其利益揭露与说明义务导致了关联交易与利益输送的发生，产生公司与股东

---

[1] 参见朱羿锟："论董事问责的诚信路径"，载《中国法学》2008年第3期。

利益受损的情形，那么董事毫无疑问需要就其违反义务的行为承担董事责任，但是如果是董事会决议认定董事的利益揭露无潜在的利益输送而导致公司、股东利益受损，那么此次承担责任主体就是在董事会决议中作出相关认定的董事会成员。

2. 明确董事的中立义务

我国现行《证券法》与《上市公司收购管理办法》均未明确上市公司董事在遭遇敌意收购时应当恪守中立义务，原因在于在我国上市公司治理结构中，往往股权集中"一股独大"的上市公司才有可能形成"内部人控制"，[1]而在股权分散的上市公司中，由于各方股权的分散，更应注意公司"内部人控制"问题。在"万科股权之争"中，华润以及宝能都先后发表声明担忧万科的"内部人控制"问题，万科管理层即便持有少量万科股份却依然能够牢牢掌控公司，并且能够在排除现有两大股东的情况下筹划重大资产重组方案，这一管理层架空董事会的"内部人控制"现象不得不令我们警醒。笔者认为未来在我国相关上市公司制度修法的过程中，应当明确上市公司遭遇敌意收购时，目标公司的董事应当恪守中立义务。毕竟董事是接受股东的委托来管理公司，传统公司法也一直信奉"股东利益至上"原则，同时规定在敌意收购中，目标公司的董事会除非得到股东大会授权，否则不得擅自采取反收购措施，除非董事会有证据证明敌意收购方的收购存在特殊的政治性目的或收购行为可能招致监管部门的反垄断调查。目标公司的董事会也无权阻挠上市公司的股东在公开市场上以更高的价格出售其手中所持有的股票，更不得在缺乏合法理由的情况下，采取类似万科管理层长期停牌的做法，限制股东交易上市公司股票的自由。

3. 寻找"白衣骑士"时，必须平等对待所有潜在要约收购者

我国现行《证券法》与《上市公司收购管理办法》对上市公司董事会遭遇敌意收购寻找"白衣骑士"的行为并未作禁止性规定，但是上市公司谋求与"白衣骑士"进行资产重组的行为受《上市公司重大资产重组管理办法》第43条的规定的约束，即上市公司发行股份购买资产应当"充分说明并披露本次交易有利于提高上市公司资产质量、改善财务状况和增强持续盈利能力；

---

〔1〕 参见邓峰："中国法上董事会的角色、职能及思想渊源：实证法的考察"，载《中国法学》2013 年 3 期。

有利于上市公司减少关联交易、避免同业竞争、增强独立性"，但是上述条款却并未要求目标公司在寻求"白衣骑士"时必须平等地对待所有潜在要约收购者。借鉴上文笔者提到的英国《伦敦城收购与合并准则》的做法，目标董事会在遭遇敌意收购时，可以寻求"白衣骑士"，但是管理层向竞价收购者提供的收购条件不得低于已有的收购方，且必须公平地向潜在各个收购方披露公司的相关信息。因此，笔者建议应当赋予目标公司董事会在寻求"白衣骑士"时平等对待各个潜在要约收购人的义务，必须基于股东利益最大化原则平等地向各个潜在收购要约人披露公司信息，不得与某一收购方私下签订协议，避免损害股东利益。

（二）敌意收购中目标公司的董事责任限制与免除

1. 允许限制或免除董事基于过失违反注意义务的责任

尽管英美两国在董事责任限制与免除方面的立法和判例不尽相同，但都存在一个基本的思路：即对董事基于过失而违反注意义务，两国立法和判例都认可予以适当的限制或免除责任。但是对于董事违反忠诚义务而产生对公司及股东之赔偿责任，两国的立法和判例均明确禁止限制或免除其责任。笔者基本认同这一立法观点，笔者认为未来我国立法对董事基于过失违反注意义务而产生对公司及股东之损害赔偿责任的，法院在审理相关案件时可以根据过失情节大小，适当限制或免除相关董事的损害赔偿责任。[1] 例如在敌意收购中，目标公司的董事因敌意收购方隐瞒真实的收购意图而导致公司被收购后核心资产被分拆出售从而损害公司及股东利益时，此种情形下，公司董事是基于客观原因未尽善良管理人之注意义务，不具备主观串通的情形，因而应当允许适当限制相关董事的责任。

2. 允许章程事先限制或免除董事责任，但违反忠实义务与强行法规定的除外

我国现行《公司法》并未明确允许公司可以通过公司章程事先限制或免除董事责任，同时这个问题也涉及"私法自治"与"强行法规范"的界限问题。目前不允许公司通过公司章程的形式限制或免除董事责任，主要是担心掌握公司控制权的公司董事通过事先预设或修改公司章程的形式提前减轻其

---

[1] 参见马太广："论日本公司法理论上的董事责任行为及其启示"，载《政治与法律》2008年第9期。

未来履职过程中的董事责任，这样不利于对中小股东利益的保护。[1]同时英美法的立法和判例认为，允许通过章程事先限制或免除董事责任的前提是前述董事责任不涉及违反忠诚义务与强行法规定。而笔者认为，未来我国相关的立法修改过程中可以允许公司通过事先制定章程的形式限制董事的责任，但是涉及董事违反忠诚义务与禁止性规定的除外。而且这种事先通过公司章程来限制董事责任的效力仅具备对内效力，涉及第三人或其他利益相关人时，上述限制董事责任的条款不具备对外效力。

3. 引进董事责任保险制度

目前关于董事责任保险制度，学术探讨比较广泛，但在我国保险实务中，上述业务的试点仍较少。董事责任保险作为英美法对董事责任风险转移机制的一部分，其目的是为了提高董事履职的积极性，免除董事履职的后顾之忧。通常由公司对董事履职行为向保险公司投保，投保时董事是否有责任处于一种不确定的状态，而且一般而言保险公司对上述保险的承保范围也仅限于董事违反注意义务而对公司产生之损害赔偿责任。笔者认为，既然《公司法》第122条规定对上市公司设置独立董事作了强制性规定，独立董事作为外部专家介入上市公司治理，独立董事参与董事会决策的信息通常来源于管理层。那么很有可能出现即便独立董事依股东利益最大化原则履职却由于信息不对称导致其决策出现失误而致公司利益受损，那么此时通过董事责任保险制度就可以避免出现优秀的专家人才担心承担过重的董事责任而不愿意担任独立董事的情况。同时笔者也建议参考保险业协会制定交强险的形式对董事责任保险的相关核心条款例如免责范围、被投保董事自身负担的份额以及填补损失的比例以及限额方面进行统一地规定，避免不同保险公司之间的不正当竞争。

（三）商业判断规则引入与董事责任限制

在英美法中，上市公司董事或董事会在遭遇股东诉讼时，商业判断规则通常被董事用作规避其董事责任的"避风港"。我国现行《公司法》与《证券法》并未引入商业判断规则，学术界目前关于是否引入商业判断规则存在争议。刘迎霜教授认为我国应通过成文法化方式引入商业判断规则，将商业

---

[1] 参见林少伟："董事异质化对传统董事义务规则的冲击及其法律应对——以代表董事为研究视角"，载《中外法学》2015年第3期。

判断规则与现行《公司法》上的注意义务相结合。[1]常健教授认为如果将商业判断规则运用于有限责任公司的相关争议，可能不利于保护中小股东的利益。[2]笔者认为将立法商业判断规则引入作为法院司法审查敌意收购中相关董事责任争议问题的规则是可行的，原因在于虽然我国在现行《公司法》中引入了股东派生诉讼，但是规定股东派生诉讼需穷尽内部救济方可申请司法审查的介入，而在英美法系法院审理股东派生诉讼时，通常都是将商业判断规则作为法院审查股东诉求的标准，引入商业判断规则有利于法院处理相关的股东派生诉讼。法院在没有商业判断规则可以援引作为裁判依据时，只能单纯就董事会决议是否违反法定程序或是否存在程序瑕疵作出裁判。这样裁判的结果显然无法使争议的另一方信服，故笔者建议在未来的《公司法》修法过程中考虑将商业判断规则引入作为判定董事是否履行其注意义务之衡量标准，结合笔者上文论述的敌意收购中目标公司董事之特殊义务，能够更好约束在股权高度分散且存在"内部人控制"之虞的上市公司董事在遭遇敌意收购时，能够尽股东最大利益之考量进行商业判断。

综上所述，笔者认为股权高度分散且存在"内部人控制"之虞的上市公司在遭遇敌意收购时，目标公司的董事除了应当遵守现行《公司法》上的忠实、勤勉义务以外，还应当从"股东利益最大化"原则出发，履行利益揭露与说明义务、恪守中立义务、平等对待潜在的要约收购者。同时在未来立法也应当允许对基于过失违反注意义务的董事责任进行适当限制，将商业判断规则引入到司法裁判中，以更好地照顾各方合理的利益诉求。

---

[1] 参见刘迎霜："股东对董事诉讼中的商业判断规则"，载《法学》2009年第5期。

[2] 参见常健、张强："商业判断规则：发展趋势、适用限制及完善——以有限责任公司股利分配为视角"，载《法商研究》2013年第3期。

有限责任公司股权转让中的股东通知义务研究

杨双悦　张世君*

有限责任公司股权转让中的股东通知义务，是指股权对外转让时，拟转让股权的股东以一定的方式将股权转让的相关事项告知存续股东的法律义务。《中华人民共和国公司法》（以下简称《公司法》）第71条规定，股东向股东以外的人转让股权，应当经其他股东过半数同意。股东应就其股权转让事项书面通知其他股东征求同意，其他股东自接到书面通知之日起满30日未答复的，视为同意转让。对此，最高人民法院在2017年发布了《关于适用〈中华人民共和国公司法〉若干问题的规定（四）》（以下简称《解释四》），其第17条对股东对外转让股权时的通知方式进行了细化规定。前述规定，基本确立了我国有限责任公司股东对外转让股权时，转让股东所负担的通知义务。但是，转让股东通知义务的法理依据何在？其法律性质与法律效力如何？如何界定通知义务的履行要求？

一、股权转让中股东通知义务的法律界定及其法理基础

通知是一种比较常见的民事行为，在有的情况下不具有法律意义，在有的情况下具有法律意义。在有限责任公司股东转让股权时，转让股东为保障存续股东的优先购买权而必须进行通知，此种通知具有鲜明的法律意义。在《公司法》及其司法解释将其确定为法律义务的前提下，就通知义务的法律性

---

　*　杨双悦，首都经济贸易大学法学院硕士研究生；张世君，首都经济贸易大学法学院教授，北京市习近平新时代中国特色社会主义思想研究中心特邀研究员。本文系北京市习近平新时代中国特色社会主义思想研究中心暨北京市哲学社会科学基金重大项目，项目编号：18ZDL27 阶段性成果。

质，可以从两个方面加以理解。

一方面，有学者认为该通知义务属于法定附随义务，"在优先购买权的制度设计中，出卖人的通知义务系出卖人所承担的为方便优先购买权人行使权利的法定附随义务，且出卖人不得以权利人已经知晓通知的内容，作为其不履行该义务的抗辩理由"[1]。此观点虽然区分了转让股东的通知义务和其与存续股东订立股权转让合同的主要义务的不同，但是附随义务是个专用的法学概念，其不是由法律规定的，也不是由当事人约定的，是依据交易的一般观念而应承担的义务。我国《公司法》第71条及其《解释四》的第17条均明确规定了转让股东的通知义务，因此通知义务属于《公司法》明确规定的强制性义务，不是约定的义务，其与转让股东和存续股东订立股权转让合同时所负担的法律义务完全不同。

另一方面，我国《公司法》及其《解释四》均未规定违反通知义务所要承担的损害赔偿责任，因此通知义务不应属于附随义务而是一种法定的辅助性义务，也即不真正义务。若转让股东不及时适当地履行通知义务，并不需向存续股东承担责任，而是由自己承担可能的不利后果。由此可见，转让股东所负担的通知义务是依据交易的一般观念而应承担的法定辅助性义务。因为如果未及时适当地通知存续股东，存续股东较晚知道转让相关事宜后才能行使优先购买权，转让股东则可能要承担对外部第三人更大的违约责任，因此笔者认为转让股东的通知义务是一种辅助性的不真正义务。

优先购买权中转让股东的通知义务源于民法中先买权行使中的出卖通知义务，先买权与优先购买权的关系是一般与特别的关系。先买权行使中的出卖通知义务，是指以特定的方式将标的物出卖事项告知先买权人的义务。有学者认为："尽管先买权的实现首先需要权利人履行相应的义务，但义务的具体内容和对义务作出承诺的时间，均取决于出卖人的意思，若无人将出卖人的意思通知至先买权人，则先买权人客观上无从通过履行义务进而实现其权利。"[2]出卖通知义务的切实履行对先买权人行使先买权十分重要，因为"通知"是先买权人获得出卖相关事项最重要的方式和途径。因此，很多国家的立法都将出卖人对先买权人的通知义务规定为法定的强制性义务。收到出

---

〔1〕 丁春艳："论私法中的优先购买权"，载《北大法律评论》2005年第1期。

〔2〕 陈洁："论民事优先购买权"，苏州大学2004年硕士学位论文。

卖通知的时间点也常作为行使先买权的期限起算点，以优先权人收到出卖通知为起点，计算先买权行使的期限。同理，股东优先购买权中转让股东的通知义务对于存续股东行使优先购买权也有着非常重要的法律意义。在有限责任公司股权的转让过程中，虽然得到通知不是存续股东获得股权转让相关事宜信息的唯一途径，但却是最为便利的途径。转让股东通知义务的不履行，很可能造成存续股东优先购买权行权机会的丧失，通知义务的及时适当履行不仅有利于存续股东的优先购买权得以切实有效地行使，也能保护外部第三人的交易安全。

二、股权转让中股东通知义务的履行内容

关于股权转让中通知义务的履行内容，理论界中有不同的观点。有学者认为转让股东只须将转让意图告知存续股东，其认为"如果出卖人必须向优先购买权人通知的是具体的出卖条件，并在此基础上由其决定是否行使优先购买权，那就等于在别人谈好交易条件后，优先购买权人可以坐享其成。任何交易都存在成本，但成本应由受益人承担才是合理的，让第三人和出卖人为优先购买权人投入和承担谈判交易成本，显然不公平。'通知'的内容应该是宽泛的，主要是出卖的意图，而不应是具体的出卖条件"[1]。有学者则认为通知的内容须包括转让股东与外部第三人达成的初步转让条件。

有限责任公司中股东的优先购买权源于民法中的先买权，有限责任公司的股东基于相互信任而共同投资，股东优先购买权的制度设计目的在于保护有限责任公司存续股东的在先利益，限制外部第三人进入公司，是对有限责任公司股东人合性的保护机制。笔者认为，股东优先购买权属于期待权而非请求权或形成权。因为优先购买权制度的积极权能（存续股东获得转让股权）附属于防御外部第三人进入公司的消极权能，股东优先购买权的安排机制旨在维护公司存续股东的人合性利益，而非保障存续股东取得转让股权，所以其他股东并不是能任意地、完全无条件地强制缔约，不符合形成权的无条件性；若为请求权，其他股东优先购买权实现的主动权便在转让股东手里，由转让股东决定最终将股权转让给外部第三人还是其他股东，这有悖于优先购买权保护有限责任公司股东人合性的制度设计初衷。因此，股东优先购买权

---

[1] 李小强："论我国民法中优先购买权的保护和规制"，中国政法大学2007年硕士学位论文。

属于期待权而非请求权或形成权。

股东优先购买权是介于形成权和请求权之间的期待权,相应地,对于通知事项的范围也应折中,只须包含转让价格、支付方式等实质性条件,无须包含具体受让人等非实质性条件。必须通知实质性条件后优先购买权才能行使,因为优先购买权建立在同等条件上,若不通知实质性条件,存续股东便无法判断自己是否要购买股权。但是,在通知的范围中却不必须包含受让人等非实质性条件,因为虽然受让人的信誉和商业能力对公司的发展也有影响,但无论受让人是谁,过半数的股东均已同意转让。股东优先购买权制度的立法宗旨,在于维护公司股东的人合性利益,而非保障存续股东取得转让股权。优先购买权的优先性体现在股东对于不特定第三人的优先,所以通知事项中不必包含具体受让人。从平衡外部受让人的合同权利和存续股东优先购买权的角度分析,若要求通知的内容包含具体受让人,在转让股东已与外部受让人达成了转让股权的合意、订立了股权转让合同的情形下,若存续股东行使优先股权,则会造成转让股东对外部受让人的违约,这不利于对外部第三人交易稳定和交易安全的保护。因为转让股东与外部第三人签订的股权转让合同的效力不因存续股东优先购买权的行使而消灭。

除了前述原因外,笔者认为通知义务的履行内容不须包含外部受让人有关情况还有另一个原因:即是无论股东将股权转让于何人,均不影响转让股东获得转让款的实质利益,若将外部第三人的情况作为通知的必须内容,就易出现不便于存续股东优先购买权行使的状况。如不包含外部第三人的情况,存续股东便能在更早的时间状态下行使优先购买权,只要转让股东与外部第三人就实质性条件达成一致,并将实质性条件以书面或其他能够确认收悉的合理方式通知存续股东。此时存续股东便可实际行使优先购买权,即存续股东主张优先购买权的意思表示到达转让股东时,就在主张优先购买权的存续股东和转让股东之间成立了股权转让合同,优先购买权得以实际行使。主张优先购买权的存续股东和转让股东之间所成立的股权转让合同虽然在存续股东主张优先购买权的意思表示到达转让股东时即成立,没有通过书面的合同形式,也没有经过一般意义上的合同成立所需要的要约、承诺的过程,但是其主要内容和转让股东与外部第三人之间的股权转让合同相同,根据法律的强行性规定而产生,是双方当事人不能随意变更的有效合同。

三、股权转让中股东通知义务的履行方式和履行时间

通知义务的履行方式有书面方式和口头方式，两种通知方式各有其优缺点。口头通知较为快捷及时、效率高，但发生纠纷后举证难；书面通知比较容易举证，不足是成本较高、效率较低。各国立法对此的规定也不尽一致。"考察各国或各地区的立法例，除《俄罗斯民法典》第250条第2款、我国台湾地区'耕地三七五减租条例'第15条明确要求出卖人须以书面形式向权利人通知其出卖意图外，其他均无类似规定。"[1]《解释四》第17条明确了经同意转让的股权，转让股东要以书面或其他能够确认收悉的合理方式通知其他股东征求其同意，而我国《公司法》第71条的表述仅为"书面通知"。显而易见，《解释四》第17条的规定强调了"以书面或其他能够确认收悉的合理方式"，将通知义务的履行方式扩大化到不仅可以以书面方式通知，还可以以其他能够确认收悉的合理方式通知，也就是可以采取除书面通知之外的其他通知方式，如口头或召开股东会等方式履行通知义务，但必须能够确认存续股东收悉。若在司法实践中发生了相关优先购买权纠纷，转让股东则需要有证据可以证明履行通知义务时确认了存续股东已经收悉。

通知义务的履行对象是有限责任公司的所有存续股东。基于此，有学者提出为了兼顾公平与效率，应由转让股东通知公司，再由公司高管通过股东会的形式通知所有存续股东。"实现或者取得这种'同意'的方式是以书面体的、分别的向其他股东传递（通知）欲向公司外部第三人转让股权的明确的意思和欲转让股权的相关事项。这样，实现或者取得这种'同意'方式就排除了转让股权的股东以书面形式向公司传递（通知）欲向外部第三人转让股权的意思和转让股权的相关事项，再由公司通过其管理机构或者法定代表人召集全体股东大会（会议）以讨论并表决决定是否'其他股东过半数同意'该股权转让意向的比较简洁、明了的方式。"[2]

此种通知方式有待商榷，原因主要有两点：一是，优先购买权的权利人是存续股东而非公司，通知的义务人是转让股东也非公司，作为直接发生于

---

[1] 丁春艳："论私法中的优先购买权"，载《北大法律评论》2005年第1期。
[2] 朱建军："我国有限责任公司股份转让法定规则的立法技术分析"，载《政治与法律》2014年第7期。

转让股东与存续股东之间的权利义务关系，不宜采取通过公司转达的间接方式来完成；二是，并不是所有存续股东都会参加股东会，客观上存在股东缺席股东会的情况，在此情况下就易产生存续股东因未得知股权转让事宜而失去行使优先购买权的机会，间接通知方式可能在通知的有效性方面无法保证。因此，笔者认为通知义务的履行对象是有限责任公司的所有存续股东，转让股东应以直接的方式将股权对外转让的意思及相关具体事宜通知公司的其他每位存续股东。

存续股东收到通知的时间是其行使优先购买权的起算点，因此转让股东发出通知的时间对存续股东优先权的行使有着重要影响。"除《德国民法典》第 510 条第 1 款规定，出卖人应将其与第三人订立的合同的内容'立即'通知优先购买权人外，其他国家的立法例并未明确规定通知义务的履行期限。"[1]法律对通知义务的设定在于保障存续股东的优先购买权可以有效、快速地行使，所以转让股东与外部第三人签订转让协议后应在合理期限内立即、及时地履行通知义务，对于合理期限的确定和"立即"的界定，则应在个案情形下结合具体案件并考虑相关因素加以认定。

关于如何认定转让股东通知义务的履行时间为合理的期限，实务中以转让股东与外部第三人订立股权转让合同的时间点为分界存在两种方式，一种是"先通知，后签约"，另一种则为"先签约，后通知"。有研究者认为"先签约，后通知"才是合理的通知时间点。[2]笔者赞同此观点，因为在"先通知，再签约"的时间模式下，无法确定股权转让的同等条件，而同等条件是股东优先购买权的行权前提，所以较为合理的发出通知的时间应为"先签约，后通知"。转让股东应在与外部第三人订立股权转让合同后，立即、及时地通知存续股东，这才是履行了正式通知的义务。如果只是通知转让股权的意图，则只是预先通知，若存续股东同意认购，则适用内部转让的规定，若无购买意愿，转让股东与外部第三人签订转让协议后，再将股权交易条件正式通知存续股东，才是完全履行了通知义务。

---

〔1〕 丁春艳："论私法中的优先购买权"，载《北大法律评论》2005 年第 1 期。

〔2〕 参见叶林、辛汀芷："股权优先购买权对股权转让效力的影响——北京新奥特集团等诉华融公司股权转让合同纠纷案"，载王利明主编：《判解研究》2006 年第 3 辑，人民法院出版社 2006 年版，第 99 页。

四、股权转让中股东通知义务的法律效力

通知的内容应包含股权转让合同的实质性条件，满足了要约内容必须具体、明确的要求。因此，从《中华人民共和国合同法》（以下简称《合同法》）的角度看，通知应被视为合同订立过程中的要约而非要约邀请。关于要约的法律效力，在合同法理论中有投邮主义和到达主义之分。根据投邮主义，则认为转让股东将载有通知事项的信件投入邮箱或将通知电报送交电信局时，通知即时生效。而根据到达主义，则认为通知到达存续股东时才开始生效。区分投邮主义和送达主义的意义在于分配通知传送过程中的风险。投邮主义倾向于减轻转让股东的通知义务，认为只要将通知投递出去，即股权对外转让通知发出时，转让股东即完成了通知的义务，邮递中通知遗失的风险由存续股东承担。而送达主义倾向于保护存续股东的权益，即必须要求通知到达存续股东时，即意思表示到达相对人时，通知才发生其效力。笔者认为，基于股东优先购买权属于期待权的性质，对于转让股东通知的效力认定，应采取到达主义，将传送中通知遗失的风险分配给转让股东承担。这更有利于平衡转让股东和存续股东之间的风险，以维护交易秩序和安全。

对于转让股东违反通知义务的法律后果，我国法律没有予以明确规定。但是转让股东如果违反通知义务，即没有及时、适当地通知每一位存续股东（因为每一位股东都有行使优先购买权的可能），则要承担由此而产生的不利益。此种不利益并不是向存续股东承担赔偿责任，而是在于转让股东如果未及时适当地通知存续股东，存续股东较晚知道股权转让相关事宜后才能行使优先购买权，转让股东则可能要承担对外部第三人更大的违约责任。如果存续股东能够较早地知道股权转让相关事宜并行权，转让的合同可能只让股东与第三人停留于磋商文件或预约合同的阶段；反之，若存续股东较晚得知股权转让相关事宜后才能行权，而此时转让股东可能已经与外部第三人签订了股权转让的本约合同。若存续股东主张行使优先购买权，转让股东则可能要对第三人承担更大的违约责任。

上述情形为外部第三人善意的情况下，其与转让股东签订的股权转让协议为有效，故若因转让股东没有及时通知存续股东，存续股东较晚得知股权转让相关事宜后行使优先购买权，转让股东才可能要对第三人承担更大的违约责任。但若转让股东与第三人恶意串通私下签约进行股权转让，并采取非

法手段骗取到工商登记部门的股权变更核准手续，此行为损害了存续股东的优先购买权，至于转让股东与第三人转让合同的效力如何，法律没有明确认定此类股权转让协议无效与否。有人认为"股权亦非租赁物，其品质往往会因股权受让者进驻公司而发生根本变动，也不宜参照动产租赁下的利益保护规则。或可考虑向优先购买权人提供某种选择权：一是，优先权人得请求依照同等条件购买取得该已转让给受让人的股权，但对已遭受的损失，依然得向转让方请求损害赔偿；二是，优先权人既已实际失去优先购买权，若其容忍失去优先购买权，亦不妨径行主张损害赔偿，而不主张撤销已履行完毕的股权转让协议"[1]。这是因转让股东对通知义务的违反导致存续股东优先权利益受损时对存续股东的救济方式，也是对转让股东违反通知义务的法律惩罚。

---

〔1〕 叶林、辛汀芷："股权优先购买权对股权转让效力的影响——北京新奥特集团等诉华融公司股权转让合同纠纷案"，载王利明主编：《判解研究》2006年第3辑，人民法院出版社2006年版，第99页。

现行《税收征管法》修法特征、修法内涵与信息治税的路径完善

贾绍华　陈　进*

在第十三届全国人民代表大会一次会议新闻发布会上，大会发言人张业遂表示，2018 年将对《中华人民共和国税收征收管理法》（以下简称《税收征管法》）进行修订。在加速完成税收法定任务和积极推进税收体制改革的背景下，《税收征管法》修订势在必行，这也是进行良法之治，推动依法治税、信息治税的必然选择，对于实现我国税收征管现代化有着重要意义。

一、现行《税收征管法》的修法特征

（一）进一步支持信息治税的应用与发展

在互联网时代，社会生活表现出高度信息化的特征，信息也演变成了一种新兴资源，利用信息挖掘和创造价值极大地颠覆了传统的生产和生活方式，"互联网+税务"理论和实践的日趋成熟，使得税收征管逐渐由传统的"以票控税"模式转向效率更高的"信息治税"模式。金税三期工程的落实，标志着大数据技术与税收征管的结合达到新的高度，大幅提升了税收征管的效率和质量，显著增强了纳税人的纳税遵从度，对于税务机关纳税服务的提供也

---

* 贾绍华，中央财经大学税收教育研究所研究员；陈进，中央财经大学财政税务学院税收学研究生。

大有帮助，有力促进了信息治税和税收现代化进程。

然而现行《税收征管法》对于信息治税的规定难以适应目前的客观需求，这使得大数据技术的运用面临着缺乏有效性和合法性的潜在隐患。具体而言，现行《税收征管法》在信息采集、信息共享、信息隐私、信息管理等方面存在着规范的缺失，税务部门在进行相应管理行为时一方面缺少统一指导，另一方面缺少法理支撑，这一问题急需得到高度重视并得到合理解决。所以对现行《税收征管法》加以修改，使之符合信息治税的发展需要，将是本次修订的重要特征。

（二）进一步促进行政行为的合法与公正

中共十八届四中全会确立了全面推进依法治国的战略部署，全面推进依法治国需要实现科学立法、严格执法、公正司法和全民守法，严格执法的要求反映了建设法治政府，厉行依法行政的突出地位。税务部门作为政府部门中的中坚力量，一方面与广大纳税人群体直接接触，另一方面承担着为国家筹集收入的关键职能，税务部门行政行为的做出将直接影响征纳关系的构建，进而影响和谐社会的构建，合法公正的行政行为必将得到社会认可和尊重，违法不公的行政行为必将受到社会谴责和抵制。

然而，一方面我国财税主管部门对于税法行政解释有着较大的自由裁量权，[1]另一方面，我国目前基层税务机关在执法时被赋予大量自由裁量权，[2]表现在课税权力行使方式的可选择性、行使时限的不确定性、行使标准的难认定性等方面，[3]这无疑对依法执政造成了负面冲击，埋下了执法不严、选择执法的种子。《税收征管法》作为最重要的税收程序法，其修订必须体现和落实促进行政行为的合法公正，应当充分地将合法行政原则融入具体条款之中，主动将权力关进牢笼，不得赋予任何人超越法律的权利，维护法律权威，彰显程序正义的价值。另一方面，针对违法不公的行政行为应当明确其法律责任并严格执行，绝不姑息容忍。[4]

---

〔1〕 参见刘剑文："落实税收法定原则的现实路径"，载《政法论坛》2015年第3期。

〔2〕 参见崔威："中国税务行政诉讼实证研究"，载《清华法学》2015年第3期。

〔3〕 参见李占通："税务机关自由裁量权不应'太自由'"，载《人民政协报》2016年4月18日，第5版。

〔4〕 参见郝琳琳："整体观视野下社会主要矛盾的化解与财税法治的回应"，载《法学杂志》2018年第3期。

（三）进一步构建纳税人的权利保护体系

自改革开放以来，我国在纳税人权利保护方面虽然已经取得了不少的成果，但由于目前税法形式内容和实质内容上仍然存在不足，导致了法律确定性和课税公平性的不足，形成了主要建立在管理理念基础上的不对等的征纳关系，与"服务"这一先进征纳关系的构建相违背。[1]因此，为解决纳税人权利保护的问题以及应对新一轮税制改革下纳税人权利保护将面临的挑战，《税收征管法》的修改需要积极建立纳税人的权利保护体系。[2]首先，修订中应当增加应有而未有的权利，如公平对待权等。其次，应当完善已有权利，如清晰表述，消除笼统性论述。最后，加强救济性权利制度的构建，充分保障纳税人的权利行使。

（四）进一步界定推定课税的相关关系

推定课税制度是一国税收征管制度中的重要构建，是指税法在特定情况下允许税务机关以间接资料确定课税基础进而征税的做法，其对维护税收权益、实现税负公平具有重要意义。但是，我国现行《税收征管法》中关于推定课税的规定存在着定位不清、自由裁量权过大等问题，如何修正这些问题，以实现税收法定的基础原则，推进法治型和服务型政府建设，是我国新一轮税收征管法修订需要重点关注的事项。

在纳税申报独立成章的背景下，首先应当厘清纳税申报与推定课税之间的关系，以确定纳税申报的基础性地位，强化纳税申报的主体作用，限制税务机关对于推定课税的滥用。其次，应当进一步明确推定课税的具体规则，如进一步细化和规定方法适用的层级顺序、适用条件、适用标准等内容，以对自由裁量权进行限制。最后还需要完善纳税人的权利救济制度，进一步对自由裁量权的使用进行约束。[3]

二、现行《税收征管法》的修法内涵

（一）进一步规范税收征管的基本程序

《中华人民共和国税收征收管理法修订草案（征求意见稿）》（以下简称

[1] 参见刘剑文："税收征管制度的一般经验与中国问题——兼论《税收征收管理法》的修改"，载《行政法学研究》2014年第1期。
[2] 参见翁武耀："论我国纳税人权利保护法的制定"，载《财经法学》2018年第3期。
[3] 参见董梅："论推定课税制度的税法完善"，载《新疆社会科学》2017年第4期。

《修订草案》）积极落实"放管服"改革要求，明确了以纳税人自主申报为基础，包含申报纳税、税额确认、税款追征、违法调查、争议处理等内容的一套税收征管基本程序，为征管模式创新、效率提升铺垫了坚实基础。首先，确立纳税人自主申报法律地位，将"纳税申报"从现行法"税务管理"一章修改剥离，独立成章，在法律上明确纳税申报不是税务管理事项，突出纳税人自主申报纳税的权责，还权还责于纳税人，由纳税人对申报的真实性、完整性负责。其次，增设"税额确认"一章，明确纳税人自主申报后，税务机关可以运用纳税评估、反避税调查等手段，对其申报纳税的真实性、完整性进行核实、确定，有效解决多年来纳税评估法律依据不足的困扰，为加强事中事后监管、转变税务机关职能提供了法律支撑。最后，规范税款追征程序，基于申报责任的明确将"税款征收"章名修改为"税款追征"，反映了税务机关在征纳关系中角色定位和职能的进一步转变，加强了税务机关的事中事后监管。

《税收征管法》在税收征管的基本程序部分的进一步修订，可以围绕税额确认这一核心制度开展。首先，应当进一步界定税额确认这一概念，厘清其与税务稽查、纳税评估等概念的关系，严格区分程序与手段。[1]其次，可完善纳税评估的职能定位，以建立完备的纳税评估制度体系为目标进行修订。再次，需明确纳税申报与税收核定的关系，厘清税收核定的职能定位，细化税收核定制度。最后，由于税额确认为具体行政行为，具有可诉性，所以需进一步完善、补充税额确认的举证责任分配。[2]

（二）进一步构建信息管税的体制机制

《修订草案》中，采取专章规定的方式对"涉税信息"进行了规定，为信息获取来源及相应法律责任提供了明确依据。《修订草案》中首先明确了政府机构的信息提供义务，包括人民银行、银保监会、证监会等金融部门涉税信息提供义务，公安部在协助查询时身份信息的提供义务，以及各级政府支持涉税信息共享机制建设的规定。其次针对较为薄弱的网络交易税收管理，增加了电子商务平台经营者的涉税信息提供义务，以强化网络交易监管。最后针对纳税人，增加交易相对方的涉税信息提供义务，规定纳税人支付影视、

---

〔1〕 参见樊勇、侯京玉："建立我国税收评定法律制度研究"，载《中央财经大学学报》2018 年第 3 期。

〔2〕 参见陈玉琢："税额确认制度若干问题研究"，载《税务研究》2018 年第 1 期。

建筑等服务费用的金额达到规定数额的，应当按照规定向税务机关提供相关支付信息，以加强对税收高风险行业的监管。

信息管税作为税收征管发展的必然趋势，在体制层面应当进一步完善政府信息平台构建；在机制层面，从目前出发应当进一步完善金税三期工程，从长远出发应当积极谋划以引入区块链技术为特点的金税四期工程建设。针对本次《税收征管法》修订，具体的信息管税体制机制完善措施体现在对信息来源、信息利用、信息隐私、信息监管等方面进一步加以规定，在做到征管实践有理有据的同时，也要以富有前瞻性的修订眼光为信息管税的未来扩展发展空间。[1]

（三）进一步夯实税收治理的制度基础

《修订草案》着力于转变政府职能，依托税收诚信体系建设，夯实税收征管基础制度，进一步提升税收治理能力。[2]首先，强化了税务机关的检查权，一是扩大检查对象范围。将检查询问对象扩大到"其他当事人"。二是充实检查内容。规定税务机关可以对纳税人登记注册场所、货物托管处以及相关物流企业进行检查；到相关部门查询、复制纳税人的财产登记信息和身份信息；检查纳税人的电子会计资料；要求电子商务平台经营者、电子支付服务提供者提供电子商务交易和电子支付情况。三是完善调查取证手段，增加了查封、扣押、鉴定、勘验、先行登记保存等措施。其次，完善了税务机关行政强制。一是增加行政强制的标的。将"汇款"纳入行政强制的范畴。二是扩大行政强制的适用情形。将"纳税人违反法律、行政法规规定获取减税、免税或者退税"的情形纳入税务机关行政强制的范围。三是明确强制措施的期限。规定税务机关实施强制措施的期限一般不得超过 6 个月；案情重大复杂的，经省以上税务机关批准可以延长，但是延长期限不得超过 3 个月。

对于进一步的修订，一方面可以进一步细化条款中的词语定义，缩小税务机关自由裁量权的使用，另一方面，应当注重相关内容与行政法等法律的衔接，保持内在的一致性。此外，还应关注司法权利救济制度的建立和完善，牢固最后一道防线。[3]

---

[1] 参见施正文："税收法定原则框架下的税收法律体系"，载《社会科学辑刊》2015 年第 4 期。
[2] 参见贾绍华：《中国税收流失问题研究》，中国财政经济出版社 2015 年版，第 152 页。
[3] 参见范力军："加快推进税务稽查法治建设的几点建议"，载《中国税务》2018 年第 10 期。

（四）进一步完善纳税人权利的保护体系

《修订草案》遵循征纳双方法律地位平等、诚信推定、权力制约等理念进行修订以保障纳税人合法权益。首先，丰富了纳税人权利事项，包括完善延期缴税、新设分期缴税制度和修正申报制度，赋予纳税人对作为确定应纳税额依据的国外涉税信息提出异议的权利。[1]其次，减轻纳税人办税负担，在降低纳税成本的同时为日后个性化纳税服务的实现提供制度支撑。包括新增实名办税制度，明确电子凭证、电子资料的法律效力。再者，合理设定纳税人法律责任，由重处罚转向重引导，积极引导纳税人自觉回归合法道路。一是降低未造成后果违法行为的处罚力度，对部分未造成国家税款损失的违法行为，由"并处"罚款改为"可以处"罚款。二是规定非因主观故意少申报的纳税人在税务检查前修正申报，并缴纳应纳税款及税款滞纳金的，不予行政处罚。三是对纳税人主动纠正、配合税务机关查处税收违法行为的，视情节从轻、减轻或者不予处罚。

《税收征管法》的修订对于纳税人权利保护体系的构建至关重要，对于体系的进一步构建可以从以下方面着手。首先，应当明确"权益保护原则"，这将对纳税人权利保护体系的构建起到纲领性作用，体现《税收征管法》的价值取向。其次，补充应有权利，细化已有权利，进一步丰富和明确纳税人权利并将其落到实处而非有名无实。最后，完善纳税人权利救济体系，充分强化底线建设，充分保护纳税人行权能力和行权行为。[2]

三、《税收征管法》修订背景下信息治税的路径完善

（一）完善信息治税的顶层设计

精密顶层设计和适当的具体政策相结合是信息治税有序推进的必要条件，对于顶层设计的讨论，不仅要把握当下实情，还需要考虑未来需求。由于我国税收信息化进程起步较晚，各项基础设施仍存在较大完善区间，首先是需要建立专业的组织管理体系，基于发达国家税收信息化建设的经验，只有建立了专门的组织机构，明确部门权责，才能有效提高数据管理和应用水平。

---

[1] 参见樊勇、赖先云："现行《税收征管法》中需要修订的若干问题"，载《税务研究》2008年第10期。

[2] 参见滕祥志："论《税收征管法》的修改"，载《清华法学》2016年第3期。

其次需要建立规范的数据标准体系，数据管理的首要工作是建立数据标准，数据标准体系的建立能够为数据仓库的构建提供基础，促进数据资源的集成和共享。再者，需要建立全方位的数据分析应用体系，大数据技术的精髓在于强大的数据分析和应用能力，发掘信息中存在的价值，建立强大的数据分析应用系统，将直接有助于提升信息治税的工作质量，在税务检查、纳税服务、绩效管理、行政管理等领域创造价值。最后是建立配套的运行保障体系，作为系统性工程，信息治税除了解决如何利用信息这一技术性问题外，还需要健全配套法律制度，明确纳税人与税务机关的权责，加大人才队伍建设，完善绩效评价体系，通过完备的保障体系有效支撑大数据技术的应用。[1]

（二）强化税收数据的开发与利用

在采用信息技术构建网络支撑技术平台的同时，应将更多的注意力用于数据资源的开发利用上。其一，要加强对数据的采集，按应用需求对数据采集内容进行整合，加强数据审核，尽可能从源头保证数据的质量，确保数据的客观性和真实性。其二，应定期进行数据的清洗和校验，进一步把垃圾数据清理出系统之外，确保在此基础上加工的数据产品真实有效。其三，应重视数据加工和分析，把各种历史数据、各类财务信息、申报信息及其他管理信息，通过数据仓库技术进行数据挖掘和数据抽取，通过建立数学模型进行预测和决策分析，并且把数据转化为信息，进而使信息转化为知识，最终将其输送到决策者和用户手中，发挥出信息化的应有效用。

（三）健全纳税信用体系构建

健全纳税信用体系首先需从完善纳税人纳税信用评级制度入手，作为我国纳税信用体系的重要组成部分，目前纳税人纳税信用评级制度存在着纳税信用评级主体个体化、纳税信用信息采集途径单一化、纳税信用等级评价方式片面化、纳税信用评级结果半公开化、纳税信用评级结果应用低效化等不足，在引入大数据技术后，构建评价主体更加多元、评价信息来源更加多样、评价结果更加公开、评价应用领域更加广泛的纳税信用评级制度势在必行。[2]

---

〔1〕 参见贾宜正：《中国税收治理问题研究 基于"互联网＋"的视角》，中国财政经济出版社2018年版，第163页。

〔2〕 参见闫晴："大数据时代纳税信用评级制度的三维向度与优化路径"，载《财会月刊》2018年第13期。

在完善纳税人纳税信用评级制度的同时，更要重视纳税信用体系的整体建设，例如建议由国家税务总局牵头建立信用编号、税务登记编号、社保号码统一管理规则、信用档案记录建设、信用信息共享平台建设、失信行为联合惩戒制度、信用服务机构发展、法规制度标准建设等一系列完备的制度体系。

（四）构建纳税人隐私权保护平衡机制

构建纳税人隐私权保护平衡机制，首先，需要明确纳税人的义务，在获取信息时严格遵循对纳税人隐私干预最小的原则，确定纳税人应当提供的信息及协助事项，从源头防范潜在的冲突。其次，需要严格限制税务机关启动调查行为的权利，限制税务机关只有在纳税人未履行义务时才可启动调查，否则不得启动以干预纳税人私人生活。再者，应当明确税收征管对纳税人隐私权的程序性保护，要求税务机关需按照法定程序进行调查或其他活动，并建立非法信息排除制度，从维护程序正义的角度出发保护纳税人隐私权。其后，是需要明确课税资料信息的披露限制，防止纳税机关由于不当使用或不当披露信息对纳税人造成侵害，监督税务机关严格履行保密义务。最后，需要明确纳税人隐私权被侵害时的救济途径，不仅对违规人员和机构要给予惩处，更应当注重对于被侵权人的保护与补偿，构建好保护纳税人隐私权的最后一道防线。

（五）完善纳税服务体系建设

在大数据背景下，纳税服务体系应当精细把握纳税人的需求层次，通过强化涉税数据获取能力、整合能力、分析能力、应用能力，挖掘和发现纳税人的涉税需求。具体而言，首先，应当注重智能服务的提供，通过整合税务机关信息发布平台，建立系统化的数据应用体系，如共享基础数据、建立"数据集市"、AI 在线解答等，以满足广大纳税人的公共需求、专项需求和个性化需求，增强税务机关数据信息供给能力。其次，需要进一步推广实名办税，强化纳税主体的责任意识，基于大数据分析通过办税痕迹管理为纳税人准确"画像"，从而为服务决策提供参考信息。最后，是定向税法宣传，针对社会公众，可以充分运用媒体和社交平台，通过大数据技术挖掘舆论走向和社会讨论热点，以及时进行税法宣传与教育。针对纳税人群体，则可以基于纳税行为痕迹管理实现特定税法知识的宣传与教育。[1]

---

〔1〕 参见贾绍华、李为人：《税务管理新论》，中国财政经济出版社 2016 年版，第 325 页。

（六）谋划以运用区块链技术为特点的金税四期工程建设

随着区块链技术的日趋成熟，将其引入信息治税建设有利于进一步促进企业交易透明化、提升系统的安全性与稳定性，因此基于区块链技术对金税四期工程建设进行谋划意义非凡。2016 年发布的《中国区块链技术和应用发展白皮书》将区块链定义为分布式数据储存、共识机制、点对点传输、加密算法等计算机技术的新型应用模式，[1] 其去中心化、信息不可篡改、匿名性、自治性、开放性等特性对于进一步完善信息治税建设至关重要。首先，涉税企业所有交易记录均被保存下来，并且不可篡改，税务部门可以在征税管理过程中获取真实交易的信息数据，这将有助于提升企业交易透明度，减少由于信息不对称引起的纳税争议，降低企业的涉税风险。此外，区块链技术还有利于保障数据安全，由于其可以有效防御中间人攻击（身份窃取）、数据篡改等威胁，防止节点攻击造成的系统瘫痪，从而大幅提升系统的安全性与稳定性。从长远角度看，区块链技术的引入不仅是响应提升信息治税水平的需求，甚至有可能对征纳关系和税务部门职能产生深刻影响。[2]

---

〔1〕 参见中国区块链技术和产业发展论坛：《中国区块链技术和应用发展白皮书》（2016 年）。

〔2〕 参见贾宜正、章荭今："区块链技术在税收治理中的机遇与挑战"，载《会计之友》2018 年第 4 期。

美国税收留置权制度考察

——以《税收征管法》(征求意见稿) 第74条的完善借鉴为视角

任 超*

Tax Lien, 在我国被翻译为"税收留置权", 是指负有纳税义务的纳税人如有欠缴税款, 就自动成为政府的债务人, 税收留置权随之产生至其偿清税收债务为止。政府通过税务机关作为债权人, 对债务人也就是欠税人的财产实施税收留置权, 以确保政府的税收权益。美国《国内收入法典》(Internal Revenue Code, IRC) 第6321至6327节对税收留置权 (tax lien) 的产生、范围、效力、救济等方面进行了较为全面的规范。从内容上讲, 税收留置权包括一般税收留置权和针对遗产税、赠与税 (estate and gift tax) 的特别税收留置权 (special tax)。[1] 因本文的目的在于对《中华人民共和国税收征收管理法修订草案 (征求意见稿)》(以下简称《征求意见稿》) 第74条的完善提出立法建议, 故着眼之重点在于介绍和评述美国一般税收留置权, 而不涉及特别税收留置权的内容。

一、美国税收留置权的界定及其产生

Lien, 是一个来自于英美法系的名词, 是英美法系担保法上的一个核心概念, 它是指在他人财产上设定的旨在担保债务或义务履行的负担。[2] 根据其据以产生的规则体系不同, 英美法上的lien被分为普通法上的、成文法上的

---

* 任超, 华东政法大学法学院教授。

〔1〕 特别税收留置权规定在《国内收入法典》6324、6324 (a)、6324 (b), 即 IRC § 6324、6324 (a)、6324 (b)。

〔2〕 参见孙新强: "大陆法对英美法上 LIEN 制度的误解及 LIEN 的本意探源", 载《比较法研究》2009 年第1期。

和司法程序上的三种形式。而 Tax Lien 则是属于根据《国内收入法典》的规定设置的成文法上的 Lien。因此，我们虽然将其称之为"税收留置权"，但其实质并不是民法意义上的留置权，因为：其一，代表政府的税务机关并不以占有纳税人的财产为前提，它是赋予联邦税务局一种优先权；其二，其超越了私法的范畴，属于根据法律强制规定而产生的公法债权保障；其三，其除了包含担保物权等实体性权利外，还含有大量的保障税款征收的程序性权利。因而，笔者认为，应当将税收留置权界定为一种类似于担保物权的税款征收保障制度。

美国的税收留置权因《国内收入法典》的规定而产生，该法第 6321 节规定，任何具有纳税义务的纳税人，经联邦税务局发出催缴通知后，怠于或者拒绝缴纳税款的，就其应纳数额（除本税之外，还包括欠缴税款、任何利息、附加数额、附加税、可征收罚款以及任何因此而产生的费用），联邦政府对属于纳税人的所有财产和财产权利，包括动产或不动产，拥有留置权。《国内收入法典》定义"担保利益"为：任何的财产上的利益，通过合同为保证支付或者履行一项义务或者保护免于损失或责任为目的而获得的。一个担保利益存在于任何时候：一方面包括，如果在这时，财产是存在的，并且该利益已经成为基于本地法而被保护的对象，对抗随后而来的起因于未确定义务的留置权判决；另一方面也包括在这个意义上，此时，持有人已经放弃金钱或者金钱价值。该法第 6322 节规定：除了法律特别规定的以外，根据第 6321 节产生的留置权，自税收核定之日起生效，至纳税人缴清核定的（或法院判决的纳税人纳税责任）欠税税款或因征收期限届满而失去执行力时终止。基于上述规定，我们可以初步归纳出税收留置权制度的两个基本法律特征：

第一，税收留置权自动产生。当满足以下三种情形时，税收留置权自动产生：其一，联邦税务局核定纳税人税收责任。按照美国《国内收入法典》第 6212 节的规定，联邦税务局发现纳税人欠税时，必须先发出欠税通知（notice of deficiency）。若纳税人在收到欠税通知 90 天内既不履行纳税义务又不申诉、复议或诉讼，90 天后根据欠税通知核定税收。税收核定（tax assessment）是税收留置权产生的前提。其二，联邦税务局必须及时向纳税人送达催缴通知书（notice and demand）催缴税款。联邦税务局应当及时将应纳税额以及不履行纳税义务的法律后果通知纳税人。其三，纳税人没有履行纳税义务。[1]

第二，税收留置权具有追溯力。从税收核定到通知纳税人再到纳税人没有在期限内履行纳税义务，这一系列程序规则会产生一段"真空"时间，即欠税事实已经成立但为保障纳税人的合法权益以及给予纳税人必要的履行期限，相关征税措施在此阶段并不能适用。因此，第6322节规定，税收留置权自税收核定之日起生效，即赋予其追溯力，防止欠税人利用程序法中期间的"时间差"恶意转移财产，不能保证联邦税收的稳定。若纳税人转移个人财产，不论其主观意愿为何，在符合法律规定的情况下，联邦税务局拥有追索权。

二、美国税收留置权的适用范围

根据美国《国内收入法典》第6321节的规定可知，税收留置权适用于"属于纳税人的所有财产和财产权利，无论动产或者不动产"。

对于适用范围问题，首先要判定"财产和财产权利"是否"存在"。但是，判断是否存在财产和财产权利的标准，并不在联邦法律和联邦税务局的管辖权范围内，而是主要根据各州的财产法来加以判定。由于美国联邦制的特点，联邦政府和州政府作为并行的国家机构设置，各州的法律常常会出现为了保护本州居民的利益而不认定为财产或财产权利的规定。"所以，联邦法需要判断州法对于财产权利的范围界定是真实的还是出于自身政治考量。"[2]

另一方面，明确税收留置权的范围，还需要判定"财产和财产权利"的延伸性问题。留置权是一种"持续性"的优先权，并且由于联邦税务局并不实质占有纳税人的财产，而是仍由纳税人占有、使用，因而不可避免地随着时间的推移出现新财产（after-acquired property）的情况。联邦税务局设置留置权的根本目的是保证税收，将留置权覆盖范围扩大至留置时效内纳税人所有财产，更有利于纳税人及早缴清所欠税款。因此，联邦税务局对所有财产和财产权利享有优先受偿权，包括税收核定之前已经存在的以及税收核定之后获得的各种财产。

---

〔1〕 Bryan Camp, "Protecting Trust Assets From the Federal Tax Lien", *Estate Planning & Community Property Law Journal*, 1 (2009), p. 298.

〔2〕 Bryan Camp, "Protecting Trust Assets From the Federal Tax Lien", *Estate Planning & Community Property Law Journal*, 1 (2009), p. 302.

三、美国税收留置权的效力

（一）税收留置的通知程序

美国《国内收入法典》第 6323（a）分节规定：第 6321 节所规定的税收留置权对于任何担保利益的购买者和持有者、修理留置权权利人以及判决留置权债权人不具有效力，直到部长公布满足第 6323（f）分节所规定的要求的通知。[1]

第 6323（a）分节规定的"部长公布满足第 6323（f）分节所规定的要求的通知"即为联邦税收留置通知（Notice of Federal Tax Lien，NFTL）。税务机关可按照（f）分节的规定，决定是否将税收留置通知相关机构登记（filing the NFTL）。一般情况下，若留置财产为不动产，根据州法律的规定，在不动产所在地的登记机构；若留置财产为个人财产，无论是有形还是无形的，根据州法律的规定，在登记税收留置通知之时纳税人居住地的登记机构。

由于税收留置权的自动性、"秘密性"，根据第 6321 节的规定，已设置的税收留置权知晓范围仅限于纳税人，而没有将这一足以影响第三人合法权利的事实公开，或者可以通过公开途径得知，很容易使第三人的合法权利受到不同程度的侵害，因此，登记的目的与其说是一项实质意义上的程序性要求，不如说是为了向社会公告纳税人欠税的事实，申明税收优先受偿的法律效力；积极地告知第三人税收留置权的存在，使第三人最大程度地降低自己在与纳税人交易过程中可能存在的风险，保障自由交易的安全。

留置登记的效力期限为 10 年，但不会因征收时效的延长而自动延长。若 10 年到期而征收时效仍未届满，则需要按照第 6323（g）节的规定进行重新登记（refiling of notice）。

（二）税收留置通知登记前后的效力及对第三人的影响

税收留置权效力高低的分界即为税收留置通知登记（以下简称税收留置登记）程序，进而将其法律效力分为税收留置登记前和登记后两个阶段。

1. 第一个阶段——税收留置登记前

税收留置权具有自动生效的特点，联邦税务局可以无须经过司法程序就直接执行被留置财产。但也正是其"秘密性"，对其他债权人或交易第三方的

---

[1] 参见翟继光编译：《美国税法典》，经济管理出版社 2011 年版，第 1116 页。

权利损害风险极大，需要对联邦税务局优先权的适用范围进行严格限制。

私法上的债权的性质可分为无担保债权和担保债权两类。其一，在无担保债权的情况下，联邦税收留置权优先于无担保债权。其二，在担保债权的情况下，按照"时间优先，权利优先"原则（first in time，first in right），若担保债权在税收留置登记前产生，则担保债权优先于联邦税收留置权；若担保债权在税收留置登记后产生，只有担保债权"成熟"时才可以对抗税收留置权，否则税收留置权优先受偿。"成熟"的标准是：①留置权人必须确定；②留置财产必须确定；③留置金额必须确定。

2. 第二个阶段——税收留置登记后，此阶段效力等级最高

税收留置登记之后，税收留置的效力高于担保债权，不论在税收留置登记之前或之后产生。

通说认为，税收的性质为税收债权，本质上是国家或地方政府向纳税人请求缴纳税款的债权关系。税收以维持国家正常运行、收入分配、优化资源配置为主要职能，即税收具有公共性，是一种公权利之债。公权利之债的税收与私权利之债的普通债权或担保债权相比，有国家强制力保障的公权利很容易侵犯私权利。为了平衡联邦政府公权利与债权人私权利之间的利益冲突，在第 6323（b）分节中规定了十类超级优先权（super priority）、在第 6323（c）分节中规定了三类准超级优先权（semi-super priority），以及在第 6323（d）分节中规定了 45 天支付期间。

超级优先权是指即使登记了税收留置通知，不受税收留置权的影响，优先保护的利益。值得一提的是，适用超级优先权时，对于民法中第三人的"善意取得"原则在此仍然适用。若债权人已经接到或者知道留置公告，或者知晓留置权存在的，则丧失超级优先权。

准超级优先权是指在满足法律规定的条件下，不受税收留置权影响，附条件优先保护利益。45 天支付期间的具体规定为：即使已经提交了第 6321 节所规定的留置通知，在税收留置登记之后存在的担保利益，在税收留置登记日的 45 天之内要求支付的，或者（可能更早之前）在支付主体支付担保利益之前，事实上已经知道该税收留置或者收到该通知的，该留置不应当生效。

但在（d）分节中还进一步限制了担保利益的范围：①在提交税收留置通知之时已根据第 6321 节的规定留置，以及在提交税收留置通知之前签订的书面协议的条款覆盖了该财产；②被州法所保护，在税收留置登记之时免于从

担保债务中产生判决留置。

(三) 税收留置登记对纳税人本人的影响

虽然税收留置权自税收核定完成时生效，但是必须要到其程序完备之后才具有对抗第三人的效力，即向相关机构进行登记公开税收留置通知。在美国的实践中，若被联邦税务局向登记机关登记税收留置通知，社会信用评价机构则会下调信用等级，进而会影响其工作、购房、贷款等社会活动。但事实上，欠缴税款而被留置登记的往往是那些经济陷入困境、没有财产的普通工薪阶层。由于其信用等级被下调，无法顺利找到工作或者获得贷款，从联邦税务局的角度讲，并不能达到其设置税收留置权的目的，反而阻碍了税收顺利征收。纳税人正常经营的维系，是税收债权顺利实现的保障。税收留置本身并不能创造财产，使纳税人有足够的能力清偿税收。因此，除了到了万不得已的境地，联邦税务局不会轻易登记税收留置。[1]

(四) 税收留置登记效力变更或解除

1. 税收留置登记的撤回 (withdrawal of notice) 及其他效力变更

税收留置登记的撤回需要向同一机关申请登记，其法律效力是使税收留置恢复到登记之前的"秘密"状态，即没有税收留置通知被登记。同时，联邦税务局有义务及时地通知社会信用评价机构、金融机构或者债权人税收留置登记撤回的信息。具体包括以下几种情况：①税收留置登记条件尚不成熟，或者不符合联邦税务局行政程序；②纳税人与联邦税务局达成了分期付款清偿所欠税款的协议；③税收留置登记的撤回有利于税收征收；④税收留置登记的撤回同时有利于纳税人和联邦税务局。

"但在实践中，纳税人想成功申请撤回税收留置登记却并不容易，往往在有利于联邦税务局的情形下才可能撤回。而纳税人不能成功申请撤回会使得他们面对更高的利息、被拒绝申请贷款、找不到工作等困境。"

除了税收留置登记撤回之外，还有税收留置财产的豁免 (discharge of property)、税收留置效力减等 (subordination of lien) 和税收留置无附加 (non-attachment of lien) 等方式。[2]

---

〔1〕 参见熊伟：《美国联邦税收程序》，北京大学出版社 2006 年版，第 134 页。

〔2〕 IRC§6325 (b)、6325 (d)、6325 (e).

2. 税收留置登记的解除（release of lien）

当纳税人满足第6325节（a）分节规定的情形时，联邦税务局应当在收到申请后30日内解除税收留置权，并向纳税人签发"留置解除证书"（certificate of release）。具体包括：①纳税人已缴清所欠税款；②留置已失去执行力；③第三人提供担保。同时，税务机关应当及时通知社会信用评价机构，重新上调其信用等级。

税收留置登记的撤回与解除相比，从产生原因来看，税收留置登记的解除是因为留置目的已经达到、无法执行或者另有保障；而撤回是因为程序错误或者双方达成妥协。从法律效力来看，税收留置登记解除后，税收留置不复存在，相应的权利义务也随之消灭。税收留置登记撤回后，税收留置权仍然存在，并不因税收留置登记的撤回而消灭。

四、税收留置权的救济

对于税收留置登记程序性错误，纳税人可以向联邦税务局申请行政复议。若经过联邦税务局复议，税收留置登记确实存在错误，联邦税务局应当在作出决定后14日内向纳税人发出解除税收留置登记证书并声明登记错误。[1]

对于税收留置登记实质性问题的审查，纳税人可以申请"征收正当程序听证"（Collection Due Process Hearing, CDP Hearing）。联邦税务局应当在税收留置登记之日起5天内书面通知纳税人有申请听证的权利。纳税人在收到通知之后，有权在税收留置登记5天后的30天内向联邦税务局申请征收正当程序听证。纳税人对听证结果不服可以向联邦税收法院（United States Tax Court）上诉。但在实践中，纳税人若申请听证程序，不但需要承担高昂的费用，而且成功几率很小，对处于经济困难时期的纳税人来说，并不能真正起到保护其权益的作用。

五、我国税收保障受偿权制度及其完善

《征求意见稿》第74条首次借鉴引入美国税收留置权制度，设置税收保障受偿权制度。具体规定为："纳税人未按照规定的期限缴纳税款，税务机关责令限期缴纳后仍未缴纳的，经设区的市、自治州以上税务局（分局）局长

---

〔1〕 IRC § 6326.

批准，税务机关可以以纳税人欠缴税款为限，对其不动产设定优先受偿权，并通知产权登记部门予以登记。纳税人缴清欠税后，产权登记部门才能办理产权变更手续。"笔者通过比较的方式，提出以下几点完善建议。

（一）税收保障受偿权适用范围不同

美国《国内收入法典》第6321节规定联邦税务局对欠缴税款的纳税人的所有财产和财产权利，无论动产还是不动产，都拥有留置权。我国将其适用范围缩小至仅包括不动产。立法者可能是考虑到不动产不易移动、毁损、灭失的物理属性，且不动产产权归属需要登记的法律要件，对不动产设置税收保障受偿权，不但可以有效保障税收，还可以降低征税成本，如不需要跟踪纳税人动产交易动态等。

但笔者认为，仍应当将动产纳入税收保障受偿权的适用范围中去。理由如下：

首先，对于欠缴税款的纳税人来说，不动产可能意味着是其企业生产经营的工作场所或者其全家唯一的住房。在这种情况下，对不动产设置税收保障受偿权会给纳税人造成更大的压力，不利于税款的顺利缴纳。

其次，此次《征求意见稿》的一大修改亮点即为设专章第4章，对税务机关获取涉税信息予以规定，要求纳税人及相关第三方向税务机关提交相关涉税信息和政府职能部门的信息提交相互协作。其中，第三方包括从事生产、经营的单位和个人（非纳税人）、网络交易管理机构、政府职能部门、银行和其他金融机构。相信随着我国涉税信息获取机制的完善，税务机关可以有效掌握纳税人动产交易情况。对动产设置税收保障受偿权不但可以达到税务机关保障税收的目的，同时可以降低对纳税人正常经营和生活的影响。

（二）税收保障受偿权生效、终止时间规定的缺失

美国《国内收入法典》第6322节规定了税收留置权的生效和终止时间，对比之下，《征求意见稿》第74条并没有明确规定。笔者认为，新《中华人民共和国税收征收管理法》（以下简称《税收征管法》）需要明确这两个时间节点，明确税务机关履行职责和纳税人履行义务的期限。

对于税收保障受偿权生效时间，应当从欠税核定完成之日起生效。本次《税收征管法》的修改，形成了以纳税人自行计税申报为基础，纳税申报、申报确认、税款追征、税务检查、争议处理等环节形成的税收征管程序。纳税人在期限内未履行纳税义务，税务机关经过核定确定其应纳税数额，再依照

程序经设区的市、自治州以上税务局（分局）局长批准，税收保障受偿权生效。纳税人通过欠税核定了解欠税信息和税收保障受偿权设置情况，税务机关据此主张税收征收权利。

（三）税收保障受偿权对第三人的影响

第一，税收保障受偿权豁免范围的缺失。在上文中已用大量的篇幅阐述了公法债权与私法债权之间的冲突与平衡。为纳税人的财产设置税收保障受偿权，会影响甚至严重影响到第三人的合法权利。因此，法律有必要列举税收保障受偿权的豁免范围。

第二，在《征求意见稿》中，我国只规定对不动产可以设置税收保障受偿权。根据《中华人民共和国物权法》的规定，不动产所有人与第三人之间不动产产权变动需要向登记部门履行登记手续后，才能生效。因此，为保护第三人合法权利，在《征求意见稿》第74条第1款中规定，对纳税人财产设置税收保障受偿权后应当通知产权登记部门，"通知"的作用在于限制欠税纳税人不动产财产所有权的变更，通过法律的强制力限制流通转让，保护第三人的利益。而且，《征求意见稿》新增第72条规定，需要依法登记才能生效或对抗第三人的动产或不动产，未完税之前不得办理产权登记手续。笔者认为，如此规定有"因噎废食"之嫌。若纳税人能通过转让不动产而缴清所欠税款，第三人在知晓的情况下愿意购买其不动产，双方达成合意的买卖合同应当是有效的。考虑到善意的第三人的合法权益，需要对他们进行特别保护。现行《税收征管法》第46条、第49条已规定纳税人向第三人的说明义务和向税务机关的报告义务。同时，也可以要求纳税人与第三人向税务机关出具双方产权变动合同，载明第三人知晓不动产上已设置税收保障受偿权，并有纳税人保证将所得价款优先偿还所欠税款的条款。此举不但可以保障税收，同时也不会阻碍市场流通。

第三，在上文中，笔者建议将动产也纳入税收保障受偿权的适用范围，更需要保护第三人的权利。笔者认为，可以借鉴学习美国《国内收入法典》分类规定不适用税收保障受偿权范围，即超级优先权、准超级优先权和45天支付期间的规定，保护第三人私法债权的合法权利。

（四）公告程序的设置

《征求意见稿》第74条并没有规定对设置税收保障受偿权的不动产的公告程序。对比美国的规定，有着较大的差异。美国第6323节规定的公告登记并不是一项必要程序，而是作为提升税收留置权效力的方式；我国应当设置税收保障受偿权公告作为必要程序，并起到"广而告之"的作用。我国公告程序通常均为简单的"通知"作用，相较之，美国利用公告登记发挥出了除通知作用外更大的价值，值得我们反思与借鉴。

本次《税收征管法》修改的又一大亮点是税收信用体系的建立。《征求意见稿》第9条规定：国家建立、健全税收诚信体系，褒扬诚信，惩戒失信，促进税法遵从。随着我国诚信体系的建立和完善，可以将税收保障受偿权的相关情况反映在其中，并向社会公开，通过公众舆论监督，发挥督促纳税人及时纳税的作用，使纳税人自觉纳税。

美国《国内收入法典》规定在公告登记之前，税收留置权只优先于无担保债权；登记公告之后，优先于除法律特别规定的所有债权。笔者认为，首先，我国税收保障受偿权也具有自动生效的特点，即税务局局长批准后生效，且根据只能对不动产设置税收保障受偿权的规定，必须通知产权登记部门。至此，为税收保障受偿权的效力节点。若纳税人可以在限期内缴清所欠税款，则不向社会公告，相关的诚信体系和失信惩戒措施不被使用。此时，只有纳税人和与其进行不动产交易的第三人知晓纳税人欠税事实，第三人可选择是否继续交易，对纳税人社会影响较小；若纳税人仍不履行纳税义务，则向社会公告其未履行纳税义务的事实，下调相应诚信评价体系，并按照严重程度给予一定失信惩戒措施。此时，不但会影响纳税人不动产交易，对纳税人生产经营、日常生活、贷款等活动都会产生影响。

（五）税收保障受偿权的撤回和解除情形的缺失

美国税收留置权的撤回和解除的区别是建立在留置登记撤回而留置权不消灭，留置登记解除留置权不复存在，也即登记公告是在效力升级手段的基础上。

《征求意见稿》第74条只规定了设置税收保障受偿权的情形，未涉及其撤回、解除的情形。笔者认为，应当有必要明确撤回和解除的情形，改变一直以来存在的注重税务机关权利扩大、纳税人义务产生、忽视纳税人权利维护、税务机关履行职责消灭的弊端。但是，若要规定撤回和解除情形，则需要扩大公告程序的作用，否则撤回和解除并无实质区别。《征求意见稿》第43条引入税款分期缴付制度，纳税人补缴税款数额较大难以一次缴清，经批准可以分期缴纳。这一规定，给税收保障受偿权撤回或解除情形提供了法律依据。

　　假设撤回和解除的法律效力不同，笔者建议税收保障受偿权撤回的情形有：①税务机关设置税收保障受偿权的决定存在程序性错误，纠正后可选择是否重新设置该权利；②税务机关批准纳税人分期缴纳所欠税款；③纳税人申请税务机关撤回税收保障受偿权，税务机关认为其要求合理，可以更有效保障税收的；④税务机关认为有必要撤回税收保障受偿权。

新时代背景下自然人税收治理的法治化转型探究

王桦宇　孙伯龙[*]

税收在国家治理中发挥着基础和重要支柱作用，优化自然人税收管理和服务是我国财税体制改革中的关键一步。在进入新时代以后，化解人民日益增长的美好生活需要和不平衡不充分的发展之间的社会矛盾，需要以分配正义为落脚点，全面推进自然人税收治理的现代化。[1]随着我国《中华人民共和国个人所得税法》（以下简称《个人所得税法》）的修订和实施，在综合与分类相结合的个人所得税制之下，改革了居民纳税人与非居民纳税人的认定标准、免征额、税率结构、专项扣除和专项附加扣除等实体税制，完善了自行纳税申报、纳税人识别号、反避税征管机制等。对于每一位自然人而言，个人所得税制的改革带来的不仅是一个税种的变革，更是逐步确立了以自然人为中心的税收治理法律体系。与此同时，自然人税收征管治理也成为现阶段亟需系统性改革的新议题。

一、问题缘起：我国自然人税收及征管法律现状与不足

在新中国成立以后，我国的税制设计和征收管理规则主要从加强企业组织的规范的角度着手，因此相关税收法律体系中忽视了对自然人的规定。但是直接税的征收管理在很大程度上不同于间接税，它需要一系列专门针对自

　＊　王桦宇，上海交通大学凯原法学院助理研究员，上海交通大学财税法研究中心副主任；孙伯龙，上海交通大学凯原法学院博士生。
　〔1〕　参见王桦宇："化解新时代社会主要矛盾的财税法思维"，载《法学杂志》2018 年第 3 期。

然人的相关机制与制度的配合。[1]结合时空维度，便可直观地理解为何我国当前税制改革的中心是围绕自然人展开的。

（一）我国自然人税收法律及规则变迁

自然人因获取所得或财产，或者从事经营、消费、特定交易等活动就会成为宪法和税法意义上的纳税主体。[2]在我国现行的税法体系中，自然人需要缴纳的税种主要有个人所得税、增值税、消费税、房产税、契税、印花税、车船税、车辆购置税，等等。我国对于自然人纳税人的规定散见于前述不同税种的立法之中，形成了一些相对零散的法律框架，这既有历史因素与政治因素的型塑，亦有我国经济、社会和法制因素的推进，同时也与我国历次的渐进式财税体制改革密不可分。在我国40年的财税法治进程中，对于自然人的税收及其征管治理经历了从特殊征税到普遍征税的过程。

以个人所得税的纳税主体为例，1978年改革开放初期，我国税法中对于自然人的税收征管主要是对外籍个人征收的个人所得税，以及对国内居民征收的城乡个体工商业户所得税和个人收入调节税。至1994年将"三税合一"，颁布实施了《个人所得税法》，初步明确个人、个体工商户为个人所得税的纳税主体。2000年财政部、国家税务总局制定了《关于个人独资企业和合伙企业投资者征收个人所得税的规定》（财税〔2000〕91号），明确规定对个人独资企业和合伙企业停征企业所得税，对其投资者的生产经营所得征收个人所得税。因此，从概念上来看，自然人与法人同为民事法律关系的主体，税法中的纳税主体一般分为个人、企业（单位）及其他组织，其中"个人"类似于民法上的自然人，[3]自然人税收治理的对象不仅包括自然人，还包括个体工商户以及个人独资企业、合伙企业自然人投资者。因此，自然人税收法律既规范以"单个"个人为基础的税收活动，对家庭、非法人的组织也有直接的规则指引。[4]

（二）现行自然人税收管理存在的问题

我国自然人税制和税收管理主要存在以下五个方面的问题：一是自然人

---

〔1〕 参见孙红梅、滕一良、郭明磊："自然人税收征管法律制度的完善路径——以《税收征管法》修订为视角"，载《税务研究》2018年第7期。

〔2〕 参见黎江虹：《中国纳税人权利研究》（修订版），中国检察出版社2014年版，第74页。

〔3〕 民法中的自然人是指具有民事权利能力和民事行为能力的个人，是与团体性主体相对应的一类民事主体。参见江平主编：《民法学》，中国政法大学出版社2016年版，第56页。

〔4〕 参见孙钢："自然人税收管理体系建设的国际经验借鉴"，载《财政研究》2017年第12期。

纳税额增长迅速，但整体占比不大，以自然人为纳税主体的税收制度不健全，如 2014 年我国税收总收入为 14 693.5 亿元，而个人及个体经营者税收收入占总税收收入的 10.8%。二是由于自然人收入来源广泛，而自然人的社会身份、职业属性又较为繁多复杂，使得自然人自行申报纳税制度实施不理想，自然人纳税人税收遵从度较低。三是税务机关对自然人涉税信息获取能力不足，税务机关很难掌握庞大数量的自然人的各个税种涉税信息状况，加上对已有自然人涉税信息的分析和利用能力欠缺，也会造成税源流失问题。[1]四是税费征管体系总体上以法人纳税人为主，适用于自然人纳税人的征管机制相对较少，难以对自然人纳税人展开全面的税务稽查。五是自然人纳税人的税收法律缺乏体系化，使自然人税收仍处于简单粗放的状态，除了个别税种中直接规定自然人税收征管规则，现行《中华人民共和国税收征收管理法》（以下简称《税收征收管理法》）和实施条例尚未专门规定符合自然人纳税人特征的税收法律程序。

在我国《中华人民共和国税收征收管理法修订草案（征求意见稿）》[以下简称《税收征收管理法修订草案（征求意见稿）》]中曾提出构建自然人税收征管制度，涉及纳税人识别号制度、自行申报制度、涉税信息披露及税收优先受偿等多项制度创新，为单个税种改革和全局性税制结构调整做制度铺垫。[2]但是，在该征求意见稿中没有明确界定或释义何为"自然人"，并且由于自然人税制体现在不同的征税对象中，直接税具有调节收入分配的功能，因此围绕自然人所得税及财产税的税制及征管改革成为当前促进社会公平正义的治理核心。

二、理论溯源：自然人税收及征管的法律定位与原则

（一）自然人税收的基本法律定位

自然人的税收法律体系需要以自然人为中心，在对自然人进行税收征收管理中"税收遵从"是关键点。具体而言，在新时代要建立我国自然人税收及征管法律体系，则需要正视和反思当前自然人税收征管中的法律体系的不

---

〔1〕 参见任东飚等："试析自然人税收征管的问题及对策"，载《税务研究》2017 年第 10 期。

〔2〕 参见佘倩影："自然人税收征管的制度创新与改革路径——以《税收征收管理法修订草案（征求意见稿）》新规为中心"，载《国际税收》2017 年第 2 期。

足，准确把握自然人税制的法律定位与法律原则，依托"互联网+税务"的创新实践，强化自然人税收实体法与自然人税收程序法的协调和衔接，设计出符合自然人税收治理现代化的法治路径。

一方面，为了发挥税收在国家治理中的基础和支柱作用，必须要完善自然人税收法律制度。自然人是重要的纳税主体，在全面推进税收现代化的进程中，自然人的税制改革和税法体系必须同步完善。尤其是需要科学合理地设置税制、税种、税率，实现国家与纳税人之间的征纳关系的和谐。对于自然人征税主要目的在于调解社会财富的分配，因此，对自然人税收法律体系的完善需以量能课税为基本前提，保证在对自然人开征的税种中各个税收要素公平、合理。

另一方面，要实现财税法调控经济、组织财政和调节社会分配的功能，离不开税收征管法律的制度性保障。建立自然人税费征管体系，其根本目标是通过现代税费制度及征管体系的构建，推进国家治理体系和治理能力的现代化。其具体目标则是通过面向自然人的税费征管体系与信息共享机制的构建，逐步实现法人、自然人之间税收征管的均衡布局，为个人所得税、房地产税、遗产赠与税等税种的改革提供征管层面的法律保障，确保税收职能作用有效发挥，促进经济健康发展和社会公平正义。[1]《税收征收管理法》是我国税收法律体系中的重要组成部分，但正如前述，我国长期忽视对于自然人的税收征管，即使是以自然人为纳税主体的税种仍采取代扣代缴为主的征管模式，因此，对于自然人的征管法律应在平等原则之下，维护纳税人合法权益、提高征管质效。

（二）自然人税收中的税收法定原则

纵观我国宪法、法律、行政法规、部门规章都贯穿了财税法治的基本价值理念，但是对于自然人税收的法律规范主要体现在各个税种法与《税收征收管理法》之中。由于不同法律位阶及其立法目的的差异，对自然人税收及征管相互矛盾与冲突的协调就有赖于财税法的基石原则：税收法定原则。税收法定原则要求课税要素法定、课税要素明确和税收程序合法，该原则将税收立法、执法、司法和守法全过程纳入法治框架，成为税收实体法律和程序

---

[1] 参见魏升民："构建面向自然人的税费征管体系"，载《税收经济研究》2016年第5期。

法律中的"帝王原则"。[1]因此，我国的自然人税收及其征管法律应当遵守《中华人民共和国立法法》（以下简称《立法法》）以及《税收征收管理法》中关于税收法定原则的基本要求，严格约束税务部门的税收权力。

一方面，从完善自然人税收治理相关法律规范的角度来看，全面落实税收法定原则不仅体现在税收立法中科学设定税收基本要素，也体现在基于对市场经济、税法原理以及我国法治实践的认识，来构建更为科学、合理的现代税收制度。[2]尤其是在自然人税收治理中更应凸显纳税人的主体参与权，在税收立法中广泛听取纳税人的意见，真正体现"纳税人同意"，从而更好地提升整体税制和具体税收立法的合法性与合理性。

另一方面，从优化自然人税收征管治理的正当程序角度来看，对于自然人进行税务登记、纳税申报、税款征收及纳税人权利救济等程序性事项同样需要遵循税收法定。在自然人税收征管中加强正当法律程序的导入，将纳税人诚实推定和信赖保护原则引入程序税法，使得税务机关和自然人纳税人都遵守相关征管法律的规定，以确保税务机关对自然人的征管程序不侵犯纳税人合法权利。同时，在税收共治、数据互认共享为核心的现代化进程中，也要注意与各实体税法的适配性，解决自然人税收征纳程序方面存在的不足，提升税法遵从度，以实现自然人的税收治理的法治化。

三、治理变革：新时代自然人税收及征管法律的新挑战

（一）税收理念从"依法治税"向"税收法治"转型

从我国税收征管的实践来看，自然人纳税人在税制设计、税源管理、征纳服务等方面的规定都滞后于企业纳税人，主要原因在于我国税收理念是"依法治税"。依法治税要求税务机关严格依法行政，以约束权力、保护权利为重点，其内在逻辑是治税必先有法可依。但是对于"法"却并未严格限定在法律的范畴，因此税收规范性文件成为税务机关依法治税的法律基础。[3]在这种依法治税的理念之下，税务行政机关制定大量立法位阶较低的规范性法律文件，符合"依法治税"的形式要求但却偏离了"治税"本身的法治内

---

〔1〕 参见刘剑文："落实税收法定原则的现实路径"，载《政法论坛》2015 年第 3 期。

〔2〕 参见张守文："税制变迁与税收法治现代化"，载《中国社会科学》2015 年第 2 期。

〔3〕 参见谭志哲：《当代中国税法理念转型研究：从依法治税到税收法治》，法律出版社 2013 年版，第 7 页。

涵，从而对于我国税收法律体系产生了较为消极的影响。

随着 2015 年《立法法》修订时将税收基本制度纳入法律保留的范畴，我国确立了以税收法定原则为核心内容的税收法治理念。在自然人税收治理过程中依法治税主要强调了"依法"而忽视了"治税"，落实税收法定原则需要进一步规范国家征税权的行使空间和方式，明确纳税人权利和税收民主程序。税收法治的基本内涵是"限制税权"和"保障权利"，实现国家征税权与纳税人财产权之间的良性互动和有效的平衡。[1]因此，随着全面推进依法治国，财税法理念逐步从形式上的"依法治税"上升到实质上的"税收法治"。而对于自然人税收治理也需要在税收立法、司法、行政的各环节中确保法治化，突出自然人税收制度的公平合理负担，体现纳税人权利本位。

（二）征管模式从"部门管税"向"综合治税"转变

1993 年实行的《税收征收管理法》明确税务机关的行政执法权，并对税务机关和税务人员的税收征收管理权限加以约束和规范。而 1994 年分税制改革，实行按税种把收入划分为中央税、地方税以及共享税，并同时设立国税、地税两套税务机构进行征管。由于整个税务机关税收征管能力的限制，因此对于自然人纳税人的管理未引起税务部门足够的重视。部门征管模式之下，对自然人的税收管理成为税务机关的法定职责，尽管相关税收法律规定了扣缴义务人、其他掌握纳税人信息的政府部门、单位组织具有相应的配套职责，但实践中对于配套职责主体履行职责缺乏机制保障。由于行政税务部门在税收征管中更加注重效率原则，其面对全体自然人的税收管理往往力不从心，因此只能集中在重点税源（高净值、高收入自然人）的集中管理上，而无法解决更为广泛的自然人纳税人税收流失问题。

自党的十八届三中全会提出国家治理能力和治理体系现代化的新要求以来，税务机关围绕"摸清税基、控管税源，促进税收管理精细化、集约化"目标，提出了综合治税的新征管模式。[2]综合治税强调综合协同，参与主体除了税务机关以外，还包括各级党委、政府及其有关部门、社会团体、企事业单位和每一位自然人，参与范围包括涉及税收立法、执法、司法、守法等各项事务，目的是为了构建税收共治体系。综合治税的征管模式建立在互联

---

〔1〕 参见刘剑文："税收法治：构建法治社会的突破口"，载《法学杂志》2003 年第 3 期。

〔2〕 参见邓永勤："税收共治的历史逻辑与实现路径"，载《税务研究》2016 年第 12 期。

网技术支持之上，"互联网+税务"加速了各部门税收信息的共享和利用，使得自然人税收管理不再成为税务机关一个部门的职责，从原来"强制征管"转变为"税务服务与管理"，更加注重多主体征纳合作，在纳税人识别号、涉税信息共享、税收信用体系等制度基础上，实现自然人税收征管治理的科学化、数字化，从而提高全社会的税收遵从度。

（三）征管手段由"以票控税"向"信息管税"过渡

发票是企业所得税、个人所得税、增值税、房产税、契税等税种征管中的重要数据凭证，以票控税是通过规范发票使用来准确、全面地计算应纳税额。在现金交易普遍存在、税源信息不完备以及税收遵从度较低的情况下，"以票控税"是抑制逃避税的有效手段。[1]在我国税收征管中以票控税成为一项重要的管理手段，发票更是覆盖了纳税人一切经济活动和交易行为，除了国务院制定的专门的《中华人民共和国发票管理办法》（以下简称《发票管理办法》）外，在多部法律、行政法规中都涉及发票的管理规定。[2]但是在对自然人征管中，"以票控税"功能往往大打折扣，加之发票真伪、各类信息对比、发票管理等方面存在各种弊端，[3]因此在发票管理上需要借助信息化工具，提高对自然人涉税信息的归集和利用效率。

"信息管税"充分利用互联网信息技术，有效解决自然人涉税信息散落化、碎片化的问题，通过对自然人涉税信息快速、精准地采集、分析、利用，大幅提高税收征管效率。随着数字经济时代交易更加隐蔽，作为一种先进的税收征管思路和技术举措，信息管税仍是在"以票控税"的前提下，对资金流和支付平台的监控，为新经济时代税收征管方式的转向提供了进路。[4]在2018年《个人所得税法》修订中，建立个人所得税管理信息化系统成为我国信息管税的有益尝试。在纳税人涉税信息的采集、共享以及分析利用上，更

---

〔1〕 参见林淳："'以票控税'机制在地方税收征管中的问题与对策研究"，电子科技大学2013年硕士学位论文。

〔2〕 从涉及发票的法律规范层次来看，现行《刑法》规定了与发票有关的十个刑事罪名；在《税收征收管理法》中有关于发票管理的规定以及非法印制发票的罚则；行政法规有《发票管理办法》《增值税暂行条例》；部门规章有《发票管理办法实施细则》《网络发票管理办法》等；规范性文件则有《增值税专用发票使用规定》等。

〔3〕 参见李晓彬："对'以票管税'的理性思考"，载《理论界》2005年第12期。

〔4〕 参见陈兵："新经济时代从'以票控税'到'信息管税'的转向——由B2T税收征管问题引发的思考"，载《法学》2014年第12期。

加注重大数据和智能算法，通过纳税申报、税务一体化管理，切实提升个人所得税征管机制的现代化、高效化发展。

四、法治回应：自然人税收"征管法"向"治理法"的转型

（一）将自然人税收"管理法"转变为"治理法"

我国《税收征收管理法》修订应当贯彻"税收治理"的法治化理念，"从管理到治理的升华"，[1] 将税收法治的理念贯穿税收征收各个环节中。从"管理法"转型为"治理法"是对当前我国自然人税收征管的理性判断，理由有以下三点：

第一，现代税收治理主体呈现多元化趋势。传统的税收管理主要是税务机关对税收的全过程进行决策、组织、监督，并由税务机关行使国家征税权，即使有纳税人和税务中介参与，也是承担十分被动的角色。《税收征收管理法》对于税务机关的税收决策、税收计划的实施在程序上加以保障，因此更加侧重具体的征管方法，使得税收管理事务在税务系统内部呈现出刚性运行模式。但是在现代国家治理体系之中，公共事务由"控制"转为了"协调"，管理方式也由"单向"变为"多向"，因此税收治理也更体现"多元治理"的特征。[2] 相比于税收征收管理，税收治理法中除了税务机关外，其他政府部门、企业单位、自然人、税务中介等都会成为税收治理的主体。通过多元主体的协同治理，进而提升全社会对税法秩序、纳税自觉及征管文化的认同。

第二，自然人税收征收管理需要体系化合作。自然人数量非常庞大，涉税事项庞杂，在部门税收征管模式之下，对于自然人"抓大放小"而进行重点税源管理实际上并未达到税收调节的预期效果。在新时期，自然人的税收事务需要"综合治税"，它不仅要求税务机关、纳税人、社会组织等多元利益主体的共同参与，更重要的是通过税收治理中的程序机制，规范国家税收权力运行，以实现税收制度的预期效果。[3] 因此，在修改《税收征收管理法》

---

〔1〕 参见黎江虹、黄家强："中国税收征管法修订新动向：理念跃迁、制度创新与技术革命"，载《广西大学学报（哲学社会科学版）》2016 年第 1 期。

〔2〕 参见吕铖钢、张景华："国家治理视域下的税收治理——兼议现代税收制度的构建"，载《财政研究》2016 年第 12 期。

〔3〕 参见赵惠敏："税收治理现代化的逻辑与演进"，载《当代经济研究》2018 年第 1 期。

时应当摒弃传统"管理法"的定位，[1]并从税收债权债务关系角度出发，通过制定自然人税收管理的程序规则，明确各类主体的法定义务及法律责任，以促进多元治税主体协同参与自然人税收治理。

第三，《税收征收管理法修订草案（征求意见稿）》规则体现治理理念。税收管理是税收治理最基本的事项之一，但税收治理是从税收现代化的角度，围绕税收法定原则不断创新税收征收及纳税人管理的各项体制机制，以推动我国实现更高水平的税收法治。2015 年《税收征收管理法修订草案（征求意见稿）》将"规范税收征收和缴纳行为"置于"加强税收征收管理"之前，并把"税收治理现代化"写入总则规定。可以看出此次修法调整，在税收治理中注重政府和纳税人的相互尊重、相互配合，以规范税收征收权；在征收管理的程序中更加凸显程序控制的现代法治理念，以实现公开、公平和公正。因此，有必要将我国税收的"征收管理法"转变为"治理法"以契合税收法治现代化理念。

（二）运用信息化技术创新自然人涉税信息治理

自然人税收治理的关键是全面获取自然人涉税信息，并有效地分析利用涉税信息，尤其是在信息化时代，自然人涉税信息治理成为征管体制改革中的核心事项之一。我国从 1994 年开始建设"金税工程"，将税务信息化征管作为重点工作，直到 2017 年《个人收入和财产信息系统建设总体方案》出台，我国至今尚未完全建立自然人涉税信息平台。随着大数据、云数据和人工智能技术得到了迅猛的发展，一方面新经济模式之下的自然人的税收治理更加复杂，另一方面税务机关凭借信息技术对自然人涉税信息进行更高效率的收集和利用。在修订《税收征收管理法》中，有必要以自然人涉税信息治理为突破口，制定相应法律规则以适应信息时代对自然人税收治理的新要求。结合《个人所得税法》，笔者认为对于自然人涉税信息治理需要通过以下三个方面进一步完善：

一是，以纳税人识别号为基础建立涉税信息收集和共享机制。《个人所得税法》及实施细则中率先确立了自然人的纳税识别号制度，通过自然人纳税识别号展开税源管理将是我国税收征管制度上的一大进步。但是要对自然人

---

[1] 参见刘剑文："《税收征收管理法》修改的几个基本问题——以纳税人权利保护为中心"，载《法学》2015 年第 6 期。

进行信息化税收治理，首先必须要多层级、多渠道地获取自然人涉税信息，其次才能运用信息化技术对数据进行分析，因此获取自然人税收信息尤为重要。税务机关在金税工程三期的基础上，在全国范围内建立自然人信息采集、税款申报、个人财产及收入汇集等为一体的涉税信息平台。此外就是需要完善第三方信息共享机制，在此次征管法修订中专设"信息披露"一章，对有关机构、部门的信息报送和协作义务作了相应规定。通过多维度的信息共享平台，解决税务机关内部与各行政部门、企业单位之间涉税信息不对称的问题，消除信息"孤岛"现象，实现纳税人信息资源共享，也为我国改革个人所得税、房地产税和遗产赠与税等税种，以及社会保险费改税等自然人税制体系的完善奠定信息基础。

二是，以税务风险治理为目标建立自然人税收预警机制。通过自然人一体化信息平台，税务机关掌握了自然人涉税信息之后，就需要分析和利用信息来降低税务风险。利用大数据和人工智能手段，建立自然人税收风险监控模型，对自然人纳税申报、税款入库及汇算清缴等事项进行自动化管理。[1]同时，税务部门将治理重点集中在风险疑点核实上，并及时对系统模型提示的存在税务风险的自然人进行预警。同时通过智慧税务局、掌上税务局、网上税务局等形式便利自然人进行税务咨询和税收申报缴纳，实现跨区域税务通办，最终由税务机关依信息流、资金流管税。[2]从当前大数据利用来看，有些税务风险管理指标和行业税收模型对自然人涉税的各条数据之间的逻辑关系及反映的涉税风险点难以准确预警。因此，在自然人信息化税务治理中，识别税务风险有赖于深入挖掘涉税信息数据的价值，形成科学稳定的自然人涉税数据分析模型，使其在各类海量信息中能够快速分析、准确锁定税收风险，真正发挥税务风险预测的功能。

三是，以税务信息自动归集为手段完善纳税申报制度。从个人所得税制改革的内容上看，我国自然人税收申报模式将转变为代扣代缴与自行申报相结合的模式。但是由于个人所得来源多样、纳税人申报纳税意识淡薄、税务申报程序复杂等因素，造成纳税人申报纳税制度频遭冷遇。因此需要税务机关通过代扣代缴义务人或其他第三方获取大量的自然人涉税信息，弥合税务

---

〔1〕 参见任东飚等："试析自然人税收征管的问题及对策"，载《税务研究》2017年第10期。

〔2〕 参见魏升民："构建面向自然人的税费征管体系"，载《税收经济研究》2016年第5期。

机关与纳税人之间的信息不对称，通过纳税人失信惩戒机制的威慑作用使得自然人主动如实进行纳税申报，降低税务机关征管难度。我国《税收征收管理法》的修订需要在源泉控管、协税护税、法律责任等方面作出明确要求，确立自然人自主申报的法定情形和法律责任。在自然人税收申报之后，税务机关基于自动化归集涉税信息机制，以评估纳税人申报的税收信息真实性，通过信息化手段提高自然人纳税申报主动性、准确性和真实性。通过对自然人税收全流程的"信息管税"，最终形成"纳税人自觉申报（代扣代缴）税款——税务机关数据分析和纳税评估——税务稽查和强制执行（移送司法机关）——纳税失信惩戒机制——自觉申报纳税"的面向自然人的税收管理闭环体系。[1]

（三）税收治理规则体现"以纳税人为中心"

党的十九大报告明确提出，各项改革和举措必须"坚持以人民为中心""必须坚持人民主体地位"。在新时代完善税收征收管理制度，也需要围绕"以纳税人为中心"。根据"纳税人为中心"的修法原则，我国在《税收征收管理法》的修订规则中既需要摒弃税收征管"国库至上"的观念，还需要在具体条款上落实纳税人权利。[2]

首先，明确税收征管的目的在于从纳税人私人财产中汲取公共财政。由于在市场经济建设初期纳税人权利观尚未引起重视，导致在税收征管制度设计上以税务机关权力运行为中心，以企业纳税人为主要征管对象，突出体现税收行政效率下的财政国库主义。这种观念之下，税收征管成为行政职权，立法与司法难以有效保障纳税人权利而使纳税人在税收征管法律关系中处于被动和弱势地位，税收对每一个纳税人实质公平更是无从谈起。因此，税收治理法治化并不是否认税务机关的主导地位，而是禁止税务机关滥用税收行政权力，排斥和挤压纳税人基本权利。在我国《税收征收管理法》修订中，应当摒弃"国库至上"的治税理念，统筹和协调好税收治理中保障国家财政收入与纳税人公平合理负担之间的关系，使得《税收征收管理法》普遍适用于自然人、法人和非法人组织。

---

〔1〕 参见宋修广："关于打造税收管理制度落实'闭环效应'的思考——以威海市国家税务局为例"，载《经济研究导刊》2016年第1期。

〔2〕 参见翁武耀："论我国纳税人权利保护法的制定"，载《财经法学》2018年第3期。

其次，需要考虑的是如何在《税收征收管理法》中落实"以纳税人为中心"。现行《税收征收管理法》中保护纳税人权利的条款分布在六个部分的近30个条款中，很难被视为"以纳税人为中心"。而在自然人税收治理的程序性法律中，信赖合作原则、诚信推定原则、税法遵从原则、权益保护原则以及实质课税原则共同体现了"以纳税人为中心"。[1]上述原则如何具体化、系统化为征收管理条款，使自然人作为纳税主体应当享有法定的实体和程序权利，仍有充分讨论的空间。例如，在修订草案中完善了延期、分期缴税制度，将延期缴纳税款审批权放到县以上税务机关，对补缴税款能力不足的纳税人引入分期缴税制度，新增修正申报制度。又如修订草案增加了税收利息中止加收、不予加收的规定，并降低对纳税人的处罚标准，减小行政处罚裁量权，将多数涉及罚款的条款由"50%以上 5 倍以下"改为"50%以上 3 倍以下"，并视情节从轻、减轻或者免予处罚。虽然上述条款明确了纳税人权利行使，减轻纳税人负担，但作为程序性法典，对于纳税人程序性权利规则仍需要参照其他程序法律予以完善。[2]

最后，需要在自然人税收征收和管理中健全现代税收服务体系。纳税服务是在税收征收管理中对纳税人的税务登记、税务认定、发票办理、申报纳税、优惠办理、证明办理、宣传咨询、权益维护、文明服务等事项予以指导、协助。纳税服务通常是由税务机关和税收中介机构提供，体现了对纳税人权益的保障。我国现行《税收征收管理法》中将纳税服务确定为税务机关法定职责，近年来税务机关借助大数据信息化手段为纳税人提供优质、高效的全流程纳税服务，全面降低纳税人的纳税成本，促进税法遵从度和纳税人满意度的全面、有效提升。[3]在保证税务部门纳税服务起主导作用的前提下，税务中介机构是税收服务社会化之后的主要服务提供者，主要参与帮助纳税人遵守税收法律、协助税务机关处理税收征管技术问题、为纳税人提供辅导咨

---

[1] 参见滕祥志："论《税收征管法》的修改"，载《清华法学》2016 年第 3 期。

[2] 有学者也认为《税收征收管理法》可借鉴《民事诉讼法》《行政诉讼法》和《刑事诉讼法》的制度构造和概念，界定并完善税收征纳关系各主体的权利义务。参见滕祥志："论《税收征管法》的修改"，载《清华法学》2016 年第 3 期。

[3] 参见王梦婷、徐婧仪、管永昊："大数据背景下的纳税服务优化"，载《财会月刊》2018 年第 17 期。

询、维护纳税人合法权益等。[1]因此，在《税收征收管理法》的修订中，有必要明确税收中介及其他主体的税收服务参与权，积极拓展涉税服务的广度和深度，形成纳税服务现代化体系。[2]

五、结语

在新时代财税体系现代化进程中，相应的法律体系也必须跟上时代步伐，实现"在法治下推进改革，在改革中完善法治"。构建以自然人为中心的税收治理法律体系，是我国优化税制结构、提升税收法治化的重要举措。但是长期以来，我国《税收征收管理法》中缺乏对自然人的专门规定，而数字经济、新兴业态以及跨境税源流动，也对基于传统经济构建的税收征管体系形成诸多挑战。在自然人税收治理体系和治理能力的建立与提升中，需要以税收法定原则为根本，通过立法机关、行政机关、司法机关，以及社会公众与纳税人、税务代理人的税收共治，更好地调整自然人税收制度和征管中的公权力和私权利博弈关系。[3]特别是在新时代背景下，从我国自然人税收治理相关法律体系角度来看，要实现自然人税收征管体系科学化、数字化和法治化，必须以《税收征收管理法》的修订为契机，实现由"管理法"向"治理法"的法制化转型，契合现代税收治理的技术变革趋势，建立与现代自然人税收治理体系和治理能力相匹配的法律保障体系。

---

〔1〕 参见谭韵："税收遵从、纳税服务与我国税收征管效率优化"，载《中南财经政法大学学报》2012年第6期。
〔2〕 参见李韶青："如何推进我国纳税服务社会化"，载《税务研究》2015年第1期。
〔3〕 参见张雷宝："税收治理现代化：从现实到实现"，载《税务研究》2015年第10期。

论环境保护税征管中排放监测技术信息制度的建立

洪治纲[*]

环境保护税的开征是新时代我国绿色税收发展的里程碑，它开启了我国绿色税收体系建设的新历程，是中国绿色发展及中国特色社会主义生态文明建设的重要一环，但也对原有税收征管模式带来了新的挑战。与过去税收征管不同的是，环境保护税的征管主要不是围绕着财务报表和销售情况展开的，而是围绕着污废的排放量进行的，"以票控税"的传统征管模式在环保税征管中显得捉襟见肘甚至无能为力。因此，如何计量污废就成了环保税征管的关键，也是绿色税收制度中的一项根本性问题，而污废计量问题其实就是污废排放监测技术和监测结果信息的应用问题。因此，研究建立"排放监测技术信息制度"对于环境保护税（绿色税）征管十分必要。

在环保税开征前的排污费征收过程中，我国于 2003 年在排污费征收中引入污染源自动监控管理，至今已经初步形成了一套有关污染排放的监测机制。随着排污费"平移"为环境保护税，这套排放监测机制也自然"平移"至环保税的征管之中，但仅仅平移是不能适应环保税征管的要求的，加之着眼于未来进一步开征碳税、能源税、应对气候变化税等绿色税种的可能性，我们应当在原有污染排放的监测机制的基础上建立一套有关环境保护税乃至整个绿色税的"排放监测技术信息制度"。另外，鉴于在数据信息技术和智能化的飞速发展的背景下，排放自动监测技术的应用越来越成为绿色税收征管的必要与主流，这套有关环境保护税和绿色税的"排放监测技术信息制度"应当主要以排放自动监测技术为基础。

---

[*] 洪治纲，上海对外经贸大学法学院副教授，上海对外经贸大学法学院国际税法研究所所长。

一、排放监测技术信息在环保税征管中的重要作用

（一）直接关系到计税依据的衡量

根据《中华人民共和国环境保护税法》（以下简称《环保税法》）的规定，环保税的计税依据是污染物排放量折合的污染当量值、固体废物的排放量、噪声的分贝数。面对这样的计税依据，无论是排放量、当量值还是分贝数，其实都是一个专业性的科学技术计算问题，就像一般情况下电脑的计算速度和计算精确性一定高于人工计算一样，要准确衡量这些计税依据，必须要依靠特定的测量设备与技术。也正因为如此，现行《环保税法》规定将使用符合国家规定和监测规范的污染物自动监测设备所监测出的污染物数据作为计算计税依据的第一顺位的计算方法。[1]

（二）直接关系到征管的效率性问题

征管的效率性问题关注的是如何在税收法定的前提下以尽量小的征管成本获取尽量大的税款收益。现行《环保税法》在征税管理上确立了"企业申报、税务征收、环保监测、信息共享的协作征管模式"，[2]这种协作征管模式中的每一个环节都与污染排放信息密切相关，如何准确获得污染排放信息就直接关系到征管成本的高低。同时，"信息共享"在环保税的征管模式中是确保依法顺利征管的关键，贯穿整个征管流程，具有重要的基础性地位，如若共享不畅或共享失真，则将会导致征管延时、征管错误从而显著加大征管成本。另外，由于污染排放主体众多而且污染排放源分布甚广，指望在每个征期由人工监测而不是技术设备监测来确定污染排放量是不可能完成的任务。因此，要完成依法征管任务，就必须主要依靠技术设备及其产生的信息，而要实现征管的高效率，则必须依靠智能化自动监测和合适的数据处理与传输设施技术。

（三）直接关系到征管的客观性、自由裁量权行使的适当性与纳税人权利保护问题

所有的税款征管都是与计税依据密切关联的，而计税依据始终是客观的，因此税收征管是具有客观性的。征管的客观性要求税款的征收、稽核与管理应当在法定的前提下探求、维护和保持计税依据及税收计量的客观自在性与

---

〔1〕 参见《环保税法》第 10 条。
〔2〕 参见戴芳、胡娇："论我国环境保护税征管措施的优化"，载《税收经济研究》2018 年第 4 期。

客观真实性，而不可由征纳双方主观臆断或篡改。尽管哲学告诉我们任何探索都不可能求得100%之客观，但是相对于人的主观行为而言，技术设备以及由其产生的信息则是更为客观的。由此可见，排放监测技术信息直接关系到环保税征管的客观性，而合法与正确的排放监测技术信息应用能够确保环保税征管的客观性。

如果税收征管的客观性得到了保障，那么征管自由裁量权行使的适当性就能得到更好的保障，非法或不适当的自由裁量就能得到更多的限制。同样，如果税收征管的客观性得到了实现，纳税人的权利保护就能得到更优的实现，或者可以为纳税人权利保护的更优实现提供关键性的根本条件。

（四）关系到税务部门征管风险控制问题

税务部门征管的风险，概括来说就是税款征收差错和税收执法错误的风险。从目前环保税各征期的征管情况来看，征管风险主要体现在税源监控和申报审核等领域之中，具体表现在税务部门难以对应税行为进行实时监测、难以判定征税对象的大小、申报复核困难等方面。而究其原因主要是在于排放量监测及信息本身的较高专业技术性、纳税人自主申报因技术性障碍而导致困难、排放监测信息传递与比对上存在问题等。可见，要管理和控制好税务部门环保税征管风险的问题，关键就在于解决排放监测技术信息的困难问题，即要通过确立适当的排放监测技术信息规范与制度来确保排放量监测与信息的及时性、准确性、完整性，并确保信息的可比对性与信息传递的真实性、全面性与便捷性。

二、排放监测技术信息应用现状及其与环保税征管的不适应性

（一）排放监测技术信息应用现状

排放监测技术，从排放监测本身需求与发展趋势上来看，尤其是在信息化与智能化发展背景下，主要是指排放自动监测技术。排放监测信息则是主要指排放自动监测技术应用所产生的监测结果信息。国外在污染排放的监测管理上也主要运用自动监测技术，例如"美国于20世纪80年代将信息技术应用到环保中，在哈德森河全程安装传感器，将水中数据实时通过网络上传到计算中心区"[1]，英国"不仅实现了系统的网络化管理，而且多数实现了

---

[1] 李庆琳："以国际化视角论强化环境保护税征管"，载《经济研究参考》2018年第17期。

税务部门与环境保护部门、各企业等相关部门联网，纳税人的纳税申报、税款征收、税源监控、涉税违法处罚等税收征管工作全部实现计算机处理"[1]。而"我国从 1999 年开始推动全国污染源在线监控网络的建设"[2]，2003 年在排污费征收中引入污染源自动监控管理，2005 年原国家环保总局印发施行了《污染源自动监控管理办法》以作为排污费征收的重要基础，截至目前我们已经初步建立起了一套排放监测技术信息的应用机制。

我国这套排放监测技术信息应用机制的内容主要包括：自动监测设备的采购安装与维护机制、监测数据的法律地位与应用机制、监测数据的共享与复核比对机制等。这套机制在过去排污费的征收工作中发挥了重要的作用，但也存在着不少问题，例如"主体责任不清晰、监测数据不稳定、运行维护不到位"[3]等。

（二）　与环保税征管的不适应性

在环保税开征之后，我国这套排放监测技术信息应用机制，除了继续在环保行政管理中发挥作用之外，更主要是平移成了环保税征收管理中的一项基础性的技术性机制，但针对环保税的征管而言，这套机制有着诸多的不适应性。具体论述如下：

1.《环保税法》中对监测的标准问题未有涉及，这可能导致监测标准不一，也与税收法定原则不相适应

现行《环保税法》中对污染物的监测管理部门、监测信息的共享比对、自动监测数据作为计算计税依据的首要方法、纳税申报数据资料的复核、污染物排放种类数量的核定等都作出了原则性的规定，但未能对监测的标准问题作出应有的规定，而只是简单地将污染监测问题完全授权给了生态环境主管部门。[4]这一方面可能导致在实际工作中监测设备与监测技术标准不统一从而产生监测结果不一致的情况，另一方面也与监测标准问题是环保税的根本性问题从而需要在法律层面予以规定的内在要求不相符。

---

〔1〕　李思格："英国环境税征管及借鉴"，载《税收征纳》2017 年第 8 期。

〔2〕　赵璐、黄霞："新形势下污染源自动监控系统环境管理工作的思考"，载《广州环境科学》2015 年第 2 期。

〔3〕　林桢、何虹："污染源自动监测数据用于排污控制存在问题分析"，载《环境保护》2014 年第 6 期。

〔4〕　参见《环保税法》第 14 条第 2 款。

事实上，我国在污染物监测上就存在国家相关监测技术规范和设备选型标准不健全、不统一的情况，并导致在实际工作中出现污染物排放情况完全相同的两家企业，甚至同一家企业采用不同在线监测设备所监测出的排污量不尽相同的现象。[1]这种现象在开征环保税之后仍然存在。另外，监测标准统一性与监测结果的一致性问题，不仅直接关系到环保税税款的确定这一核心的实体税法问题，而且对环保税征管模式产生决定性影响，是事关整个环保税制的根本性问题。监测标准的问题理应在法律层面——《环保税法》中予以规定，而不应当将之放任由生态环境主管部门予以规定，否则就与税收法定原则不相一致。将如此重要的问题完全委之生态环境主管部门来确定，这既不利于环保税制的统一性，也不利于环保税的依法征收，更不利于对纳税人权利的保护。

2. 自动监测数据不稳定的情况影响计税依据和税收征管的客观性并影响征管的效率性

自动监测数据的不稳定性影响到数据的准确性，从而影响到计税依据的客观性与税收征管的客观性，并且还会导致数据复核频次与工作量的增加，从而降低征管的效率性。

从实际工作中的情况来看，当前自动监测数据还存在不稳定性的显著现象，这除了与监测标准不统一有关之外，还与自动监测设备系统采购安装、自动监测设备与网络系统运行维护、自动监测设备检定校验等因素相关，并且在根本上不是监测技术不成熟的问题而是监测管理制度不完善的原因。根据《污染源自动监控管理办法》的规定，目前我国污染自动监控系统是由自动监控设备与数据监控中心两大部分组成。其中，自动监控设备由被征收人（纳税人）负责建设和维护，由县级以上环保行政部门负责验收；数据监控中心则由环保行政部门负责建设与维护。但在实践中，由于被征收人纯粹承担了额外建设维护自动监测设备系统的义务，加之资金缺少保障，所以大部分被征收人对于自动监测系统采取消极态度，从而影响了系统的正常运维；[2]另外，虽然在自动监测设备系统的运维方式上以委托第三方运维的方式最为

---

[1] 参见吕达强、孔芳："试析自动监测数据在当前排污收费中的地位与作用"，载《当代化工研究》2016年第9期。

[2] 参见林桢、何虹："污染源自动监测数据用于排污控制存在问题分析"，载《环境保护》2014年第6期。

常见，但由于"运维市场的开放性导致运维单位和运维人员运维质量参差不齐，存在着低价中标后缺乏正常的运维频度力度的现象，甚至出现运维单位联合排污企业虚假监控等恶劣问题，严重影响了自动监测数据的准确性"[1]。此外，对于自动监控设备仪器，"实际运行中往往缺少计量部门的强制检定，自动监测数据用于排污收费、总量控制、执法依据等行为缺乏法律效力，容易出现争议纠纷"[2]。以上诸种情况在开征环保税后仍然存在，这主要是相关的管理机制本身就存在问题，而不是监测技术本身的问题，在开征环保税之后应当在完善过去监测管理机制的基础上针对性建立一套适合环保税的"排放监测技术信息制度"。

3. 自动监测数据的法律地位与应用范围有待进一步完善

根据《环保税法》的规定，纳税人安装使用符合国家规定和监测规范的污染物自动监测设备的，按照污染物自动监测数据计算应税大气污染物、水污染物、固体废物的排放量和噪声的分贝数，并且这是第一顺位的计算方法。此项规定界定了自动监测数据的法律地位和应用范围，即作为确定计税依据的首要方法根据及应用于排放量和噪声分贝数的计算。但这仍未能适应环保税征管的实际需求，需要进一步完善，否则不利于纳税争议的解决，既影响税款的征收，又影响纳税人权利的保护。

首先，如果在完成纳税后有证据证明原来自动监测数据是错误的，那么此时已经完成的纳税是否应当调整，这个问题未得到法律的明确。这关系到自动监测数据在《环保税法》上的法律地位问题，也就是征纳双方是否应当对自动监测数据施以信赖并依此信赖处理涉税的各项事宜并因此得到法律的承认。这个问题如果得不到法律的明确，则不仅会导致征纳双方之间大量的纳税争议，而且会在征管协作部门之间产生诸多纷争。另外，由于我国的税收法定主义正在逐步确立之中，在《环保税法》中更细致地明确自动监测数据的法律地位问题就显然尤为必要。

其次，《环保税法》中所规定的"符合国家规定和监测规范的污染物自动

---

〔1〕 林桢、何虹："污染源自动监测数据用于排污控制存在问题分析"，载《环境保护》2014年第6期。

〔2〕 何春茜："关于在线监测数据用于执法的若干思考"，载《环境保护》2012年第20期，转引自林桢、何虹："污染源自动监测数据用于排污控制存在问题分析"，载《环境保护》2014年第6期。

监测设备"中的"国家规定和监测规范"目前并未得到应有的标准统一，这可能会导致多种不同的自动监测数据，从而导致纳税争议。对此前文已有述及，此处不再多述。

最后，自动监测数据在应用上是仅仅只能用于排放量和噪声分贝数的计算及计税依据的核算，还是可以用于除此之外的领域，例如税收优惠判定、执法依据等。比如税收优惠的判定，《环保税法》规定"污染物的浓度值低于国家和地方规定的污染物排放标准"的可以相应享受税收优惠，而这个"浓度值"是否应当以自动监测数据为准则付之阙如。《中华人民共和国环境保护税法实施条例》（以下简称《环境保护税法实施条例》）对此作出了进一步解释，但却用了两个依据，即"纳税人安装使用的污染物自动监测设备当月自动监测的应税大气污染物浓度值的小时平均值再平均所得数值或者应税水污染物浓度值的日平均值再平均所得数值"，或者"监测机构当月监测的应税大气污染物、水污染物浓度值的平均值"。这表明自动监测数据不是确定税收优惠的首要依据而是随时可能因各种原因被其他依据所取代，即使纳税人安装使用的污染物自动监测设备符合国家规定和监测规范也是如此。《环境保护税法实施条例》中的这种解释，不仅证明了自动监测数据的法律地位与应用范围之规定应当在法律层面进一步完善，而且还与环保税法中自动监测数据作为排放量计算首要方法之规定存在一定的冲突，并可能动摇自动监测数据作为排放量计算首要方法的已有法律地位。

4. 监测数据信息共享机制、比对机制落后于税收征管的需求，对纳税申报与税务稽核等产生不利影响

监测数据信息的共享与比对是环保税征管模式中的重要内容，但从现有的情况来看，监测数据的共享机制和比对机制还远落后于环保税征管的需求。比如"经过调研发现，环保部门在数据交送过程中有时会出现不能在规定期限内完成监督性监测而由此与税务机关无法有效衔接的情况"，并且"由于环保部门交送数据与税务机构对比数据不能有效衔接，税务机关在核定征收时没有数据可以进行对比，纳税人申报数据的异常情况无从得知，难以确定纳税人申报数据的真实性、准确性，导致环境保护税税款具有流失的风险"[1]。

---

〔1〕 戴芳、胡娇："论我国环境保护税征管措施的优化"，载《税收经济研究》2018年第4期。

另外，环保部门传递的有限数据也难以保障税务机关准确地实施税额确认权。[1]此外，监测数据大数据化是环保税征管中另一项需要不断完善的重要工作。监测信息的大数据对于监测信息的比对复核、纳税申报异常的发现与判断，以及税务稽核具有重要的作用，例如税务机关"可以运用大数据分析技术，努力掌握纳税人的行为模式，在此基础上为纳税人提供更便捷、更有针对性的纳税服务"[2]，还可以"借助税收征管信息系统中的'大数据'，根据相关行业能耗指标与污染指标的指数关系，研究和探索环境保护税税务风险发生的规律"[3]等。但在目前排放监测技术信息的应用中，监测数据大数据化及其应用在实际上并未得到应有的运用，《环保税法》及其他相关法律规范中亦未对此作出应有的规定与提倡。

三、排放监测技术信息制度建立的主要内容

由于当前实行的有关排放监测技术信息的管理机制同环保税的征管存在许多的不适应性，并因而无法有效保证环保税征管的顺利进行，同时着眼于未来进一步开征碳税、能源税、应对气候变化税等绿色税种的可能性以及新时代绿色税收体系建设的内在需求，故应当在过去管理机制的基础上建立一套适合环保税乃至整个绿色税征管需求的排放监测技术信息制度。具体内容建议如下：

（一）建立统一的监测标准规范

监测标准包括监测方法标准、监测设备标准和数据网络标准三大方面，每一个方面都应当建立起全国统一的标准规范，以确保监测数据的客观性、准确性与完整性。在建立此规范标准时应当至少注意如下几个方面的问题：

第一，由于监测标准涉及环保税法根本性的内容，因此监测标准应当由法律予以规定，而不能将监测标准仅仅当成是一个纯粹的技术性问题和操作性问题，以维护税法法定原则及税收的统一性。但生态环境主管部门可以根

---

〔1〕 参见魏巍、张炳禄："环境保护税：税率测算、财政影响以及征管机制设计——以贵州省为例"，载《贵州商学院学报》2018年第1期。

〔2〕 陈斌、邓力平："环境保护税征管机制：新时代税收征管现代化的视角"，载《税务研究》2018年第2期。

〔3〕 陈斌、邓力平："环境保护税征管机制：新时代税收征管现代化的视角"，载《税务研究》2018年第2期。

据法律的规定制订实施细则。

第二，在制订监测标准规范时应当充分考虑其国际通用性，以作为《环保税法》国际问题解决的重要基础。环境税（绿色税）的征管会涉及各类国际因素，环境税法（绿色税法）的国际性问题也会越来越显现，例如环境税（绿色税）的国际泄露问题等，因此，监测标准问题不仅是国内《环保税法》的根本性问题，也是国际环境税法的核心问题，所制订的监测标准必须要有国际视野的前瞻性。

第三，对因科学技术本身的客观原因所造成的监测数据不一致的现象给出法定的处理原则，并对监测领域科学技术未来可能的发展成果的应用留出空间。例如 COD 监测，目前在线自动监测的技术方法就六种，并且不同的方法可能得出的数据不相一致，这六种方法中哪一种方法可以成为法定的方法，还是几种方法均可，抑或取几种方法监测的平均值？未来关于 COD 出现的新的科学监测方法在法律上是什么定位？这些问题在税收征管法律层面均应当给出处理原则。

（二）改良自动监测设备系统建设维护与检定制度

首先，在建设维护上，一方面要继续确认纳税人与生态环境主管部门各自的主体责任，即纳税人负责自动监测设备及其与数据监控中心网络连接设施的建设与维护，生态环境主管部门负责对数据监控中心的建设与维护；另一方面，也要解决纳税人动力不足与资金不足的问题，具体方法上建议实施纳税人建设与维护的经费由纳税人与政府分担原则并且政府承担主要经费，其中政府的经费建议从环保税款中专项列支，纳税人的经费由纳税人自行承担；同时，为了激发纳税人建设维护的积极性，可以考虑对按照国家标准建成及维护自动监测设备系统的纳税人给予环保税、增值税的税收优惠，包括一定时限之内的税收减免或者税收返还。此外，鉴于在实际操作中自动监测设备系统的运行维护常委托给第三方的情况，法律上还应当对第三方运维主体的资质、运维标准等作出规定与完善。

其次，在自动监测设备系统的检定制度上，应当确立由计量部门会同生态环境主管部门共同验收及定期强制检定的制度，并且应当以计量部门为主。鉴于自动监测设备系统从本质上讲还是属于计量器具的范畴，对其的验收与检定自然应当是以计量部门为主。《中华人民共和国计量法》规定了作为环境监测使用的污染源自动监测仪器应当由计量部门进行强制检验，但未能考虑到生态环境主管部门的配合责任问题，应当予以修订；另外，《环保税法》或《中华人民共和国税收征收管理法》当中也应当就计量部门与生态环境主管部门共同检定与定期校验的问题作出相应规定，以确保税收的法定性与征管的顺利性。

最后，为了提高环保税征管的效率及解决计量部门和生态环境主管部门检定专业人员可能的不足，应当考虑在已有的第三方运维机制的基础上建立委托第三方专业机构进行检定和校验的制度，但应当在法律层面严格加强对第三方专业机构及其工作标准的规范。

（三）完善自动监测数据应用范围制度并建立排放监测技术信息信赖原则

首先，自动监测数据的应用范围应当从现有的作为排放量和噪声分贝数的计算及计税依据的核算方法进一步扩大到税收优惠的判定、税收执法依据等事项之上，确立自动监测数据在《环保税法》尤其是环保税（绿色税）征管法律之中的基础性法律地位。

其次，也是非常重要的，应当在《环保税法》中建立"排放监测技术信息信赖原则"。即法律应当明确，在环保税的征管中，征税机关、生态环境主管部门及纳税人等各方当事人均可以信赖符合国家统一标准的排放监测技术及其所产生的监测信息，并可以根据此等信赖而行事。其中，对于纳税人而言，如若其根据其所信赖的排放监测技术信息而完成了纳税义务，则即使后来监测技术信息被证明为错误，纳税人也不用被调整其已经完成的纳税义务。"信赖原则之适用主要源于人类社会技术的更新与进步以及与其相伴的社会组织分工，……，信赖原则之适用依据则是行为之社会相当性"[1]，据此，在环保税（绿色税）的征管中，由于排放监测技术信息问题不仅是人类社会技术更新与进步的结果，而且还必须依赖于专业的社会组织分工而解决，纳税人、税务机关及生态环境主管部门均有理由也有必要信赖作为专业社会分工结果的客观排放监测技术信息，建立"排放监测技术信息信赖原则"不仅符合环境生态治理工作自身的特质，符合环保税征管的社会分工现实，而且完全符合信赖原则之行为社会相当性理论。并且，从法律层面来看，建立"排

---

〔1〕 刘跃挺："论医师组织协助义务框架中的客观归责与信赖原则"，载《西南交通大学学报（社会科学版）》2015 年第 6 期。

放监测技术信息信赖原则"也是税收法定原则的必然要求，是纳税人权利保护的应有之义，也非常有利于促进征纳双方的税收合作，并有利于减少纳税争议以及便捷税收征管。

（四）建立监测信息大数据制度

信息化、智能化已经成为我们这个时代的显著特征，未来还会进一步加强，而大数据是信息化和智能化中的核心应用工具。在此背景下，税收的征管也必须信息化、智能化，必须充分运用好大数据。而环保税征管的问题，在信息化和智能化方面，不仅仅是要顺应社会发展趋势的问题，其自身本来就是建立在排放数据信息智能监测与信息共享之上的，也就是说，缺少了排放监测数据的智能化和信息化，环保税征管工作本来就难以进行，因此，环保税的征管中更要建立监测信息的大数据制度。这种大数据制度既能够提高排放监测数据的及时性、准确性与完整性，还能够为征管的各个环节提供便利，从而既能增强对纳税人权利的保护，又能显著提高征管的效率。例如，监测信息的大数据能够让纳税人电子纳税申报更为便捷，让税务部门同生态环境主管部门及其他部门的信息共享更为顺畅，也能够让税务部门在征税风险的管控上更为全面与高效。排放监测信息的大数据制度需要在数据的采集、存储、传输、维护、查询与应用等方面建立起明确的法律规范。

以大数据思维化解税务风险
创新税收协同治理法律的配套与渗透

焦瑞进*

一、大数据时代关联要素重新布局

（一）互联网成就大数据时代

人类社会信息，古已有之，无论自然生活还是社会交往，点点滴滴以各种不同的表现形式积累流传，也正是因此导致了应用上的不方便。这一问题的解决，基于计算机互联网技术的迅猛发展，将人们的日常生活信息、经济活动信息和社会交往信息以电子数字的形式记录、整理、储存下来。有权威数据表明，截至 2007 年，全球数字化信息已经达到 93%，标志着人类社会已经进入了大数据时代；到了 2013 年，非数字化信息已不足全球信息的 2%，展现出 1980 年代《第三次浪潮》一书作者、著名未来学家阿尔文·托夫勒的远见卓识：数据经济将掀起"第三次浪潮的华彩乐章"！

（二）数字经济关联要素重新布局

经济发展由农耕经济时代进入工商经济时代，传统的以产业分类为基础的经济结构，将产业划分行业再细分为经济单元，即相应的企业。这种经济模式，以专业化分工的方式促进生产效率，推进经济和社会的发展，这一时期的网络仅仅是促进效率的手段和工具。进入以大数据为特征的数字经济时代，经济基础是网络资源，所有的商务活动和社会交互活动都根植于基础网络资源，在此基础上发展个性、互融、混营并存，再分不出什么行业、产业、经营主体。在这种新经济模式下，传统税制再找不着适用税率的行业、纳税

---

* 焦瑞进，中国税务学会副秘书长。

主体、相应的税基，甚至再见不着现金，理不出相关的结算关系。新经济模式向传统的税制提出挑战，经济要素重新布局组合，或混为一体产生新的业态，或直接分解为个体，以自然人原形游离于各经营模式中谋利。在这种高效混沌模式下，税源在哪里？传统税制与数字经济运行模式不相适应，是当前税务管理面临的最大风险，是构建现代财税制度的关键。

其次，从征管工作看，找不到税收实现的环节和利益主体，如何核定适用税率、纳税人划分标准、优惠适用关系和税赋承担主体等法律关系？相关的税法体系、征管制度和手段与信息革命导致经济方式转变不匹配，是当前征管工作面临的最大风险。

二、智能社会协同治理是必然趋势

大数据技术和思维，不仅颠覆了传统经济发展模式，由此也引发了对经济发展中社会治理制度成本制约的思考。一方面提出了高质量发展的新要求：社会和谐高效，自然生态文明，人、社会、经济、自然融为一体智能发展；另一方面网络基础与智能技术也为这种高质量融合提供了条件，奠定了基础。在这种现代智能社会融合体中，政务、商务、民生交织在一起，公共服务、商业服务贯穿于数字经济海洋中，从高效发展的角度看，智能社会协同治理是必然趋势，服务关系的相互替代，责任关系的相互弥补，社会要素的重新布局等都将是现代法律、法规体系构建必须前瞻考虑的重大问题。

因此，出台任何领域的法律法规，都必须配套考虑社会协同治理的问题，并且应该以智能社会这一前瞻性视野处理好相关要素中法律责任与义务的关系。

三、《中华人民共和国电子商务法》的进步与不足

2018 年 8 月 31 日《中华人民共和国电子商务法》（以下简称《电商法》）正式出台，并于 2019 年 1 月 1 日正式实施。值此数字经济转型时代，不妨从数字经济的角度观察该法涉税条款的法理精神，探究其引领社会进步的成分，抑或不足的问题，以待改善。

这部《电商法》，从涉税角度，约有 7 条值得关注的重点内容。以下就此作些相关分析，以供参考。

（一）个别条款评析

《电商法》第 4 条、第 7 条，强调了社会的公平和效率，反映了数字经济时代协同治理的特征，体现了现代法律的时代性、先进性，本应值得点赞。以此为原则，应该贯穿整个法理，但遗憾的是，在后续的具体条款中，又往往是背离了这一原则。

《电商法》第 10 条，没有很好地把握市场准入原则和数字经济时代的特征。从市场准入条件看，从事商务经营，是有市场准入条件的，具备条件可以是从业，但必须纳入注册管理，而不是简单的"应当"。具备基本条件出现的其他差异情况，只有分类注册管理，没有"除外"这种例外，否则就是违法经营，就是扰乱市场秩序，就会造成不公或税款流失。从数字经济时代的特征看，市场准入登记注册是网络经济顺便解决的事，条款中没有这方面便民服务的责任和义务要求。

《电商法》第 11 条关于纳税义务的内容，在我国宪法、公司法、税法中都有具体的规定表述，《电商法》重复相关法律规定，意义不大。《电商法》应该强调的是基于电商特征，应该如何严谨而便捷地履行义务，而不是简单地重提已有义务。关于税务登记的内容，不符合数字经济时代特征，在国务院推进多证一码的先进制度下，数据共享，不应再提税务登记这种落后做法，而是要求网络自动形成市场登记后的数据共享治理要求。电商一旦从事商务活动并涉及税务问题，市场监管部门或税收管理部门应遵循"孰先原则"推进数据共享。

《电商法》第 25 条关于商务信息的共享问题，法治的强制性太弱，并且没有强调主管部门的责任。作为一部协同治理的法律，不能只是当有关部门要求，电商才提供相关信息。如果主管部门不作为，就必将影响社会协同治理工作的推进，不符合数字经济时代社会协同治理的工作要求。作为协同治理的一部法律，这里应该强调相关主管部门在这一环节的主体责任，应是积极配合出台获取信息的相关制度，并规范同一涉税信息标准，方便电商在商务活动中实时产生符合统一标准的涉税信息，并及时提供给主管部门掌握应用。对这一环节，主管部门不作为，也应承担相应法律责任。进入智能社会时代，协同治税不是税务部门一家的事，税务部门在这社会治理协同中也仅仅是协同治理角色之一，要向政府负责，要向全社会负责。

（二）总体评价

新近出台的这部《电商法》，提出平等对待线上线下商务活动，促进线上线下融合发展，建立符合电子商务特点的电子商务市场协同管理体系，突出强调了社会公平和效率原则，反映了数字经济时代协同治理的特征，体现了现代法律的时代性、先进性。以此为原则，应该贯穿整个法理，但遗憾的是，在后续的具体条款中，又往往是背离了协同治理这一原则。对电子商务关联的各方，虽然明确有关联责任，但责任有限，并落后于时代的要求。有些涉税条款内容，在其他已公布实施的涉税法律法规中已有，这种内容重复提及意义不大，而该设置的数字经济协同关联规定依然缺失。本部《电商法》未对税收主管部门提出协同治税尽职尽责的强制性要求，势必导致税务主管部门的税收征管工作依旧停留在传统征管模式中，不可能充分发挥现代"互联网+税收"的积极作用，以彻底解决征纳双方信息不对称的根本问题。

四、国外的基本做法

关于电子商务的涉税管理问题，经济发达国家通常是结合数字经济的特征和业务环节形成协同治理关系，转换协同治理理念，重新布局要素角色，强化定位相关环节责任职责。

比如在美国，2013 年 5 月，参议院通过《市场公平法案》（Marketplace Fairness Act）。虽然不是专门的税收征管法律，只是为了改善市场的公平管理关系，却明确要求所有在线零售商代收消费税，并强制要求第三方支付公司向税务机关提供线上交易支付信息。此法的先进性，体现了法律的配套关系，反映了数字经济下协同治理重新布局要素的角色定位，并且是以强制态势实施执行。电商不作为即犯法！

在推进电子发票方面，目前韩国企业电子发票普及率已经达到了 99%。意大利也宣布从 2019 年的 1 月 1 日开始，所有的纸质发票全部废除，全面强制推行电子发票。从今年 7 月 1 日开始，意大利将全面禁止使用现金方式支付工资和报酬，企业的收支必须统一纳入银行电算化系统。意大利此举，将依托电子发票实时获取企业交易信息及税款入库信息。

五、结论建议

《电商法》的颁布实施，有其法治先进性的一面，但其涉税条款的法治表述，更多的是落后时代特征的体现。

"十九大"进入新时代，提出了以"放管服"深化改革促进社会协同治理的现代化新使命。习近平总书记指出：当今世界，正在经历一场更大范围、更深层次的科技革命和产业变革，互联网、大数据、人工智能等现代信息技术不断取得突破，数字经济蓬勃发展，迫切需要我们加快数字经济发展，推动互联网治理体系向着更加公正合理的方向迈进。这一系列精辟的认识，为财税工作贯彻落实党的"十九大"关于新时代新使命精神指出了明确的方向，提出了具体要求。

贯彻落实"十九大"提出的新时代新使命要求，在税收法治工作领域，一定要清醒认识数字经济的时代特征要求，摒弃守旧传统的税收征管模式，在数字经济要素重新布局定位中找准自身角色，了解其他部门在各业务环节的作用，领悟深化"放管服"改革的内涵精神，推进税收法治社会协同治理的现代化建设。

数字经济涉税信息共享法律问题研究

丁健鸽*

在现代政治国家中，国民与国家之间的社会契约赋予国家取得对价[1]、实现税收公法之债[2]的权力。税收征管法律体系规定着国家取得文明对价的方式及权力边界。法律不能脱离社会生活，社会的进步也带来了立法技术的进步和法律体系的完善。信息网络技术的发展孕育和滋养了中国的数字经济。不断更新的经营模式和持续扩大的经营范围使得涉税信息呈现出复杂化的趋势，涉及的社会部门越来越多，收集与核实工作也呈现出复杂化的趋势。相应地，由多个社会部门产生、保有及传递的纳税人涉税信息对在税收征管活动中确定纳税人的纳税义务及应纳税额的作用也愈发重要。数字经济时代财税法的完善亦应当适应经济发展模式的转变，充分考虑当前征管工作的现状，注重实现各社会部门及行政机关涉税信息的共享，以应对数字经济交易对税收征管活动提出的新挑战，为税收征管现代化提供法治支撑，以信息管税的实践促进国家治理现代化。

---

* 丁健鸽，西南政法大学经济法专业 2016 级研究生。

[1] 如霍姆斯大法官所说，税收是文明的对价。在国民与国家的社会契约中，国民让渡部分财产权利给国家，私有财产即转化为公共财产。国家利用公共财产为国民提供公共产品和公共服务。由此，国民承担的税负被认为是享有和使用国家提供的文明成果的对价。

[2] 税收公法之债理论认为，纳税人因使用国家提供的公共产品和公共服务而使国家作为特殊的债权人取得对纳税人的债权。由此，国家有权行使税收征管权力以实现债权请求权。

一、数字经济时代涉税信息共享现实冲突分析

(一) 涉税信息共享与税收法定原则的冲突

在租税国家，人民与国家间最主要之法律关系即为纳税义务。法治国家之税捐稽征机关，其行政行为亦应遵循法律优位与法律保留原则之要求。[1] 然而观诸我国的税收法律体系，法治环境倾向于将税收征管活动划归入行政行为进行赋权和规制，忽略了税收征管行为区别于其他行政行为的专业性，以及涉税信息获取所需要的多部门协作及互动。"我国一直存在税法效力弱化和税收立法行政化的倾向，税收执法行为大量依据行政解释，直接导致了税法效力的削弱，税收法律关系也因此被扭曲。"[2] 涉税信息共享机制的运行依据多为地方规章及部门规章，效力层级低且零散，容易产生冲突，不符合现代国家对税收法治的要求。

对于税务机关获取由其他机关产生及保有的涉税信息这一行政行为，现行法律规范的具体内容均只作了原则性规定，并未对获取信息的方式及程序进行规制。税务机关要求其他部门提供涉税信息的程序权力的正当性缺乏法律依据。对其他机关来说，现行法律也只是对他们的涉税协助义务进行了诸如"有义务协助税务机关调查核实"的原则性规定，并未就程序性内容进行规定。且在我国现行的财税法治体系中，也难以找到其他部门提供涉税信息后的利益补偿，以及损失救济。这造成了立法内容的缺失，与税收法定原则有潜在的冲突。同时也给予了税务机关可能超过必要合理限度的自由裁量权，由此不仅仅可能导致税务机关公权力的扩张对纳税人金融隐私权和传统隐私权，甚至是财产权的侵犯，也有可能导致税务机关对其他行政机关合法利益的侵害。

现行税收征管法律体系中涉税信息共享程序规制和其他部门协助义务规定的抽象化，以及履行协助义务的部门补偿及利益损害救济内容的缺失使得税务机关涉税信息共享权力的正当性难以证成。其他部门履行提供涉税信息的协助义务时，其相关利益难以保障。这不仅无益于部门隔阂的消解和税收

---

〔1〕 参见葛克昌：《行政程序与纳税人基本权》，北京大学出版社 2005 年版，第 6~7 页。

〔2〕 张怡、陈方淑："论税源联动管理制度的法制化进路"，载《税务与经济》2009 年第 5 期，转引自张怡等：《税务信息管理法制创新研究》，法律出版社 2017 年版，第 10 页。

征管的准确性、有效性，有碍于涉税信息共享制度设计的法治化、规范化，制度运行的稳定性，也不利于部门利益的保障和税收征管体系的整体化和现代化。

（二）涉税信息共享与行政效率的冲突

涉税信息共享的初衷是保证税务机关及时、便捷、准确地获得涉税信息，在增强税收征管活动有效性的同时，降低税务机关在其他涉税信息所有机关获得信息的协商成本，以及协商不成时，通过其他途径获得信息的成本。但是在实际运行中，政府部门的矩阵职能设置及行政能力和部门间协调意识的不足却使涉税信息共享机制与制度初衷相悖，增加了行政行为作出的时间成本，使程序出现复杂化的倾向，在涉税信息共享平台的建设过程中与行政效率原则产生了冲突。

税法行政效率是指国家制定的税收法律能在筹集财政收入的基础上使税收成本最小化。[1]在"条块分割"的国家行政管理体系中，我国的税务及相关行政机关的管理体制表现为纵向层级及横向职能交叉的矩阵型结构。这一结构虽然在公权力的行使和规制方面都发挥了重要的作用，但是在涉税信息共享方面，却存在着效率低下和流程不畅的流弊，并存在着一定的权力寻租和违规操作的"灰色空间"。不同信息掌握在不同部门手中，形成信息的"部门化"，各部门将其掌握的信息视为私有财产，不愿意将自己所"独占"的信息进行共享。其原因在于信息共享不仅将使部门信息所可能带来的寻租利益不复存在，而且也将影响本部门的权威地位。[2]同时，当前我国以涉税信息共享为主要内容的税源联动管理中，多以税务机关的统计行政机关作为监管机关，虽然在试点地区有规定明确的考核办法，但在实践中多流于形式，未实现有效监管。[3]

这些都成了涉税信息共享的阻力，使得以提高税收征管行政行为效率和质量为目的的涉税信息共享机制在实际运行中偏离制度初衷，增加了行政行为的时间成本，扩大了税源管控中违规操作的风险，既不符合风险管理的要

---

〔1〕 参见李俊英："基于公平与效率目标对修订我国《税收征管法》的思考"，载《税务研究》2009年第3期，转引自张怡等：《税务信息管理法制创新研究》，法律出版社2017年版，第215页。

〔2〕 参见蔡立辉：《电子政务应用中的信息资源共享机制研究》，人民出版社2012年版，第123页，转引自张怡等：《税务信息管理法制创新研究》，法律出版社2017年版，第9页。

〔3〕 参见张怡等：《税务信息管理法制创新研究》，法律出版社2017年版，第11~12页。

求，也与行政效率产生了冲突。

（三）涉税信息共享与纳税人其他部门权益保护的冲突

涉税信息共享主要涉及纳税人、税务机关和其他涉税机关三方主体的权益。在我国尚未实现多元治理的税收征管法律体系中，税务机关在税收征管活动和涉税信息共享中占主导地位。在税收征管和涉税信息共享的过程中，税务机关公权力的扩张将会侵及其他涉税机关和纳税人的合法利益。

1. 与纳税人权利保护的冲突

在信息爆炸、个人隐私空间急剧缩减的数字时代里，对影响到纳税人经济行为的隐私及其他信息的保护也愈发艰难且重要。虽然对纳税人隐私权的保护并不意味着对涉税信息共享的禁止，但是，涉税信息在信息所有部门与税务机关之间传递和共享的过程中，很有可能因为工作人员的违规操作或者制度以及共享平台的缺陷，造成信息的泄露或不当使用，进而对纳税人的隐私权造成侵害。[1]

现行税收征管法律体系在应对涉税信息共享对纳税人权利（特别是隐私权）的侵害及救济方面的主要问题表现在法律对纳税信息共享中应当受到保护的纳税人隐私界定的边界不清晰和行政机关责任不具体，由此导致了现有法律规定实际可操作性不够理想。

（1）隐私的边界划定不清晰。在税收征管法律体系中，根据《中华人民共和国税收征收管理法》（以下简称《税收征管法》）第8条第2款和《中华人民共和国税收征收管理法实施细则》第5条的规定，纳税人、扣缴义务人的税收违法行为不属于保密范围。但是，纳税人和扣缴义务人的税收违法行为中涉及的纳税人、扣缴义务人隐私或商业秘密能否获得税务机关的保护，现行法律并未进行规定。由此，对纳税人隐私边界划定的不清晰可能导致税务机关在税收失信行为公示中对纳税人、扣缴义务人隐私或商业秘密的不当披露及由此造成的损害。

（2）行政机关责任体系尚不完备。目前我国的税收征管法律体系中，对于税收征管过程中对纳税人隐私权、财产权等权利造成侵害的情况，大多只作出了原则性的规定，例如《纳税人涉税保密信息管理暂行办法》中仅仅规定，纳税人的隐私权应当受到法律的保护，这一宣示性、原则性的规定在实

---

〔1〕 参见张怡等：《税务信息管理法制创新研究》，法律出版社2017年版，第13页。

务中可操作性较差，并不能够实现对纳税人权利的有效保护。在税收征管的行政过程中，无论是纳税人还是税务机关的工作人员，都缺乏具体方法和程序的规制和指引，征纳双方都难以做到有效的税法遵从。虽然《税收征管法》第87条对未按照本法规定为纳税人、扣缴义务人、检举人保密的直接负责的主管人员和其他责任人员，规定了由所在单位或者有关单位依法给予行政处分，这可以看作是对侵犯纳税人权利的行为进行惩处，但是并未涉及对纳税人的补偿及权利救济，在实践中对纳税人权利的保护仍旧是不到位的。

当下纳税人权利保护立法中的根本性问题在于赋权与救济出发点的不同导致的制度需求与供给的偏差。纳税人权利赋予和权利保护是两个向度问题，即纳税人权利赋予以纳税人自身为出发点，而纳税人权利保护则是以国家、政府这一制度供给方为出发点的。[1]我国的《纳税人涉税保密信息管理暂行办法》作为涉税信息共享中规制行政机关行政行为、保护纳税人信息权利的法律规范，规定了税务机关工作人员及其他可能接触到纳税人涉税保密信息的公职人员在采集、使用、查询、保存及销毁涉税信息过程中的权限和程序性要求，但是在涉税信息共享过程中侵犯纳税人信息权利应当承担的责任方面却留下了法律的空白与模糊地带。既有的法律体系没有对这类侵权行为进行定性，没有规定行政机关及其工作人员对纳税人的这一侵权行为属于行政侵权还是民事侵权的范畴。相应地，在权利救济方面，就存在着纳税人是否可以提起侵权民事诉讼或行政诉讼，如果提起行政诉讼，是否以复议为前置程序的争议。虽然在我国的税收征管法律体系中有对相关行政行为人进行行政处分等规定，但这些行政机关内部的惩处或补正措施并不能对纳税人就造成的损失进行直接且有效的补偿。这种以行政管理手段进行的纠正和处理是不能够有效地保护纳税人的信息权利的。

2. 与其他涉税机关权益保护的冲突

《税收征管法》及相关行政法规中仅规定了其他机关对税务机关的协助义务，而没有规定税务机关对其他机关提供涉税信息过程中成本的补偿，更没有规定在税务机关要求涉税信息共享，侵害其他机关正当权益时的赔偿责任或其他责任。以重庆市奉节县物流税收征管中的涉税信息共享为例。为完善

---

〔1〕 参见张旭光："民法总则视域下纳税人涉税信息保护机制研究"，载《税收经济研究》2017年第6期。

海上运输税收征收管理，奉节县税务机关与地方海事部门联合下文实行"联合办公"，由地税局在地方海事部门设点办公。货船需要先获得税务机关的完税凭证才能够到海事部门办理签证。税务部门不仅占用了海事部门的公共资源，其工作效率还直接影响着海事部门的工作效率。由此，以涉税信息共享为目的的"联合办公"，增加了地方海事部门的办公成本，拉低了行政效率。[1]

针对这种税务机关基于涉税信息共享需要对其他行政机关合法权益的侵害，既有法律体系及学术体系都尚未给出明确的定位及解决方法。对权益侵害定性的不同将会带来不同的赔偿或补偿方式，会造成权益救济的不同结果。传统行政侵权限于行政机关及其工作人员违法侵害他人财产或人身权利的职务行为，属于行政违法行为的范畴。在这一定义下，税务机关基于合法目的的税务信息共享合法行为对其他涉税机关权益造成的损害难以定义为行政侵权。其他涉税机关以此难以得到行政法上的救济。而传统的民事侵权是指行为人由于过错侵害他人的人身和财产并造成损害，违反法定义务或约定义务的行为。虽然税务机关和其他涉税机关都可以成为民事法律关系中的特殊主体，但是税务机关对其他涉税机关权益的侵害并不满足传统民事侵权行为违法的构成要件。因此，税务机关的此类行为也难以划归到民事侵权的范畴，其他涉税机关也难以在民事法律体系中获得救济。

二、涉税信息共享权限规制的域外经验借鉴

对税务机关来说，涉税信息的获得意味着信息权力的赋予，财税法治权法的特征和法治国家的建设要求法律体系对税务机关获得涉税信息的权力和其他机关履行涉税信息共享职责过程中的权力行使进行规范和限制。因此，涉税信息共享机制中，行政机关的权力从这个意义上来说，谓之"权限"更为恰当。国际上，税收法制较为成熟的国家多采用细化立法的模式，对涉税信息共享进行实体和程序方面的规范。

（一）立法对涉税信息共享实体上的规制

税收征管立法对涉税信息共享实体方面的规制主要表现在对涉税信息共享的主体、税种、内容等方面进行规制。在法国，《税收程序法》中有 39 个条款对涉税信息的披露进行规制，采取分别列举的方式，明确不同主体的信

---

〔1〕 参见张怡等:《税务信息管理法制创新研究》，法律出版社 2017 年版，第 12 页。

息披露义务。韩国则对涉税信息共享及使用进行了专门立法，韩国《课税资料的提交及管理法》第4条规定了其他涉税机关需要向税务机关提交的6类资料，并对各个主体在信息提供和使用过程中的权限进行了细致的规定。

对税务机关涉税信息共享过程中实体方面权力的限制并不意味着共享信息范围的缩小和税收征管行为的乏力。在数字经济时代，涉税信息共享的内容也随着经济发展的状况而逐步扩大。以美国为例，2012年起，美国电子支付交易平台的提供商必须依法向在平台上完成交易的商家和美国国内收入署提供年度信息报告，有助于税务机关更加准确地审核纳税人申报数据的准确性和完整性，以减少和避免商家的税法不遵从行为。[1]由此，立法对涉税信息共享实体方面的规制，不是限制税务机关税收征管权力的正当行使，而是管制税务机关公权力的扩张对纳税人私权利的侵及。这一限制，可以并且应当以涉税信息共享机制的完善和对不断发展变化的经济情况的应对为目的。

法律对涉税信息共享的这一类限制为税务机关及其他涉税机关在涉税信息共享过程中公权力的行使划定了边界，是对财税法律优先和法律保留原则的遵从。在实务中，这些规定不仅为税务机关及其他行政机关的行政行为作出了细致的规范和指引，也为纳税人权利的保护提供了相对充足和具体的法律依据。

（二）立法对涉税信息共享程序上的规制

立法对涉税信息共享程序的规制主要表现为对税务机关上级机关的介入和涉税信息共享方式的限定。德国《税法通则》对税务机关获取涉税金融信息自动提取作出了如下限制：首先，在涉税信息共享的程序上，纳税人账户信息的提取需要经过德国联邦税务总局提取后转交提出相应涉税信息共享的税务机关使用；其次，涉税信息共享的方式要遵从信贷法的规定，税务机关不得出于公共利益的需要而要求信贷机构一次性或定期报告纳税人账户的资金变动情况。仅在纳税人没有因违反税法或违规行为被提起诉讼的情况且无法从纳税人本人处获取真实信息的情况下，税务机关有权要求信贷机构提供相关纳税人的账户开立及账户内资金流动情况的相关信息。[2]德国税收法律

---

〔1〕 参见吴启迪："论我国涉税信息共享机制的构建——以第三方涉税信息披露义务为视角"，载《黑龙江省政法管理干部学院学报》2017年第1期。

〔2〕 参见张怡等：《税务信息管理法制创新研究》，法律出版社2017年版，第13页。

体系在程序、权限上为涉税信息共享划定了边界，对公权力进行规范和限制，减少公权力侵及纳税人隐私权等私权利的可能性，在国家税收征管公权力有效行使和纳税人私权利有效保障的利益博弈中促进了平衡，消解了国家税收征纳双方之间的矛盾。

在德国模式中，联邦税务总局的介入虽然增加了涉税信息共享的主体数量和信息流转步骤，但是，上级税务机关的介入对涉税信息共享发挥了较为有效的监督和纠正作用，有利于确保涉税信息的准确性和共享程序的规范性。对于涉税信息共享法律制度尚处于起步阶段的中国来说，这种小幅度牺牲行政效率以增加行政行为有效性和合规性的做法是值得借鉴的。此外，德国立法中对税务机关要求涉税信息共享的条件进行了限制，有利于改善税务机关在税收征管活动中占主导地位的流弊，对于转变税收征管模式，促进多元治理，协同治税的模式具有重要的促进作用。

（三）立法涉税信息提供机关拒绝权的赋予

税务机关涉税信息共享权限的规制和信息提供机关拒绝权的赋予是纳税人权利和其他涉税机关合法权益保护的一体两面。赋予涉税信息提供机关拒绝权，使其在税务机关提出可能侵犯本机关或纳税人合法权益的不合理涉税信息共享要求，或者涉税信息共享条件并不具备的时候，可以有权利拒绝涉税信息共享的要求。

当前各国的涉税信息共享法律体系对涉税信息提供部门，多规定了其提供信息的义务及方式，以及对税务机关要求信息共享条件的限制，但少见对涉税信息提供部门拒绝权的赋予。信息提供部门的拒绝权，或者说保留不提供涉税信息的权力多见于国际税收领域。在 OECD 国家的国际税收情报交换中，国际税收征管和纳税人隐私权之间的冲突通常通过"信息安全条款"实现平衡，即如果一国税收征管者有充分的理由怀疑他国征管者不能对所获机密信息保密，并限于税收征管目的，则可保留不提供这些信息的权力，且该国税务机关可依其自由裁量允许母国监管者获取有关银行存款人或投资人的信息。[1]

OECD 国家的这一做法，是从本国国家和纳税人利益的角度对他国不合理

---

〔1〕 参见汤洁茵："金融机构在税收征管中的第三方协助义务——以金融隐私权为核心"，载《税务与经济》2010 年第 3 期。

涉税信息共享请求的拒绝。在数字经济时代，无论是国内的跨行政区域交易还是跨国经营的情况都越来越普遍，我国的税收征管法律制度不仅要和当前的经济形势相适应，还应当与国际税收征管法律体系相适应。在数字经济交易逐渐突破交易时空限制的当下，我国涉税信息共享法律制度的构建，可以结合当前试点中广东等地行政机关间签订涉税信息共享协议的做法，在本区域及跨区域行政机关之间，签订包含"信息安全条款"在内的涉税信息共享协议，并随着立法条件的成熟，逐步上升至地方法规、法律。由此赋予相应行政机关拒绝权，更好地对税务机关及其他相关行政机关行政权力进行规制，保护信息提供机关的合法利益和纳税人的权利。

三、数字经济时代行政机关涉税信息共享机制完善建议

（一）完善涉税信息共享法律体系

1. 立法限定涉税信息共享边界

共享涉税信息，提高征管效率并不意味着对纳税人隐私权等信息权利的忽视。税收征管法律制度需要对国家税收征管活动的有效性与国民隐私权保护的利益博弈进行平衡，限制权力和赋予权利，以私权利制约公权力。[1]需要以完备的法律制度为税收征管和涉税信息共享的公权力划清边界，明确在税收征管活动中，哪些涉税信息是可以被共享的，应当以何种方式进行共享，涉税信息可以在哪些部门之间共享，被共享的涉税信息应当如何使用等问题，并且应当有效避免涉税信息共享对纳税人隐私带来的风险，不能增加纳税人隐私保护的成本。

经由立法限定涉税信息共享的边界，不仅要求通过法律划定要求共享的涉税信息的提供主体、税种、内容、程序及责任等，还需要通过法律规范来明确涉税信息共享的"限度"，[2]即涉税信息的共享要求和使用应当符合行政法上的比例原则。在涉税信息共享的过程中，税务机关要充分考量其要求共享的涉税信息对纳税人权益的影响。并不是所有的涉税信息都可以要求共享。以纳税人的金融隐私为例：在数字经济时代，纳税人的金融隐私已经成

---

〔1〕 参见张怡等：《税务信息管理法制创新研究》，法律出版社2017年版，第9页。

〔2〕 参见汤洁茵："金融机构在税收征管中的第三方协助义务——以金融隐私权为核心"，载《税务与经济》2010年第3期。

为其经营信息中的重要组成部分并对其经营状况和盈利能力具有重大影响。如果税务机关要求共享的信息可能会造成正当行政行为对纳税人金融隐私的不正当公开，进而造成纳税人经济利益的重大损失。在这种情况下，税务机关的税收征管有效性不足以成为其侵权行为的正当性依据。此外，在法治国家中，当涉税信息的共享会侵害纳税人其他隐私权，以至于侵及纳税人的基本人格权时，税务机关的信息共享要求也是不应当得到制度和法律的支持的。

2. 建设中央和地方层面的涉税信息共享法律体系

国家的税收征管法律体系在从中央到地方的各级税务机关和其他相关部门的涉税活动中都应当得到有效的遵从。同样地，涉税信息共享这一涉及中央与地方各级税务及其他行政机关的法律机制也应当是制定良好并得到广泛遵从的法律制度。

首先，国家层面的立法应当解决当前法律体系中涉税信息共享机制原则性专门规定的缺失，并且制定各地区涉税信息协调共享的相关制度性规定。应制定全国适用的涉税信息共享法律规范，对涉税信息共享法律机制的原则及其他根本性要素进行规定，并且出台相应的条例或其他行政规章对跨地区的涉税信息共享进行规制。以此从国家层面发力，推动涉税信息共享法律机制的建立和完善。其次，在地方税收征管活动的规制方面，各地方人大及政府通过制定地方行政法规等方式，根据本地区的具体情况，在遵循上位法的前提下进行地方立法，对涉税信息共享法律体系进行具体规定。

此外，目前的涉税信息共享试点中的一些有效举措可以经由经验总结成为具体的地方乃至国家立法建议。以张家港市为例，在对涉税信息共享工作进行总结和全民考量之后，张家港市相继出台了《张家港市税收征管保障办法》《关于成立张家港市税收征管保障工作领导小组的通知》《张家港市税收征管保障工作考核办法》等文件，对涉税信息共享机制的构建运行，各部门及领导人员在涉税信息共享工作中的职责以及考核办法进行了规定，为该市税务机关及其他相关部门的涉税信息共享工作的开展提供了较为具体的地方法制依据。

3. 推进与私法信息保护制度相衔接的制度性立法

私法领域对纳税人涉税信息的保护主要体现在民事权利保护制度中。税务机关及其他行政机关作为特殊民事主体，在获取、使用纳税人涉税信息的过程中，应当遵循民法总则的基准性权利保障规定。但是，民法中未经许可不得非法收集、传递与公开纳税人涉税信息这一原则性规定并不足以指导具体的涉税信息共享实践并保护纳税人相应的信息权利。为了完善税收征管法律制度，实现与其他私法制度有效互动，切实保护纳税人权利，建议在《税收征管法》修订的过程中，加专章内容对涉税信息共享制度进行规制，[1]以此作为构建涉税信息共享法律机制的开端，为纳税人信息权利的保护提供税收征管法律依据，实现税收征管法律制度与民法制度的法际联动。

4. 明晰涉税信息共享利益补偿和权利救济法律机制

在涉税信息共享的过程中，对于那些由于提供涉税信息而增加了行政支出的部门，应当由税务行政系统或该行政部门所在地政府在财政方面予以相应的补偿或支持。这不仅是政府部门间公平正义的要求，也有利于对其他涉税机关形成正向激励，促进涉税信息共同体的建立，保证涉税信息共享工作的持久稳定运行。结合当前我国的税收格局和行政体制，对在涉税信息共享中增加了人力物力等投入的部门，可以由相应地方财政建立专项资金予以补偿。如前文所举重庆市奉节县的例子，如果在流程再造的情境下依然无法改变涉税信息共享的要求拉低另一部门的行政效率的情况，那么，此时的制度设计则需要在督促税务机关提高行政效率的同时，督促和激励另一行政部门尽其容忍义务，[2]地方财政亦应对此向该行政机关进行专项合理补偿。

在纳税人权利救济方面，涉税信息共享法律体系建设的当务之急就是要明确侵权责任类型及纳税人权利救济方式。从纳税人获得赔偿的直接性出发，建议将其他涉税机关向税务机关提供纳税人涉税信息过程中对纳税人权利的侵害界定为民事侵权行为，其他涉税机关作为特殊民事行为主体，直接对纳税人承担损害赔偿责任。同时，在税务系统内部，建议在《税收征管法》修订的过程中对税务机关及其工作人员的保密义务及责任进行细化规定，主导建立税务系统内部的保密制度。借鉴刑法领域"双罚制"的理论和制度设计，对于泄露或者丢失、不当公开、非法利用纳税人信息的行为，由行为人和有关单位直接负责人或其主管人员承担相应的民事、行政，乃至刑事责任。[3]

---

〔1〕 参见张旭光："民法总则视域下纳税人涉税信息保护机制研究"，载《税收经济研究》2017年第6期。

〔2〕 参见张怡等：《税务信息管理法制创新研究》，法律出版社2017年版，第27页。

〔3〕 参见张怡等：《税务信息管理法制创新研究》，法律出版社2017年版，第217页。

（二）深化涉税信息共享行政改革

1. 优化涉税信息共享中纳税人信息权保护

涉税信息共享机关应当尽到合理的保密及保护义务，消解涉税信息共享和纳税人信息保护的冲突。对涉税信息要求共享并加以利用的税务机关，在合法使用纳税人信息时，应当征得纳税人的同意或者对纳税人的隐私及其他信息进行脱敏处理。根据《税收征管法》和《中华人民共和国公务员法》的规定，税务机关及其他国家公务人员在接触纳税人涉税信息时应当依法承担保密义务。涉税信息的获取、存储、查询、使用应当做到制度化、规范化，以降低涉税信息不当使用和非法利用的风险。涉税信息的共享应当仅限于应纳税额的确定以及税务稽查之需要。税务机关在占有和使用纳税人信息的过程中，应当对纳税人信息进行合理保护，防止信息的非法毁灭和泄露。[1]

2. 构筑涉税信息共享平台

信息网络技术的发展在经济和社会同步转型的中国培育并滋养了数字经济。国务院《促进大数据发展行动纲要》中明确了社会各界对税收事业发展的协作与促进要求，以及互联网推动下的大数据在现代经济发展中的必要性和重要性。与大数据时代的数字经济相适应，税收征管方面也出现了"数据管税""信息管税"等注重实现信息网络技术对税收征管的技术支撑的新时代政管理念。在涉税信息征管的实践中，依托互联网平台逐步建设税收信息化体系，展开涉税信息的搜集和共享方式的创新。[2]我国以"金税工程"建设为税务信息化全面展开的主干线的税务现代化进程的发展已经进入第三期，为逐步实现涉税信息全面共享打下了信息化基础。[3]

涉税信息共享平台的建设不仅需要互联网络作为技术支撑，还需要法律保障，需要国家出台相关的法律规范，统一涉税信息共享的数据标准技术规范，以保证共享涉税信息的质量和准确性、真实性。这就需要推进国家的技术标准法治化的进程，将涉税信息共享技术规范纳入立法计划，为税务机关获取共享涉税信息的质量提供法律保障。

---

〔1〕 参见张旭光："民法总则视域下纳税人涉税信息保护机制研究"，载《税收经济研究》2017年第6期。

〔2〕 参见贾宜正等："大数据背景下的税收治理问题研究"，载《税收经济研究》2017年第5期。

〔3〕 参见李林军："二十年税收征管改革回望"，载《中国税务》2014年第1期。

3. 建立涉税信息共享专门执行机构

在互联网技术发展的驱动下，仅仅依靠较为原则的个人信息保护法律无法满足含括纳税信息在内的信息保护需要，在民刑之诉外建立专门的执法机构负责信息保护监管已经成为主流趋势。[1]反观我国，信息的管理任务仍散落在各行各业各部门。涉税信息的管理以税务机关为主导，几乎由税务机关独立完成。这与信息时代互联网交易信息的高度流动性、跨领域性和多部门密切联系的特征相悖，难以实现涉税信息共享对数字经济税收征管的应有之义。并且，税务机关以税款征缴为主要任务，对涉税信息的管理和保护还很不到位。

因此，从涉税信息共享效率提高和质量保证的立场出发，借鉴欧盟经验，[2]建议建立涉税信息共享专门机构。在当前涉税信息共享机制还不够成熟的条件下，可以先由税务机关和相关涉税行政机关设立涉税信息共享办公室或专门负责人来进行对接，完成涉税信息共享的相关工作。在涉税信息共享机制逐步成熟和发展的过程中，这一办公室的规模也可以随之进行合理调整。

4. 落实涉税信息共享多方位有效监督

公权力的行使需要体制内外的共同监督，这样才能降低公权力侵及私权利的风险。同样地，涉税信息共享过程中，各个部门，特别是处于主导地位的税务机关，其公权力的行使也需要一套多方位运行有效的监督机制。

建立涉税信息共享监督机制的目的，在于督促各部门诚实履行涉税信息共享义务，对不按规定提供信息或信息提供不全面、不真实的部门，给予一定的处罚。[3]与我国目前"条块分割"的行政格局相适应，建议建立地方政府与上级税务机关共同监督的矩阵型监督结构，以实现对涉税信息共享行政行为全过程、多方面的有效监督。

具体来说，监督体制对共享涉税信息准确性的核查可以依托"金税三期"信息平台。由监督机构或其他专门机构整理进入"金税三期"外部交换系统

---

[1] Graham Greenleaf：Global Data Privacy Law 2015, Data Privacy Authorities and Their Organizations, *UNSW Australia Privacy Laws & Business International Report*, 134 (2015), 16~19.

[2] 在欧盟，依托《欧盟指令》第 29 条成立的工作组是欧盟个人信息保护的推进者和信息保护制度的落地者。与之相适应，欧盟进行了个人信息保护委员会改革，建立了专门涉税信息保护机构。

[3] 参见张怡等：《税务信息管理法制创新研究》，法律出版社 2017 年版，第 27 页。

的涉税信息，并和系统已有信息进行比对，重点审查异常数据，对不能排除异常，无法证明准确性、真实性、完整性的信息，提交总局或省级税务机关查明。对未尽职履行涉税信息提供义务的部门，根据法律规定予以惩处。此外，监督机构还应当对各个税务机关及其他涉税信息保有机关保管涉税信息的情况进行监督检查，对于保管不当、可能或已经造成纳税人信息权利受到侵害的，应当及时整改不当行政行为，要求消除危险，依法赔偿纳税人损失，并对该行政机关及相关负责人依法进行惩处。

四、结语

国家法治大厦的最终落成是全体法律人的共同宏伟愿景，也是中国梦的应有之义。[1]秉持现代精气神的财税法，将成为未来理财治国、实现国家治理现代化的重要基石。在这样一个以信息技术为依托的数字经济时代，《税收征管法》的修改应当适应新经济发展模式的需求，以法治的方式和手段促进和规制涉税信息共享机制的构建和完善，在保障国家进行有效的税源联动管理的同时，以涉税信息共享的法治化推动依法治国的建成。

---

〔1〕 参见滕祥志："论《税收征管法》的修改"，载《清华法学》2016 年第 3 期。

我国食品安全法现状及完善

谢安平　王士博[*]

2015 年 5 月 29 日，习近平总书记在中央政治局第二十三次集体学习时发表重要讲话。总书记指出，要切实加强食品药品安全监管，用最严谨的标准、最严格的监管、最严厉的处罚、最严肃的问责，加快建立科学完善的食品药品安全治理体系，坚持产管并重，严把从农田到餐桌、从实验室到医院的每一道防线。习近平总书记的重要指示，充分体现了党中央对食品药品安全工作的高度重视，彰显了党中央保障人民群众饮食用药安全的坚强决心。这既是总书记对加强食品药品安全监管的要求，也是我国全面建成小康社会实现"两个一百年"奋斗目标的保障。因此，我们要以"四个最严"为标准来保障"舌尖上的安全"。[1]但目前市场上的食品还存在严重的安全风险和隐患，典型的如山西用工业酒精代替食用酒精的"假酒"事件、"毒饺子"事件、"瘦肉精"事件等，至于食品中农兽药残留超标、使用塑化剂、添加剂过量添加或食品中使用非食用物质等更是屡见不鲜，成为食品领域的乱象，严重威胁着公众的身体健康。据统计，我国肿瘤发病率为 285.91/10 万，平均每分

　＊　谢安平，北京工商大学法学院教授；王士博，北京工商大学法学院硕士研究生。

〔1〕　参见新华网："习近平主持中共中央政治局第二十三次集体学习"，http://www.xinhuanet.com/politics/2015-05/30/c_ 1115459659.htm，最后访问日期：2018 年 12 月 14 日。

钟有 6 人被诊断为恶性肿瘤。其中，食品安全成为肿瘤致病的三大因素之一。因此科学、系统、完善的食品安全法律法规成为保障食品安全的最后防线，只有依靠法律手段，才能更好地打击食品领域的违法犯罪行为，保障公民的身体健康，促进社会和谐稳定。

一、我国食品安全法的不足

（一）立法现状

目前，规范食品安全的法律主要包括《中华人民共和国食品安全法》（以下简称《食品安全法》）（2015 年），《中华人民共和国农产品质量安全法》（以下简称《农产品质量安全法》）（2006 年），《中华人民共和国消费者权益保护法》（2014 年），《中华人民共和国刑法》（1997 年），《中华人民共和国产品质量法》（以下简称《产品质量法》）（2009 年）等法律。虽然我国食品相关的法律法规覆盖了各个方面，但是由于立法体制和体系的复杂，立法时间较晚，我国的食品安全标准和技术规范远远落后于欧盟及国际标准。不仅如此，我国食品安全标准仅仅是"安全标准"而不是"健康标准"。如北京地区规定的几种肉类的基准含水量：猪肉 62.1%，牛肉 63.3%，羊肉 63.1%，鸡肉 60.9%。按照国家规定的畜禽肉水分限量标准，猪肉、牛肉、鸡肉的含水量大于 77%，羊肉含水量大于 78%，即可判为注水肉或含水量超标，这样的标准就为注水肉提供了存在的空间。注水肉需要用药物来"维持水分"，肉中的药物成分如兴奋剂类药物极大损害了人们的身体健康。很多食品相关的法律滞后于监管需求，没有及时修改，而是通过司法解释或者行政法规的形式保持法律对食品安全问题的有效规定。正是因为这个体系中的各种法律交织错综复杂，法律法规之间有很多冲突性问题，导致执法出现很多问题。

2015 年修订的《食品安全法》秉持"从田园到餐桌"全程监管的立法理念，[1]完善了食用农产品市场销售监管的规定，加强了地方政府的监管职责，细化了食品安全风险的评估情形。同时，为了鼓励社会公众参与到食品安全监管工作中来，设立了奖惩机制，最大的亮点是对违法的个人和企业规定了严厉的法律责任，因此被称为"史上最严格的食品安全法"。

---

〔1〕 参见邱婷婷："中日食品安全法比较"，南昌大学 2011 年硕士学位论文。

(二) 立法的不足

立法体系较为混乱，导致各个法律条文之间存在冲突。[1]《食品安全法》、《农产品质量安全法》和《产品质量法》三部法律在规制的对象存在重叠的情况下，规定的惩罚数额却不统一。《产品质量法》第49条规定，生产销售不符合保障人体健康和人身、财产安全的国家标准、行业标准的产品的，其法律责任是货值金额等值以上3倍以下的罚款；第50条规定，在产品中掺杂、掺假，以假充真，以次充好，或者以不合格产品冒充合格产品的，处违法生产、销售产品货值金额50%以上3倍以下的罚款。《食品安全法》第122条规定，未取得食品生产经营许可从事食品生产经营活动，或者未取得食品添加剂生产许可从事食品添加剂生产活动的，法律责任是5万元以上10万元以下罚款，货值金额1万元以上的，并处货值金额10倍以上20倍以下罚款；第123条规定，添加影响人体健康的添加剂、生产不符合食品安全标准的婴幼儿或其他特定人群的主辅食品、经营死因不明的肉类、经营未检疫或不合格的肉类、生产国家为防病明令禁止生产的食品以及生产添加药品的食品共6种情形的，法律责任是处10万元以上20万元以下罚款。《农产品质量安全法》第50条规定，销售含有国家禁止使用的农药、兽药或者其他化学物质的，农药、兽药等化学物质残留或者含有的重金属等有毒有害物质不符合农产品质量安全标准的，含有的致病性寄生虫、微生物或者生物毒素不符合农产品质量安全标准的以及其他不符合农产品质量安全标准的，其法律责任是处2 000元以上2万元以下罚款。三部法律都规定了生产或者销售不符合安全标准的食品的法律责任，看似法律规定得很周延，实则不然。《食品安全法》总则第6条规定，执法主体是食品安全监督管理部门、卫生部门以及其它部门；《产品质量法》总则第8条规定，执法主体是产品质量监督部门；《农产品质量安全法》总则第3条规定，执法主体是农业行政主管部门，这就造成了对同一个主体的同一个违法行为，以上行政机关都有权决定处罚，但是各个行政机关处罚金额却不相同的乱象。虽然2018年组建的国家市场监督管理总局对原工商、食药、质检的职能进行了整合，但法律整合、修订滞后给执法造成困惑，解决食品安全法律出现的"法条竞合"问题，是当下非常紧迫的立法任务。

---

[1] 参见张涛："食品安全法律规制研究"，西南政法大学2005年博士学位论文。

《中共中央关于深化党和国家机构改革的决定》和《深化党和国家机构改革方案》，在原工商、质检、食品、药品、物价、商标、专利等执法队伍的基础上，组建市场监管综合执法队伍，由国家市场监督管理总局指导。从文件内容上看，组建一个综合的执法队伍似乎解决了多头多层重复执法的问题。但是立法层面上，如何将三部法律的执法主体的执法内容进行整合，这仍然是一个亟需解决的难题。再次，《中华人民共和国民法总则》（以下简称《民法总则》）对侵权行为造成的人身损害赔偿请求权最长诉讼时效是自权利受到侵害之日起 20 年，而《产品质量法》规定的产品缺陷造成损害的最长诉讼时效是 10 年。譬如转基因食品对人身健康危害问题，甚至在国际上没有定论，转基因食品隐性危害潜伏时间长，食用产品质量问题的诉讼时效是适用《民法总则》还是《产品质量法》也没有明确。最后，《食品安全法》与《农产品质量安全法》概念有重合之处，农产品的概念被两部法律解释得一头雾水，农产品不等于食品，毋庸置疑，那么食用农产品等于食品吗？[1]有的农产品是食品原料，用《农产品质量安全法》来规制食品原料和食用农产品不妥。

二、完善我国食品安全法的构想

（一）转变食品安全法立法理念

食品安全法立法理念的转变应该包括三个方面的内容：第一，对"食品安全"概念的科学界定；第二，重视食品标签；第三，对人类健康安全可能有重大影响的特殊食品用专门立法予以规定。

《食品安全法》第 150 条第 2 款规定："食品安全，指食品无毒、无害，符合应当有的营养要求，对人体健康不造成任何急性、亚急性或者慢性危害。"根据该条规定，食品安全包括三个层面的含义：第一，无毒、无害；第二，符合应当有的营养条件；第三，对人体健康不造成任何急性、亚急性或者慢性危害。该定义的缺点是：第一，有毒、有害需要通过检测方法方能确定，并且有些食品原料或者食品，在目前科学技术条件下无法检测是否有害，比如"转基因"食品原料和食品；第二，符合应当有的营养条件，无法界定；第三，实践中，有些食品对人体健康造成的危害难以发现，或者虽然发现但

---

〔1〕　参见李勇："市场结构与无公害农业发展研究"，浙江大学 2005 年博士学位论文。

是无法准确衡量。因此，有必要完善立法技术，我国可以采用国际通行的规则，从反面解释来界定食品安全法的适用范围，即以"有损健康"并"不适合人类食用"来定义不安全的食品。[1]

食品标签是指预包装食品容器上的文字、图形、符号以及一切说明物。食品标签反映了食品生产者、经营者应当履行的告知义务，因此必须通俗易懂、准确、科学。食品标签对于维护食品安全，规范食品生产者、经营者行为具有重要意义。消费者合法权益如果受到侵犯，食品标签也是消费者维权的重要证据之一。为此，我国《食品安全法》用了7个条文专门规定了食品标签。这些条文涉及食品标签应当列明的事项、转基因食品标签、食品添加剂标签等内容。但是，我国《食品安全法》关于食品标签的规定，仍然存在不足之处。第一，该法第69条规定，生产经营转基因食品应当按照规定显著标示。该条没有对转基因食品可能带来的风险要求在标签上作进一步提示。第二，该法第125条第2款规定，生产经营的食品、食品添加剂的标签、说明书存在瑕疵但不影响食品安全且不会对消费者造成误导的，由县级以上人民政府食品安全监督管理部门责令改正；拒不改正的，处2 000元以下罚款。显然，该条第2款和第1款第2项在处理具体案件时难以区分，给执法人员巨大的自由裁量的空间，不利于严格执法。笔者建议：第一，由于转基因食品是否对人类的健康有害尚无定论，因此对转基因食品不仅应当有显著标识，而且应标明"可能存在风险"或者"风险不确定"。第二，加大对违反食品标签规定的处罚力度，取消《食品安全法》第125条第2款的规定，直接适用该条第1款的规定。

（二）完善食品安全法律体系

食品安全，牵涉食品和原料性食品的生产、储存、加工、保鲜、营养、质量、卫生、价格、库存、市场等诸多方面。保障食品安全，有利于维护社会稳定，促进公民健康，提升公民生活幸福指数。因此，应当建立以预防为主、全过程监控的科学完善的食品安全法律体系。该法律体系至少应该包括七个方面的内容：第一，食品安全标准和检验法律制度；第二，食品安全信用法律制度；第三，食品安全风险评价法律制度；第四，食品安全网络信息法律制度；第五，食品安全监测、预警法律制度；第六，食品行业从业人员

---

[1] 参见曾丽："食品安全法律体系的缺陷及完善路径"，载《食品与机械》2015年第4期。

资格法律制度；第七，危害食品安全的惩罚、赔偿性法律制度。因此，必须在《食品安全法》的框架内，通过法律、行政法规、地方性法规等的配套，建立完整的食品安全法律制度，完善食品安全标准、监督、信息、服务体系，建立食品行业从业人员资格制度并提高食品行业从业人员的道德品质；规范执法标准，明确规定各种违反食品安全的违法犯罪行为，明确规定各执法部门职责，统一处罚尺度。食品安全法系统必须和我国的法律系统增强交流与贯通，保证食品安全法与其他法律的相通性。[1]

（三）对转基因食品设定专门章节予以规定

根据国外食品安全立法的经验，对一些特定的食品进行专门的立法或在食品安全法中设定一个专门的章节进行规定，比如转基因食品的市场流通制度。转基因，是指通过基因工程技术将一种或几种外源性基因转移到某种特定的生物体中，并使其有效地表达出相应的产物，此过程叫转基因。以转基因生物为原料加工生产的食品被称为转基因食品。根据转基因食品来源的不同可分为植物性转基因食品、动物性转基因食品和微生物性转基因食品。欧洲国家，对于转基因食品采取比较谨慎和排斥的态度。我国《食品安全法》第151条规定："转基因食品和食盐的食品安全管理，本法未作规定的，适用其他法律、行政法规的规定。"关于转基因食品的行政法规、规章主要有：第一，国务院制定的《农业转基因生物安全管理条例》；第二，农业部颁布的3部配套规章，即《农业转基因生物安全评价管理办法》《农业转基因生物标识管理办法》《农业转基因生物加工审批办法》。这些行政法规、部门规章存在立法层次低的缺陷，并且目前还没有动物性转基因食品的管理规定。因此，笔者建议对于转基因食品用专门立法予以规定或者在《食品安全法》中设置专门章节予以规定。

（四）食品侵权行为实行严格责任原则

"严格责任"，又称为"结果责任""无过错责任"，是指违约责任发生以后，确定违约当事人的责任，应主要考虑违约的结果是否因违约的行为造成，而不考虑违约方的故意和过失。严格责任以行为与违约后果之间具有因果关系为要件，这是其区别于过错责任的最根本的特征。食品安全侵权行为应实行民事侵权责任中的严格责任原则。美国已经采取食品安全的严格责任制度。

---

[1] 参见邱婷婷："中日食品安全法比较"，南昌大学2011年硕士学位论文。

只要消费者消费的食品出现问题，在食品流通环节上的每一个市场主体共同承担责任。实行严格责任制度，不仅有利于解决食品消费者举证难的问题，还提高了食品进入流通领域的门槛，促使食品生产者和销售者严格地把握食品在各自环节的安全。

新时代北京居民对保健食品安全的法治需求研究

陈凤芝　杨　青*

一、绪论

(一) 研究背景

现阶段我国已进入中国特色社会主义新时代，这是一个承前启后、继往开来、在新的历史条件下继续夺取中国特色社会主义伟大胜利的时代，是全面决胜小康社会、进而全面建设社会主义现代化强国的时代，是全国各族人民团结奋斗、不断创造美好生活、逐步实现全体人民共同富裕的时代，是全体中华民族儿女勠力同心、奋力实现中华民族伟大复兴中国梦的时代，是我国日益走近世界舞台中央、不断为人类作出更大贡献的时代。[1]中国特色社会主义新时代的一个重要特征就是全面依法治国。中国共产党第十八届中央委员会第四次全体会议提出，全面推进依法治国，就是要在中国共产党领导下，坚持中国特色社会主义制度，贯彻中国特色社会主义法治理论，形成完备的法律规范体系、高效的法治实施体系、严密的法治监督体系、有力的法治保障体系，形成完善的党内法规体系，坚持依法治国、依法执政、依法行政共同推进，坚持法治国家、法治政府、法治社会一体建设，实现科学立法、严格执法、公正司法、全民守法，促进国家治理体系和治理能力现代化。[2]习近平总书记在中央政治局第二十三次学习时发表重要讲话，指出如果想要

---

* 陈凤芝，北京工商大学法学院副教授；杨青，北京工商大学法学院学生。本文系食品药品监督管理局项目"保健食品虚假宣传和欺诈法律规制研究"（项目批准号：2017327）的阶段性成果。

〔1〕　参见刘开法："习近平中国特色社会主义思想研究"，载《经济研究导刊》2013 年第 16 期。

〔2〕　参见施芝鸿："准确把握全面深化改革的总目标"，载《光明日报》2013 年 11 月 28 日。

切实加强食品药品安全监管，应当落实最严谨标准、最严格监管、最严厉处罚、最严肃问责。汪洋副总理也在全国加强食品安全工作电视电话会议的讲话中提出食品药品监管工作应当做到有责、有岗、有人、有手段，保证生产过程中的监管职责和食品中农药、兽药残留和非法添加的检验职责落到实处。中国共产党第十九次全国代表大会提出我国已经进入了新时代，在进入新时代后，我国社会的主要矛盾已经从人民日益增长的物质文化需要同落后的社会生产之间的矛盾转化为人民日益增长的美好生活需要和不平衡不充分的发展之间的矛盾。[1]就保健食品领域而言，我国公民已经从以吃饱为目的转化为以吃得好、吃得营养、吃出健康为目的，以北京为例，新时代北京居民对保健食品安全法治需求越来越高，现有法律已经不能满足北京居民的所有需求。

（二）北京居民对现有保健食品安全相关方面的认知

本次调查主要是网络问卷调查，兼有实体问卷发放。本次调查共发放问卷300份，回收有效问卷300份，回收率为100%，该问卷共提出17个问题，主要调查了北京居民对保健食品安全的法治需求。

表1　北京居民对保健食品的认知程度

题目	选项	人数	比例
您是否能够分辨及定义一般食品、保健食品和药品？	A. 能分辨且定义	23	7.67%
	B. 能分辨不能定义	268	89.33%
	C. 不能分辨、定义	9	3%

从表1中可以得知：北京居民能较好地分辨出哪些是一般食品、保健食品或药品，但对一般食品、保健食品和药品的定义不是十分明确。一般食品指的是人们食用或饮用的物质，包括加工食品、半成品和未加工食品，不包括烟草或药品等物质。保健食品，是指具有特定保健功能或者以补充维生素、矿物质为目的的食品，是适合特定人群食用，具有调节机体的功能，不以治疗疾病为目的，并且不对人体产生任何急性、亚急性或者慢性危害的食品。[2]而

---

〔1〕　参见邵锦华："全面把握中国特色社会主义的'四个特色'"，载《武警工程大学学报》2013年第1期。

〔2〕　参见郝佳："保健食品标识规定"，载《农村实用工程技术：绿色食品》2004年第1期。

药品则是指用于预防、治疗人的疾病，有目的地调节人的生理机能并规定有适用症或者功能主治、用法和用量的物质。[1]

表2　北京居民得知保健食品安全问题的渠道

题目	选项	人数	比例
您是如何得知保健食品存在安全问题的？	A. 报纸及杂志	29	9.67%
	B. "3.15" 晚会	223	74.3%
	C. 微博、微信	39	13.0%
	D. 网页	9	3%

通过表2可知：大部分北京居民是通过"3·15"晚会才了解到保健食品安全问题，平时只关注一般食品的安全问题。只有小部分北京居民购买过保健食品，购买保健食品超过3次的人数占购买过保健食品人数的27.9%，其中以60岁以上的老年人为主，他们购买保健品的原因大都是因为相信保健食品的宣传，认为其购买的保健食品确实能够补充身体所缺少的维生素或矿物质。相比较而言，60岁以下的北京居民只有极少部分购买过保健食品，在这些居民当中，绝大部分居民仅购买过1次保健食品。他们购买保健食品的原因也大都是因为他们相信购买的保健品确实可以保健。

二、新时代北京居民对保健食品安全的法治需求的主要内容

（一）立法方面

表3　立法方面的不足

题目	选项	人数	比例
您认为立法方面有什么不足？	A. 限制标准不严格	116	38.67%
	B. 设置的处罚力度小	72	24.00%
	C. 对消费者保障不足	104	34.67%
	D. 其他	8	2.67%

---

[1]　参见陈斌等："对我国拟制定《保健食品广告审查发布标准》的探讨"，载《上海医药》2013年第7期。

1. 应当严格限制标准

从立法方面来看，北京居民首先想到的是在食品安全法中，关于保健食品的限制标准不严格。例如《中华人民共和国食品安全法》（以下简称《食品安全法》）第 75 条提出的保健食品声称的保健功能，应当具有科学依据，不得对人体产生急性、亚急性或者慢性危害。大部分居民认为这一条的限制就不够严格，尤其是 60 岁以上的老人，因为他们对网络的不熟悉以及理解能力有所下降，不能够很好地理解保健食品公司或推销人员提供的科学依据，想查证又苦于对电脑、手机等操作不熟悉，就在保健食品公司或推销人员的宣传下，错误地购买了无效或没有达到保健食品公司声称的效果的保健食品。再例如，第 78 条中提到"保健食品的标签、说明书不得涉及疾病预防、治疗功能，内容应当真实，与注册或者备案的内容相一致。""保健食品的功能和成分应当与标签、说明书相一致。"北京居民认为他们并不能知道购买到的保健食品和注册或备案的内容是否一致，功能和成分与标签、说明书是否一致，如果购买，只能选择相信保健食品的标签和说明书，他们也不想在购买后再去检验是否一致之后再进行食用。因此，北京居民关于立法方面首先想到的就是对于保健食品的限制标准不严格，他们希望可以严格限制标准，从源头出发，最大限度地减少或杜绝保健食品安全问题的发生。

2. 应当加强对消费者的保障力度

北京居民其次想到的，就是食品安全法里面，对消费者的保障不足。他们普遍认为，现有的保健食品，使用不符合规定的原材料、使用不符合规定的技术的情况相对较少，较多的是维生素、矿物质成分与标签、说明书一致但含量不足，或者在食用之后没有达到宣传中提到的效果，还有可能在停止食用保健食品较长一段时间后才产生了不良反应的情况。这些情况没有或未直接对身体产生损害，不符合《食品安全法》第 148 条的消费者因不符合食品安全标准的食品受到损害，可以向经营者要求赔偿损失，也可以向生产者要求赔偿损失的前提条件，也就是消费者受到损害，保健食品生产厂家等完全可以以此为理由不赔偿消费者的损失。所以北京居民认为《食品安全法》对消费者保障不足，希望可以更大限度地保障消费者权益，能让他们放心地食用购买到的保健食品。

（二）执法、司法方面

表4　执法、司法方面的不足

题目	选项	人数	比例
您认为执法、司法方面存在哪些不足？	A. 执法力度不足	77	25.67%
	B. 检查周期较长	72	24.00%
	C. 容易出现贪腐现象	83	27.67%
	D. 司法不公正	68	22.67%

1. 应当加大执法力度

北京居民认为，出现如此众多的保健食品安全问题不仅是因为在立法方面有一点缺陷，在执法方面也是存在着一些问题的，例如执法力度不足。北京居民认为执法力度不足的原因有很多，比较主要的是在执法过程中容易出现贿赂、收买执法人员等现象，这些情况在近年来反腐力度加大以后有所减少，但仍旧存在。北京居民认为，他们虽然是在北京购买到保健食品，但是原材料、生产地等大多不在北京，尤其那些只有在较为偏远的地区才能采集到的原材料，或是从国外进口的原材料、保健食品成品，这些环节相较于售卖阶段更容易出现问题，而且现在还不能完全做到谁执行谁负责的执法责任制，容易出现不承认错误、逃避责任的情况。出现这些情况，究其根本，还是因为无论对内还是对外，执法力度都有所欠缺，所以北京居民希望能加大执法力度。

2. 应当缩短检查、公布周期

在执法过程中，除去执法力度不足的原因，北京居民认为出现保健食品安全的另一个主要原因就是对保健食品的检查、公布周期较长。因为大多数居民得知保健食品有问题是通过"3·15"晚会，而晚会是一年才举办一次，在这一年中发生了什么样的保健食品安全问题，哪些保健食品存在安全隐患只有每年的3月15日才能得知，这对于那些购买保健食品的北京居民确实有一定程度的影响。如果他们购买的是存在安全隐患的保健食品，极有可能在食用一年后才会得知该保健食品具有安全隐患，与此同时，他们已经摄入了大量具有隐患的保健食品，很有可能产生疾病，虽然能够获得赔偿，但在治疗阶段对身体的影响及产生的后果都需要由消费者自己承担。所以北京居民希望缩短检查、公布的周期，尽可能早地停止食用不符合标准或达不到宣传的效果的保健食品。

3. 司法应当更加公正

北京居民认为，与执法力度不足类似，现在司法也有不公正的现象存在。他们认为司法公正对社会公正具有重要的作用，可以正确地引领社会生活的进步，如果司法不公正则会对社会具有较大的负面影响。北京居民认为出现此种现象的原因是司法不够公开，司法人员责任不明确导致的，这种现象不光出现在保健食品安全问题上，在其他问题上也会有所体现，所以他们希望司法能够更加公正，从司法的角度保证保健食品安全问题得到及时公正的处理。

（三）守法方面

表5 守法方面的不足

题目	选项	人数	比例
您认为我国在食品安全守法方面有什么不足？	A. 经营者守法观念淡薄	94	31.33%
	B. 经销商虚假宣传	61	20.33%
	C. 制造者自身对保健食品效果认识不明确	89	29.67%
	D. 保健食品安全宣传力度小	56	18.67%

1. 制造商、经销商应当加强守法观念

北京居民认为保健食品的虚假宣传和误导性广告是保健食品安全面临的最大问题。保健食品的制造商、经销商通过广播电台、电视台以及网络等多种渠道，进行大幅度虚假宣传，严重夸大保健食品功效，以此误导、欺骗消费者来购买他们的产品。北京居民认为一般会出现以下几种情况：一是不法分子盗用合格保健食品的批准文号，用假冒伪劣产品冒充真正具有保健功效的保健食品。二是将一般食品谎称为具有保健功效的保健食品，以此来高价卖出牟取暴利。三是在产品广告、上门推销中夸大保健功效，将本来不具有此种功效或没有达到他们声称的功效的保健食品推销给消费者。四是以"义诊""专家诊断"等形式，骗取消费者尤其是中老年消费者的信任，借机推销消费者不需要或不能改善消费者健康现状的保健食品。五是通过发放邀请函、免费医学知识讲座等，让消费者前来听课，并雇"托"，诱导消费者盲目购买

其推销的产品。北京居民希望制造商、经销商能够提高他们的守法观念，避免因为虚假宣传、推销，让消费者花费大量金钱购买无用、无效或不合格的保健食品。

2. 制造商、经销商应当明确保健食品具体功效

中国自古以来就认为"药食同源"，也是基于此才会有通过"食补"这种增强自身免疫力、降低血糖、血脂等保护、维持实体健康的方法产生。北京居民认为通过食补保护自身这个方法是十分可取的，但是一般消费者难以对自己身体到底发生了什么情况有很好的掌握，没有经过正规医院的诊断，以自己具备的"常识"错误地给自己下了"诊断"，听信了制造商、经销商的虚假宣传和推销。还有的制造商和经销商从自身认识方面就具有偏差，他们没有经过科学验证、动物体实验，就在短时间内投入大量资金来进行广告宣传。也有的制造商和经销商不注重产品研发，误认为他们制造、贩卖的保健食品确实具有某些效果，但实际上没有或具有相反效果。从制造到销售的全部过程法律都有所规定，尤其是这种消费者食用的产品更应该严格把关，制造商、经销商也更应该遵守法律。所以，北京居民希望保健食品制造者、经销商能够明确认识保健食品的具体功效，在他们充分了解自身产品后，有依据、有目标、严格遵守法律地向消费者推销。

（四）法律监督方面

表6 如何加强法律监督

题目	选项	人数	比例
您认为应当如何加强法律监督？	A. 增加监督渠道	121	40.33%
	B. 增大信息透明度	94	31.33%
	C. 提高监管部门权限	77	25.67%
	D. 现有监督机制足够	8	2.67%

1. 应当增加法律监督渠道

北京居民普遍认为，通过法律监督保证保健食品安全的方法是很有效果的，因为只有公众才知道自己到底有什么样的需求，仅有执法部门和司法部门还难以满足社会上的所有需求。但是现在法律监督的渠道比较少，年轻人要每天上班，退休之后的人们虽然没有工作问题困扰，但他们一是缺少专业

知识，难以进行较为专业的判断；二是他们的精力、体力相对年轻人较差，难以保证他们对食品安全进行有效的监督。所以北京居民希望政府增加法律监督渠道，拓宽有关部门监管权限。

2. 应当增加信息公开透明度

北京居民认为，仅仅增加法律监督渠道，加大法律监督力度还是不够的，现有保健食品安全方面的信息公开透明度较低，容易出现"挂羊头卖狗肉""换汤不换药""新瓶装旧酒"的情况，而且这种情况对于不知晓具体情况的公众是十分危险的，只有在保证执法、司法公正严格的情况下，让百姓也能够了解具体情况，这样才能够有力地保障消费者权益，避免上述情况出现。所以他们希望执法、司法机关能够增大保健食品安全方面信息的公开透明度，在法治上全方位保证保健食品安全，保障消费者权益。

三、国外保健食品安全法治的经验

（一）立法方面的经验

1. 标准较高

塞尔维亚在保健食品立法方面对原料的采集、产品的制作和产品的销售这一系列过程均有严格的限制标准。首先是对原料采集的限制：保健食品有的以补充维生素、矿物质为主，有的以辅助缓解体力疲劳、增强免疫力等为主要功能，无论二者在功效上有什么区别，共同点都是需要采集制作产品的原料。食源性寄生虫病就是一种因为保健食品原料具有安全问题从而导致人类身体患病的病症，只有保证采集的原料安全卫生，采集原料的用具合规，采集原料的过程合格，才能保证避免食源性寄生虫病，所以欧盟采用了沿食物链的动物传染病控制的新立法，从食品源头降低患病风险。以食品源是动物体为例，塞尔维亚的研究人员认为以下两个方面容易产生安全问题：一是食品或饲料的包装不卫生。二是原料供应商故意向饲料中添加有害物质。不论是动物的食品或饲料包装不卫生还是原料商添加有害物质，结果都是污染动物的食品或饲料，从而导致动物在食用以后产生疾病，用此种动物的内脏或皮肤作为保健食品原料当然会对人的身体健康产生危害。其次就是产品的制作：从保健食品安全立法角度来看，过程的调控十分重要，因为在加工、制造、处理、包装、运输、储存和配送保健食品的过程中可能会产生微生物危害、物理危害、化学危害等多种危害，所以塞尔维亚在这些方面予以严格的立法，不仅是对设备要求严格，连制作场所的墙面、地板、天花板甚至制作工人使用的热水温度都有严格的标准。最后是产品的销售：外国也存在虚假宣传或推销、故意夸大产品功能诱骗消费者购买的情况，所以他们将保健食品安全犯罪采取附属刑法模式，尤其是虚假宣传，在刑罚种类和幅度的设定上，涵盖罚金刑一直到死刑的整个层级体系，力图实现罪刑均衡。[1]

2. 对消费者保障更完善

外国不但通过严格限制标准设立了更明确、涵盖更广的保健食品安全方面的法律，借此来规范原料供应商、制造商、经销商等，也设立了明确的法律保障消费者权益，保证消费者在受到侵权等情况后有法可依，能够通过法律途径解决问题。例如，美国食品安全法中对保健食品安全犯罪采取附属刑法模式，只要违反法律，违法者将会受到罚金以及 5 年以上的监禁的处罚，如有前科，罚款额可高达 500 万美元。这相较于我国的处罚更为严重，违法成本很高使得原料供应商等更愿意遵守法律，他们遵守法律就意味着消费者的权益受到了良好的保障。

（二）执法、司法方面的经验

1. 执法力度大、惩罚更为精准

美国有关保健食品安全执法力度很大，而且执法部门的执法机制也是十分科学高效的，职能整合、统一管理是美国保健食品安全监管的显著特征。美国就是将保健食品安全的监管集中在某一个或某几个部门，并加大各部门之间的协调力度，提高保健食品安全监管的效率。例如在处理中央与地方食品安全监管权限问题时，美国主要实行的是垂直一体化监管模式，由中央政府承担主要责任，地方政府仅承担销售时产生的相关责任。这样的模式保证了执法快速高效的同时，又保证了各个地区的执法力度、限度相同，较难产生逃避责任或收受贿赂的情况。在具有良好法律的前提下，在能够保证执法力度的基础上，只要是有违反法律的情况出现，违法者就会受到与其过错相适应的处罚，最大程度上避免错罚、漏罚的情况出现。

2. 司法公正

美国的司法较为公正，因为具有陪审团这一制度，可以由具有选举权的一定数量的公民参与决定是否起诉嫌犯、嫌犯是否有罪。他们的作用是认定

---

〔1〕 参见王宏丽：“食品安全的刑法保护”，载《内蒙古财经大学学报》2014 年第 4 期。

案件事实，在保健食品安全犯罪中，他们仅能决定嫌犯的行为是否合乎常理。这样的制度更能帮助法官有效地认清事实，再辅以专业的法律知识，法官就能给嫌犯一个公正的判决，让公众在任何一个司法案件中都能感受到公平正义。

（三）守法方面的经验

1. 保健食品安全法宣传力度大

国外的食品安全法宣传力度很大，发达国家更是如此，美国、英国、日本等发达国家对法律的宣传尤为重视。因为这些国家的食品安全法律细化程度很高，以日本为例，日本有《食品安全基本法》《屠宰场法》《健康促进法》等很多专项法律，保健食品的安全也被列入法律，他们将保健食品分为"特定保健用食品""营养功能食品""功能性食品""一般健康食品（类似于膳食补充剂）"，这些保健食品都被涵盖在"保健功能食品制度""功能性食品标示制度"等法律法规中。国家对法律的重视程度决定了媒体对法律宣传的力度，只要是对法律极为重视的国家，无论是发展中国家还是发达国家，他们在对法律的宣传上都有大量投入，保健食品安全法属于法律，通过大量宣传违法的不利后果以及守法的好处，自然而然能够让守法深入人心。

2. 民众守法意识较强

美、英、日等发达国家民众普遍守法意识较强，不仅是因为国家的宣传力度较大，也是因为他们信任国家的立法机关能够科学立法维护公民合法权益，相信执法机关、司法机关能够通过执行法律、依照法律保护公民权益，也是因为法律规定明确，违法成本实属太高。但不论因为何种心理，国外民众尤其是发达国家民众的守法意识都是很强的。

（四）法律监督方面的经验

1. 保健食品安全方面的非政府组织较多

已经有多个国家通过事实证明了，想要确保食品安全，仅仅依靠政府是不够的，需要所有的利益相关方共同努力才能保证食品安全尤其是保健食品安全。所以国外更多地成立了非政府组织，例如：食品企业协会、消费者团体、食品科学学术团体等。政府通过与这些组织的合作，共同对保健食品的安全进行监督，同时也对执法、司法部门进行监督，确保执法到位、司法公正，保障消费者权益。

2. 食品安全相关部门权限较高

国外的食品安全相关部门加强了合作监管，以美国为例，美国本想将所有和食品安全相关的监管职能都整合于一个单一的部门，虽然这个想法没能得以实现，但是通过签订部门间涉及保健食品安全的协议，消除了信息共享障碍、安全标准不统一、交流不畅通等弊端，[1]促进了各部门之间的协调和合作，也基于这一点，食品安全相关部门得到了较高的权限，监管食品安全的同时也能保证执法、司法部门及人员的公平公正。这使得美国在保障保健食品安全方面取得了突破性进展。

四、完善保健食品安全法治的主要措施

（一） 立法方面

1. 严格限制标准

立法是保证保健食品安全最重要也是最核心的环节，只有在立法时将保健食品的定义，维生素、矿物质含量，辅助功能（例如：缓解体力疲劳、增强免疫力、辅助降低血糖、辅助降低血压等功能），如何进行监督管理，如何保障消费者的健康安全等一系列问题都涉及，健全立法机关主导、社会各方有序参与立法，健全立法机关和社会公众沟通机制，才能真正地做到科学立法。结合我国现在的实际情况、北京居民对保健食品安全的法治需求和国外先进经验，在立法方面笔者认为现有标准应当更加严格，将法律细化，而不仅仅是以几个条款的形式出现在《食品安全法》中。在立法过程中保证公平、公正、公开，增强保健食品安全法的及时性、有效性、针对性，只有在立法时将标准严格限制，才能从最开端保证保健食品安全。

2. 完善消费者保障制度

完善消费者保障制度是立法中不可或缺的环节，在限制原料商、制造商、经销商等公司的同时，也应当注重保护消费者权益。即使在立法时尽可能地严格限制标准，但还是会有黑心商家为牟取暴利，不惜违法使用不合格的原料、机器等。消费者在购买这种保健食品时，他们无从得知这些内幕，只会相信自己购买到了合法生产的保健食品，直到食用之后才会发现原来自己购

---

〔1〕 参见韩永红："美国食品安全法律治理的新发展及其对我国的启示——以美国《食品安全现代化法》为视角"，载《法学评论》2014 年第 3 期。

买的是不合格的产品。这时，就需要明确的法律条款来保证消费者可以向商家追责，而且黑心商家的违法技术越来越高，所以完善消费者保障制度迫在眉睫，在立法时应当尽最大可能地保障消费者权益，如果发现现有制度已经不能良好地保障消费者，就应当及时调整，使得守法的消费者在受到侵害之后能获得有效赔偿。

（二）执法、司法方面

表7　有效整治虚假宣传的方法

题目（多选）	选项	人数	比例
您认为以下哪个（些）方法能够有效整治食品尤其保健食品欺诈和虚假宣传？	A. 落实最严谨标准	268	89.33%
	B. 落实最严格监管	295	98.33%
	C. 落实最严厉处罚	284	94.67%
	D. 落实最严肃问责	256	85.33%

1. 加大执法力度，落实最严格监管

在反腐倡廉的新时代，贿赂执法、司法人员的情形已经减少了很多，但还是会出现，所以应该在法治轨道上开展执法工作，创新执法体制，完善执法程序，推进综合执法，严格执法责任，建设权责统一、权威高效的依法行政体制，加快建设职能科学、权责法定、执法严明、公开公正、廉洁高效、守法诚信的法治政府。为了保证保健食品安全，就应该在法治轨道上开展高强度的执法，严格执行最严谨标准、最严格监管、最严厉处罚、最严肃问责，尤其是要将最严格监管真正落到实处，减少管理层次，整合执法队伍，提高执法效率，坚持按程序执法。

2. 公正司法、明确法律责任

不仅执法机关应当按程序执法，司法机关也应如是，保证公正司法，完善司法管理体制和司法权力运行机制，规范司法行为，才能提高司法公信力，才能让人民群众在每个涉及保健食品安全的案件中感受到公平正义。其中，公正司法较为核心的一点就是明确法律责任，应该落实责任终身制度，明确司法人员工作职责、程序、标准，实行办案质量终身负责制和错案负责倒查追责制。在这样的制度下，司法人员才会更加公正，保证消费者在遇到保健食品安全问题时能够得到有效的解决方案，不冤枉真正守法的保健食品原料商、制造商、经销商等，也不漏掉任何一个黑心商家，从实际出发，真正地保障消费者权益。

（三）守法方面

1. 加大有关保健食品安全的宣传力度

我国应当学习国外先进经验，结合中国特色社会主义，加大宣传力度，弘扬社会主义法治精神，建设社会主义法治文化，增强全社会厉行法治的积极性和主动性，形成守法光荣、违法可耻的社会氛围，使全体人民都成为社会主义法治的忠实崇尚者、自觉遵守者、坚定捍卫者。在有关保健食品安全完成立法之后，应当积极宣传，让人们从心底意识到守法的光荣，让人们自发地维护保健食品安全，警示正在实施违法行为的人们意识到自身错误，避免等到出现保健食品安全问题时才追悔莫及。

2. 从学校教育入手，从小培养守法意识

现阶段我国校内的法治教育还不完善，应该从小学开始就培养孩子们的守法意识，初、高中也应当增设法治教育课程，有目标、正确地教导学生遵纪守法，只有树立了正确的价值观，才能保证成年以后秉持着自己的观点做人做事。保健食品安全如果加入立法，自然也属于法律范畴，所以从学校教育入手，从小就培养守法意识能够有效地减少保健食品安全违法情况的出现。

（四）法律监督方面

1. 增加保健食品安全的非政府组织

我国现在已有的"消费者协会"就属于非政府组织，能够通过公益诉讼等方式有效地保障消费者，维护消费者权益，但保健食品行业内部缺乏自行监管，在总结了国外的先进经验后，笔者认为我国可以增加保健食品安全的非政府组织的数量，例如食品企业协会。我国保健食品企业数量很大，通过企业内部联合来进行法律监督是十分有效的。但是也不能让企业具有过大的权力，否则不仅会出现保健食品的制造商、经销商每天都要面临各种各样的企业前来监督的情况，执法、司法部门也会面临同样的问题，虽然这样可以良好地限制或避免不合格的保健食品公司出现，保证执法、司法部门的公正，但即使是正规的企业也难以承受这样的监督，执法、司法机关也会因此陷入混乱。可制定相关法律法规，在能够保证监督渠道数量与监督力度的情况下，又能保证制造商和经销商等相关公司不受监督影响正常工作，保证执法、司法机关机制的正常运行。

2. 提高食品安全相关部门权限

笔者认为国外的垂直一体化监管模式是十分可取的，尤其是在我国适用。因为我国现在就有政府垂直领导的情况，如果可以提高食品安全相关部门的权限并强化各部门之间的沟通交流，或者能够将相关部门进行整合，那么权限自然水涨船高。有了较高的权限，就能有效地监督执法、司法部门及人员的工作，但是这种权限也需要确定一个标准来限制这个或这些部门，否则就会出现部门干预执法、司法的情况出现，那样就更加不利于执法廉明、司法公正。

票据法调整电子票据面临的若干问题及修改建议

吕来明　郑国华[*]

电子票据是"互联网+"时代的必然产物，其凭借方便快捷、低成本、高效率及高安全性等特点逐渐发展起来。为提升电票业务的市场占比，中国人民银行发布了《中国人民银行关于规范和促进电子商业汇票业务发展的通知》，该通知规定 2018 年 1 月 1 日起单张 100 万及以上的纸质商业汇票停止签发，这也意味着电子票据有逐步代替纸质票据的趋势。电子票据的市场地位愈加重要，但我国关于电子票据的法律法规和相关理论处于滞后阶段。法律法规方面，目前我国尚未出台针对电子票据专门进行规定的法律，现行《中华人民共和国票据法》（以下简称《票据法》）受立法时技术环境制约，未对电子票据作出规定；《电子商业汇票业务管理办法》（以下简称《管理办法》）虽对电子商业汇票的票据行为、法律责任等作出规定，但其法律效力低，且规定较为笼统。学术理论方面，自 2009 年中国人民银行组织建设的电子商业汇票系统（ECDS）开通运行后，学者们对电子票据的关注度骤然增加，开始重点围绕电子票据与现行《票据法》的适用以及《票据法》修改问题进行分析，旨在通过解释或修改法律来赋予电子票据及相关票据行为法律

---

　* 吕来明，北京工商大学法学院教授；郑国华，北京工商大学民商法专业研究生。本文系国家社科基金项目"电子化背景下票据法完善问题研究"，项目编号：18BFX130 的阶段性研究成果。

效力，但部分学者剖析不够彻底，有的研究未结合实际情况，不具有可操作性。电子票据与传统纸质票据的根本性区别是载体不同，基于此区别两种票据在参与主体及各主体义务、交付方式、使用环节等方面均不一样，若直接依照《票据法》目前的规定调整电子票据法律关系，会面临诸多问题。

一、电子签章与票据法签章要求的差异

（一）《票据法》中签章的含义、要求及意义

《票据法》中签章的含义同传统意义上的签章含义一致，《票据法》第7条规定："票据上的签章，为签名、盖章或者签名加盖章。法人和其他使用票据的单位在票据上的签章，为该法人或者该单位的盖章加其法定代表人或者其授权的代理人的签章。在票据上的签名，应当为该当事人的本名。"《票据管理实施办法》（以下简称《实施办法》）第13条至16条对此进行细化：①汇票的签章：银行汇票上的出票人的签章、银行承兑商业汇票的签章，为该银行的汇票专用章加其法定代表人或者其授权的代理人的签名或者盖章。商业汇票上的出票人的签章，为该单位的财务专用章或者公章加其法定代表人或其授权的代理人的签名或者盖章。②本票的签章：银行本票上的出票人的签章，为该银行的本票专用章加其法定代表人或者其授权的代理人的签名或者盖章。③支票的签章：支票上出票人为单位的，签章为与该单位在银行预留签章一致的财务专用章或者公章加其法定代表人或者其授权的代理人的签名或者盖章；出票人为个人的，签章为与该个人在银行预留签章一致的签名或者盖章。④票据法上的"本名"，是指符合法律、行政法规以及国家有关规定的身份证件上的姓名，而不能用学名、艺名。

票据具有要式性，即符合一定形式才发生法律效力。《票据法》第4条规定："票据出票人制作票据，应当按照法定条件在票据上签章，并按照所记载的事项承担票据责任。持票人行使票据权利，应当按照法定程序在票据上签章，并出示票据。其他票据债务人在票据上签章的，按照票据所记载的事项承担票据责任。"《实施办法》第17条规定："出票人在票据上的签章不符合票据法和本办法规定的，票据无效；背书人、承兑人、保证人在票据上的签章不符合票据法和本办法规定的，其签章无效，但是不影响票据上其他签章的效力。"这些规定体现了"无签章无责任"的原则，将票据签章作为享有票据权利、承担票据责任的要件。可以说，《票据法》中签章是签章人身份认定

的证明，也是签章人对相关票据行为认可的证明。此外，《票据法》第 14 条规定伪造票据签章的处理情况、第 31 条规定背书不连续的处理情况，之所以这样规定，是为了保障票据的流通性及交易稳定性，同时方便票据权利人找到票据债务人。

（二）电子签章的含义、功能及法律地位

电子签章，虽含有"签章"一词，但其与传统意义上的签章不同。广义上的电子签章，是指附加在电子讯息中或与电子讯息有逻辑上联系的电子数据，包括生理特征签章。狭义上的电子签章，是指以非对称的数字串为特定技术手段以证明发送者身份的电子数据，也称数位签章。[1]鉴于电子票据实践过程中主要应用的是数位签章，本文主要探讨的是狭义上的电子签章与《票据法》上签章含义的差异。

电子签章是电子票据使用中认定主体身份的关键。目前电子票据使用过程中的资金划拨、票据转让、票据结算等都是通过数据电文传递、交换完成的。电子票据在客户端呈现的页面与纸质票据票面样式相同，也有相关印鉴的图样，但在技术上经过以下处理：参与主体无法在数据上签字盖章，需要通过具有加密程序的电子签章进行身份认定，经 CA 认证机构识别后，相应的命令才能进一步进行传递。由非对称钥匙加密法形成的电子签章表现了签发主体的唯一性，此种特性不仅可以准确核定签发主体的身份，还能辨别含有该电子签章的数据电文的内容是否被改动，以解决伪造签章、篡改文件等传统签章使用中常见的问题。

互联网经济的需求、科学技术的发展催生了电子签章，随着其在互联网经济中发挥的作用越来越大，法律法规开始对其进行效力认定：①2005 年颁布实施的《中华人民共和国电子签名法》（以下简称《电子签名法》）首次从法律层面确认电子签名的效力，该法第 14 条规定："可靠的电子签名与手写签名或者盖章具有同等的法律效力。"此规定认可了电子签名能够作为识别签章人身份的证据，表明签章人同意数据电文的相关内容。[2]《电子签名法》一定程度上为电子商务的有序、健康发展提供了法律保障，但其并未明确将

---

〔1〕 参见吴晓梅、吴小红："电子签章法律问题初探"，载《中国司法》2003 年第 7 期。

〔2〕 参见霍原："从电子票据角度谈我国《票据法》改革新思路"，载《财会月刊》2012 年第 11 期。

电子票据的签名规则列入适用范围。②2009 年出台的《管理办法》，进一步规定了电子签章的法律效力及适用规则。《管理办法》第 14 条至第 17 条的规定与《电子签名法》规定一致，要求电子商业汇票的当事人的签章为符合《电子签名法》第 13 条第 1 款的规定的可靠电子签名，电子商业汇票业务活动涉及的数据电文和电子签名应符合《电子签名法》的有关规定，电子签名所需的认证服务应由合法的电子认证服务提供者提供，接入机构、电子商业汇票系统运营者指定的电子认证服务机构提供者，应对电子签名认证证书申请者的身份真实性负审核责任。但需要注意的是，《管理办法》属于部门规章，从法律位阶上看，其效力低于《票据法》，从法律解释角度难以据此肯定电子票据应用中的电子签章的效力。

（三）电子签章与《票据法》中签章异同点分析

1. 电子签章与《票据法》中签章的不同点

（1）内容、应用方式不同：《票据法》中签章是有形的签字或盖章，签章的内容是签章主体的身份信息；电子签章是无形的，虽然可以通过程序在客户端显示签章图样，但其本质是数据程序，应用方式与传统签章不同，不是依据最终显示图样确定签章人的身份，而是通过技术识别该程序是否被篡改、该签章主体是否唯一等。

（2）使用范围不同：传统签章适用于纸质票据，而不能签、盖在电子票据等数据文件上；电子签章与此相反，其无法使用在纸质票据上，仅能应用在电子票据等数据文件上。

（3）面临的问题、风险不同：传统签章面临被伪造或票据转让中，转让汇票的背书人与受让汇票的被背书人在汇票上的签章依次前后不衔接的问题；电子签章不存在被篡改或背书不连续的问题，但会面临黑客攻击的风险。

2. 电子签章与《票据法》中签章的相同点

功能作用一致：电子签章与《票据法》中签章都可以确定签章人的主体身份，证明签章人对相关票据行为的认定。

（四）《票据法》关于电子票据签章的修改建议

《电子签名法》虽对电子签章的法律地位予以确定，但鉴于电子签章与《票据法》规定的签章在内容、应用方式、使用范围、问题风险等方面的不同，应当对《票据法》的相关内容进行调整。多数学者赞同以"功能等同"原则解释电子签章在电子票据行为中的效力。具体来说，现行《票据法》中签章的目的、作用与电子签章在电子票据应用中的目的、作用相同，均是以某种独特的方式认证某一法律事实，故可以通过司法解释的方式解除对票据签名形式内容上的严格限制，认可电子签章在票据行为中的法律效力。也有学者提出，通过在《票据法》中加设"电子票据"一章的方式赋予电子票据及电子签章等电子票据行为法律地位，同时在其余章节进行部分修改与完善，而不必制定"电子票据法"，以节省立法成本，推动电子票据的长远发展。[1]笔者认为，依据"功能等同"原则进行司法解释是目前解决电子签章与《票据法》中签章不一致问题的可行方法，但在《票据法》中创设"电子票据"独立篇才是长久之计，且《管理办法》已经给出规范的样本，可以据此进行进一步的完善，应用到《票据法》的修改上来。如果在《票据法》中创设电子票据一章，应在该章中明确电子签章的法律效力，并对《票据法》第 7 条作修改，肯定票据应用中电子签章的形式。

二、电子票据运行中出票环节与票据法的差异

（一）《票据法》对出票的相关规定

出票是传统票据应用过程中最初的票据行为，是创设行为，是其后一系列票据行为的前提。《票据法》对出票的形式要件、实质要件、出票的效力等内容均作出了规定。其中，第 20 条规定："出票是指出票人签发票据并将其交付给收款人的票据行为。"此条中的"签发"是指记载并签章，"交付"是指以当事人自由意志转移占有。第 21、22、74、75、87、88 条是对出票行为有效要件的规定，包括两方面内容：①出票应当符合形式要求，即票据的用纸为法律规定的统一的书面格式用纸，且绝对必要记载事项全面、记载方式符合规定。②进行实质交付。虽然学界对各类票据的出票人进行了范围划分，但《票据法》本身并未对出票人的范围作出限制。

（二）电子票据出票环节的特殊性

1. 承兑是出票的生效要件之一

对于传统纸质汇票而言，法律中设定的承兑环节在出票环节之后，而实践中为确保票据被接受，出票的同时对该票据进行承兑。《管理办法》第 27

〔1〕 参见李光宇、王峰焯："从实体空间走向虚拟空间——论我国《票据法》对电子票据的适用"，载《社会科学战线》2011 年第 1 期。

条规定，"电子商业汇票的出票，是指出票人签发电子商业汇票并交付收款人的票据行为。"第32条规定，"电子商业汇票交付收款人前，应由付款人承兑。"结合两法条可知，电子商业汇票的承兑在出票之前，是出票行为的生效要件之一。《管理办法》与《票据法》对此规定不同，增加了出票生效的条件，一方面有利于加强电子票据的信用功能、融资功能，防范资金流转中的风险，保障票据交易安全，促进电子票据业务的健康、快速发展；另一方面，将承兑设定在出票之前，加大了出票环节的时间成本，且以法律形式否定了当事人直接自由约定、自担风险的出票承兑先后时间。

2. 电子票据出票环节的交付含义不同

纸质票据看得见、摸得着，其交付含义为转移占有。占有，一方面具有公示效力，可以对外显示占有人对该票据享有权利；另一方面具有控制力，占有人对该票据能够直接控制。电子票据看得见、摸不着，不能像纸质票据一样转移占有，其出票交付有特定含义。《管理办法》第20条规定"交付是指票据当事人将电子商业汇票发送给受让人，且受让人签收的行为"，第21条规定"签收是指票据当事人同意接受其他票据当事人的行为申请，签章并发送电子指令予以确认的行为"，由此可见，出票环节的交付是指，出票人将票据发送给收款人，收款人同意接受、签章并发送电子信息确认收票的行为。

3. 出票具有可撤回性

传统票据一经出票便进入流通领域，没有出票后撤回的情形，但因为电子票据交易是通过系统发送、接收数据的方式，存在出票人发出电子指令但相对人未看到该指令或看到该指令未及时发送确认收票的指令等情形，《管理办法》第27条规定"出票人在电子商业汇票交付收款人前，可办理票据的未用退回"，赋予上述情形中出票人撤回权。应当注意，出票人办理的虽为"未用"退回，但不意味着收款人收到票据尚未使用前出票人可以退回票据，办理退回的要求不在于"未用"，而在于票据交付收款人之前。根据前述电子票据交付的含义，出票人可退回票据的情形包括以下几种：①出票人发送提示收票信息后，收款人因系统故障等原因未接收到该提示；②出票人发送提示收票信息后，收款人看到提示后未及时点击、发送确认收票的指令；③出票人发送提示收票信息后，收款人发送的确认收票的指令未附有符合规定的签章。可以说，只要收款人未对提示收票的申请予以回复，出票人就可以撤回处于"出票已登记"或"提示承兑已签收"状态的电子票据。撤回票据后，对该票据的承兑失效，承兑人不再承担付款义务。[1]有学者认为，允许出票人在交付前退回电子商业汇票，是基于电子票据系统的技术方面的原因：电子票据涉及的票据行为均是于电子商业汇票系统内完成的，系统中的信息具有公开性，若电子票据未被使用，系统内部不会有该票据的任何记录，所以可以允许出票人在交付前办理退回手续。[2]笔者认为，之所以允许出票人交付电子票据前办理未用退回，是因为电子票据与纸质票据的占有状态、交付方式不一样，票据尚未交付给收款人的情况下，收款人不能对外公示自己对票据的占有，也无法控制票据的流转、结算等状态，此时出票人可以选择结束并撤回已经办理的出票登记、承兑等手续，这种撤回并不影响未收票的收款人的权益。

4. 出票人范围有限定

《票据法》未对传统票据的出票人作范围限制，只是理论上将商业汇票的出票人限定为银行以外的单位，非银行的主体均可以成为出票人，包括其他金融机构。[3]而《管理办法》第 28 条规定："电子商业汇票的出票人必须为银行业金融机构以外的法人或其他组织。电子银行承兑汇票的出票人应在承兑金融机构开立账户。"根据此规定，电子商业汇票出票人应当为非金融机构，从字面分析，其与《票据法》规定不一致，但两者实质不矛盾。一方面，《管理办法》的规定符合理论上的观点和实际情况；另一方面，《票据法》规范汇票、本票、支票三种票据，而《管理办法》仅针对电子商业汇票进行规定，若银行金融机构为电子商业汇票的出票人，其签发的电子汇票与电子本票无实质区别。目前电子本票、电子支票尚未应用起来，且实践中对电子本票、电子支票有需求的当事人可能直接向银行金融机构进行贷款，而不选择使用电子票据。所以，《管理办法》对电子商业汇票作此种规定具有合理性。

（三）《票据法》关于电子票据出票的修改建议

基于电子票据出票环节的特殊性，笔者建议《票据法》进行以下修改：

---

〔1〕 参见李蓓："电子商业汇票法律问题研究"，北京工商大学 2012 年硕士学位论文。

〔2〕 参见陈红："电子票据法律规则研究"，吉林大学 2013 年博士学位论文。

〔3〕 参见吕来明：《票据法学》，北京大学出版社 2017 年版，第 10 页。

①针对承兑作为电子汇票出票的生效要件问题，有学者认为《管理办法》对此的规定没有必要，因为出票承兑提高了时间成本，且商事交易中已经形成了出票时承兑的交易习惯，不必通过法律规定剥夺当事人自由选择的权利，《票据法》保持目前的规定更好，既保护了交易的安全又维持了交易的效率。[1]但笔者支持《管理办法》的规定，认为《票据法》应当借鉴《管理办法》此部分的规定，并进行修改。因为电子票据的交易只需点击按钮即可完成票据行为，方便快捷的同时也存在安全方面的隐患，若电子商业汇票出票时未进行承兑，可能出现票据融资诈骗等问题，也不利于电子票据行业的发展。故建议《票据法》对于电子汇票出票定义的规定应当包括出票人签发、付款人承兑、交付收款人三部分内容。②关于电子票据的交付方式、出票的可撤回性及出票人范围等问题，如上文所述，《管理办法》对于此的规定具有合理性、可操作性，《票据法》可创设电子票据一章并就此部分参考《管理办法》的规定加以修改。

三、付款人审查义务的差别

（一）《票据法》关于付款人审查义务的规定

为了保障票据流通过程中交易的安全、维护真正票据权利人的利益，法律规定付款人负有审查义务，具体审查内容如下：

1. 形式审查

背书人签章、背书的连续性。《票据法》第57条规定，付款人及其代理付款人付款时，应当审查汇票背书的连续。此规定包括两部分审查内容，一是对各背书人签章的审查，二是对票据上背书连续性的审查。由《日内瓦公约》和《联合国国际汇票和国际本票公约》的规定可知，大陆法系国家的票据付款人对于背书人的签章进行形式审查，因为付款人对背书的伪造无法控制，而降低付款人的审查要求，有利于扩大票据的使用、增加票据的信用承担、促进票据业务的发展，所以付款人对此两项内容仅承担形式审查义务。

2. 实质审查

出票人签章、票据凭证格式的真实性。通常情况下，出票人相对其他背书人承担的票据责任更多，且结合实践情况，付款人对出票人签章真实性的

---

〔1〕 参见李蓓："电子商业汇票法律问题研究"，北京工商大学2012年硕士学位论文。

认定十分方便，故对于出票人签章的真实性由付款人承担实质审查责任。票据具有要式性，其格式应当统一，《中国人民银行支付结算办法》（以下简称《支付结算办法》）第9条规定，"单位、个人和银行办理支付结算，必须使用按中国人民银行统一规定印制的票据凭证和统一规定的结算凭证。未使用按中国人民银行统一规定印制的票据，票据无效；未使用中国人民银行统一规定格式的结算凭证，银行不予受理。"付款人对于票据凭证格式的真伪有能力和专业设备进行审查，故对于票据凭证格式的真实性付款人应当进行实质审查。

3. 特别审查：申请人的身份

《票据法》第57条规定，付款人应当审查提示付款人的合法身份证明或者有效证件。此项审查事项虽与票据本身并无关系，但它直接影响付款行为的有效性，若付款人对此项内容的审查存在重大过失而付款，应当自行承担责任。法律未规定对此事项的审查标准，应根据付款人的审查能力进行判断。[1]

（二）电子票据中付款人的审查义务

基于电子票据与传统票据使用方式、问题风险等方面的不同，付款人的审查义务也有区别：

1. 对于电子签章进行形式审查

在电子商业汇票系统中，当事人通过电子签名进行身份及对相关事项同意的证明。电子签名由特定机构颁发认证、接入机构审核，系统运营者指定的电子认证服务机构提供者专门负责对电子签章真实性的核查。此外，电子签章可能出现问题的情形大多是系统被黑客攻击、电子签名被盗用或者他人使用虚假证明材料获得电子签名证书，因上述情形而错误付款的，付款人不承担责任，真正权利人可以向真正侵权主体请求损失赔偿。故付款人对电子签章无需进行实质审查，仅需确认其收到的票据上存在可视的电子签章。[2]

2. 对于背书连续性不必审查

连续的背书产生权利证明的效力，即证明连续背书中最后一个被背书人的票据权利具有正当性。对于电子票据不存在背书不连续的情况，因为在电

---

〔1〕 参见吕来明：《票据法学》，北京大学出版社2017年版，第219~222页。
〔2〕 参见李蓓："电子商业汇票法律问题研究"，北京工商大学2012年硕士学位论文。

子票据系统中，操作票据行为时仅转发本次票据行为中的电子签章，而对之前的签章不再进行转发。具体到付款行为，系统仅转发申请付款人（收款人）的签章。故，不同于纸质票据，付款人不必审查票据背书的连续性。

3. 对于票据凭证格式不必审查

实践中，存在于电子商业汇票系统且可在系统中进行流通的票据均符合中国人民银行统一规定的格式，因为 ECDS 系统在技术上排除了不符合格式要求的电子票据流通的可能。故付款人接收到的提示付款的票据一定是票据凭证格式真实、符合要求的票据，付款人无需对票据的格式再作审查。

4. 对于申请人身份不必审查

《管理办法》第 8 条规定，接入机构提供电子商业汇票业务服务，应对客户基本信息的真实性负审核责任，客户基本信息包括客户名称、账号、组织机构代码和业务主体类别等信息。《管理办法》第 17 条规定，接入机构、电子商业汇票系统运营者指定的电子认证服务机构提供者，应对电子签名认证证书申请者的身份真实性负审核责任。也就是说，电子票据在使用时，当事人的身份信息可以通过电子签章证书证明，而接入机构、电子认证服务提供者在当事人申请电子签章时就对其身份进行层层审核，审核通过后当事人方可进行后续的操作。也就是说，如果申请人的身份出现问题，说明接入机构、电子认证服务提供者有失察行为，应当对此负责。也有学者认为，电子认证服务提供者对主体申请时自己的失察行为负责，接入机构对主体提示付款自己的失察行为负责，系统经营者的付款审查义务则包括对电子签名的真实性、接入机构的身份真实性审查且应保存电子票据系统的相关记录。[1] 笔者认为，若要求付款人对申请人的身份信息进行再次审核，不仅丧失了接入机构、电子认证服务提供者前期工作的意义，还极大降低了票据流通的效率，故付款人不必对申请人身份进行审核。

（三）《票据法》关于相对人审查义务的修改建议

鉴于电子票据必须通过电子票据系统进行出票、承兑、背书、付款等一系列行为，如有背书不妥等问题，且技术上系统会对伪造票据、伪造背书不连续票据默认不予接受，所以一般不会存在伪造、变造票据或申请人签章、身份有问题的情况，故对于电子票据付款人的审查义务的规定可以不必强调

---

〔1〕 参见施晓："论票据付款的审查"，宁波大学 2012 年硕士学位论文。

背书连续性、票据凭证格式、申请人身份的审查，对出票人、申请人的签章也可以仅作形式审查，但为了与现有规定保持协调一致，付款人仍需遵守《电子签名法》《实施办法》《支付结算办法》等相关法律法规的规定。且在减少付款人审查义务的同时，应当增加对于系统技术风险中主体责任的规定，以确保技术风险发生时票据权利人的损失可以被填补。

融资租赁合同纠纷案件难点法律问题研究

崔 杨 葛 红 韩耀斌*

　　随着我国经济的快速发展，融资租赁业务蓬勃发展，已经成为企业融资的主要方式，但是随之而来的纠纷也日益增多。为了应对审判实践中出现的难点法律问题，最高人民法院公布了《关于审理融资租赁合同纠纷案件适用法律问题的解释》（以下简称《融资租赁司法解释》），并于 2014 年 3 月 1 日起施行。但在审理融资租赁合同纠纷案件中发现许多实务问题，上述司法解释未予涉及，法官们亦未形成统一认识。鉴于此，课题组搜集了大量各级法院审结的融资租赁纠纷案例，主要以北京市第二中级人民法院近年审结的案件为例，经过深入调研，发现了此类案件的突出特点，归纳了其中的难点法律问题。本文拟就这些问题，从法理角度做出分析，提出倾向性的观点，以期向融资租赁交易的双方提出针对性建议，统一裁判尺度，公平正义解决此类纠纷，促进该交易健康有序发展。

一、近年来融资租赁合同纠纷案件的突出特点

　　北京市第二中级人民法院 2016 年至 2018 年 9 月共审结融资租赁合同纠纷案件 192 件，案件数量呈大幅增长态势。其中 2016 年共审结案件 28 件，2017年审结 51 件，同比增长 82%，2018 年 1 至 9 月共审结 113 件，同比增长122%；这些案件中，一审案件 85 件，占比近 40%。究其原因，一是融资租

---

　　* 崔杨，北京市第二中级人民法院副院长；葛红，北京市第二中级人民法院民三庭副庭长；韩耀斌，北京市第二中级人民法院民三庭法官。本研究为北京市第二中级人民法院重点课题阶段性研究成果。

赁交易规模不断扩大，产生纠纷的可能性必然增大；二是近三年来，融资企业效益普遍不景气，违约情形增多；三是单个融资租赁交易标的动辄过亿，导致法院受理此类一审案件的比重较高。通过对此类案件的调研和分析，我们发现其具有以下突出特点。

（一）售后回租案件占主导地位

从融资租赁交易模式来看，售后回租的模式逐渐占主导地位。实践中，融资租赁交易依据出卖人与承租人是否为同一人可分为直租模式和售后回租模式。近年来，北京二中院审理的售后回租案件的比重连年增长，2016 年为 44％，2017 年为 54%，2018 年为 61%。究其原因，与近年来实体经济不景气，企业缺少流动资金，缺乏扩大生产经营的动力有关。

（二）诉讼主体数量增多

从诉讼主体来看，当事人数量往往在 3 个以上，有的案件甚至达到 10个，"送达难"问题突出，且原告基本都是融资租赁企业。究其原因，融资租赁交易中，由于物的担保作用不强，融资租赁企业常常采取很多增信措施，比如让关联企业及股东提供担保，导致当事人数量多；融资租赁合同履行中，融资租赁企业除了支付融资款以外，一般无其他义务，常是因为融资企业不能按时支付租金，导致纠纷发生。

（三）诉讼请求单一

从诉讼请求来看，主要集中在要求立即支付全部租金，鲜有诉讼请求要求解除合同。近年的案件中，出租人主张承租人违约，要求出租人立即支付全部未付租金的案件有 71 件，而要求解除合同的仅有 6 件。依据《中华人民共和国合同法》（以下简称《合同法》）及《融资租赁司法解释》规定，承租人违约的情形下，出租人可要求承租人支付全部未付租金，也可要求解除合同，取回租赁物，赔偿损失。但司法实践中出租人很少提出第二种诉求，究其原因，一是第一种诉讼请求中的数额容易明确，审理周期短，也易于执行；二是第二种诉讼请求中的赔偿损失范围虽然明确，但往往要对租赁物的价值进行评估才能确定具体的损失数额，审理周期长，返还租赁物的判项也不易执行；三是租赁物往往是生产设备等定制物，属于承租人的主要生产工具，一旦实际拆卸取回，承租人将停业失去偿债能力，且租赁物价值大大缩水，一般都低于评估价值，故该请求实质对出租人无益。

（四）抗辩事由集中

从抗辩事由来看，主要集中在名为融资租赁实为借贷、违约金过高、租赁物存在问题等事由。北京市二中院近年审结的出租人作为原告的一审案件中，提及上述三项抗辩事由的案件占比高达94%。究其原因，一是承租人对融资租赁法律关系认识有误，认为融资租赁跟借款没有本质区别，就是借款，融资租赁企业作为标的物的买受人和出租人，理应承担标的物不能交付的风险及对质量负责；二是融资租赁合同一般约定出具人不仅要支付手续费、押金及融资款的利息，在承租人违约的情形下，不仅要提前支付全部租金，还要支付万分之五，甚至万分之十的违约金，约定的违约金确实存在过高的情形。

此外，在判决结果上，认定融资租赁合同无效及名为融资租赁实为借贷的情形极少，出租人的诉求基本会得到法院的支持。从搜集的案例来看，《融资租赁司法解释》施行后，此类案件无一明确认定为无效，仅有2件被认定为名为融资租赁实为借贷。究其原因，承租人无力支付租金违约引起纠纷属于普遍情形，故出租人的诉讼请求往往会得到法院的支持。之所以否定融资租赁关系的案例甚少，系因明确认定合同无效的依据仅为《合同法》第52条的规定，为了鼓励和支持融资租赁业务的发展，司法实践往往对此持开放态度。

二、融资租赁合同纠纷案件审判中难点法律问题及分析

（一）关于融资租赁合同的效力问题

1. 未取得融资租赁业务许可证的企业签订的融资租赁合同的效力问题

已经废止的最高人民法院《关于审理融资租赁合同纠纷案件若干问题的规定》（以下简称《融资租赁规定》）第6条规定：出租人不具有从事融资租赁经营范围的，应认定融资租赁合同为无效合同，而现行有效的最高人民法院《融资租赁司法解释》未作此规定。据此有观点认为，该类合同有效；但也有观点认为，允许不具有融资租赁业务许可证的企业从事融资租赁业务，将导致损害融资租赁企业的利益，冲击金融秩序，应依据《合同法》第52条第4项损害公共利益的规定认定无效；而2017年天津市高级人民法院在其发布的指导意见中亦认为此类合同无效[1]。对此我们倾向认为，该类合同不必

---

〔1〕 参见《天津法院融资租赁合同纠纷案件审理标准（试行）》4.1.7：出租人未取得融资租赁许可订立的融资租赁合同无效。

然无效，判断此类合同是否有效应当依据《合同法》第52条的规定，不能仅依据出租人未取得融资租赁业务许可证即认定该合同无效。如果未取得融资租赁业务许可证的企业签订的融资租赁合同系使用其闲散资金，偶然为之，非但不会冲击金融秩序，还能充分发挥闲散资金的作用，拓宽企业的融资渠道，故该合同有效。反之，如果未取得融资租赁业务许可证的企业并非使用其自由资金，并经常开展融资租赁业务，融资租赁业务成为其主要业务，应当认为该企业的行为违反金融管理秩序，损害社会公共利益，其签订的融资租赁合同无效。

2. 承租人对租赁物无处分权而签订售后回租融资租赁合同的效力问题

一般认为，融资租赁法律关系实质包含两种法律关系，即买卖法律关系和租赁法律关系。一方面，对于买卖合同而言，系无权处分人签订的买卖合同，依据《最高人民法院关于审理买卖合同纠纷案件适用法律问题的解释》（以下简称《买卖合同司法解释》）第3条第1款之规定，该合同效力不受影响，系有效合同[1]；另一方面，对租赁合同而言，出租人能否取得租赁物（主要是无需登记的动产）的所有权，仅关乎合同能否履行，并不影响合同的效力，故上述融资租赁合同应为合法有效的合同。承租人无权处分的情形下仅是运用善意取得制度判断合同能否履行，如构成善意取得，融资租赁合同合法有效且能履行；反之，如不构成善意取得，融资租赁合同有效但不能履行，则承租人承担违约责任。当然，如果出租人明知承租人无处分权而签订售后回租融资租赁合同，属于《合同法》第52条第2项的情形，该合同应认定为无效。

3. "一物多融"情形下融资租赁合同的效力问题

所谓"一物多融"是指承租人以自己所有的同一动产与多个融资租赁企业签订融资租赁合同的情形。如果承租人在先签订的融资租赁合同，已经实际履行并发生物权变动，这种情形下，承租人在后签订融资租赁合同实质上属无权处分，与上述第2个问题观点一致，不再赘述。这里主要讨论的是承租人同时签订多份融资租赁合同，应当履行哪份合同的问题。我们认为，"一物多融"本质上并不存在善意取得的问题，而是一物多卖的权利冲突问题，

---

〔1〕 参见《最高人民法院关于审理买卖合同纠纷案件适用法律问题的解释》第3条。

故在产生权利冲突时，应按照相关司法解释中有关买卖合同的规则处理。[1]

4. 合同转让情形下融资租赁合同的效力问题

关于融资租赁企业将其在融资租赁合同项下的权利义务转让给非融资租赁企业情形下合同效力的问题。有观点认为，因受让人不具有融资租赁业务的资质，所以该合同无效。我们倾向于认为，该类合同的效力不因权利义务的转让而受影响。这是由于融资租赁合同中出租人的主要义务为支付租赁物价款，在出租人转让合同权利义务时，实质上是转让收取租金的权利即转让债权，受让人接受的是债权，并非开展融资租赁业务，其是否具备融资租赁业务许可证，并不影响融资租赁合同的效力，按照一般债权债务转让规则处理即可。行政规章中要求开展融资租赁业务的企业必须取得相应许可，系基于向不特定的人开展金融业务，容易引发金融风险的考虑，而在融资租赁业务已经完成，仅转让债权的情形下，无关乎于规制的目的，不应当予以限制。换言之，就像银行可以自由处置其债权一样，这样的认定也有利于融资租赁企业及时回笼资金，增强为企业服务的能力。

5. 名为融资租赁合同实为借贷情形下融资租赁合同的效力问题

《融资租赁司法解释》第1条第2款规定，对名为融资租赁合同，但实际不构成融资租赁法律关系的，人民法院应按照其实际构成的法律关系处理，但对该融资租赁合同的效力未予提及。实践中，法官就该融资租赁合同的效力，在判决书中往往予以回避，也不予评判。就该融资租赁合同的效力，有观点认为，融资租赁合同转性后，有些条款是有效的，比如融资款如何计息的规定，故该类合同并非一律无效。我们倾向认为，双方当事人签订该类合同，真实意思并非开展融资业务，而是借贷，该合同仅是当事人为了规避监管、实现借贷目的的手段，应依据《中华人民共和国民法总则》（以下简称《民法总则》）第146条第1款之规定认定该类合同无效。[2]

（二）关于融资租赁法律关系的认定问题

1. 消耗物能否成为融资租赁关系的标的物问题

有观点认为消耗物不能构成融资租赁标的物，上海市高级人民法院也曾经做出判决，认为"装修材料"系消耗物，不再具有返还的可能性，故不能

---

[1] 参见《最高人民法院关于审理买卖合同纠纷案件适用法律问题的解释》第9条。

[2] 参见《民法总则》第146条第1款。

成为融资租赁标的物。[1] 我们倾向于认为，消耗物能否成为融资租赁的标的物，最终应回到融资租赁合同的本质特征来判断，即是否具有"融资"和"融物"的双重特征。例如砖头，如果出租人明知承租人系施工方，砖头必然消耗且确定无法取回，则不能体现融物特征，起不到物权保障作用，不构成融资租赁法律关系；如果承租人系建设方，砖头消耗后有取回可能，仅是取回的成本过高，或不适宜取回，不能据此否定融资租赁法律关系。因此，应当根据《融资租赁司法解释》第10条规定[2]，认定若融资租赁合同项下的租赁标的物可能附合他物，附合他物的物可以成为融资租赁的标的物。

2. 租赁物有无影响融资租赁法律关系认定的问题

在签订融资租赁合同时，直租模式下，租赁物又无不影响融资租赁关系的认定，在售后回租的情形下，无租赁物不构成融资租赁法律关系，这均无争议。问题在于售后回租模式下发生纠纷后，租赁物已经不存在，双方就签订合同时有无租赁物发生争议，如何认定？我们认为，不能仅以合同的约定或承租人出具接收租赁物的说明证明租赁物存在，出租人作为金融企业，应当提供必要的证据证明租赁物确实存在，比如租赁物发票、投保单、标的物勘查的影像资料等，如出租人不能提供证据佐证租赁物确实存在，应当认定租赁物不存在，双方系借贷关系。

3. 未办理过户登记不动产是否构成融资租赁法律关系问题

关于能够办理过户登记的不动产未办理过户登记是否构成融资租赁法律关系的问题，最高人民法院认为，未办理过户登记，既逃避税款，又不能体现融物的特征，故不构成融资租赁关系。[3] 我们认为，对此不应一概而论，如果融资租赁合同中约定了先支付租赁物价款，后办理过户，且有证据表明出租人在积极主张办理过户登记，仅是承租人的原因，未能办理过户登记，不能表明出租人无意办理过户登记时，不能仅以未办理过户登记的结果认定不构成融资租赁关系，双方之间系借贷关系。

4. 租赁物高值低估是否构成融资租赁法律关系问题

在售后回租的模式下，租赁物明显低值高估，起不到物的担保作用，不

---

〔1〕 参见上海市第一中级人民法院（2014）沪一中民六（商）终字第469号终审民事判决书。

〔2〕 参见《最高人民法院关于审理融资租赁合同纠纷案件适用法律问题的解释》第10条。

〔3〕 参见最高人民法院：《最高人民法院关于融资租赁合同司法解释理解与适用》，人民法院出版社2014年版。

构成融资租赁关系，目前并无争议。这里讨论的是实践中出现高值低估，承租人辩称不构成融资租赁关系的问题。对此我们认为，租赁物高值低估，并不能改变融资租赁合同的性质，不能据此否认融资租赁合同关系。有人担心可能会产生不公平的结果，例如，合同约定到期后租赁物归出租人所有，出租人会获取额外的利益。首先，不能以结果否定合同的性质；其次，如果合同约定到期后租赁物归承租人所有，不会出现上述情形；最后，如果的确出现出租人获得巨大的额外利益的情形，我们亦有相应的规则进行处理，如依据公平原则，可以强制对租赁物的价值进行评估清算。

5. 短期融资租赁是否构成借贷法律关系的问题

有观点认为，租期很短的融资租赁，在一次性给付租金时，不符合融资租赁合同的特征，应当认定为借贷。我们认为，融资租赁合同的期限一般较长，但法律未否定短期融资租赁合同的性质，短期融资租赁合同亦符合"融资"又"融物"的特征，承租人为了减少融资成本，基于自身给付能力的判断，愿意短期融资，不应否认融资租赁合同的性质。有担心认为如此可能会产生不公平的结果，如合同约定到期后租赁物归出租人所有，出租人会获取额外的利益。我们认为该理由不能成为否定融资租赁法律关系的事由。

此外，如果双方签订直租合同，将款项打入承租人账户，全权委托承租人购买租赁物，是否构成融资租赁关系？我们认为，如果出租人仅以融资租赁合同、委托购买合同及打款凭证为依据，未有其他证据佐证承租人购买了租赁物，表明出租人不在乎租赁物的担保作用，不符合融资租赁法律关系融物的特征，故不构成融资租赁法律关系，如果出租人能够提供租赁物的发票、投保单、标的物勘查的影像资料等，可以认定为融资租赁法律关系。

（三）其他法律问题分析

1. 租赁物价值确定的问题

根据《融资租赁司法解释》第1、4、10、22条等的规定，租赁物的价值系判定是否构成融资租赁关系、合同无效不返还租赁物时折价补偿金额、合同到期后不能返还租赁物时折价补偿金额、合同解除后出租人损失范围等的重要依据，故在融资租赁合同纠纷案件中，经常需要确定租赁物的价值。尽管《融资租赁司法解释》第23条规定了租赁物价值的确定方式，包括按照当事人的约定、参照合同约定的租赁物折价及合同到期后租赁物的残值确定或者以评估或拍卖的方式确定，但在司法实践中，由于当事人在融资租赁合同中未约定租赁物价值的计算方式，或者租赁物已经灭失，或者定制租赁物无法评估，或者承租人拒不到庭不配合评估导致无法评估，或者审理中缺乏拍卖租赁物的操作规范等，致使法院确定租赁物的价值极其困难，极大影响审判效率。我们认为，为解决此类问题，一方面应该大力提倡当事人在合同中约定租赁物价值的确定方式，除非特殊情形，原则上遵循当事人的约定；另一方面，如果确实出现上述无法确定租赁物价值的极端局面，可以考虑依据租赁物的购买价格及使用年限平均折旧，因该种确定价值的方式比较粗放，可能严重背离实际价值，应当慎用。

2. 名为融资租赁合同实为借贷法律关系的处理

对于名为融资租赁合同实为借贷法律关系的处理，涉及以下问题：

一是法院就此是否应当释明的问题。我们认为，融资租赁企业依据融资租赁合同提出诉讼请求，在法院认定的合同性质与当事人主张的合同性质一致的情形下，为保证诉讼的顺利进行，一次性解决纠纷，避免判非所请，依据《最高人民法院关于民事诉讼证据的若干规定》（以下简称《民事诉讼证据的若干规定》）第 35 条规定，向当事人释明，并允许当事人变更诉讼请求，如当事人坚持不变更诉讼请求，则应裁定驳回起诉。

二是借贷法律关系的效力问题。我们认为，融资租赁企业与融资方之间实际形成的借贷关系是否有效，不能仅依据融资租赁企业违反监管规定从事借贷即认定该合同无效，应当依据《最高人民法院关于审理民间借贷案件适用法律若干问题的规定》（以下简称《民间借贷规定》）及《合同法》中关于合同效力的规定予以处理。如果融资租赁企业从事借贷系偶然为之，并不会冲击金融秩序，损害公共利益，不宜认定双方之间的借贷法律关系无效。反之如果融资租赁企业经常开展放贷业务，放贷业务已成为其主要业务，应当认为该企业的行为违反金融管理秩序，损害社会公共利益，双方之间的借贷法律关系无效。

三是借贷法律关系有效情形下的问题。首先是关于承租人是否应当支付利息及利息标准问题。融资租赁业务中，出租人的目的是为了获取利润，融资款的利息系其主要利润之一，在该合同被认定无效实际构成借贷法律关系的情形下，不能简单认为双方之间没有关于利息的约定，应依据《民间借贷规定》第 25 条规定，不支持出租人的利息主张，并根据当地或者当事人的交易方式、交易习惯、市场利率等因素确定利息。关于具体的利息标准，尽管融资租赁合同已经被认定无效，但融资租赁合同中均约定了融资款的利息，故可参照该合同约定确定利息标准。其次是关于手续费、保证金是否应当在借款本金中扣除的问题。因保证金及手续费在出租人支付融资款时承租人已经交纳，且被认定名为融资租赁实为借贷的合同，出租人具有一定的过错，融资租赁合同被认定无效的情形下，出租人收取手续费及保证金亦丧失合同依据，故应参照《民间借贷规定》第27条规定，将融资款扣除保证金及手续费后认定为借款本金。最后，关于担保人是否承担担保责任的问题。法律关系转变性质后，担保人是否承担担保责任存在争议，有观点认为，担保人担保的债务系融资租赁合同项下的债务，并非借贷法律关系项下的债务，法律关系转性后，担保人的风险亦加大，如果担保人知道系借贷关系，很可能不会提供担保，故担保人不应承担担保责任。也有观点认为，担保人担保的债务是基于特定合同产生的债务，该合同解除或被法院认定转性，除非系无效合同，不影响担保人承担担保责任。我们认为，根据《中华人民共和国担保法》（以下简称《担保法》）第30条，以及《最高人民法院关于适用〈中华人民共和国担保法〉若干问题的解释》（以下简称《担保法若干问题解释》）第39、40条的规定，判断担保人是否承担保证责任的根本标准应为：担保人在签订保证合同时，债权人是否向担保人披露了足以影响担保人做出担保意思表示的事实。具体到前述情形，如果售后回租合同因标的物明显低值高估，且融资租赁合同中对租赁物记载明确，担保人对此应当知悉，那么融资租赁合同实际为借贷法律关系的事实，并未影响担保人做出担保的意思表示，担保人仍应对借贷关系项下承租人的还款义务承担担保责任；如果售后回租合同中的标的物自始不存在，没有证据显示担保人知晓该情况，该事实足以影响担保人做出担保的意思表示，那么融资租赁合同实际为借贷法律关系的事实，足以影响担保人做出担保的意思表示，担保人不应对借贷关系项下承租人的还款义务承担担保责任。

三、对承租人及出租人的建议

随着融资租赁业务的蓬勃发展，融资租赁纠纷显著增多。为进一步优化金融信贷营商环境、促进融资租赁业的健康发展、保护融资租赁交易中各方的合法权益，我们对融资租赁企业及融资企业提出如下建议。

（一）对融资租赁企业的建议

1. 增强对租赁物的风险防范

因部分融资租赁公司忽视对租赁物的实体及权属进行审查而发生的租赁物不实、价值过低或存在权利瑕疵等问题，极易导致法院对融资租赁关系不予认定，融资租赁公司对租赁物的物权保障功能亦无法实现。为防范此类问题出现，融资租赁公司应正确把握融资租赁业务的"融物"属性，建立健全租赁物评估核查机制；加大对售后回租交易的审查力度；实地查验租赁物并拍照存证；核实采购合同、发票、付款凭证等相关资料，以确保租赁物权属明晰、货真价实。同时，可采用巡视租赁物使用情况、添加所有权权属标识、办理融资租赁交易登记或抵押登记等方式，避免承租人毁损灭失、对外转让或抵押租赁物。

2. 建立科学合理的增信评估制度

融资租赁交易中的增信措施通常为一般保证或连带责任保证，但部分保证人并不具备实际偿债能力，增信措施的保障作用难以发挥。为此，融资租赁公司应加强对保证人偿债能力的核查，进一步完善相关资信审查机制，鼓励引导承租人或第三人提供动产、不动产、应收账款、基金份额、股权等各类抵、质押物作为担保。进一步规范业务办理流程，建立健全内部约束监督机制，有效预防相关业务人员片面追求完成激励指标和考核任务，人为降低风险控制标准。

3. 合理约定承租人的违约责任

司法审判实践中，存在着相关合同约定存在违约责任多、违约金计算标准高的问题。对此我们建议，应基于公平原则，在设定违约责任时充分考虑合同相对方权利义务的对等和利益的平衡。融资租赁公司在保障自身正当权益的同时，可参照民间借贷纠纷案件关于总计不超过年利率24%的规定，对承租人的违约责任及违约金计算标准适当调整。

4. 完善合同条款

当前，大部分融资租赁合同未就诉讼文书的送达地址及租赁物价值的确定方法进行约定，诉讼过程中易出现"送达难""鉴定难"等问题。为减少诉讼成本，建议融资租赁公司在签订合同时，对诉讼文书的送达地址进行具体明确约定。相关合同条款需以标注或说明等显著方式提醒各方，约定的地址即为经当事人确认的诉讼文书送达地址。如因不及时告知变更后的地址或提供的地址不确切，使诉讼文书未能被实际接受，文书退回之日即视为送达之日，当事人需自行承担由此可能产生的法律后果。同时，对租赁物的价值及折旧方法进行具体明确约定。便于法院据此直接合理确定租赁物价值，有效避免无法鉴定、鉴定不准确或鉴定时间过长等情况。

(二) 对融资企业的建议

融资租赁系由二十世纪六七十年代传入我国的交易模式，尽管经过多年发展，一些企业仍不熟悉此种交易模式。因此，融资企业在开展融资交易前，应当充分咨询专业人士，避免盲目交易。

1. 正确认识融资租赁交易的法律风险

司法审判实践中，一些融资企业仅认为融资租赁就是借款或者是租赁，忽视其中的特别风险，例如一般情形下，融资租赁企业并不对租赁物质量负责、融资租赁企业对租赁物享有所有权、租赁物灭失的风险由融资企业承担等。因此，融资企业在开展交易前，需要正确认识其中的法律风险，如不能承受，可通过约定的方式予以排除，以避免相关法律风险。

2. 充分评估自身盈利能力

融资租赁交易具有使企业在无较强担保的情形下快速解决资金瓶颈的特性，但由于融资交易的成本较高，故在开展融资租赁前，融资企业务必对企业融资的必要性进行综合评估，将融资款的实际效用、自身的盈利能力等因素考虑全面，以确定合理的租期，避免产生违约责任导致损害自身利益。

3. 慎重签署融资租赁合同

合同系当事人之间的法律，特别是商事合同，一旦签订即对当事人具有法律约束力，法院一般亦不予干涉。因此，融资企业在签订合同时，应仔细阅读合同内容，慎重签署融资租赁合同。此外，实践中，常有经销商以推销设备为由，表示如有资金缺口可以帮忙融资，并提供连带保证担保；在该经销商的安排下，融资企业签署了融资租赁合同，后经销商未交付货物，致使相关风险由融资企业承担并造成商业损失。为避免此种情形发生，融资企业在开展融资租赁交易前，应当对相关经销商的资信状况进行深入调查，以避免受到欺诈。

分红型人身保险中保险人的信息披露义务研究

夏子川　李春兵[*]

　　分红型人身保险作为一种准投资类保险，是一种由投保人和保险人共享经营投资红利的险种：保险人在保险合同中设定固定的保险利率，投保人在按期缴纳保费后，保险公司会以当年分红险的保费为成本的实际经营额的盈余作为分配数额划归给投保人账户。就此投保人便可同时享有保险保障和经济投资功能，保险公司与投保人虽然共享收益但相对的是投保人也需与保险公司共担风险。保险公司如果投资亏损，对其公司经营影响甚微，但是对投保人的影响是很大的。

　　自我国在 2000 年第一单分红型保险发售以来，分红险一直是保险市场的热门险种。以中国平安保险（集团）股份有限公司的 2018 年中报为例，分红险在 2018 年上半年的保费可以达到 1 558.96 亿元，而传统寿险则只有 505.91 亿元，我们可以看到分红险在保费可以达到传统寿险的收入的 3 倍还多；与高收入相对应的是，当今我国的分红型人身保险的法律法规还不健全，在中国银保监会办公厅关于 2018 年上半年保险消费投诉情况中展示到，在人身保险投诉案件中分红型人身保险达到 4 569 件，占保险销售投诉中的 46.67%。笔者通过搜集研究大量案例，总结出分红型人身保险的纠纷主要围绕在保险公司未按承诺分红收益、隐瞒保险期间或缴费期间、隐瞒退保损失等。正是由于现今关于分红型保险的法律法规不健全再加上保险公司在保险合同中处于绝对优势地位导致的投保人与保险人享有的信息完全不对等才致使双方纠纷日益增多。本文将在传统人身寿险与分红型人身保险对比的基础上对分红

---

　　* 夏子川，北京工商大学法学院硕士研究生；李春兵，北京工商大学经济学院讲师。

型人身保险进行研究，并从中找出保险人在信息披露义务中的不足，希望能通过本文论述找到分红型人身保险中信息披露义务问题的解决办法。

一、分红型人身保险概述

分红型人身保险作为一种准投资型人身保险，在我国最早诞生于 2000 年 8 月，是一种保单持有人与保险公司分享经营成果的险种，主要分为两全型分红险、终身型分红险和年金型分红险。投保人在按期缴纳保费后，不仅可以获得保险保障功能，还可以定期获得分红。保险的分红方式主要有三种，由投保人在投保时自行选择：即累积生息、抵交保费和购买交清增额保险。累积生息是指红利留存在保险公司，由保险公司按当年银行存储利息储存生息；抵交保费是指红利用于抵交下一期的应付保费，如果抵交后仍有余额，则用于抵交以后各期的应付保险费，该余额不计利息，并且在交费期满后抵交保费方式将自动变为累积生息；购买交清增额保险是指依据被保险人当时的年龄，以红利作为一次交清的净保险费，增加基本保险金额。而分红型人身保险的红利主要源于三种差益，即"死差益、费差益和利差益"。死差益是指保险公司当年的保险合同种被保险人的实际死亡人数小于预定死亡人数时所产生的盈余；费差益是指保险公司既得经营费用低于预计的经营费用所产生的盈余；利差益是指保险公司既得投资收益率高于预计的投资收益率所产生的盈余。

我们可以看到，在分红型人身保险中，当保险公司由分红险的保费作为本金盈利时，保险公司及保单持有人皆可受益，但相应地当保险公司运作亏损时，则保险公司及保单持有人皆会利益受损。吉林大学博士李溪鹏在其论文中提出，分红型人身保险的特点主要有两点："一是投保人分享保险公司经营成果；二是保险公司分散了经营风险和投资风险"。笔者认为正是因为分红险是根据保险公司的经营情况来调整分红比例，并且该笔资金如何运作一般不告知保单持有人，保险公司只有书面告知保单持有人每年红利分配金额的义务，所以才导致保单持有人与保险公司的纠纷日益增多。在分红型人身保险中正是由于这种信息不对称导致在合同关系当中保险公司占有绝对优势地位，保单持有人只能依靠保险公司定期的财务报告得知自己的收益情况，对自己合法利益的保护由于这种资金信息不透明无疑是大打折扣。在普通保险中当出现信息不对称的情况时，所导致的后果是严重的，因此当分红险这种对利益分配更加敏感的险种出现关于信息披露的问题时，导致的后果便更加严重。其他领域中如果出现信息不对称的情况时，其受损范围是有限的，但是分红险中如果在信息披露上出了问题，该份合同关系中的利益受损者只可能是保单持有人。保险人在收到保费后进行投资或者经营，当该投资或者保险人的经营出现亏损时，保险人只需将该亏损计入所有投保人、被保险人这个大群体当中。

我国于 2009 年通过《人身保险新型产品信息披露管理办法》（以下简称《管理办法》），《管理办法》中详细规定了关于保单利益演示、信息披露材料、保单状态报告和红利通知书的提供方式及客户回访的各项制度。但是《管理办法》对固定分红收益、保险期间和缴费期间的规定不明晰导致了近年来投保人与保险公司针对分红险的纠纷日益增多。在分红险这种投资型保险中，投资领域的信息如保险人的投资经营状况、财务情况、投资方式、红利来源等是至关重要的，但是在分红险产品的保单中并没有完全记载上述内容。因此加强保险人对分红型人身保险的投资事项的信息披露义务的管制便成为关系着该类保险正常运转和推广的重要条件。若投保人在订立保险合同的时候便能清楚知悉保险公司的经营情况及投资事项，那么投保人便可以在众多有用的积极信息中得到自己想要的资料，从而决定选取哪家保险公司的险种。投保人之所以选择分红型人身保险便是因为其看中了该险种在人身保障的基础上还拥有投资功能，因此分红险的投保人需要知悉比传统保险投保人更全面、更真实的信息，保险公司的投资风险性和保险分红收益率等都是会影响整个保险合同的运行和经济成果的，因此保险人在信息披露上的义务比传统保险的信息披露要求更高。

分红型人身保险与传统人身保险在性质上的差异导致保险公司在对待分红险的时候要担负更多的信息披露义务。正是由于分红险拥有投资分红的利益，投保人和被保险人需要知晓保险公司的经营状况、投资状况，最直接地看出保险公司有没有尽到信息披露义务的方法便是从保险合同中寻找答案。我们将从分红险与传统寿险的合同中找出要加强保险公司针对分红险的信息披露义务的原因。

二、分红型人身保险与传统人身寿险的区别

分红险作为一种投资型保险，其存在和实现的理由必然是由其内在的宏观产品设计体系和保险险种特点决定的。对于一款保险险种来说，合同条款是保险的灵魂，从深层次决定了投资型保险的投资价值和保障价值。因为保险人在原有传统保险中增加了经济投资保障，所以相比较原有传统保险合同的格式形式，其所设立的条款非常容易让投保人因为信息披露不到位而受到利益损失，从而让保险人得利。本文中我们将从中国平安人寿保险股份有限公司的平安欣福年年年金保险[1]及平安小安定期寿险[2]这两款人身保险的保险合同条款来分析比较分红险与传统寿险的区别。

保险合同的基本条款是指保险人根据不同险种规定的关于保险合同当事人权利义务的基本事项。如果一个保险合同欠缺基本条款，那该份保险合同也便失去了效力。分红型人身保险与传统寿险在基本条款中的区别主要有以下几点：

1. 保险费支付条款

保险费支付条款是指保险公司规定的保险交费方式及交费期间的条款，保险费是否按期缴纳会影响保险合同的存续。有多家保险公司的人身保险在保险费支付条款中都共同约定了保险费的交费方式和交费期间由投保人和保险公司约定并在保险单上载明；分期支付保险费的，在支付首期保险费后，投保人应当在保险费约定支付日支付其余各期的保险费。在这点上，不管是传统寿险还是分红险都是相同的。另外如宽限期也都大抵一致。但是在效力中止和效力恢复条款中却因为有红利分配的原因而与传统寿险有些许差异。在分红险的效力中止条款中，除了普通寿险约定的"在主险合同效力中止期间，我们不承担保险责任"外，分红险还约定了"主险保险不再参与红利分配，同时累积生息的红利余额从合同终止日起停止计息"。由此我们可见，在分红险中如果未按时缴费，那么在不承担保险责任的基础上，还将失去获得红利的权利，并且将无法获得之前所获红利的利息。同样的，在效力恢复条款中，分红险在传统寿险的基础上增加规定了"在本主险合同复效后，累积生息的红利余额重新开始计息"。由此可见，在效力恢复阶段中，直到投保人申请恢复合同效力、补缴保险费之日，投保人都将不能得到所获红利的利息。

---

[1] "平安欣福年年年金保险"，载平安寿险官方网站，http://e. pingan. com/pa18shoplife/details/out/xfb/index. jsp，最后访问日期：2018年11月20日。

[2] "平安小安定期寿险"，载平安寿险官方网站，http://e. pingan. com/pa18shoplife/details/out/xads/index. jsp，最后访问日期：2018年11月20日。

2. 保险责任条款

保险责任条款是指保险合同中约定由保险人承担的危险范围，在保险事故发生时所负的赔偿责任及之后向受益人支付保险金的条款。在传统寿险中，以平安小安定期寿险为例，保险责任条款通常包括保险责任、保险期间两项。在保险责任中，分红险与传统寿险基本围绕着身故保险金一条来进行规定，不同产品有不同的服务。以平安人保的欣福年年分红险为例，市面上发行的分红险通常在身故保险金外还提供了生存保险金、关爱生存保险金，即被保险人多生存一年便可以领取。

分红险中相较于传统寿险，主要区别便是其额外规定保单红利，也就是说分红险将红利分配当作保险应负责任的一种来予以规定。在保单红利条款中告知了投保人有参与保险可分配盈余的权利，并且告知投保人保单红利是根据分红保险业务的实际经营状况而定，是不保证盈利的。同时条款中还说明了保险合同红利及每个保单年度的分红报告的分配日期。最后条款中规定了投保人在投保时应选择一种红利领取方式包括：累积生息、抵交保险费和购买交清增额保险。各种红利领取方式已经在之前具体介绍过，当投保人在投保时未选择红利领取方式时，多数公司的分红险规定红利领取方式为累积生息方式。若在保险期间需要更改红利的领取方式，需要向保险公司提交书面申请并经过保险公司同意才可以更改。

保险期间条款中，传统寿险一般规定保险期间是由保险公司与投保人约定并在保单上载明。在分红险中，除平安人保外，太平人寿等保险公司都规定保险期间为终身，从主险生效至被保险人身故为止。之所以保险期间为终身也是保险公司吸引投保人的一个经营卖点，当被保险人生存年数越多，其将获取更多分红和保险金。

保险金支付条款是指在出现保险事故后受益人如何领取保险金的相关条款，主要涵盖受益人条款、保险事故通知条款、保险金申请条款及保险金给付条款。

受益人条款中，传统寿险通常保险责任仅为身故保险金，虽然也有生存金等其他选择，但并不是主流，在此不做过多讨论，因此关于受益人的选择没有太多争议。但是分红险由于其保险责任更多，因此关于生存保险金和关爱生存保险金的受益人便有了更多问题。现在大多保险公司如平安人保及太平人保等都规定生存保险金和关爱生存保险金的受益人为被保险人本人，此举更多是为了保障被保险人的经济利益。

保险金申请条款和保险金给付条款除了生存保险金和关爱生存保险金申请方面的申请方式外，与传统寿险都是一并适用的，因此我们不多赘述。

3. 其他权益

在该条款中主要讲述的是投保人所享有的除保险责任外的其他相关权益。在传统寿险中，其他权益通常仅仅是"现金价值"一项，是指保险单在解除合同时本公司退还的剩余保险单所具有的价值金额。而分红险不同，除了现金价值外，还拥有保单贷款的权益。在平安人保的欣福年年分红险中，保单贷款是指投保人可以在保险合同保险期间内向保险人申请不超过保险合同现金价值扣除各项欠款后余额的 80%，且贷款期限最长不超过 6 个月。当未还贷款本息金额达到保险合同现金价值时，保险合同的效力自行中止。保单贷款可以给投保人在需要资金时提供一定帮助，但是其背后的利息及各种权益的让与是值得我们深思的。当投保人到期未能足额偿还贷款时，所欠贷款本息将作为新的贷款本息计算，同时当未还贷款本息与保单的现金价值持平时保险的效力便中止了，受益人便不仅需要偿还高额贷款，同时还丧失了保险利益，不仅不能获得分红，同时保险公司还可以不再负担保险责任。

由以上对比我们可以看出，在分红型人身保险条款中，凡是针对保险费支付、保险金支付、保险权益和保险责任的条款与传统寿险皆有很大区别，这主要是由分红险的投资性质决定的，凡是投保人及受益人有违约情况，保险公司便可以依合同中止合同，停止分配红利。但是如何有效保障投保人及受益人的利益却没有很好的说明，保险公司的投资方式、投资渠道、投资人情况、资产负债情况与经营业绩一概未提，这便是保险人的信息披露义务不健全的责任。

三、保险人在保险合同内容上的信息披露义务

分红险在保险中的信息披露义务应分为保险合同有关的信息及与保险人有关的信息。前者的内容虽然在保监会的《管理办法》中有了规定，但是在细节处有不少未详尽规范；后者的内容在《保险公司信息披露管理办法》的规定中已经基本描述清楚，但是披露的具体模式需要进一步改善。

在《管理办法》中第 3 条便对投资型保险的信息披露的内容予以了规定。第 3 条第 1 款规定："本法所称信息披露，是指人身保险公司及其代理人向投

保人、被保险人、受益人及社会公众描述新型产品的特性、演示保单利益测算以及介绍经营成果等相关信息的行为。"我们可以总结，信息披露的主要范围集中在产品特性、演示保单利益测算及经营成果三项。其中，产品特性及演示保单利益测算皆需在分红型人身保险合同订立之前向投保人披露，而介绍经营成果则是应该在保险合同的保险期间内定时向投保人和受益人披露的。在《管理办法》第3条第2款中对信息披露方式作了规定："（1）媒体、公司网站上的说明和介绍；（2）产品说明会上的说明和介绍；（3）销售人员的说明和介绍；（4）客户服务人员的回访；（5）定期寄送报告资料"。《管理办法》第18条同样对投资型保险的披露内容规定了五种，分别是"风险提示、产品基本特征、投资账户情况说明、利益演示和犹豫期及退保"。这五种披露内容，便是我国当今对分红险的信息披露要求。以下笔者着重说一下我国信息披露要求不详细的部分：

1. 风险提示

风险提示，在当今市面上各家保险公司推出的分红险中，都在保险合同产品说明书首段加粗加大载明。其中以平安欣福年年分红险为例，所有保险公司的分红险都在首段载明了"本产品为分红保险，保单的红利水平是不保证的，在某些年度红利可能为零"。目前，虽然保险人在风险提示中对保单分红无法保证要由投保人自行承担风险作了说明，但是正如前文所说，对分红险的销售和产品自身风险并未在当今法规中有所规范；同时分红险中途退出和效力中止阶段无收益的风险提示亦未着重向投保人说明。如投保人知悉了上述所说事项时，其对是否订立该份分红保险可能会有另外一种抉择。因此我国应立法规定保险公司将分红险产品的所有可能风险一一列出，并告知当事人在分红险中风险的承担人仅为投保人自己。

2. 产品基本特征

产品基本特征，是保险的构成要素，组成了保险的最终形态。在当今市面上各家保险公司推出的分红险中都在保险合同中予以了载明。以平安欣福年年分红险为例，其列出了保险的保险责任、保单利益、责任免除、保单红利。分红型保险作为投资型保险的突出代表，其具有显著的格式性，投保人是不能选择修改具体条款的，再加上保险合同的专业术语极其晦涩难懂导致了投保人不能对保险合同的产品基本情况清楚、全面地了解。因此我国应立法规定保险公司在与投保人签订保险合同时，应如实告知投保人合同义务并详细解释保险合同专业条款，保证投保人知悉分红险的红利情况、保单利益，帮助投保人了解保险合同。

3. 投资账户情况说明

分红险中的投资账户情况说明应包括红利来源、保金及红利领取方式、分红风险、投资方式、资产配置等内容，尤其应该强调投资策略和投资工具。在现今的大部分分红险中，保险人在产品说明书和保险合同中虽然对红利领取方式有规定，但是对红利来源、投资事项并没有跟投保人进行告知，保险人在获得投保人的保费后如何投资、如何获利，按多少比例进行分红并没有详细说明。未来我国应注重对投资账户情况说明中的资产配置目标和投资策略进行立法规范，只有将保险人持有的投保人保费透明化，才能切实保护好投保人的利益。

4. 利益演示

利益演示是保险公司吸引投保人选择自家保险产品的一种方式，现在各家保险公司都会在网站中放在居中位置。以平安欣福年年分红险为例，其主要包含了利益演示的形式、逐年演示情形、投资回报率。这些主要是为了提供给投保人让其知悉该款分红险产品的投资未来可能获得利益的给付情况，但是需要让投保人注意的是利益演示是基于各个保险公司精算及其他假设得出的，不代表保险公司的历史经营业绩，更不能代表未来经营预期。这点在现在各家保险公司的产品说明书中都已经明确规范并黑字加粗来提醒投保人。上述的注意事项都是在《管理办法》的规范下使得保险公司逐步改善的，但需要注意的是警惕保险公司在分红险中利用投保人对投资回报的渴望而设置过分偏高的假设回报率利益演示来吸引投保人，而如今大多数关于分红险的争议纠纷也正是由于这一点。在今后的立法中需要对保单利益演示设置限定，并且仅对临时报告有规定是远远不够的，定期报告无法及时更新市场变化，会影响投保人的投资选择，因此需要立即建立分红险的定期报告信息披露制度。

四、结语

分红型人身保险在上市十余年内之所以风光无限，正是因为其集投资与保障为一体，并相较传统寿险在形式和保障上更加具有稳定性和高回报性。但是也正是由于其投资的不确定性以及保险公司分红收益不明晰、隐瞒保险期间和退保损失等一系列损害消费者的行为导致政策对其的打压。保险公司在前期对分红险产品的刻意隐瞒虽然是分红险没落的一部分原因，但最主要的还是法律法规的不健全，使得保险公司在没有严格监管的情况下长期处于宽松的环境。2009年出台的《管理办法》虽然及时地遏制了分红险等投资型保险的不正之风，但仍留有很大空白，因此如何保护投保人的利益，弥补法律法规的空白，紧紧约束保险人的经营行为成为分红险长远发展的主要制约因素。只有在一个管制严格、监管到位的环境下，投保人才可以放心选择保险产品，才能让整个投资型保险的发展更具有活力并重现生机。

民事滥诉行为的概念辨析

张 艳 赵 毓*

一、前言

为了回应实践中滥诉行为的不断喷涌，立法机关、司法机关都对此进行了规定。其中在实体法上，主要是原则性的规定。《中华人民共和国宪法》第51条规定了禁止权利滥用原则。[1]但是由于宪法一般不作为判案的直接根据，所以此条款可操作性极低。《中华人民共和国侵权责任法》（以下简称《侵权责任法》）第6条、《中华人民共和国民法总则》（以下简称《民法总则》）第120条规定行为人实施侵权行为时需承担侵权责任。但是，至今民法总则和侵权责任法方面都未将滥用诉权行为定性为民事侵权行为，以致被侵害人无法直接依据侵权之诉获得赔偿。我国《民法总则》第7条[2]规定的诚实信用原则要求当事人和其他诉讼参与人应严格履行真实陈述的义务及禁反言。2015年《中华人民共和国刑法修正案（九）》（以下简称《刑法修正案（九）》）将虚假诉讼规定为具体的一罪，一定程度上解决了学界与司法界一直找不到合适罪名、刑事法条惩治该类行为的分歧问题。然而，因为民法与刑法范畴对诉讼欺诈的解释范围不同，该罪名规制的犯罪行为仍需更明确的界定。

在程序法上，2012年修订的《中华人民共和国民事诉讼法》（以下简称

---

* 张艳，北京工商大学法学院教授；赵毓，北京工商大学法学院硕士研究生。
[1] 参见《中华人民共和国宪法》第51条。
[2] 参见《民法总则》第7条。

《民事诉讼法》）在规制滥诉行为方面较之前有了很大进展。如诚实信用原则的引进，该原则的适用可以用来衡量某一案件是否属于"恶意诉讼"。[1]现行民诉法中明确了对第三人正当权益恶意施加危害的串通型诉讼，这是我国法律第一次直接规定这一问题及其制裁措施。显然民事诉讼法将诚实信用原则与第三人撤销之诉、证据失权、强制措施等制度一起编织成了打击与防范诉讼欺诈与恶意诉讼的法律之网。为了便于法院操作，司法解释及指导意见也紧接着出台。2015年《最高人民法院关于适用〈中华人民共和国民事诉讼法〉的解释》（以下简称《解释》）第96条是对法院在何种情形下可以主动取证的规定，该项规定既考虑到利益受损方在恶意诉讼中难以举证的问题，同时又给法院判处罚款和拘留的处罚提供正当依据。[2]《解释》第337条是有关撤回上诉的禁止情形，其中就包含行为人相互串通恶意进行诉讼的情况。《解释》第315条赋予申请执行人请求赔偿的权利[3]，为其提供了法律上的保护。这些规定对实践有重大的指导作用，可以有效制止民事恶意诉讼现象的出现。《解释》中还首次直接点明了虚假诉讼这一"名词"，规定当事人之间恶意串通进行虚假诉讼的，适用《民事诉讼法》第112条规定处理。

同年，为应对民事借贷纠纷成了虚假诉讼的重灾区的情况，最高院颁布审理民间借贷案件方面的司法解释，专门总结列举出了可能属于虚假民间借贷诉讼的十种具体行为，指导各级人民法院在民间借贷案件审理过程中加强对证据的审查力度，综合判断是否属于虚假民事诉讼。该解释同时对虚假诉讼的预防和打击作了相关规定。另一方面，法院先后拟定一系列指导意见，多次对滥用诉权行为作出明确遏制规定。最高人民法院出台了《关于房地产调控政策下人民法院严格审查各类虚假诉讼的紧急通知》《最高人民法院关于清查"以房抵债"等虚假诉讼案件的意见》《关于防范和制裁虚假诉讼的指导意见》（法发〔2016〕13号）。

二、滥诉行为及相关概念辨析

（一）滥用诉讼权利文献综述及概念

对于滥用民事诉讼权利的概念，学者们有着不同的理解。肖国耀教授提

---

[1] 参见肖建华："论恶意诉讼及其法律规制"，载《中国人民大学学报》2012年第4期。

[2] 参见周良慧："恶意民事诉讼行为的法律规制"，载《江西社会科学》2015年第7期。

[3] 参见《解释》第315条。

出诉讼权利滥用是民事诉讼中，当事人为维护其个人利益，违背其诉讼目的，在行使诉讼权利的过程中故意超越权限，损害他人的合法权益的行为。[1]此观点将滥用民事诉讼权利的主体限定在当事人的范围以内，但是忽视了其他诉讼参加人包括诉讼代理人、证人、鉴定人、第三人、勘验人和翻译人等也可能滥用其诉讼权利的事实；肖建国教授主张所谓滥用民事诉讼权利"是指民事诉讼法律关系主体出于恶意或者其他不合法动机和目的，利用法律赋予的民事诉讼权利，在明知自己的主张或者行为不为法律所认可的情况下，以合法形式进行恶意行使，以给其他民事诉讼法律关系主体造成某种损害后果的行为"[2]。此观点在课定滥用民事诉讼权利中要以故意、恶意为主观要件，但是也同样缩小了滥用诉讼权利行为范围。

对于滥用诉权的概念，郭卫华认为："滥用诉权是指当事人出于故意或相当于故意的重大过失，缺乏合理的根据，违反诉讼目的而行使法律所赋予的各项诉讼权利，纠缠法院和相对方当事人，从而造成不必要的人力和财力的浪费的行为。"[3]张晓薇在《民事诉权滥用规制论》中指出滥用民事诉权是指提起民事诉讼的当事人存在主观过错，明知自己不享有诉权，仍向法院提起诉讼，或者是当事人虽然享有诉权，但却是本着侵犯他人合法权益之目的的恶意行使诉讼权利，从而实现不法诉讼利益的行为。[4]这种观点对诉权滥用的界定不仅关注到了行为人的主观过错，同时也把行为人的诉讼行为是否符合诉权要件作为评判的标准，但是却忽略了诚实信用这一重要标准。在《民事诉权滥用的规制》中学者吴陵珂将滥用民事诉权界定为"在民事诉讼中，当事人存在主观过错，在不符合诉权行使要件的情形下提起诉讼，或虽然符合诉权行使要件，但却违背了诚实信用原则而实施的诉讼行为。"张占地在《论民事诉权滥用的法律规则》中认为滥用民事诉权是行为人通过挑起民事诉讼的方式纠缠法院和对方当事人，使之陷入诉讼状态，从而达到非法目的或追求不正当的结果的行为。这种观点仅仅看到了滥用民事诉权主观目的的恶意性，忽略了诉讼行为在客观上符合诉权要件这一重要标准。

考虑到我国民事诉讼法学理论中，诉权专指启动诉讼程序的权利，是当

---

[1] 参见肖国耀："滥用诉讼权利问题探析"，载《湖南财经高等专科学校学报》2000年第5期。

[2] 肖建国：《民事诉讼程序价值论》，中国人民大学出版社2002年版，第68页。

[3] 郭卫华："滥用诉权之侵权责任"，载《法学研究》1998年第6期。

[4] 参见张晓薇："民事诉权滥用规制论"，四川大学2005年博士学位论文。

事人享有的请求国家给予民事诉讼保护的权利。所以滥用诉权专指对请求法院给予司法保护的权利的滥用。而诉讼权利通常被理解为诉讼主体在民事诉讼过程中所享有的权利，如证明权、辩论权。诉权的行使是当事人行使诉讼权利的前提条件。滥用诉讼权利主要指的是进入诉讼程序之后对具体的诉讼权利的滥用。近年来，有学者开始主张沿用滥用诉讼程序的概念，将诉讼主体（主要是当事人）为了不适当的利益滥用诉讼权利或者歪曲、利用常规诉讼程序的行为均视为滥用诉讼程序。[1]当事人滥用程序可能存在于民事诉讼的整个过程中，从总体上分为两大类，即滥用诉权和滥用其他程序权利。所以，滥用诉讼程序是能够整合各种诉讼失范现象的上位概念，能够涵盖滥用诉权、滥用诉讼权利及其他形态的滥诉行为。

（二）恶意诉讼文献综述及概念

我国 2013 年实施的民事诉讼法首次引入民事恶意诉讼这一名词，但是对它的概念却没有明确界定。青海省西宁市城中区人民法院魏宝栋法官在 1994 年 8 月的《法律适用》期刊上发表了《试论经济纠纷案件中的诉讼侵权行为及其民事责任》，首次从侵权责任的视角分析恶意诉讼行为及民事责任的承担问题。但是并没有提出恶意诉讼的概念，而是从司法实践的角度出发，论述了诉讼侵权行为的概念、特征及其形式；分析了恶意诉讼侵权行为的民事责任及其构成；并提出了对诉讼侵权行为人"索赔"的诉讼程序。另一位法官（湖北省高级人民法院）同时也是北京大学法学系研究生的郭卫华在 1998 年的《法学研究》期刊上发表《滥用诉权之侵权责任》一文，尝试对滥用诉权的侵权责任进行全面的分析和研究。文章首先肯定了诉权保护的重要性及滥用诉权行为发生的可能性，分析了滥用诉权的社会危害，从而得出对滥用诉权进行法律规制的必要性。另外，作者对滥用诉权进行了含义界定、性质分析及类型化研究，作者运用了比较研究法，对大陆法系国家及英美法系国家滥用诉权的规制进行了概述和比较。最后对滥用诉讼行为提出了相应的立法建议。文章中郭教授从滥用诉权的角度出发，首次将滥用诉权定义，是指当事人出于故意或相当于故意的重大过失，缺乏合理的根据，违反诉讼目的而行使法律所赋予的各项诉讼权利，纠缠法院和相对方当事人，从而造成不必要的人力和财力浪费的行为。梁慧星教授在《中国民法典草案建议稿附理由：

---

〔1〕 参见王猛："民事诉讼滥诉治理的法理思考"，载《政治与法律》2016 年第 5 期。

侵权行为编》中提出，恶意诉讼是恶意启动民事诉讼程序，其目的是得到不公正的司法判决使被告在诉讼中受到侵害。孙报勤与高鲁军两位学者在《浅析恶意诉讼的成因及特征》一文中将民事恶意诉讼定义为原告或者原、被告双方串通捏造证据，虚构事实，通过民事诉讼程序利用人民法院的审判权、执行权，损害国家、集体、第三者的财产权。文章还论述了恶意诉讼的主要案源、证据特征以及恶意诉讼的主要行为特征，人民法院审理案件，是从审查当事人提供的证据开始的。所以恶意诉讼反映在证据上，主要有这样几个方面的特征：全假证据型、隐瞒返还资产证据型、证据掺假型、移花接木型。陶维群学者在《试论恶意诉讼之概念》中提出，恶意诉讼是指恶意利用民事诉讼程序实现诉讼请求之外的目的，以此损害他人权利的行为。章晓洪在《论恶意诉讼》中认为民事恶意诉讼是指民事诉讼的当事人滥用诉讼权利，恶意提起诉讼，损害对方当事人、第三方的合法利益的行为。

关于民事恶意诉讼的认定标准方面，温后钟、沈典松两位学者的《对恶意诉讼及其规制的思考》、杨立新教授的《类型侵权行为法研究》、徐爱国学者的《英美法中"滥用法律诉讼"的侵权责任》均从侵权行为角度对民事恶意诉讼行为进行认定，认为应当符合 4 个要件，即侵权行为、行为造成的损害、行为人的主观过错、因果关系。

综上所述，首先，行为人起诉时其诉讼请求既没有事实根据也没有法律依据；其次，行为人明知其没有正当的根据依然启动民事诉讼程序；再次，行为人积极追求侵害对方合法权益的损害结果，并为此捏造事实、歪曲真相；另外，行为人起诉时的主观心理状态并非想要通过民事诉讼保护自身合法权益，其主要目的不是为了实现其诉讼请求，而通常是想要达到诉讼外的某种目的。综上，民事恶意诉讼是指行为人明知自己缺乏法律和事实上的根据，出于不法目的，捏造事实、隐瞒真相，通过诉讼的方式侵犯相对方的合法权益，以达到自身不正当目的的行为。

所谓滥用诉权，是指当事人基于故意或相当于故意的重大过失，在缺乏合理依据违反诉讼目的的情况下而行使法律所赋予的诉权，纠缠法院和相对方当事人，从而造成不必要的人力和财力浪费的行为。[1]从这个定义来看，恶意诉讼与滥用诉权的概念十分相近，但是他们之间还是存在差异的。首先，

---

〔1〕 参见肖国耀："滥用诉讼权利问题探析"，载《湖南财经高等专科学院学报》2000 年第 5 期。

它们存在的前提不同。恶意诉讼不以诉权的存在为前提，在大多数情况下，恶意诉讼基本都是在没有诉权的前提下，通过虚构起诉条件起诉的。而滥用诉权则必须以诉权存在作为前提。其次，它们的主观要件不同，如上文所述，恶意诉讼的心理状态只能是故意，而滥用诉权则有可能是出于故意或者重大过失。可以看出，恶意诉讼与滥用诉权和滥用诉讼权利都有内涵的相互包含和不同之处。但是我们可以看到恶意诉讼作为一种诉讼失范现象，其内涵是完全可以被滥用诉讼程序所包含的。

（三）虚假诉讼文献综述及概念

随着 2012 年《民事诉讼法》的修改，2015 年《刑法修正案（九）》中新增虚假诉讼罪，虚假民事诉讼问题亦随之成为学术界讨论的热点问题。学术界对虚假民事诉讼的概念尚还存有争议，目前有广义虚假民事诉讼和狭义虚假民事诉讼两种学说。汤维建教授认为"虚假诉讼实际上是一种广义的概念，是指诉讼参加人恶意串通，虚构民事法律关系或事实，经符合程序的诉讼形式，使法院作出错误裁判，从而侵害他人合法权益的违法行为"[1]。李文革在《虚假诉讼的裁判方式：新修订的〈民事诉讼法〉第 112 条评析——以域外经验为借鉴》一文中认为"虚假诉讼采用狭义的概念更为稳妥，符合立法主旨，将虚假诉讼概括为形式上的诉讼双方当事人恶意串通，虚构实际并不存在的民事纠纷，通过诉讼、仲裁和调解等方式，意图借助法院的审判权或执行权，侵害他人合法权益或者逃避履行法律文书确定的义务的诉讼。"王晓著《民事诉权的保护与滥用规制研究：兼以社会控制论为基础展开分析》中认为虚假诉讼是民事诉权滥用的表现形式，在我国实践中，由于法院的案件受理制度已由立案审查制转变为立案登记制，虽然这更有利于当事人提起诉讼，但同时，依据现有的当事人起诉条件以及立案登记制，很难在立案阶段辨别当事人的行为是否构成民事诉权滥用。针对法律条文的规定，对于民事诉权滥用中的双方当事人恶意串通谋取非法利益的行为进行了规制，但未对民事诉权滥用现象进行全面惩治。

学术界持狭义虚假民事诉讼观点的学者认为，虚假民事诉讼的概念主要是指"形式上的诉讼双方当事人恶意串通，虚构实际并不存在的民事纠纷，通过诉讼、仲裁和调解等方式，意图借助法院的审判权或执行权，侵害他人合

---

[1] 汤维建："论民事诉讼中的诚信原则"，载《法学家》2003 年第 3 期。

法权益或者逃避履行法律文书确定的义务的诉讼"[1]。所以，笔者认为理论上狭义的虚假民事诉讼是指双方或多方当事人，或当事人与案外人之间恶意串通、伪造虚假证据、虚假陈述通过法院裁判的方式获得非法利益。其本质特征是当事人主观上的恶意串通。

持广义虚假民事诉讼观点的学者认为，"虚假诉讼一般是指诉讼参加人恶意串通，虚构民事法律关系或事实，经符合程序的诉讼形式，使法院作出错误裁判，从而侵害他人合法权益的违法行为"[2]。因此，根据该学说可以明知，广义的虚假民事诉讼是指恶意诉讼，既包含狭义虚假民事诉讼的概念，又包含了当事人之间不存在真实有效的法律关系，一方当事人为谋取不正当利益而进行恶意诉讼，或者当事人之间虽然存在真实有效的民事法律关系，但由于当事人一方以拖延诉讼为目的，逃避执行裁判结果而滥用诉权。

综上，虚假民事诉讼与滥用诉权既有相似之处也有很大的区别。相似之处即主观上都存在故意，客观上都实施了利用民事诉讼程序的行为；不同之处表现在当事人是否享有诉讼权利上。诉讼权利是以真实法律关系的存在为前提，滥用诉权是当事人之间存在真实的法律关系，但故意拖延诉讼或干扰正常的诉讼秩序。而虚假民事诉讼双方当事人之间并不存在真实的利益纠纷，仅以虚构的事实提起诉讼，所以，虚假民事诉讼的当事人并不享有诉讼权利。

（四）诉讼欺诈文献综述及概念

因为我国对于诉讼欺诈的研究还未达成共识，诉讼欺诈目前只是对于通过恶意的诉讼来谋求达成非法目的的一个模糊称谓。我国学者赵秉志对于诉讼欺诈进行了相当深入的研究，在赵秉志、张伟珂所著《诉讼诈骗问题新论》一文中，对于诉讼诈骗与诉讼欺诈的区别，进行了词源上的解读，该文将"诈骗"与"欺诈"两个词汇通过释义及参照有关文件进行比对，指出在规范意义上诈骗更倾向于以欺骗手段不法取得他人财产，是刑法意义上概念；而欺诈则是更倾向于表达以隐瞒事实、虚假告知等手段误导对方从而使得对方当事人作出不符合其本意的意思表示的情形，是民法意义上的概念。规范意义下的"诈骗"与"欺诈"两个词汇存在着外延上的不同，"诈骗"一词

---

[1] 李文革："虚假诉讼的裁判方式：新修订的《民事诉讼法》第112条评析——以域外经验为借鉴"，载《政治与法律》2013年第10期。
[2] 赵晨熙："'虚假诉讼第一案'的警示意义"，载《浙江人大》2016年第1期。

的外延要小于"欺诈"。笔者赞同该观点，将"诉讼诈骗"一词解释为，行为人意图通过欺骗性的诉讼以不法取得他人财产的行为，为"诉讼欺诈"的子类。我国学者陈桂明的观点提出"诉讼参加人恶意串通，虚构民事法律关系或法律事实，通过符合程序的诉讼形式，使法院作出错误裁判，从而达到损害他人利益，谋取非法利益的目的的违法行为"[1]。我国学者董玉庭指出诉讼欺诈是"行为人以非法占有为目的，以民事诉讼为手段，在民事诉讼中使用虚假证据欺骗法院，使法院作出错误判决，从而骗取公私财物的行为"[2]。徐文华在《诉讼欺诈法律适用研究》中指明诉讼欺诈是以非法占有为目的，通过伪造证据、虚构事实的方法向人民法院提起诉讼。《诉讼欺诈的侵权责任》一文中于海生指出诉讼欺诈作为恶意诉讼的一种类型，主要表现为诉讼参加人（原告与被告）恶意串通，虚构民事法律关系或法律事实，恶意制造诉讼，其目的是使法院作出生效的涉及财产关系的裁判，以创设两方之间新的法律关系或改变原有的民事权利状态，或者获取具有执行力的判决书和调解书，从而使案外人（本诉讼程序之外的自然人、法人、其他组织）的合法权利的行使受到阻碍或民事权利受到侵害以及其他损害案外人或集体利益和国家利益，为自己谋取非法利益的违法行为。

而王学棉教授在《利用民事诉讼程序欺诈案外人》中提出利用民事诉讼程序欺诈案外人是恶意诉讼的一种类型，应当满足四个构成要件，即主体、主观心态、损害客体和客观行为。第一，行为主体是双方当事人且在形式上应当处于对立地位。第二，行为人的主观心理状态必须是"恶意"，无正当理由故意从事某种违法行为，即民法上的"故意"。第三，行为人损害的是案外第三方的合法权益。第四，行为人客观上利用了民事纠纷解决程序。

笔者通过搜索有关文献搜集不同学者的观点，将诉讼欺诈与虚假诉讼、恶意诉讼、诉讼诈骗三个概念进行比较。学者赵秉志在其著述中已经完全将虚假诉讼与诉讼欺诈的概念等同，可见虚假诉讼的表述与诉讼欺诈并无实质的区别，二者可以作为等同的概念同样处理。而恶意诉讼此称谓与诉讼欺诈相比较而言，更多的是体现了一种民事法律上的关于欺诈的概念，将"虚构法律关系、隐瞒案件真相、伪造变造证据"等表述换作了"无合法的诉讼理

---

[1]　陈桂明、李仕春："诉讼欺诈及其法律控制"，载《法学研究》1998 年第 6 期。
[2]　董玉庭："论诉讼诈骗及其刑法评价"，载《中国法学》2004 年第 2 期。

由""没有事实上的根据和具备正当性的理由"。除去对于侵害对象的限制分歧，二者同样具有高度相通性。对于诉讼诈骗，笔者采用了赵秉志学者的观点，即诉讼诈骗是从属于诉讼欺诈行为的一个子类。因此，笔者认为，鉴于虚假诉讼、恶意诉讼倾向于表达的是民事法律上对于诉讼欺诈的性质描述，而采用诉讼欺诈作为称谓最能体现该类型行为的周延性。

通过上述不同学者观点的比较，可以看出，对于诉讼欺诈，虽然表述各有不同，但不乏相通之处：其一，行为人及其通谋者具有欲达成其非法目的的恶意；其二，行为人采用了提起诉讼的手段，使得案件进入到民事诉讼程序中，并且有虚构事实、隐瞒真相、伪造证据等伴随的手段行为存在；其三，法院作出了有利于行为人的判决，从而使得受害人遭受损失；其四，行为人的行为与受害人遭受损失具有因果关系。

三、总结

恶意诉讼、诉讼欺诈等术语是描述性的术语，只能反映诉讼活动失范现象的一个侧面，因而是不完整概念。它们所描述的是那些最极端的诉讼失范现象，而最为常见的、一般的诉讼行为失范现象却被忽略了。根据上文，笔者已经论述滥用诉讼程序是能够整合各种诉讼失范现象的上位概念，能够涵盖滥用诉权、滥用诉讼权利及其他形态的滥诉行为。首先，滥用诉讼程序是一个完整的定义。在主观形态上，滥用诉讼程序这一术语涵盖了故意和过失两种形态，避免了将过失滥用诉讼程序的情况排除在外。毕竟，在民事诉讼中除了恶意诉讼、诉讼欺诈和虚假诉讼等极端的诉讼行为失范现象之外，尚有大量以非故意形态表现出来且危害不大的滥诉行为。故意的滥诉，典型情形如当事人在明知缺乏事实根据和法律依据的情况下提起的诉讼、上诉或申请再审以及恶意申请特别程序或非讼程序等；而过失错误地利用诉讼程序，如拖延诉讼、骚扰对手等，这些不适当利用诉讼程序的行为不是诉权滥用，也很难称得上是诉讼权利的滥用，但却不能放任，必须纳入规制的范围，否则程序公正及诉讼效率价值便无从实现。其次，在主体范围上，滥用诉讼程序还能将全部诉讼主体的滥诉行为纳入其中，既包括当事人滥用诉讼程序行为，也包括其他诉讼参与人滥用诉讼程序行为，如证人作伪证、鉴定人出具虚假鉴定意见等。同样，法院滥用诉讼程序也被包括在内，如该立案却不予立案，开庭审理时限制当事人行使诉讼权利，以及未经质证就将证据作为认定事实的根据等，就都属于滥用诉讼程序。

滥用诉讼程序，是指诉讼主体（尤其是当事人）为了不适当的利益而滥用诉讼权利或歪曲利用常规诉讼程序的行为。[1]这样界定的好处是便于人们认知诉讼程序滥用的现象，摆脱恶意诉讼、诉讼欺诈、滥用诉权和滥用诉讼权利等外延较小的术语所带来的不周延现象。例如，当事人利用法院的审理活动去骚扰对方当事人，一些惯于提起"诉讼"的"诉讼狂"行为，或者利用"择时诉讼"去扩大对方当事人损失的行为等，很难被归于恶意诉讼的范畴，也难以被认定为是虚假诉讼或诉讼欺诈。而将这些界限模糊的行为归入滥用诉讼程序则十分适当，如果能够在此基础上发展出相对应的规制方法，也就会给诉讼行为失范现象找到标本兼治的路径。

---

〔1〕 参见王猛："民事诉讼滥诉治理的法理思考"，载《政治与法律》2016 年第 5 期。

北京城市副中心建设法治保障问题研究

陈立如*

北京城市副中心产生的原因在于北京中心城区承载功能过于饱和，在周边发展次级节点迫在眉睫。北京城市副中心是新要素的集聚地，对周边区域发展发挥重要作用，其法治保障应基于副中心建设要求的行政办公、商务服务、文化旅游、科技创新主导功能和其他城市综合功能的现实因素，同时考虑到通州运河历史文化底蕴。现实因素不仅存在于副中心建设的表面，还潜藏于副中心建设的深层，有的因素暂时没有被发现，或者被发现了但还没有被理解通透。因此，需要通过副中心建设的鲜活个例等不断挖掘潜藏深层的现实因素，根据现实因素提供副中心建设的法治保障。

北京城市副中心建设法治保障不是临时性、阶段性的保障，而是能够经得起长期历史检验的保障，是追求历史一致性和历史延续性的保障。副中心建设的重要性、紧迫性、复杂性以及副中心的快速发展产生的法治需求与法律的滞后性存在矛盾，有些法律甚至与副中心建设规划的具体要求不一致。现实进路是副中心建设法治保障的一个"切入点"，但不能止步于此，需要考量副中心建设的未来进路，开展前瞻性、预判性研究，进而更好地提供法治保障。未来，北京城市副中心将与雄安新区共同作为北京的新两翼，带动京津冀城市群发展，疏解和承接非首都功能。副中心建设的法治保障应遵循疏解非首都功能和聚焦城市未来进路的原则，考虑副中心的建设规划及未来发展趋势。

---

* 陈立如，北京市通州区人民法院党组书记、院长。本文系北京市法学会 2017 年市级法学研究重点课题"北京市城市副中心建设法治保障问题研究"，项目编号：BLS（2017）A001 的阶段性成果。

一、北京城市副中心法治建设的现实需求

（一）北京城市副中心建设的法治需求

1. 应对"风险社会"挑战的法治需求

现代风险的最大特征就是不确定性和难以预测性，各类风险因素跨界性、关联性、穿透性日益突出。副中心建设是中央作出的重大战略决策，举世瞩目、社会关注，风险源点多、面广，管控化解难度大，迫切需要坚持问题导向，针对突出风险隐患，加强法律、法规、政策的完善衔接，切实增强应对风险的系统性、整体性、协同性。

2. 应对跨地域矛盾汇聚挑战的法治需求

随着副中心建设推进，副中心极易成为相关违法犯罪的策源地和发生地，到副中心上访聚集、携众施压往往成为特殊利益群体的重要选择。迫切需要打击治理跨区域乃至全国性违法犯罪，完善跨区域司法协作，加强群体性事件应急处置等措施，进一步完善法律、法规、政策，切实增强维护副中心良好社会秩序的能力水平。

3. 应对超强社会流动性挑战的法治需求

副中心建设是一座大型城市架构的再造，是人流、物流、资金流、信息流的重新布局，尤其是人口的大规模集中对副中心城乡社会治理造成复杂影响。迫切需要通过法治建设，解决好流动人口"半市民化状态"和农村地区向城市转型等重大问题，进一步强化基层治理功能。

4. 应对人民日益增长美好生活需要挑战的法治需求

随着副中心建设的推进，人口结构、职业结构、消费方式等都会发生重大变化。辖区居民对健康、环保、安全等需求会有更高的要求，食品安全感、医疗安全感、环境安全感成为影响总体安全感的重要因素；民主意识、法治意识、权利意识、社会参与意识日益增强，更加重视主观感受的满足和自身价值的实现。迫切要求通过法治建设，提升民生需求标准，拓宽人民参与治理渠道，维护好人民群众的知情权、表达权、参与权、监督权，让人民群众获得更多安全感、幸福感。

（二）北京城市副中心建设法治供给的不足

1. 立法层面

（1）政策与立法的冲突。城市副中心建设中，拆迁拆违、环境保护、产

业调整、治理拥堵等涉及人口、环境、交通、住房、资源诸多领域的政策规范，与现行法律存在不协调不同步的情形，在执行过程中导致行政违法事件频发，侵害了相关当事人的合法权益。2014 年以来，多个涉北京城市副中心重点工程的上马和"疏解整治促提升"专项行动的深入推进，带来了大规模的拆迁腾退项目，不断加快的城市化建设进程导致行政诉讼案件激增，呈逐年递增趋势（见图1）。

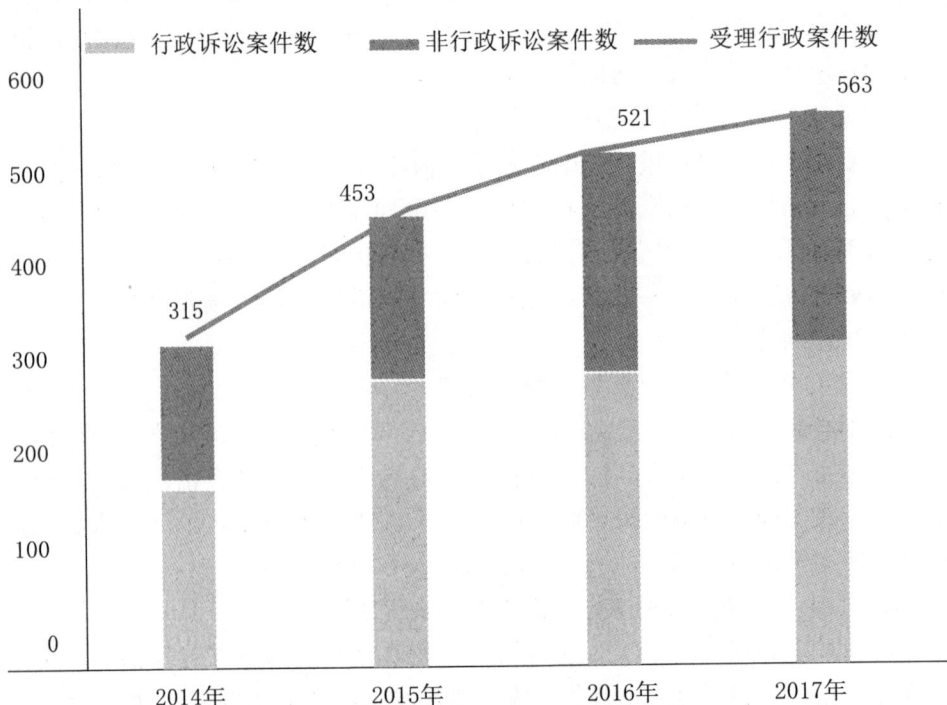

图 1　2014～2017 年度通州区法院受理行政案件情况

（2）地方立法不健全乃至空白。目前，《北京市城市副中心建设管理办法》尚处于调研论证阶段[1]，缺乏北京城市副中心建设的综合立法。城市副中心建设不可避免地涉及城市和农村房屋拆迁拆违等社会矛盾集中领域，立法的滞后难以保证拆迁主体依法拆迁，难以保障被拆迁人的合法权益。

---

〔1〕　参见《北京市人大常委会 2018 年立法工作计划》，2018 年 2 月 26 日北京市十五届人大常委会第二次主任会议通过。

2. 依法行政层面

（1）依法行政理念淡薄

重实体、轻程序的问题仍普遍存在。重行政速度、轻民生保障的现象在个别领域依然突出。重末端处置、轻源头治理导致矛盾积压升级。重结果处理、轻释法析理滋生行政"任性"。

（2）执法规范度有待提升

①执法行为不规范。根据对 2016 年和 2017 年的统计分析，由于乡镇政府执法行为的不规范，导致其行政诉讼案件量所占比重远高于其他重点涉诉单位（见图 2）。

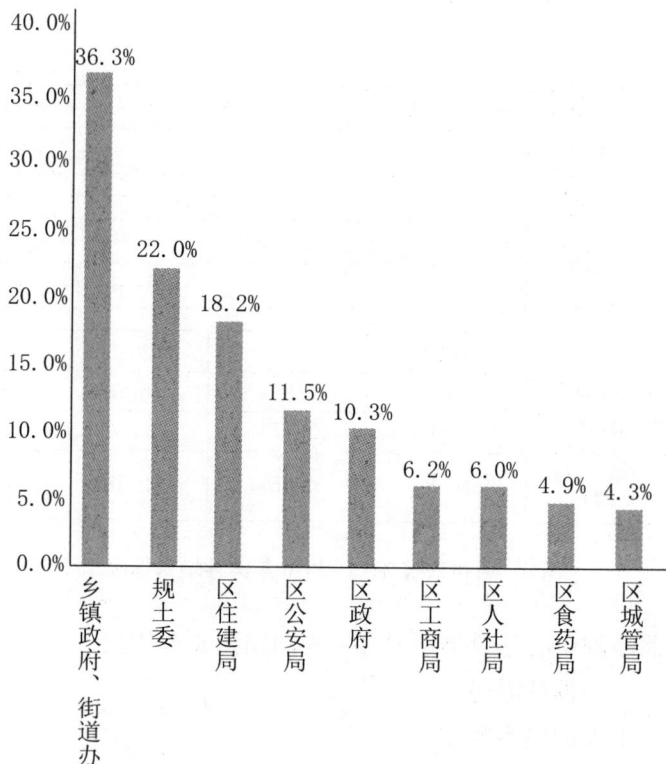

图 2   行政诉讼案件中重点涉诉单位与案件量占比情况[1]

---

〔1〕 其中区政府为被告的复议双被告案件，存在计数重复的情况。

②拆违程序不规范。一是拆违前的程序违法。部分乡镇政府未待法定期限届满即直接作出强制拆除决定。二是拆违程序存在瑕疵。在拆违过程中，存在乡镇政府未进行公告、未通知相对人到场、未制作财物清单、未摄影摄像、未办理提存、未通知当事人清理建筑残值等情况。

③拆除决定不规范。拆违过程中，乡镇政府多采用固定化的格式文本制作限期拆除决定书以及强制拆除决定书，格式简单遗漏重要权利告知信息。

3. 司法实务层面

通州法院 2013 年新收各类案件同比增长 1.93%，2014 年新收各类案件同比增长 7.88%，2015 年新收各类案件同比增长 36.13%，2016 年，通州法院新收各类案件 60 078 件，同比增长 60.58%。（见图 3）。

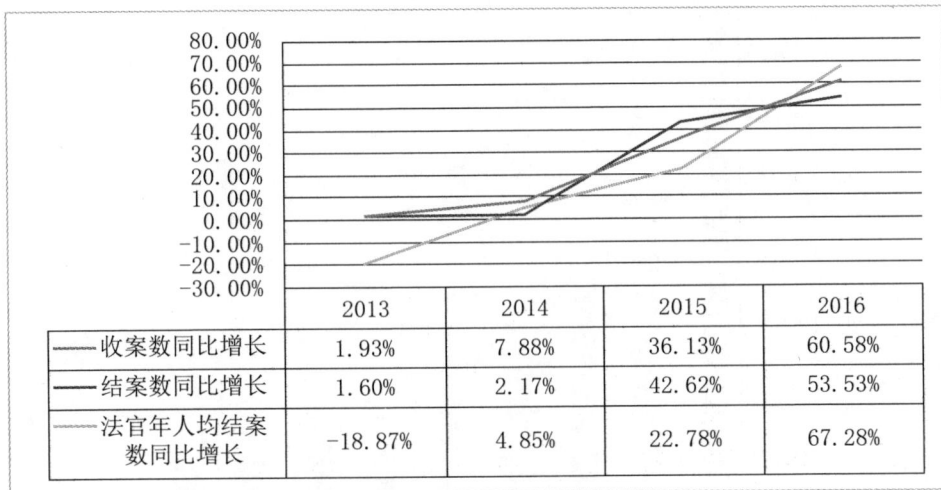

	2013	2014	2015	2016
收案数同比增长	1.93%	7.88%	36.13%	60.58%
结案数同比增长	1.60%	2.17%	42.62%	53.53%
法官年人均结案数同比增长	-18.87%	4.85%	22.78%	67.28%

图 3　通州法院 2013~2016 年案件增长情况

（1）当前涉副中心建设类型案件带来的司法实务挑战

①"拆"——拆迁拆违

a. 因拆迁引发的民事案件

第一，以获得拆迁利益为目的传统农村房屋确权类纠纷增多。此类案件在 2016 年出现井喷式增长，原因为 2016 年是北京城市副中心的定位明确之年，一部分农村居民或其近亲属为了拆迁利益或者为了从"煤改电"工程中获益，诉至法院要求确认某宅基地房屋中的一间或数间归其所有。第二，腾退案件，该类案件主要发生在被拆迁相关权利人之间，相关案由为土地租赁合同纠纷、房屋租赁合同纠纷、农村土地承包合同纠纷。

　　b. 因拆迁引发的行政案件

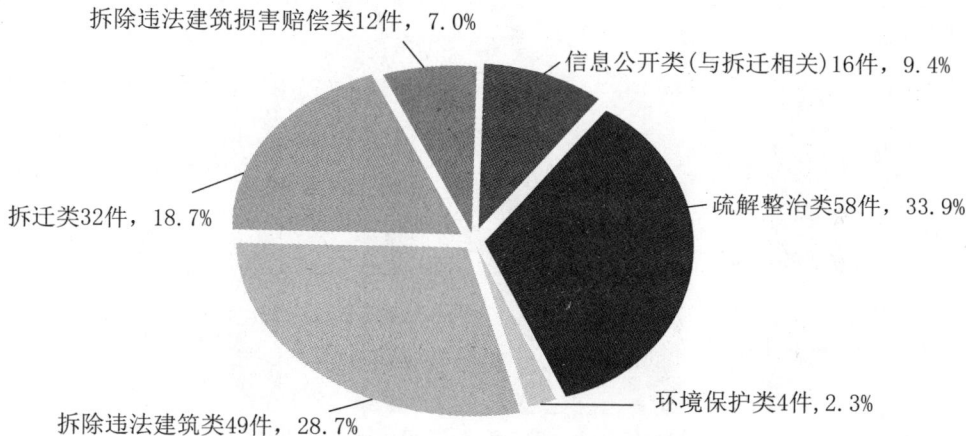

拆除违法建筑损害赔偿类12件，7.0%

信息公开类(与拆迁相关)16件，9.4%

疏解整治类58件，33.9%

拆迁类32件，18.7%

环境保护类4件，2.3%

拆除违法建筑类49件，28.7%

图4　涉城市副中心行政诉讼案件类型

　　如图4所示，2016、2017年的两年间，疏解整治类、拆除违法建筑类、拆迁类行政案件在涉城市副中心行政诉讼案件中占比排名分列前三。在实践中，拆迁引发行政诉讼的原因主要是被拆迁人与拆迁人就拆迁安置补偿方案不能达成一致意见。拆迁引发的行政诉讼主要分为两类：一类是对住建委作出的裁决不服，请求撤销住建委作出的裁决；另一类是通过请求撤销房屋拆迁许可证、建设用地规划许可证进而表达对拆迁安置补偿方案、裁决或者拆迁行为的不满。

　　c. 因拆迁引发的执行案件

　　因拆迁引发的执行案件主要体现在腾退案件上。具体而言，分为以下几种情况：一是住建委向人民法院申请执行的行政非诉审查类案件；二是拆迁人申请法院强制执行的民事案件；三是承租人或承包人拒不履行生效裁判文书的腾退房屋土地义务而产生的执行案件。

　　② "建"——建设建造

　　从副中心法院受理的该类案件来看，一般集中于民事诉讼案件，主要有以下四类纠纷：一是发包方、承包方、实际施工人之间的建设工程合同纠纷；

二是承包方与农民工之间的劳务（雇佣）合同纠纷；三是承包方与工程管理人员等劳动者之间的劳动争议纠纷（见图5）；四是工程建设过程中引发的物件损害责任纠纷等侵权纠纷。

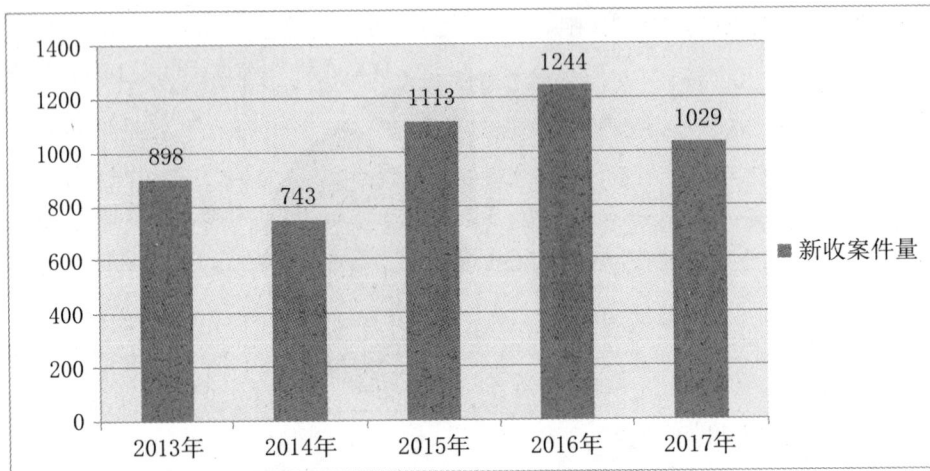

图5　通州法院 2013 年~2017 年度劳动争议新收案件情况

③ "治" ——疏解整治

a. 清退整治工作引发的民事案件

因清退整治工作引发的民事案件主要有两类：一是在拆除违法建设、清退整治工作中，出租人与符合清理条件的企业、违法建设的承租人之间因索要租金、经济损失或拒绝腾退而引发的房屋租赁合同纠纷、土地租赁合同纠纷等民事案件；二是在清退整治工作中，因"散乱污"企业被清退，引发的劳动争议案件。

b. 清退整治工作引发的行政案件

一是行政相对人对行政机关作出的强制拆除通知书、限期清退通知书等具体行政行为不服而提起的行政诉讼；二是行政机关对相对人的违法建设进行强制拆除或查封，相对人针对行政机关的拆除或查封行为不服而提起的行政诉讼；三是北京市规划和国土资源管理委员会出具行政处罚决定书后，行政相对人对该行政处罚决定书不服提起的行政诉讼以及相关行政机关向法院申请强制执行的行政非诉审查案件。

④ "稳" ——维护稳定

民事诉讼中的群体性诉讼成为风险集聚点，化解难度大。如有开发商存在违法违规行为，商品房预售工作被叫停后大批买受人诉开发商引发的商品房预售合同纠纷。

商事案件涉及利益重大，当事人对立情绪严重，矛盾突出。涉企业商事纠纷中涉及商业习惯、交易惯例、产品属性、技术工艺等具体问题，对专业知识要求较高。公司类诉讼内外法律关系相互交织，相关主体利益冲突明显。以通州区法院为例，案件调撤难度逐年加大（见图6）。

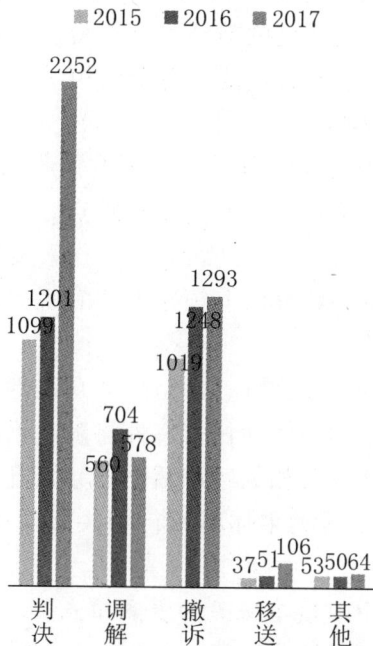

图6　2015~2017年涉企业案件结案方式对比情况（单位：件）

行政诉讼中的群体性诉讼，主要表现为多名原告针对同一具体行政行为提起行政诉讼，诉讼请求往往也完全相同，常见于某一具体行政行为所指向的特定的群体对该行政行为不服而引发的行政诉讼。

刑事诉讼中的群体性诉讼，主要体现在非法吸收公众存款、集资诈骗等案件，该类犯罪涉及的投资人数众多，辐射面广，追赃难度大，导致群体上访现象频发，有些投资人会采取过激乃至极端行为，严重影响社会和谐稳定和城市副中心建设。

（2）涉副中心建设案件类型的前瞻判断

①行政案件的预期新类型案件。随着市级行政机关的迁入，涉及的行政审判领域将从过去的住房、土地、公安、卫生、食药等传统行政管理领域，扩大延伸到金融监管、环境保护、科技管理等新型行政管理领域。案件类型将主要集中于信息公开、投诉举报、行政复议等案件。

②民事案件的预期新类型案件。随着城市副中心高端商务区的建立，许多高新企业将涌入副中心，金融纠纷、票据纠纷、股权纠纷将激增，汽车金融、委托理财、融资租赁及知识产权项下案件都将成为审理的重点。此外，高新企业涌入也必将带来新类型的劳动争议纠纷。而随着城市副中心文化产业旅游区域的建成，也将引发大量的旅游合同纠纷及户外娱乐过程中引发的生命权、健康权、身体权纠纷。

③刑事案件的预期新类型案件。一方面非法吸收公共存款、非法集资、贷款诈骗、票据诈骗将成为刑事审判的审理重点。另一方面，随着各大市级机关入通挂牌办公，涉及市级机关处级以下工作人员的职务犯罪案件将由通州法院管辖，部分市级机关处级以上领导干部的职务犯罪也可能由通州法院专属管辖。

④执行案件的预期新类型案件。一是因涉众案件的增多，多个申请人申请同一被执行人履行义务的群体性执行案件将随之增多；二是随着部分国有企业、高新技术企业的迁入及相关经济活动的频繁开展，上述企业作为被执行人的案件将大幅增加，该类主体不履行判决义务将给执行工作造成一定阻力。

（三）北京城市副中心法治保障的重点难点

1. 以法治思维加强和改进党在副中心建设中的领导

党的领导是中国特色社会主义最本质的特征，是社会主义法治最根本的保证。旗帜鲜明地坚持党的领导是形成强有力的北京城市副中心法治保障体系的重要前提。党的领导是治国理政的基本方式，党的领导必须以法治方式体现，只有坚持党领导立法、保证执法、支持司法、带头守法，把党的领导贯彻到北京城市副中心建设的全过程中，才能保证北京城市副中心规划建设以及建成后的运营都沿着法治化正确轨道前进。

2. 以营造法治生活为核心繁荣法治文化

法治是一种社会生活方式，与百姓生活不可分离。在社会层面，北京城市副中心应当弘扬法治文化中的平等精神，打破特权意识和等级观念，激发整个社会的活力。在个人层面，应当通过培育法治信念，使每一个公民尤其是领导干部信仰法治、坚守法治，切实养成尊法学法守法用法的习惯，提高运用法治思维、法治方式正确处理问题的能力。[1]

3. 充分发挥法治在北京城市副中心建设中的保障作用

要充分发挥法治在北京城市副中心建设中的保障作用，必须认真梳理副中心建设过程中涉及的制度障碍和立法需求，充分利用地方立法权，开展科学民主立法，构建城市副中心的法规体系，为北京城市副中心建设提供立法保障。

4. 增强法治需求预测预判

自 2018 年 11 月开始，市级机关将陆续启动搬迁，根据属地管辖原则，目前分散在东城、西城、朝阳、海淀等各区法院的涉及市级行政机关的行政案件将由通州法院集中管辖。这将对通州法院行政审判提出严峻的挑战。对于这一全新的课题，需要加大专业行政审判领域法官的培养力度，提升其相应审判能力。此外，在信访领域，通州法院需要与区政府、区公安分局等各相关部门通力合作，形成完善的信访接待、处置机制，确保信访工作有序进行，既能解决人民群众合法合理诉求，又能保障市级机关有序运行。

5. 处理好规划建设与法治保障的关系

城市规划建设是政府调控城市空间资源的重要手段，而法治又是政府行政执法必须遵守的规则。市场经济下利益主体的多元化和平等性，使得规划建设和实施必须实现法治化，以保障规划的科学性、权威性和严肃性。一方面，规划建设需要法治保障。规划建设只有按照法律规定的程序进行编制，才能保证其本身的科学性、权威性、严肃性，才能以法律的强制性保障其顺利实施。另一方面，法治保障是规划建设的应有之义。规划建设北京城市副中心，是国家大事，具有重大而深远的意义，需要对各项工程建设和土地利用进行统一协调安排，因此，规划建设同样属于行政行为，要确保规划本身的科学合理，就必须实现合法性这一前提。

---

〔1〕 参见付子堂："形成有力的法治保障体系"，载《求是》2015 年第 8 期。

二、北京城市副中心建设法治保障的理论基础

（一）"四个全面"理论与副中心法治保障

1. "四个全面"战略布局对副中心法治保障提供方法论支持

"四个全面"环环相扣，不可偏废，必须从全局角度把握。这也为北京城市副中心法治保障提供了重要的方法论上的遵循。正如习近平总书记在十八届四中全会《决定》中指出："围绕中国特色社会主义事业总体布局，体现推进各领域改革发展对提高法治水平的要求，而不是就法治论法治"。副中心法治保障不能就法治谈法治，必须纳入到"四个全面"的战略布局上来。副中心的法治保障目标不能止步于助推"全面依法治国"层面，更要统一到"全面建成小康"的主攻目标上，同时必须处理好法治保障与深化改革、从严治党之间的关系。法治保障不能特立独行，不能"单打独斗"，须跳出立法、执法、司法、守法、法律监督、普法的"法律过程论"，必须多维度、多视角、多方位推进。[1]

2. "四个全面"战略布局对副中心法治保障提供了实践指南

全面建成小康社会，需要全面深化改革。副中心法治保障要充分运用法治思维引领全面深化改革工作的顺利进行。副中心法治保障必须服务于副中心改革发展大局，必须全面推进经济、政治、文化、社会、生态等法治化水平。

3. "四个全面"战略布局要求实现重点领域重点突破

在当前情况下，立法质量、法治经济、法治政府、法治权力等是我国法治建设需要重点关注的领域。第一，让立法的质量过硬。法律是治国之重器，良法是善治之前提。第二，让法治经济腾飞。市场经济必须遵循契约精神，因此在本质上就是一种法治经济。副中心应在维护契约、明晰产权、保护产权、统一市场、公平竞争、平等交换等方面树立标杆。第三，建设法治政府。为建设法治政府，副中心应严厉整治有法不依、执法不严、违法不究甚至以权压法、权钱交易、徇私枉法等问题。第四，对司法权力的监督和限制。要坚守司法公正，以公开促公正，以公正促规范，筑牢依法治国的最后一道防线。

---

[1] 参见吴传毅："'四个全面'战略布局下的法治中国建设"，载《行政论坛》2016年第4期。

（二）法治城市建设理论与副中心法治保障

法治城市建设最重要的就是实现"良法善治"。

1. 要有"良法"

2017年9月27日，中共中央国务院对《北京城市总体规划（2016年~2035年）》作出批复，总体规划已经成为首都发展的法定蓝图，其中有很多内容涉及副中心建设，是副中心建设中的法律指南。副中心法治城市建设并不缺少基础法律法规支撑。但从特殊性上看，在市、区级层面，目前，北京市人大及其常委会正在加紧开展北京城市副中心综合立法，尚在调研及草案制定环节，统一立法尚未形成，法治建设的精准性不足。

2. 有"善治"

习近平总书记在北京考察时指出"北京城市规划应该给百姓多留一点绿地和空间""城市规划建设做得好不好，最终要用人民群众满意度来衡量""坚持人民城市为人民，以北京市民最关心的问题为导向，以解决人口过多、交通拥堵、房价高涨、大气污染等问题为突破口，提出解决问题的综合方略"。习总书记的要求为副中心"善治"之路指明了道路，"善治"就要坚持以人民为中心，城市治理要体察民情、体验民生和体恤民隐；要解决交通拥堵、房价高涨等问题，城市治理要公正执法、惩恶扬善和敢于担当；要用人民的满意度衡量，则要求包容大度、开放吸纳和倾听民意。

（三）"社会转型"理论与副中心法治保障

1. 规划阶段

高标准编制规划、高效率腾退拆迁、大力度清退落后产能是该阶段的三个重点，即"一张白纸绘蓝图"阶段。在这个过程中，规划的编制、实施要上升到法律层面，维护北京城市副中心总体规划及控制性规划的严肃性、权威性，确保规划能够无偏差地落地实施。

2. 硬件建设阶段

发展产业的基础条件基本具备，下一步就要开展招商引资、优化营商环境、迎接市级机关入驻、打造文化旅游区等工作，副中心将开始初具样态。在立法方面，北京市应当考虑为副中心单独立法，并赋予副中心试点地位，先行先试，在某些领域可以在一定程度上突破现行法律，从而为副中心产业发展扫清法律障碍。在行政执法方面，要进一步提升行政效率、公信力，进一步深化完善行政审批改革成果，在其他一些政策调控领域探索新的行政管理模式，实现"小政府、大服务"。在司法方面，要加强商事审判、行政审判、知识产权审判力量，稳妥处理好以市级机关为被告的行政案件，营造保护企业家、尊重智力成果的法治环境。

3. 软件建设阶段

随着各项规划落地，产业的发展壮大，人才的不断涌进，副中心将成为名副其实的北京人才及产业高地，迈入成熟阶段。这个阶段的法治保障必须在理念、意识、体制、机制等各方面全方位革新，处理好改革创新与依法依规的关系，处理好决策、执行、监督的关系，处理好法治政府与法治社会的关系，努力打造成全国法治建设高地。落实国家战略、推进改革创新，必须坚持于法有据；完善治理体系、提升治理能力，必须坚持在法治轨道上统筹力量、平衡利益、调节关系、规范行为；实现新突破、开创新局面，必须强化法治思维，提升各级干部法治能力等。

（四）制度变迁理论与副中心法治保障

1. 北京城市发展制度变迁根源对法治保障提出地域要求

副中心建设初衷便是解决北京城市发展的制度缺陷，推动京津冀协同发展，这是北京城市发展制度变迁的原因所在，这也就注定北京城市副中心建设必须融入到京津冀协同发展这样一个高度去认识、去推进。与之相适应，副中心法治保障也必须跳出总面积约155平方公里的副中心规划范围，要将眼光放至整个通州以及北三县，再远之，则是整个京津冀地区。

2. 北京城市制度变迁方向为副中心法治保障提供现实抓手

制度变迁会改变既有的供给与需求关系，不能盲目进行，都有其特定的变迁方向。在北京城市制度变迁过程中，副中心建设有其清晰而独特的定位，副中心建设具有国家意志性、发展阶段性、特定功能定位及高标准要求，未来副中心产业将以文化旅游、高端商务、科技创新等第三产业为主，副中心法治保障必须服务副中心建设的发展方向与重点。

3. 北京城市制度变迁的路径依赖问题启示法治保障要切断消极路径

副中心建设法治保障第一要务便是要确立良法之治，发挥法律对社会、经济发展的正面引导、支持、保障作用。其次，要尽量压缩消极非正式制度的生存空间，培育新的积极非正式制度，作为正式制度与非正式制度的缓冲带。再者，贯彻平等原则，在法治轨道最大程度引导利益群体正当表达诉求，消解利益群体之间的纷争。

4. 北京城市制度变迁类型提出动力转换要求

副中心建设要深入推进，必然离不开人民群众的自发努力，不论是运河商务区、文化旅游区、行政办公区，一旦离开人民群众的支持，都将举步维艰。副中心法治保障同样如此，也必须注重发挥人民群众的智慧，主动关注新时代人民群众司法需求，同时借助人民群众力量，建立共建共治共享的社会治理新格局，为打造"枫桥经验"北京升级版贡献通州力量。

三、北京城市副中心建设法治保障完善路径

（一）加强北京城市副中心立法保障

1. 出台《北京城市副中心城市管理条例》等规范性文件

《北京城市副中心城市管理条例》的文件要注意以下问题：注重区分城市副中心发展内外不同的推动力量；注重北京城市副中心的功能定位；加大对于优秀人才的保障力度；制定优化营商环境的具体规定。

2. 加强招商引资、文化旅游以及生态保护等重点领域立法

从现有的规划看，北京城市副中心要形成"一带一轴多组团"的城市空间结构。一是处理好副中心与中心城区的关系；二是处理好副中心（155 平方公里）与通州区（906 平方公里）的关系；三是处理好副中心与廊坊北三县地区的关系。而这些均要有立法的支持，要加强招商引资、发展文化旅游以及生态保护等重点领域立法。

（二）加强北京城市副中心行政执法保障

1. 保障"拆建治稳"工作顺利开展

（1）加强群众工作能力

在"拆建治稳"阶段，要提升融入群众的能力，思想上真正重视群众，坚持以人民为中心，情感上真诚，与群众打成一片，行动上深入，要勤于联系，鼓励党员干部定期进村入户、访贫问苦、帮困解难。当面临"拆建治稳"任务时，政府机关要加大政策宣传力度，利用"融媒体"中心，借助传统媒体和新媒体线上线下宣传，用群众熟悉的语言，让各项政策真正走进老百姓的心坎。同时，要善于沟通，多与群众沟通，要用心用情用实际行动帮群众解开心头疙瘩，化解心中积怨。

（2）建立健全社会综合治理联动机制

要在党委的统一领导下，建好联动中心，搭建联动平台，优化全面覆盖、

无缝衔接的基层网格力量，实现以政府为主的社会管理体制向政府、社区、单位、市民、社会组织共同管理的社会治理体制转变，被动应对处置向主动预警预防转变，社会矛盾的排查处置由突击式、运动式向常态化分级分类处置转变。以信息化为抓手，提高北京城市副中心建设的社会治安综合治理水平。

2. 保障"政商文生"[1] 事业快速推进

科学编制法治政府建设规划，明确城市副中心未来5年或10年内法治政府建设的目标任务，细化分解实施细则。理顺行政机关内部的决策、执行、监督三种职能的关系，理顺各部门之间、上下级之间的职能划分，同时加大机构整合力度，健全部门间的协调配合机制，落实责任部门。进一步完善法治政府建设的工作机制，进一步健全法治政府建设领导协调机制，确立行政首长为依法行政第一责任人，积极探索"五单联动机制"，完善权力清单、程序清单、责任清单、编制投资负面清单、行政和事业收费清单，建立清单事项动态评估和调整机制。科学构建政府依法决策和重大行政决策合法性审查机制，健全重大决策终身责任追究制度及责任倒查机制，加快建立彰显副中心特色的法治政府指标体系，完善考核评价机制，把法治政府建设成效作为全区各级政府领导班子和领导干部实绩考核的重要内容。并定期予以通报，积极推动党政主要负责人履行推进法治建设第一责任，研究制定年度法治建设工作计划，实现法治建设与经济社会发展同部署、共推进。

(三) 加强北京城市副中心建设的司法保障

1. 最高法院

(1) 完善京津冀三地法院协调沟通机制。通过对京津冀三地法院之间现有沟通机制的完善，以及不断创新沟通工作的体制机制，对于涉京津冀协同发展案件做到司法联动，共享审判执行信息及法律适用指导性文件，不断促进裁判尺度的统一，实现京津冀三地法院全方位、常态化交流协作。同时，加强京津冀三地法院在信息化软件开发、平台建设和大数据应用等方面的合作，实现平台共建、信息互通、资源共享、业务协同。探索健全京津冀三地法院人员培训和法官任职交流机制，实现人员资源互通互融。建立重大、复

---

[1] "政商文生"指的是政务服务、商业科技、文化旅游、生态环境，均是北京城市副中心建设迈入快车道后的重点工作。

杂、疑难、新类型、敏感案件的及时沟通、会商、研讨机制，确保上述案件稳妥、依法处理。完善委托调查取证机制，三地法院可以探索建立统一的委托调查取证工作机制，确保委托调查取证顺利进行，从而提高审判效率。

（2）加大涉京津冀协同发展案件执行力度。通州区因其毗邻津冀，一些被执行人往往居住在津冀，且其财产位于津冀，较易引发规避执行、抗拒执行、转移财产等情况。因此，集中推进涉京津冀协同发展重点项目和重点工程案件执行工作，加大对涉民生案件的执行力度，积极开展金融借款合同等涉金融执行积案清理工作，意义十分重大。采取法律规定的强制执行措施，遏制被执行人规避执行、抗拒执行等现象，严把本次执行程序的适用标准，使有财产可供执行的相关案件在法定期限内尽快执行完毕，使法律效果与社会效果相统一。

2. 北京市法院

（1）全面推进司法改革，全面提升司法公信力。由北京高院统领统筹、主动示范，中级法院和基层法院立足实际、打造特色，形成统一的司法改革工作体系。其一，在以司法责任制为核心的重大基础性改革方面，深入推进审判团队建设，以员额法官为中心组建多样化的审判团队，提升审判质效。其二，在队伍正规化、专业化、职业化建设方面，优化司法职权配置，不断提升专业化水平。其三，在提高司法效率方面，健全多元调解、繁简分流、速裁机制，发挥高效型司法、便民型司法作用。其四，在司法保障方面，确保各类人员保障水平不降低，构建与工作实绩直接关联的绩效奖金分配制度，及时开展法官等级按期晋升和择优选升。借力现代科技，推广语音转文字系统等信息技术的应用，为法官提供智能化辅助支持。

（2）优化调整审判工作布局，更加适应北京城市副中心建设的司法需要。依托已经完成的人财物统一管理司法改革措施，根据北京城市总体规划和空间布局，研究调整全市法院案件管辖和资源配置，研究探索涉互联网案件审判新方式，在案件数量及案件类型相对集中区域就设立专门审判机构进行论证，以适应首都城市发展定位、北京城市副中心建设和京津冀协同发展的需要。

（3）加强和改进上级法院对基层法院的审判、执行业务指导，更加适应副中心所在地法院的业务需求。在司法体制综合配套改革的背景下，加强和改进高级、中级法院与基层法院之间的审级监督指导关系，为副中心所在地法院在北京城市副中心建设过程中可能遇到的问题进行业务指导，在人员编制、法官员额、增设人民法庭等方面向副中心所在地法院进行倾斜。开展三级法院业务研讨，加强对基层法院的审判业务指导。

3. 区域法院

（1）制定规范性文件，统领涉副中心建设审执工作。通州区法院制定了《北京市通州区人民法院服务和保障北京城市副中心建设实施办法》，统领和指导全院立审执工作，以更好地服务保障北京城市副中心的建设。适应形势变化，及时将服务保障"疏解整治促提升"专项行动纳入其中。

（2）提前介入，主动化解涉副中心建设类矛盾纠纷。针对棚户区改造涉及的行政村，法院应及时排查可能涉及的农村房屋所有权确认纠纷、农村房屋买卖合同纠纷、分家析产纠纷、离婚纠纷、继承纠纷，在查明事实的基础上做到快速审理、快速执结，主动发挥服务型司法、主动型司法的积极作用。此外，针对通州区工业污染治理、生产工艺调整、产业结构升级等工作，对于其可能出现的大量劳动争议等问题，优化完善《产业调整退出企业员工安置法律问题指引》。

（3）优化资源配置，集中优势全力助推副中心建设。通州区法院在总结民事小额诉讼、商事"快审"机制及小额速执工作成功经验基础上，依托诉讼调解办公室成立速裁庭，专门审理事实清楚、权利义务关系明确、当事人争议不大的民商事案件。通过立案前先行调解、及时导出、简便开庭、晚间或节假日开庭等方式提高审判效率。此外，出台《北京市通州区人民法院关于开展集中送达工作的实施意见》，就涉副中心建设案件组建专门送达组，根据区域划分进行集中统筹送达，灵活调整送达时间，适时推出午间、夜间及假日送达等方式，提高送达成功率。

（4）调整人民法庭空间、功能布局。一是针对市级机关入驻通州，考虑将紧邻行政办公区的宋庄人民法庭或张家湾人民法庭改建为专门的行政审判法庭。二是围绕环球影城主题公园的规划建设运营，考虑设立环球影城巡回审判法庭。三是为保障刑事审判安全和文化旅游区秩序，考虑推动刑事审判庭与台湖法庭合并办公。四是在与河北省大厂县、香河县相邻的西集镇谋划增设西集人民法庭，打造司法服务京津冀协同发展的"桥头堡"。

四、结语

副中心法治保障涉及立法、行政、司法等几个方面，当前仍然存在着诸多问题，与国内外先进的法治保障经验相比还有很大差距。为副中心建设提供更加完备的法治服务和保障，需要深入分析副中心特殊性，聚焦突出问题，查找重点难点，以抓铁有痕的力度补足短板，同时，要加强前瞻性，切实发挥出法治的引领和保障作用。

论垄断协议性质团体标准法律问题与防治建议

张钦昱　王家骥*

一、团体标准限制市场竞争的规制困境

（一）利用团体标准限制、排除市场竞争的案例与法律问题

1. 团体标准限制竞争事实的存在及样态

（1）通过团体标准限制产品质量竞争

通过团体标准限制产品质量竞争，是一种较新类型的通过标准化间接限制市场竞争的行为。据了解，截至今日（2018 年），在我国还尚未出现因为行业标准限制产品质量竞争而导致的反垄断诉讼案例，但这并不意味着在我国，不存在限制产品质量竞争的案例。

2018 年 8 月 10 日，由中国水产流通与加工协会主导制定的《生食三文鱼》团体标准正式发布，由于该标准将生产成本低于"海水三文鱼"且生食可能造成寄生虫感染的"淡水三文鱼"——虹鳟鱼列入"生食三文鱼"标准名目，一时间在社会造成轩然大波，并在一定程度上打击了消费者对于三文鱼的消费信心。

另外，在美国 National Macaroni Manufactures ASS's v. FTC 一案中，行业协会利用团体标准限制市场竞争体现得更为明显。NMMA 是美国全国空心棉制造业协会，其拥有 24 名制造商会员，并占据全国空心棉市场 70% 的份额，1959 和 1961 年制造空心棉的硬质小麦（durum wheat）发生短缺，价格飞涨，协会为避免硬质小麦的消耗而导致成本上升，于是颁布了新的产业标准，

---

* 张钦昱，中国政法大学民商经济法学院副教授；王家骥，中国政法大学民商经济法学院学生。

要求空心棉由 50% 硬质小麦和另一种硬质小麦（hard wheat）构成，虽然这项标准有效回应和减轻了硬质小麦短缺的影响，但客观上却降低了产品质量，因为完全由硬质小麦做成的空心棉质量最好。[1]

（2）利用标准化误导消费者

这种间接限制市场竞争样态的存在原因主要是由于标准及认证工作主要是由行业协会承担，因而行业协会极容易基于对自我利益的考量而提供一些假信息给消费者，从而误导消费者的购买行为。虽然这一样态早在 2003 年就已被鲁篱教授提出[2]，但就目前为止，其与通过团体标准限制产品质量竞争的样态相同，在我国同样未出现典型的诉讼案例。但同样地，这也不意味着这种形式的限制市场竞争的案例并不存在，只是由于其领域的专业性，而导致大多消费者没有发现或举证的能力。另外就目前我国市场上各种虚假宣传的乱象来看，我们没有理由不相信利用标准化误导消费者这一"高水平"的虚假宣传的存在。

举例而言，2018 年 11 月 2 日，美国的"人体酸碱体质理论"之父罗伯特·欧·杨被美国法庭判处赔偿 1.05 亿美元，并当庭承认"酸碱体质理论"是个骗局。[3]但基于"酸碱体质理论"而产生的各种"弱碱性"食品标准，依然存在于我国市场。如《国家标准化管理委员会依法备案地方标准 443 项中华人民共和国地方标准备案公告 2015 年第 2 号（总第 182 号）》中"弱碱性粳米"地方标准。虽然这是一项地方标准而非团体标准，但我们还是不得不警惕这一样态通过标准化限制市场竞争的行为。

（3）利用团体标准形成价格卡特尔

与限制产品质量竞争不同，利用团体标准形成价格卡特尔则是一种常见且在世界范围内已有诸多案例可证明其存在的利用团体标准限制竞争的行为。这是一种直接限制市场竞争的行为，并且，这一行为在我国《中华人民共和国反垄断法》（以下简称《反垄断法》）《中华人民共和国价格法》中已有相关条款可对其进行规制，因此在本文中将不再详述。

---

[1] 参见陈胜、晏阳："行业协会标准化中限制竞争行为法律风险析解及防范"，载《南华大学学报（社会科学版）》2017 年第 6 期。

[2] 参见鲁篱："标准化与反垄断问题研究"，载《中国法学》2003 年第 1 期。

[3] 参见张田勘："酸碱体质理论的骗局早就该戳穿了"，载《中国青年报》2018 年 11 月 8 日，第 2 版。

（4）利用标准化实现集体抵制

由于标准化其本质特征就是可以在一定程度上抵制特定产品、服务进入市场，直接限制市场竞争，因此利用标准化实现集体抵制的案例在我国也已出现。目前无论是在学术还是立法层面，都承认利用标准化实现集体抵制事实的存在，并已着手研究规制，故而，本文也不会将这种样态的限制竞争行为作为研究的重点。

分析以上案例，我们发现，通过团体标准限制市场竞争，主要可以以其是否直接作用于其他经营者为标准划分为"利用团体标准直接限制市场竞争"与"利用团体标准间接限制市场竞争"。如通过团体标准限制产品质量竞争、利用团体标准误导消费者限制市场竞争的途径分别是"团体标准限制产品质量——质优价高产品被淘汰——限制市场竞争""团体标准误导消费者——消费者倾向于特点产品——限制市场竞争"。而"利用团体标准直接限制市场竞争"在大多数情况下由于其行为形式、目的过于显然，因此往往已有较好的立法加以解决。但如何解决"利用团体标准间接限制市场竞争"的问题？由此，我们可以引出本段的第二个问题即其背后的法律问题。

2. 以三文鱼案为例——团体标准限制竞争背后的法律问题

究其背后的法律问题，作为行业协会的中国水产流通与加工协会，利用团体标准的制定，将质量与成本远低于"海水三文鱼"的虹鳟鱼混淆为"生食三文鱼"的行为本质上是通过团体标准的制定，在一定程度上降低产品质量、压缩生产成本以及混淆产品门类，以此实现间接限制市场竞争的行为。那么，这种行为是否符合《反垄断法》中所列明垄断协议的构成要件？判断其是否符合的标准如何？如果不符合，又该如何规制行业协会利用团体标准限制市场竞争的行为？

另外，不仅是"利用团体标准间接限制市场竞争"，"利用团体标准直接限制市场竞争"的行为在我国立法实践中有哪些样态已经被明确？是不是会有其他未被发现样态的存在？有没有一劳永逸的解决方法？

（二）团体标准限制市场竞争既有规制途径

我国主要通过《反垄断法》监管团体标准影响与《中华人民共和国标准化法》（以下简称《标准化法》）控制团体标准内容两个途径对行业协会利用团体标准限制市场竞争加以规制：

1.《反垄断法》对团体标准限制市场竞争行为的监管

从《反垄断法》规制对象来看，由于行业协会往往是由相互之间具有竞争关系的经营者作为成员组成，同时行业协会本身就是《反垄断法》第16条所明确的规制对象；从《反垄断法》规制行为来看，制定团体标准限制市场竞争的行为符合《反垄断法》第13条最后一款关于垄断协议的定义。因此，行业协会利用团体标准限制市场竞争的行为受到《反垄断法》第13条有关横向垄断协议条款的严格限制。即在《反垄断法》第13条第1款中的第1、2、4项便从制定价格卡特尔、限制商品产销量以及限制产品技术升级的角度规制了行业协会制定团体标准限制市场竞争的行为。

2.《标准化法》对团体标准限制市场竞争的禁止性规定

2017年11月新修订的《标准化法》明确，"禁止利用标准实施妨碍商品、服务自由流通等排除、限制市场竞争的行为"。并且在质检总局、国家标准委、民政部三部门联合制定的《团体标准管理规定（试行）》中，也明确了"禁止利用团体标准实施妨碍商品、服务自由流通等排除、限制市场竞争的行为"的禁止性规定；以及对"利用团体标准实施排除、限制市场竞争行为的，依照《中华人民共和国反垄断法》等法律、行政法规的规定处理"的处理原则，通过在团体标准制定方面设定禁止性规定以规制其限制市场竞争的法律风险。

综上，在我国《反垄断法》与《标准化法》的立法实践中，对于团体标准限制市场竞争的行为已经有了一定的规制途径，两法分别就"利用团体标准直接限制市场竞争"与"利用团体标准间接限制市场竞争"两种样态的限制市场竞争进行了分别规制，但这并不意味着我国在这一方面的立法已经完善，反而两法都存在各自不同的缺陷，从而导致目前我国仍存在行业协会利用标准化限制市场竞争问题的存在。

二、利用团体标准限制市场竞争行为规制存在法律漏洞

（一）《反垄断法》立法缺陷

1.《反垄断法》有关垄断协议认定的漏洞

尽管《反垄断法》从产品价格、产销量、产品技术等方面明确了认定团体标准为横向垄断协议的标准，但是就目前市场实践来看，这些标准并不能完全规避团体标准限制市场竞争的风险。回到三文鱼案中，我们就可以发现，

中国水产流通与加工协会所制定的团体标准将较低质量产品作为标准的行为就并不在《反垄断法》第 13 条所禁止范围之内，这使得经营者可以通过生产销售劣质产品即虹鳟鱼抢占市场，并实现规避价高质优的产品冲击市场风险的目的。由此我们可以得出一个初步的结论：只要团体标准的内容没有触及《反垄断法》对于垄断协定规定的内容，就可以避开《反垄断法》的监管，从而实现限制市场竞争的目的。反而言之，《反垄断法》第 13 条所列明的团体标准可被认定为垄断协议的标准未能对所有可能的，尤其是"间接的"标准化限制市场竞争的样态实现全面覆盖。

另外，根据 2018 年国务院机构改革方案，目前我国反垄断工作由国家市场监管总局旗下的反垄断局承担。但同前文所述，目前我国对于经营者团体是否构成垄断行为的标准并不明确，因此在其进行反垄断执法时，同样没有足够的依据认定构成一种新的限制市场竞争行为。

2. 漏洞产生的原因：列举式规定

目前我国《反垄断法》是通过明确何种情形符合垄断协议定义的正面列举以及何种情形不适用垄断协议相关条款规制的负面列举的方式对何者为垄断协议进行认定。而正是这种"正面列举加负面列举"式挂一而漏万的认定标准，使得其覆盖面大大缩减，同时也使得行业协会有机会通过标准化实现限制市场竞争。

《反垄断法》第 13 条的正面列举中，仅将"固定或者变更商品价格""限制商品的生产数量或者销售数量""分割销售市场或者原材料采购市场""限制购买新技术、新设备或者限制开发新技术、新产品""联合抵制交易"五项明确为垄断协议认定标准，虽然上述标准可以实现防止行业协会通过标准化形成价格卡特尔、实施联合抵制以及直接地限制竞争，但是在"三文鱼案"中，行业协会则是利用了该条未将产品质量列为认定标准的漏洞，实现通过标准化以次充好，达到间接限制市场竞争激烈度的目的。

究其本质，该条规定的立法逻辑是从行为对限制市场竞争的外在表现形式出发，认定一行为是否构成垄断协议，而非是从该行为是否可能对市场竞争秩序造成诸如排除竞争、限制竞争的最终效果角度，认定一行为是否构成垄断协议。即以行为的形式要件作为标准，而非结果为标准进行判断，并加以干预。而该立法理念在经济学上的理论基础，则有可能来自于 20 世纪初流行的"完全竞争理论"，在这一理论看来，反垄断法的目标是维护竞争，而且是维护"完全"竞争，对任何减少竞争程度的行为，反垄断法均应予以纠正。然而人们很快认识到，这样的市场条件不仅不存在，而且是反竞争的。于是"完全竞争理论"很快便被哈佛学派"SCP 分析模型"即"市场结构——市场行为——市场绩效"模型取代。[1] 但是，因为行业协会的出现本身有其合理性，因此不能从市场结构的角度对其进行规制，而只得转而从最为落后的"完全竞争理论"中寻求规制其行为的方法。也即从规制市场行为的角度出发，规制垄断协议。

(二)《标准化法》立法缺陷

相较于《反垄断法》是因立法理念的落后而导致的立法缺陷，新修订通过的《标准化法》的立法缺陷则更多地表现在该法实施初期的，与该法执行相配套的判断标准上的缺失与监管制度上的缺失。

换言之，《标准化法》立法缺陷产生的原因，是其没有与其"新理念"相配套的制度。所谓"新理念"是指《深化标准化工作改革方案》（以下简称《方案》）提出的，要"建立政府主导制定的标准与市场自主制定的标准协同发展、协调配套的新型标准体系"。

其理念在立法层面的表现即"为市场主体进行自我管理让渡空间"，立法明确"自主制定"、"自愿选用"和"不设行政许可"的态度，仅对团体标准进行原则性规定。

1. 认定标准化是否限制市场竞争标准的缺失

虽然《标准化法》中，有明确条款提及"禁止利用标准实施妨碍商品、服务自由流通等排除、限制市场竞争的行为"，且在《团体标准管理规定（试行）》中也有相类似规定，但由于《标准化法》的立法目的在于对标准制度及实施领域的相关法律问题进行规定，因此，在该法第39条第3款[2] 的规定中，准用《反垄断法》相关条款以判断、规制团体标准限制市场竞争行为。而《反垄断法》存在立法缺陷难以规制一些利用标准化限制市场竞争的事实已在前文进行了充分论证，因此不再赘述。

另外，我国《标准化法》立法条款仅规定了标准的制定应"有利于科学

---

〔1〕 参见许光耀："反垄断法上的经济学分析"，载《价格理论与实践》2015 年第 2 期。

〔2〕 "违反本法第22条第2款规定，利用标准实施排除、限制市场竞争行为的，依照《中华人民共和国反垄断法》等法律、行政法规的规定处理。"

合理利用资源，推广科学技术成果，增强产品的安全性、通用性、可替换性，提高经济效益、社会效益、生态效益，做到技术上先进、经济上合理"以及"禁止利用标准实施妨碍商品、服务自由流通等排除、限制市场竞争的行为"的原则，同样没能对排除、限制市场竞争的认定给出一个明确的标准。而其从正面角度描述标准制定原则的内容如"有利于社会效益""有利于经济上合理"的表述同样过于模糊，从而可能会在实际的监管过程中导致认定困难的局面。

2. 针对标准化限制市场竞争监督制度的缺失

根据《方案》所提出的"自主制定"的要求，企业制定标准将不再实行"备案制"，转而实行"自我声明制"，在《团体标准管理规定（试行）》中也不再要求团体标准进行备案，这在一定程度上的确有利于企业、团体、学会等的市场主体制定团体标准，并实现《方案》提出的"标准竞争，优胜劣汰"的最终目的。[1]但不可否认的是，取消"备案制"转而实行"自我声明制"一定程度上削弱了标准管理部门对市场主体标准制定的监管能力，并且尤其体现在团体标准制定程序是否正当这一问题上。

虽然《团体标准管理规定（试行）》第12条规定了，团体标准制定的一般程序包括：提案、立项、起草、征求意见、技术审查、批准、编号、发布、复审。但该规定只是鼓励行业协会对其制定的团体标准全文、内容进行公开。这就导致了其中可能为利用标准化限制市场竞争造成漏洞的主要产生于"征求意见"与"技术审查"上。"征求意见、技术审查内容"是否应当公示，应当如何公示，在何处公示，公示期限应该多久？如果不进行公开公示，可想而知，这将对公众知情权的行使以及标准监管部门职权的行使造成一定的障碍。

三、团体标准限制市场竞争的原理：格雷欣法则

（一）格雷欣法则在市场竞争领域涵义

格雷欣法则，又称"劣币驱逐良币法则"，原本在金融学领域是指在金银复本位制下，当两种同时流通的货币的名义价值与实际价值不相符合时，实际价值高而名义价值低的良币将会在流通过程中被实际价值低而名义价值高

---

[1] 参见于连超："《标准化法》的新理念与新制度评析"，载《标准科学》2018年第1期。

的劣币所替代，最终充斥市场、充当流通手段的是劣币，而良币遁迹。[1]而在市场竞争中，其又被引申出经营者突破底线的恶性竞争最终将导致低质量的产品或服务（劣币）充斥市场而高质量的产品或服务（良币）退藏的涵义。

（二）格雷欣法则下市场排挤与经营者被迫接受团体的标准

那么格雷欣法则又是如何强迫提供高质量的产品或服务的经营者被迫"自愿接受"较低质量标准的团体标准的呢？这就需要引出种群竞争模型加以论证：

以三文鱼案为例，假设市场上目前存在提供高质高价的"海水三文鱼"与提供低质低价的"淡水三文鱼"的两种经营者（下称甲、乙），其独自占有市场时的规律均符合竞争 Logistic 函数。其中 $x(t)$、$y(t)$ 分别为甲乙两竞争者初始的市场占有量，r_1、r_2 为它们的固有增长率，n_1、n_2 为它们的最大市场占有量。s_1 的含义是对于甲说，单位数量的乙所生产产品（相对 n_2）所用成本为单位数量甲所生产产品（相对 n_1）成本的 s_1 倍，s_2 同理。经过数据处理我们可以得出结论[2]：无论其他参数如何改变，只要甲的成本高于乙的成本，都将得出甲被迫退出市场竞争的结果。

在现实中也的确如此，"生食三文鱼"在我国常常是作为日本料理店的招牌产品出现在消费者的面前。一盘作为菜品的三文鱼的定价往往是固定不变的，如果此时经营者使用高质量高成本的"海水三文鱼"，其利润势必会降低，而转而使用生食有害但成本较低的虹鳟鱼作为替代。那么提供高质高价原材料的经营者其市场占有率势必会降低，基于逐利性，其也会接受提供低质低价原材料的团体标准。

四、团体标准限制市场竞争的规制路径

（一）参考《反限制竞争法》关于垄断协议概括式立法技术

不同于我国《反垄断法》"总分两则"结构，德国《反限制竞争法》在立法结构上则是在其六编中，分别规定了"限制竞争行为、监管机构、程序、

---

[1] 参见谢桂英："关于格雷欣法则的再认识"，载《时代金融》2012 年第 8 期。

[2] 本次分析所使用虹鳟鱼成本价格及大西洋鲑鱼价格样本取 2018 年 8 月至 11 月平均价，即虹鳟鱼成本价格为 38 元每公斤，大西洋鲑鱼成本价格为 47 元每公斤。数据来源为行情价格网（http://nong.gold600.com）与中国水产频道（http://www.fishfirst.cn），求解程序使用 MALAB。

公共采购招投标、适用范围与其他过渡性规定"。该法的第1章第1条，便明确了限制竞争协议的定义，即"以阻碍、限制或扭曲竞争为目的或者产生阻碍、限制或扭曲竞争后果的企业间协议、企业联合组织的决议以及协同行为"。

分析该条款，其将限制竞争协议的制定主体明确为"企业"与"企业联合组织"，而以企业为主要组成成员的行业协会，显然符合"企业联合组织"这一主体的定义，这就为德国《反限制竞争法》规制行业协会通过制定标准限制市场竞争的行为提供了依据。另外，本条与我国《反垄断法》第13条之间最大区别，或者说其相对于我国立法的优势之处在于，其通过对限制竞争协议进行概括式规定，避免了由于列举而导致的限制竞争行为样态缺失的漏洞，这也为其规制间接限制市场竞争的垄断协议提供了依据。

这种概括式的规定，不仅仅解决了列举式规定"挂一漏万"的天然缺陷，其通过明确标准而非列举样态的立法技术，还可为未来在反垄断执法机构面对各种可能的新形态垄断协议时进行法律解释留下来足够的空间，而无需通过频繁的立法修改来规制新类型的垄断协议，在一定程度上可以维护《反限制竞争法》的稳定性，使其成为德国反垄断法的主要渊源。

（二）引入公正交易委员会模式构建完整的团体标准监管制度

日本在其《独占禁止法》中虽然明确了禁止经营者团体进行实质上限制市场竞争的行为，但在该法中并没有具体规定经营者限制市场竞争行为的构成要件，而是与德国《反限制竞争法》类似，仅仅是在第2条第5项中粗略描述了何为限制市场竞争，即"经营者独自或与其他经营者联合，以诸如但不限于协议的任何手段进行排除其他经营者的市场经营的活动、利用支配地位侵害公共利益的活动或在一定的交易范围内实质限制市场竞争的活动"，对于经营者团体是否从事实质垄断行为的认定及规制工作则是由官方设置的"公正交易委员会"进行。

在编制上，公正交易委员会是直属于日本首相的合议制行政委员会，其人员构成称之为"委员"，委员任期5年，委员长与委员之间相互独立，以平等的地位行使职权。其人员构成包括法学家、经济学家以及日本国内的著名律师等，可以从各自专业的角度对一市场行为进行评价，由此作为是否应将一行为作为垄断协议进行规制的依据。但是，该委员会并非是以非常设会议形式存在的议事机构，而是真正具有实权的，在中央具有行政立法部门与行政司法部门，在各个地方拥有区域性事务所的行政组织。

同前文所述，《独占禁止法》还实质上授权公正交易委员会以行政立法权与行政司法权，使得公正交易委员会可以随时通过制定内部条例的方式应对任何一种可能的新形式的限制市场竞争行为。如针对行业协会通过标准化限制市场竞争行为的认定标准，公正交易委员会就通过《独占禁止法上有关经营者团体活动的指南》中第 2 条第 7 项，对标准化限制市场竞争的认证标准，从产品种类、品质、规格等角度出发进行详细规定。[1]

为何《独占禁止法》本身对垄断行为、限制竞争行为不作详尽规定，而将规定的权力赋予本属于行政机构的公正交易委员会并赋予其行政司法权？究其法理，这是因为《独占禁止法》在日本法律体系中本身就享有的特殊地位——日本经济法的核心。虽然其立法理念与我国《反垄断法》不相一致，不过，立法给予反垄断监管机构以行政立法、行政司法权，并鼓励反垄断监管机构认定新形式的排除、限制市场竞争行为，的确可以对因立法而造成的认定标准上的漏洞进行补正。

（三）借鉴"合理原则"明确团体标准是否限制市场竞争的标准

美国《谢尔曼法》对什么是垄断行为、什么是限制市场竞争活动同样没作出明确解释，这为司法解释留下了广泛的空间，但是通过诸多案例，明确了其立法目的在于保护市场竞争、保护消费者、促进行业正向发展等，并可直接适用于团体标准制定规则。

此外，《谢尔曼法》还确立了以"合理性原则"来评判行业协会标准化是否构成限制竞争。合理原则是指市场上某些被指控为反竞争的垄断行为不被视为必然违法，而需要通过对企业或者经营者在商业或贸易领域的行为及其相关背景进行合理性分析，以判定是否在实质上损害有效竞争。[2]虽然《谢尔曼法》在其实施的最初阶段，其过于简单的条文和复杂的经济活动让该法几乎不具有任何实践指导性和可操作性，在这样的背景下，法院启用了合理原则对案件进行分析，以避免对"贸易限制"作出机械的解释。然而，合理原则在适用过程中着重考察行为目的及后果的特点让司法审查的成本过高，加之在长期的司法实践中，法院发现某类行为通过详细审查后必然是违法的，

---

〔1〕 ［日］公正交易委员会《事业者団体の活动に关する独占禁止法上の指针（有关禁止限制市场竞争法的经营者团体行为指南）》，笔者译。

〔2〕 参见李钟斌："反垄断法的合理原则研究"，西南政法大学 2002 年博士学位论文。

因此法院将这一类行为归为"本身违法原则"行为的类别。可以说，"本身违法原则"的确立，本身就是源于对"合理性原则"的经济适用的需求，因此两者之间并不相矛盾。

美国法院在适用"合理性原则"确定行业协会标准化行为是否违法时通常考虑以下因素：标准是否被自愿采纳、被标准排除的商品对竞争的影响（包括对消费者的影响、市场竞争激烈度的影响与对商品市场价格的影响）、被标准排除的竞争者的市场影响力、是否存在对标准限制更少的替代性标准、实施标准的各方市场控制力、标准起草者的身份、标准化行为的动机与目的以及制定实施标准的程序是否适当等因素。[1]这些因素从本质上，是以行业协会标准化行为所可能带来的市场效果为标准，判断该行为是否可能造成限制市场竞争的效果。其背后的经济学原理，是在哈佛学派为芝加哥学派所取代后，垄断法的适用更注重对行为的效率分析，为了效率可以容忍竞争受到必要的限制，许多行为不再受到禁止，适用本身违法原则的行为类型不断减少。[2]

五、我国对行业协会利用制定标准限制市场竞争行为进行规制的构建路径

（一）建立团体标准制定过程、内容的公开机制

从《标准化法》的层面，我国亟需解决的问题主要体现在团体标准制定程序的不公开与团体标准内容的公开问题上。正如前文所述，目前我国《团体标准管理规定（试行）》仅仅是鼓励团体标准制定者公开其所制定的标准，且并未对其制定过程的公开、征求意见的过程以及内容的公开进行相关的规定，从而导致了行业协会利用标准制定限制市场竞争行为存在程序、监管上的漏洞。因此，建立团体标准制定过程、内容的公开机制，并建立对不按照标准化法律规定程序制定团体标准的行业行为或其背后的实际推动者以处罚的机制，从而实现对行业协会团体标准制定的社会监督与行政监管的结合，从根源上减少限制市场竞争的团体标准制定出台的可能性。

（二）发挥反垄断执法机构认定新类型垄断协议的职能

在我国实际立法中，虽然规定了反垄断执法机构拥有认定一种《反垄断

---

〔1〕 参见吴太轩、叶明："行业协会标准化行为的反垄断法规制"，载《经济法论坛》2010 年第 7 卷。

〔2〕 参见许光耀："反垄断法上的经济学分析"，载《价格理论与实践》2015 年第 2 期。

法》中尚未规定类型的垄断协议的权力，但在实际执法中，关于一行为是否可以认定为垄断协议，往往并非是法律问题，而是事实问题。既然是事实问题，其认定标准就显得尤为重要，但截至目前，我国反垄断执法机构对于事实认定标准的行政立法，尚停留于相关市场界定层面上。而针对一市场行为是否构成垄断协议的认定标准上，则需借鉴美国芝加哥学派"合理原则"的学说，即基于标准是否被自愿采纳、被标准排除的商品对竞争的影响、被标准排除的竞争者的市场影响力、是否存在对标准限制更少的替代性标准、实施标准的各方市场控制力、标准起草者的身份、标准化行为的动机与目的以及制定实施标准的程序是否适当的八项标准，认定一市场行为是否构成垄断协议。与此同时，在解决认定标准的问题之后，如何尽最大限度地发挥反垄断执法机构关于垄断事实认定的问题，则更需要借鉴日本公正交易委员会的模式，即提高我国反垄断执法机构行政层级，赋予其在反垄断领域的行政立法与行政司法权力，邀请国内经济学家、法学家等专业人士组成专门委员会等。总而言之，法律只考虑法律适用问题，而不问事实问题，事实认定则应当让专业的人做专业的事。

（三）《反垄断法》对认定垄断协议立法应采概括式立法技术

目前我国《反垄断法》中，有关垄断协议的条款有总则中的第3条与分则中第2章第13到第16条。其中，第13条是通过对横向垄断协议样态进行肯定式列举的方式对何者为垄断协议加以规定，而第15条则是通过否定式列举的方式对不受《反垄断法》规制的行为加以明确。如前文所述，第13条肯定式列举的方式不仅使得《反垄断法》对于横向垄断协议的认定标准挂一漏万，更不利于鼓励反垄断执法机构对新类型的垄断协议加以认定，从而不利于对该条中未列明的垄断协议进行规制。而其解决方法，则是要参考德国《反限制竞争法》中对垄断协议进行概括式规定的立法技术。具体方法，则是通过对《反垄断法》第3条中所规定的"经营者达成垄断协议"的"垄断协议"进行解释。即将分则第13条第2款对于垄断协议的解释植入总则部分，而使得第13条第1款成为垄断协议认定的"提示性条款"，实现概括式规定加列举式正面提示与列举式负面否定的认定方式的结合，从而鼓励反垄断执法机构可以通过对第3条垄断协议的扩大解释，实现对第13条未列明的垄断协议的样态进行规制。从反垄断立法层面防治行业协会利用团体标准限制市场竞争的行为。

图书在版编目（ＣＩＰ）数据

商法研究. 2018 年卷/吕来明主编. —北京：中国政法大学出版社，2019.8
ISBN 978-7-5620-9138-7

Ⅰ.①商… Ⅱ.①吕… Ⅲ.①商法－研究 Ⅳ.①D913.990.4

中国版本图书馆 CIP 数据核字(2019)第 178202 号

出　版　者	中国政法大学出版社
地　　　址	北京市海淀区西土城路 25 号
邮寄地址	北京 100088 信箱 8034 分箱　邮编 100088
网　　　址	http://www.cuplpress.com（网络实名：中国政法大学出版社）
电　　　话	010-58908285(总编室) 58908433（编辑部）58908334(邮购部)
承　　　印	固安华明印业有限公司
开　　　本	720mm×960mm　1/16
印　　　张	22
字　　　数	348 千字
版　　　次	2019 年 8 月第 1 版
印　　　次	2019 年 8 月第 1 次印刷
定　　　价	79.00 元